アメリカの司法と政治

大沢秀介 著

成文堂

はしがき

　本書は、アメリカ合衆国における司法、とくに連邦最高裁と政治部門との関係について、建国期から現代に至るまでの歴史を検討し、その変遷の概要を明らかにしようとしたものである。「司法と政治」というと、わが国の場合においてはあまり強い結びつきを想像できない読者が多いと思われる。ただ、それが「アメリカの司法と政治」ということになると、連邦最高裁の裁判官の任命がアメリカの政治において重要な争点とされていることを思い出される人も多いかと思われる。また、アメリカ社会における裁判の重要性ということについても、わが国に伝えられるニュースの中で明らかにされることが多い。このようなアメリカの状況が、ただちにわが国の将来を映し出す鏡であると考えることは早計であるといえよう。ただ、わが国とアメリカの政治、経済、社会の各分野における結びつきの強さを考慮するとき、「アメリカの司法と政治」の関係に注意を払う必要性も高いと思われる。

　筆者は、そのような考え方の下で、これまで『現代アメリカ司法と社会』、『現代型訴訟の日米比較』『アメリカの政治と憲法』という形で、アメリカの司法とアメリカ政治あるいは社会との関係を検討する3冊の拙著を出版する機会に恵まれてきた。その意味では、本書はこのテーマに関する第4番目の著作ということになる。もっとも本書は、筆者が大学で行っている講義をもとにしたものであり、緻密な内容を持つ専門書というよりも、概説書的な色彩を有するものにとどまる。このような概説書を、アメリカに関する多くの書物が巷に溢れる中で、いま出版したいと思ったのには、2つの動機がかかわっている。第1に、アメリカ法やアメリカ政治に関する専門書は多いものの、両者を結び付ける著作がかなり少ないという現在の状況を改善したいという思いである。その点で、アメリカの司法と政治の関係という研究領域が存在すること自体を、学生、社会人など多くの人に知ってもらいたかったということである。第2に、やや大げさな言い方になるが、本書のような概説書であれ、それを読んだ読者の中からこの分野に関心をもち、それ

はしがき

をより深く研究したいと興味をもつ人をいくらかでも増やしたいという望みである。その意味で、本書は概説書に止まるものであり、多くの検討すべき領域を今後の課題として残したものとなっている。本書が批判的に検証の対象となることは、本書を執筆したねらいに沿うものといえる。

　本書が成るについては、多くの先行業績を参照させていただいた。その学恩には深く感謝していることはいうまでもない。ただ、本書が主として学生や社会人を対象にした概説書という性格をもつため、すべての参考文献を掲げることはできなかった。この点については、今後の筆者の課題としたい。また、本書がこのような形にまで整えるにあたっては、慶應義塾から数次に渡る学事振興資金による助成を受けたこと、および慶應義塾大学法学部から良好な学問的研究環境を与えられたことが大きな助けとなった。とくに記して感謝の意を述べておきたい。

　最後に本書の出版に当たっては、非常に厳しい出版事情の中、成文堂の阿部成一社長に本書の公刊を決断していただいたことに、厚く御礼を申し上げたい。そして本書出版のきっかけを作っていただいた上に、その後滞りがちであった筆者の執筆を辛抱強く待ち続け本書を完成にまで導いていただいた成文堂編集部の飯村晃弘氏には、とくに心からの謝意を表しておきたい。飯村氏の寛大な言葉と助力なしに、本書は存在しなかったであろうことは疑いがない。そのことを改めて記して、はしがきを終わることにしたい。

　2016年7月

大沢　秀介

目　次

はしがき

第1章　イントロダクション …………………………………… 1
1　アメリカにおける司法と政治及び最近の話題 …………… 1
2　トックヴィルの言葉の2つの意味 ………………………… 2
（1）政治的な紛争の最終的解決機関としての連邦最高裁……… 2
（2）政策決定者としての裁判官……………………………… 4
（3）連邦最高裁の制度が及ぼす影響 ………………………… 5
3　日本との関連性 …………………………………………… 5
（1）わが国の司法消極主義…………………………………… 5
（2）日本人の法意識論 ……………………………………… 6
（3）日本人の司法利用行動と法意識の問題 ………………… 7
（4）文化説 …………………………………………………… 8
　①文化説の主張 …………………………………………… 8
　②文化説の具体的内容 …………………………………… 8
　③文化説の問題 …………………………………………… 9
（5）機能不全説 ……………………………………………… 11
　①機能不全説の主張 ……………………………………… 11
　②機能不全説のメリット ………………………………… 12
　③機能不全説の問題 ……………………………………… 12
（6）予測可能説 ……………………………………………… 13
　①予測可能説の主張 ……………………………………… 13
　②予測可能説の特徴 ……………………………………… 13
　③予測可能説の問題点 …………………………………… 14
（7）最近の見解 ……………………………………………… 14
（8）司法制度改革論議との関連……………………………… 15

目 次

第2章　訴訟社会アメリカ …………………………………………… 17
1　訴訟社会の到来 …………………………………………………… 17
2　訴訟社会の具体例 ………………………………………………… 18
（1）マクドナルドコーヒーやけど事件 ………………………… 18
（2）その他の例 …………………………………………………… 20
3　訴訟社会の背景にみられる特徴――3点 ……………………… 21
（1）訴訟の相手方――Deep Pocket …………………………… 21
（2）陪審の役割 …………………………………………………… 21
（3）懲罰的損害賠償 ……………………………………………… 22
4　懲罰的損害賠償の制限の動き …………………………………… 22
5　訴訟社会化の評価 ………………………………………………… 24
（1）訴訟社会化の背景 …………………………………………… 24
（2）訴訟社会化の原因 …………………………………………… 25
（3）イースト・パロアルト市をめぐる紛争 …………………… 29
6　ヤング教授の見解 ………………………………………………… 32
（1）紛争解決手段としての裁判所 ……………………………… 32
（2）法明確化機関としての裁判所 ……………………………… 33
（3）社会変化手段としての裁判所 ……………………………… 34

第3章　合衆国憲法の制定と連邦最高裁の誕生 ……………… 37
1　イギリスのアメリカ植民地経営 ………………………………… 37
（1）アメリカでの植民地建設 …………………………………… 37
（2）植民地とイギリス政府との対立 …………………………… 40
（3）法の担い手としてのエリート層の存在 …………………… 41
（4）独立戦争までの経緯 ………………………………………… 43
（5）大陸会議の開催と独立宣言 ………………………………… 45
（6）独立宣言の内容 ……………………………………………… 45
（7）独立戦争とパリ条約 ………………………………………… 46
2　ヴァージニア憲法 ………………………………………………… 47

	（1）	特色 ··	47
	（2）	権利の章典 ··	48
	（3）	「政府の枠組み」 ··	49
3	連合規約 ··	50
	（1）	連合規約の3つの特色 ··	50
	（2）	連合会議の権限の制限 ··	51
	（3）	連合規約の問題点 ··	51
	（4）	連合規約の改正が急がれた政治的要因 ·······················	52
4	合衆国憲法 ···	53
	（1）	憲法制定会議と2つの案 ··	53
	（2）	特色 ··	54
	（3）	権利保障規定の少ない理由 ·······································	56
	（4）	憲法修正の手続 ··	57
	（5）	これまでの憲法修正の特徴 ·······································	59

第4章　連邦司法府の成立とマーベリー事件 ························· 61

1　合衆国憲法と連邦司法府の成立 ······································ 61
（1）合衆国憲法と司法府 ·· 61
（2）憲法制定会議での議論 ·· 61

2　連邦の司法制度 ·· 63
（1）当初の制度 ·· 63
（2）現在の制度 ·· 64
（3）連邦最高裁による州法の違憲判断 ····························· 65
（4）連邦最高裁と憲法判断 ·· 66
（5）連邦司法府の組織・構成 ··· 67

3　初期の連邦最高裁の影響力 ··· 68
（1）政治的影響の源 ·· 68
（2）憲法制定当初の連邦最高裁 ······································ 70

4　マーベリー対マディソン事件 ····································· 71
（1）マーベリー事件と政治的背景 ·································· 71

目 次

   ①フェデラリスト党とリパブリカン党の反目 ………………………… 71
   ②外国人・反活動取締法をめぐる対立 ………………………………… 71
   ③1800年の大統領選挙 …………………………………………………… 73
  （2）アダムズ大統領による司法府への勢力温存策 ……………………… 74
   ①憲法上の規定とレーム・ダック・セッション ……………………… 74
   ②アダムズ大統領の具体策 ……………………………………………… 75
  （3）マーベリー事件の具体的内容 ………………………………………… 76
   ①真夜中の判事（Midnight Judge）の誕生 …………………………… 76
   ②ジェファーソン大統領の対応 ………………………………………… 76
   ③連邦最高裁の置かれた政治状況 ……………………………………… 77
   ④事件での難問 …………………………………………………………… 77
  （4）マーシャル首席裁判官の判決 ………………………………………… 78
   ①3つの法的論点 ………………………………………………………… 78
   ②第4の論点 ……………………………………………………………… 79
   ③判決の影響 ……………………………………………………………… 80
   ④判決受容の理由 ………………………………………………………… 81
   ⑤違憲審査権と民主主義 ………………………………………………… 82
  （5）違憲審査制の根拠 ……………………………………………………… 83
   ①アメリカの違憲審査制の特徴 ………………………………………… 83
   ②憲法起草者の意思 ……………………………………………………… 83
   ③ハミルトンの見解 ……………………………………………………… 84
   ④その他の正当化根拠 …………………………………………………… 85
  （6）連邦最高裁のその後 …………………………………………………… 86

第5章　南北戦争と連邦最高裁
——ドレッド・スコット事件連邦最高裁判決 …… 89

 1　州法と連邦最高裁 ……………………………………………………… 89
  （1）州法に対する違憲判決 ………………………………………………… 89
  （2）フレッチャー判決とマーティン判決の意味 ………………………… 91
 2　ドレッド・スコット事件に到る経緯 ………………………………… 92

（1）南北戦争の背景 …………………………………………… 92
　　　（2）奴隷制の存在 ……………………………………………… 94
　　　　①合衆国憲法と奴隷制 …………………………………… 94
　　　　②憲法制定と奴隷制をめぐる妥協 ……………………… 95
　　　　③南部と北部の産業構造 ………………………………… 96
　　　（3）南北戦争への経緯 ………………………………………… 98
　　　　①北部の奴隷解放運動の高揚 …………………………… 98
　　　　②ナット・ターナーの反乱 ……………………………… 99
　　　　③2つの妥協と反発 ……………………………………… 100
　　　　④ミズーリの妥協 ………………………………………… 100
　　　　⑤カンザス・ネブラスカ法をめぐる南北の対立 ……… 102
　　3　ドレッド・スコット事件 ……………………………………… 103
　　　（1）事実の概要 ………………………………………………… 103
　　　（2）判決の内容 ………………………………………………… 104
　　　（3）判決の政治的メッセージ ………………………………… 105
　　　　①連邦議会へのメッセージ ……………………………… 105
　　　　②ブキャナン大統領へのメッセージ …………………… 106
　　　（4）ドレッド・スコット判決の影響 ………………………… 107
　　4　リンカーンと連邦最高裁 ……………………………………… 108
　　　（1）スプリングフィールドでの演説 ………………………… 108
　　　（2）連邦最高裁とリンカーン ………………………………… 109

第6章　南北戦争後の南部と連邦最高裁 ……………………………… 113

　　1　南北戦争後の南部再建 ………………………………………… 113
　　　（1）リンカーンの見解 ………………………………………… 113
　　　　①「分かれたる家は立つこと能わず」演説 …………… 113
　　　　②奴隷解放宣言 …………………………………………… 114
　　　（2）リンカーン大統領と南部の再建 ………………………… 115
　　　　①リンカーン大統領の南部再建策 ……………………… 115
　　　　②リンカーン大統領の暗殺 ……………………………… 116

（3）ジョンソン大統領の南部再建策 ……………………………… 117
　（4）連邦議会の南部再建策 ………………………………………… 118
　（5）ジョンソン大統領の弾劾裁判 ………………………………… 120
 2　南部再建の問題点 …………………………………………………… 121
　（1）再建策の特色 …………………………………………………… 121
　（2）南部共和党州政府への反感…………………………………… 122
　（3）クー・クラックス・クラン（Ku Klux Klan）の誕生 ……… 123
　（4）北部の南部に対する関心の低下 ……………………………… 124
 3　南部からの北部の撤退 ……………………………………………… 124
　（1）1876年の大統領選挙 …………………………………………… 124
　（2）1877年の妥協とその意味 ……………………………………… 125
　　①妥協の内容 ……………………………………………………… 125
　　②再建後の南部経済 ……………………………………………… 125
　（3）経済的な側面での黒人に対する扱い──シェアクロッパー制 … 126
　（4）黒人の政治的取り扱い ………………………………………… 127
　（5）政治プロセスにかかわる黒人差別 …………………………… 127
　　①祖父条項 ………………………………………………………… 127
　　②人頭税 …………………………………………………………… 128
　　③識字テスト ……………………………………………………… 128
　　④白人予備選挙（ホワイト・プライマリー）………………… 129
 4　南部の白人支配の復活と連邦最高裁 ……………………………… 129
　（1）公民権法 ………………………………………………………… 129
　（2）ジム・クロー法 ………………………………………………… 130
　（3）スロータ―・ハウス事件連邦最高裁判決 …………………… 130
 5　公民権事件連邦最高裁判決 ………………………………………… 131
　（1）公民権法にかかわる状況……………………………………… 131
　（2）公民権事件判決 ………………………………………………… 132
　　①争点 ……………………………………………………………… 132
　　②連邦最高裁判決 ………………………………………………… 133

（3）公民権事件判決の影響 …………………………………………… 134
　　　　①3つの影響 …………………………………………………………… 134
　6　プレッシー対ファーガソン事件連邦最高裁判決 ………………… 135
　　（1）人種分離を定める州法と合衆国憲法修正14条 ………………… 135
　　（2）テスト・ケースの側面 …………………………………………… 135
　　（3）事件の内容 ………………………………………………………… 136
　　（4）連邦最高裁の判決 ………………………………………………… 136
　　（5）判決の影響 ………………………………………………………… 138

第7章　ニュー・ディール政策と連邦最高裁 …………………… 141

　1　20世紀初頭のアメリカ ……………………………………………… 141
　　（1）経済の発展 ………………………………………………………… 141
　　　①経済活動に必要な基礎的な発明 ………………………………… 141
　　　②鉄道網の発達 ……………………………………………………… 141
　　　③製鉄業，石油業の発達と独占企業の登場 ……………………… 142
　　　④自動車産業の発展 ………………………………………………… 143
　　　⑤家電産業の発展 …………………………………………………… 145
　　（2）革新主義と連邦最高裁 …………………………………………… 145
　　　①科学的管理法と労働者 …………………………………………… 145
　　　②革新主義の内容 …………………………………………………… 146
　　（3）ロックナー事件連邦最高裁判決 ………………………………… 147
　　　①ロックナー事件の内容 …………………………………………… 147
　　　②ロックナー判決の影響 …………………………………………… 148
　2　繁栄の時代から大恐慌へ …………………………………………… 149
　　（1）1920年代の繁栄と暗黒の火曜日 ………………………………… 149
　　　①消費は美徳 ………………………………………………………… 149
　　　②暗黒の火曜日 ……………………………………………………… 150
　　（2）1920年代の経済，政治の動向 …………………………………… 151
　　（3）共和党政権の対応 ………………………………………………… 152
　3　ニュー・ディール政策 ……………………………………………… 153

（1）ルーズヴェルトの大統領当選 ………………………………… 153
　（2）ニュー・ディールの意味 ……………………………………… 154
　（3）ブレイン・トラストの存在 …………………………………… 155
　（4）ニュー・ディール政策の内容 ………………………………… 155
 4　ルーズヴェルト大統領の憲法理解 ………………………………… 156
　（1）ニュー・ディール政策と大統領権限の拡大 ………………… 156
　（2）最初の百日間 …………………………………………………… 157
　（3）全国産業復興法と農業調整法 ………………………………… 158
 5　ニュー・ディール立法と連邦最高裁 ……………………………… 159
　（1）連邦最高裁の動き ……………………………………………… 159
　（2）シェクター事件連邦最高裁判決 ……………………………… 160
　　①事実の概要 ………………………………………………………… 160
　　②連邦最高裁の判決 ………………………………………………… 160
　（3）合衆国対バトラー事件連邦最高裁判決 ……………………… 162
 6　裁判所抱え込み案 …………………………………………………… 164
　（1）ルーズヴェルトの再選 ………………………………………… 164
　（2）裁判所抱え込み案の具体的内容 ……………………………… 165
　（3）裁判所抱え込み案と連邦最高裁 ……………………………… 166
　（4）裁判所抱え込み政策と連邦議会 ……………………………… 167

第8章　憲法革命後の連邦最高裁 ……………………………………… 171

 1　連邦最高裁の姿勢の変化と1937年の憲法革命 ………………… 171
　（1）1937年の憲法革命 ……………………………………………… 171
　（2）キャロリーン・プロダクツ事件連邦最高裁判決の脚注4 …… 173
　（3）ニュー・ディール政策をめぐる連邦最高裁と政治過程の関係 … 175
　（4）ニュー・ディール連合と人種問題 …………………………… 175
 2　日系アメリカ人問題と連邦最高裁 ………………………………… 176
　（1）第2次世界大戦の勃発 ………………………………………… 176
　（2）日系人強制収容所事件と連邦最高裁 ………………………… 177
　（3）連邦最高裁と3つの事件 ……………………………………… 179

①争われた3つの問題 ………………………………………… 179
　　　②ヒラバヤシ事件連邦最高裁判決 …………………………… 179
　　　③コレマツ事件連邦最高裁判決 ……………………………… 180
　　　④エンドウ事件連邦最高裁判決 ……………………………… 181
　　（4）連邦最高裁の判断の意味 …………………………………… 182
　3　第2次大戦後のアメリカの政治と社会 ……………………… 183
　　（1）ニュー・ディール政策の限界 ……………………………… 183
　　（2）第2次大戦後の状況 ………………………………………… 184
　　（3）スミス法と表現の自由 ……………………………………… 185
　　（4）デニス事件連邦最高裁判決 ………………………………… 186
　　（5）マッカーシズムとリベラル派 ……………………………… 188

第9章　南部の人種差別と連邦最高裁 …………………………… 191

　1　南部における公教育と人種差別 ……………………………… 191
　　（1）人種別学制の問題 …………………………………………… 191
　　　①政治過程におけるリベラル派の影響力の低下 …………… 191
　　　②公立学校における人種別学制の状況 ……………………… 191
　2　「分離すれども平等」の法理をめぐる現実 ………………… 192
　　（1）NAACPの誕生 ……………………………………………… 192
　　（2）人種差別と教育 ……………………………………………… 193
　　　①教育の領域が選ばれた理由 ………………………………… 193
　　（3）ヒューストンの戦略 ………………………………………… 194
　　（4）南部の諸州の対応 …………………………………………… 195
　　　①マリ対メリーランド事件連邦最高裁判決 ………………… 195
　3　ブラウン事件連邦最高裁判決 ………………………………… 198
　　（1）ブラウン事件の事実の内容 ………………………………… 198
　　（2）ブラウン事件の審理と人形テスト ………………………… 199
　　（3）連邦最高裁の判決 …………………………………………… 200
　4　ブラウン判決の影響 …………………………………………… 202
　　（1）直接的影響 …………………………………………………… 202

（2）ブラウン判決の射程 …………………………………………… 203
　（3）ブラウン判決と司法府による社会変革 ……………………… 204
5　連邦最高裁と人種差別撤廃政策形成とのかかわり …………… 204
　（1）ブラウンⅡ判決の存在 ………………………………………… 204
　（2）選択の内容 ……………………………………………………… 206
　（3）モンゴメリー・バス・ボイコット運動とリトルロック事件 ……… 207
　　①モンゴメリー・バス・ボイコット運動 ……………………… 207
　　②リトルロック事件連邦最高裁判決 ………………………… 209
　（4）その後の展開と3つの特色 …………………………………… 211
6　連邦最高裁と連邦政治部門 ……………………………………… 213
　（1）最近の見解 ……………………………………………………… 213
　　①ローゼンバーグの見解 ……………………………………… 213

第10章　ウォーレン・コート下の連邦最高裁 …………………… 219

1　ウォーレン・コートと司法積極主義 ……………………………… 219
　（1）ブラウン判決から1964年公民権法へ ………………………… 219
　（2）司法積極主義の意味 …………………………………………… 221
　（3）ウォーレン・コート …………………………………………… 226
2　アール・ウォーレンとはどのような人か ………………………… 227
　（1）首席裁判官名で連邦最高裁を呼ぶ意味 ……………………… 227
　（2）連邦最高裁首席裁判官に至るまでの経歴 …………………… 228
　（3）ウォーレンのリーダーシップ ………………………………… 230
　（4）ウォーレン・コートの重要判例 ……………………………… 232
　　①選挙区割事件 ………………………………………………… 232
　　②被告人や被疑者の権利 ……………………………………… 234
　　③修正1条 ……………………………………………………… 236
3　ウォーレン・コートの特色 ………………………………………… 239
　（1）ウォーレン首席裁判官の見解 ………………………………… 239
　（2）フランクファーター裁判官との確執 ………………………… 239
　（3）ウォーレン首席裁判官以後のウォーレン・コート ………… 240

（４）ブレナン・コート ……………………………………………… 241
　　①副首席裁判官としてのブレナン裁判官 ……………………… 241
　　②ブレナン裁判官の司法哲学 …………………………………… 242

第11章　アボーション論争と連邦最高裁 ……………………… 245

1　アボーションの背景 ……………………………………………… 245
　（１）アボーション論争の意味 …………………………………… 245
　（２）アボーション論争の歴史的展開 …………………………… 245
　　①19世紀の状況 ………………………………………………… 246
　　②20世紀後半の新たな動き …………………………………… 247
　　③1960年代から70年代初頭までの状況 …………………… 247
　（３）アボーション問題と社会の動きとの関係 ………………… 248
　　①女性解放運動の影響 ………………………………………… 248
　　②アボーションと宗教 ………………………………………… 249
　　③政治問題としてのアボーション規制 ……………………… 251

2　アボーション論争と連邦最高裁 ……………………………… 252
　（１）ロー判決以前の連邦最高裁 ………………………………… 252
　　①州のアボーション規制立法と連邦最高裁 ………………… 252
　　②グリズウォルド判決 ………………………………………… 252

3　ロー判決 ………………………………………………………… 255
　（１）事実の概要 …………………………………………………… 255
　（２）ロー判決と女性運動の二人の弁護士 ……………………… 255
　（３）ロー判決の内容 ……………………………………………… 257
　（４）ロー判決の問題点 …………………………………………… 258

4　ロー判決の及ぼした政治的影響 ……………………………… 261
　（１）大統領選挙とアボーション問題 …………………………… 261
　（２）アボーション問題をめぐる世論，草の根反対運動 ……… 262
　（３）マクレン事件連邦最高裁判決 ……………………………… 265
　（４）州議会の対応と連邦最高裁 ………………………………… 267

5　ロー判決以後の連邦最高裁の判例 …………………………… 268

（1）ケーシー事件連邦最高裁判決 …………………………………… 268
　　　①事件の内容 …………………………………………………………… 268
　　　②先例としてのロー判決 ……………………………………………… 269
　　　③新たな判断基準の提示 ……………………………………………… 270
　　（2）カーハート事件連邦最高裁判決 …………………………………… 271

第12章　司法権の優位と2つの判決 ……………………………… 275
1　レーガン革命 ……………………………………………………… 275
　　（1）レーガン政権の誕生 ………………………………………………… 275
　　（2）レーガン革命 ………………………………………………………… 276
　　（3）レーガンと連邦最高裁判所裁判官の任命 ………………………… 276
2　レーガン政権と憲法理解 ……………………………………… 278
　　（1）レーガン大統領の主張 ……………………………………………… 278
　　（2）ミース司法長官の見解 ……………………………………………… 279
　　（3）原意主義の内容 ……………………………………………………… 280
　　（4）原意主義の評価 ……………………………………………………… 281
　　（5）生ける憲法論 ………………………………………………………… 283
　　（6）原意主義とアボーション事件に対する判決 ……………………… 285
3　連邦最高裁の新たな役割 ……………………………………… 287
　　（1）ブッシュ対ゴア事件 ………………………………………………… 287
　　（2）シチズンズ・ユナイテッド事件 …………………………………… 290
　　（3）シチズンズ・ユナイテッド判決とオバマ大統領の痛烈な批判
　　　　……………………………………………………………………… 292

第13章　連邦最高裁裁判官 ………………………………………… 297
1　連邦裁判所裁判官の選任過程
　　　――とくに連邦最高裁の場合を中心に ……………………… 297
　　（1）公式の資格要件 ……………………………………………………… 297
　　（2）非公式の条件 ………………………………………………………… 298
　　（3）法律家としての能力 ………………………………………………… 298

　　　　①ジョージ・W・ブッシュ大統領によるマイヤースの指名 ……… 299
　　（4）政治的関係 ……………………………………………………… 299
　　（5）自己推薦の能力 ………………………………………………… 300
　　（6）幸運 ……………………………………………………………… 300
　2　連邦裁判官の選任過程と過程参加者 ……………………………… 301
　　（1）大統領の指名 …………………………………………………… 301
　　（2）司法省 …………………………………………………………… 303
　　（3）州および地方の政治的指導者 ………………………………… 303
　　（4）圧力団体 ………………………………………………………… 304
　　（5）アメリカ法律家協会（ABA）………………………………… 305
　　（6）上院司法委員会 ………………………………………………… 306
　　　　①上院の議院規則上における役割 …………………………… 306
　　　　②選任過程への影響 …………………………………………… 307
　　　　③委員長の影響力 ……………………………………………… 307
　　（7）上院本会議 ……………………………………………………… 308
　3　大統領と連邦最高裁との関係 ……………………………………… 310
　　（1）2つの問題 ……………………………………………………… 310
　　（2）大統領のための連邦司法府の構成要素 ……………………… 311
　　　　①大統領のイデオロギー的任命の意思の強さ ……………… 311
　　　　②裁判官の空席の数 …………………………………………… 312
　　　　③大統領の政治的影響力の強さ ……………………………… 312
　　　　④連邦司法府の傾向 …………………………………………… 313
　　（3）ブッシュ政権の場合 …………………………………………… 314
　　　　①大統領のイデオロギー的任命の意思の強さ ……………… 314
　　　　②裁判官の空席の数 …………………………………………… 314
　　　　③大統領の政治的勢いの強さ ………………………………… 314
　　　　④連邦司法府の傾向 …………………………………………… 315

第14章　裁判官の意思決定プロセス ……………………………………… 317
　1　意思決定の流れ ……………………………………………………… 317

|　目　次

- （1）口頭弁論 …………………………………………………………… 318
- （2）裁判官会議 ………………………………………………………… 319
- （3）判決の執筆の割り当て …………………………………………… 320
- （4）判決の言渡 ………………………………………………………… 321

2　連邦裁判官の属性 ……………………………………………………… 321

- （1）連邦地方裁判所の裁判官の属性 ………………………………… 321
  - ①前職との関係 ……………………………………………………… 322
  - ②学歴 ………………………………………………………………… 322
  - ③人種的マイノリティとの関連 …………………………………… 322
  - ④ABAの評価 ………………………………………………………… 323
  - ⑤支持政党 …………………………………………………………… 323
  - ⑥資産 ………………………………………………………………… 323
- （2）連邦控訴裁判所裁判官の属性 …………………………………… 324
  - ①前職との関係 ……………………………………………………… 324
  - ②支持政党 …………………………………………………………… 324
- （3）連邦最高裁裁判官の属性 ………………………………………… 325

3　連邦最高裁での意思決定 ……………………………………………… 326

- （1）基本的なアプローチ ……………………………………………… 326
- （2）古典的な制度論的アプローチ …………………………………… 326
  - ①アプローチの内容 ………………………………………………… 326
  - ②憲法革命の影響 …………………………………………………… 327
  - ③法リアリズムの勃興 ……………………………………………… 327
- （3）司法行動論アプローチ …………………………………………… 328
  - ①シューバートの研究 ……………………………………………… 328
  - ②司法行動論的アプローチの特色と限界 ………………………… 329
  - ③司法行動論アプローチに対する批判 …………………………… 329

4　新制度論的アプローチ ………………………………………………… 330

- ①公共選択論的なもの ………………………………………………… 330
- ②価値の形成的側面を重視するもの ………………………………… 331

③構造的影響を重視するもの ………………………………………… 331
　　　④司法行動論への批判 ………………………………………………… 331
5　政治学的アプローチの有効性 …………………………………………… 332
　(1)　対象とアプローチとの関連 …………………………………………… 333
　(2)　全体的な構図の必要性 ………………………………………………… 333
6　連邦最高裁内部での意思決定 …………………………………………… 334
　(1)　合図理論 ………………………………………………………………… 334
　(2)　小集団分析 ……………………………………………………………… 337
　　　①２つのポイント ……………………………………………………… 337
　　　②小集団分析の手法 …………………………………………………… 337
　　　③小集団分析の問題 …………………………………………………… 339
　(3)　態度理論 ………………………………………………………………… 340
　　　①内容 …………………………………………………………………… 340
　　　②態度理論の有効性 …………………………………………………… 340
　　　③態度理論の問題点 …………………………………………………… 341
　　　④最近の態度理論 ……………………………………………………… 342
　　　⑤態度理論の意義 ……………………………………………………… 343
　(4)　合理的選択モデル ……………………………………………………… 343
　　　①内容 …………………………………………………………………… 343
　　　②裁判官の投票行動と合理的選択モデル …………………………… 344
　　　③合理的選択モデルの特色 …………………………………………… 345
　(5)　総合的な理解の必要性 ………………………………………………… 346

　事項索引 ……………………………………………………………………… 347

第1章　イントロダクション

1　アメリカにおける司法と政治及び最近の話題

　アメリカでは，司法と政治の関係は深い。たとえば，その直截的な例として，かつて2000年のアメリカ大統領選挙で民主党のゴアと共和党のブッシュの両大統領候補が最後までフロリダ州の得票の行方をめぐって争ったブッシュ対ゴア（Bush v. Gore, 531 U.S. 98（2000））事件連邦最高裁判決があげられる[1]。事件は，双方の弁護団が，州の裁判所と連邦の裁判所で訴訟合戦を繰り広げ，最終的には合衆国最高裁判所（以下，連邦最高裁）が，その判決を通して結果的にブッシュ候補を大統領として選ぶという形で落着を見た。この事件の混迷の政治的背景として，民主党を支持する裁判官で構成されるフロリダ州最高裁と共和党を支持する連邦最高裁という，法と政治の関係の構図が存在するといわれた。このような事件の存在は，わが国ではふつう民主主義的政治過程が解決するべき問題と考えられる。それが，アメリカにおいては，法の支配そして司法の優位の観念の下で，裁判所の判断に委ねられていることを示すものである。

　ブッシュ対ゴア事件判決については，後の章で詳しく取り上げるが，その判決はアメリカでも特殊な事件に属するものであり，先例としての価値が乏しいとも指摘され[2]，法的には注目度の低い判決であるといわれる。しかし，この判決が，なぜ裁判所とくに連邦最高裁によって下されえたのかというこ

---

[1]　ブッシュ対ゴア事件について，詳細は以下の文献など参照のこと。松井茂記『ブッシュ対ゴア―2000年アメリカ大統領選挙と最高裁判所判例』（日本評論社，2001年），見平典「大統領選挙紛争と投票権の平等」大沢秀介＝大林啓吾編著『アメリカ憲法判例の物語』（成文堂，2014年）479頁以下。
[2]　カーミット・ルーズヴェルトⅢ世（大沢秀介訳）『司法積極主義の神話』（慶應義塾大学出版会，2011年）192頁。

とを考えることは，アメリカの憲法や司法そして政治を見る場合に，興味深いテーマを提供するものということができる。なぜアメリカで連邦最高裁が，このような事件で判決を下しうるという地位と役割を有しているのか？それが，本書を一貫して流れるテーマである。具体的には時代的に発展し変化していく連邦最高裁の地位と役割を，歴史的な文脈の中においてその時代状況との関連で理解し，そこにどのような連邦最高裁と他の政治部門の関係および国民（人民）との関係が見られるのか，そして，そのような文脈の中で連邦最高裁は，政治をどうとらえ，どのように司法の役割を理論化しようとしてきたのかを，本書でこれから検討することになる。さらに，連邦最高裁の裁判官各個人および裁判官集団としての意思決定のプロセス，また連邦最高裁の制度が各裁判官の行動に与える影響なども見ていきたいというのが，本書のねらいである。

2　トックヴィルの言葉の2つの意味

（1）政治的な紛争の最終的解決機関としての連邦最高裁

このような観点から見てみるとき，アレクシス・トックヴィル（Alexis de Tocqueville）[3]の有名な言葉である「アメリカではおよそ政治的問題で裁判所によって解決されない問題はない（scarcely any political question arises in the United States that is not resolved, sooner or later, into a judicial question）」という指摘[4]には，少なくとも3つの大きな含蓄が含まれているといえる。

第1に，それは，連邦最高裁の裁判官の前に提示される最近の憲法問題の中には，実は法的な関心から生じたというよりも，その根は政治的なアリーナからもたらされたものという場合が多いことと関係しているということである。元来アメリカでは，その建国時以来政治権力に対する警戒心が強いが[5]，このような権力に対する懐疑的傾向は近年の福祉国家化の状況の中で執

---

[3] ALEXIS DE TOCQUEVILLE, I DEMOCRACY IN AMERICA 280 (1945).
[4] トックヴィルの考え方について簡潔説明したものとして，アレクシス・ド・トクヴィル（岩永健吉郎・松本礼二訳）『アメリカにおけるデモクラシー』（研究社出版，1972年）の解説参照のこと。
[5] アメリカにおける政治権力に対する強い警戒心を示した最近の例として，2014年暮れから2015年初頭に見られた麻疹（はしか）の流行の中で，予防接種を受けない理由として，予防接種の副

行権の拡大が見られることに対しても示されている。それは，アメリカにおける権力分立の観念に由来するものであり，移民政策に見られるような執行権の拡大傾向に対しては批判も強く[6]，執行権による権力の拡大に対する防波堤として，司法権への期待が高まることも見られるようになってきている。もっとも，アメリカでも政治の保守化がいわれ，また保守化した政治の中で大統領によって任命される連邦最高裁の裁判官も保守的な考えをもつ法律家が多く見られるようになってきている。そのため，司法は，政治に介入することに否定的になるだろうと一般的に考えられてきた。

しかし，保守的といわれたウィリアム・レーンキスト（William Rehnquist）首席裁判官の時代の連邦最高裁（1986年-2005年）は，実際には連邦法に対する違憲判決を以前よりも多く下したのである[7]。また，すでに触れた2000年の大統領選挙でのフロリダ州での投票結果の適法性が争われたブッシュ対ゴア事件判決で，法と政治との峻別を説き法の原理的解釈を重視するとされてきた裁判官が判決を下すにあたって，憲法の解釈の中に先例や従来の法解釈ではとらえ切れない多くの政治的考慮を含ませた判断を示した。

このことは，つぎのように考えることができよう。アメリカでは，現在大統領と議会がそれぞれ異なる政党によって支えられるという分割政府の状態が恒常化しているとともに，社会的にも少数派の多様化が進行するなどしている。そのため，政治的，社会的に重要な問題が，民主主義的政治過程で決定できず，連邦最高裁を含めた全体的な統治枠組の中で判断するという形がとられることがあるということである。それは，連邦最高裁が司法の領域にとどまる機関であることを超えて最終的に統治に関わる問題を決着する統治

作用のおそれに加えて，予防接種を受けるか否かの親の判断が政府によって強制されると以後も他の問題について親の判断に対する政府の干渉を認めることになるという意見が見られたことがあげられる。また，その見解を支持する2016年の大統領選挙における共和党の有力候補と見られる政治家の発言も見られた。Alessandria Masi, *Measles Outbreak 2015: Chris Christie, Rand Paul Slammed For Anti-Vaxxer Comments*, INTERNATIONAL BUSINESS TIMES, available at http://www.ibtimes.com/measles-outbreak-2015-chris-christie-rand-paul-slammed-anti-vaxxer-comments-1803306.

6 ジョン・C・ユー（奥田暁代訳／大沢秀介監修）「オバマ政権の移民法不執行と憲法」法学研究88巻6号（2015年）67頁。

7 THOMAS M. KECK, THE MOST ACTIVIST SUPREME COURT IN HISTORY 2 (2004).

枠組を構成する機関の1つとしてその役割が位置付けられるということを意味している。その結果，他の統治機関に対して，時に連邦最高裁が司法権の優位という形を示すこともありうるということである。連邦最高裁とアメリカの全体的な統治システムとの関係が，注目される必要があるのである。

（2）政策決定者としての裁判官

　第2に，連邦最高裁が前述の（1）で述べたような働きを見せる場合には，連邦最高裁あるいは裁判官の判断を一種の政治的決定，政策判断と見て，その判断を政治的価値判断等との関係から分析し理解するアプローチの可能性が生じる。このような観点から判決を理解することは，これまで「連邦最高裁ウォッチャー」と呼ばれるジャーナリストや政治学者によってアメリカでは広くなされてきたものである。たとえば，最近のアメリカ政治の保守化の中で州と連邦との関係が改めて問われ，いわゆる連邦主義ないし連邦制（フェデラリズム）の問題が憲法問題として連邦最高裁によって判断されるようになってきているが，そこには権力の分配のあり方という政治的要素も多分に含まれており，政治的分析の必要性も高いのである。また，そこには，わが国でもしばしば言及される大きな政府と小さな政府という考え方を，連邦政府と州政府の間にどのように適用するかという点での対立が見られるのである[8]。このような政治的に対立する要素を内包する問題に対峙するとき，裁判官がどのような形でフェデラリズムというアメリカ政治の根幹に位置する原理について理解し，それに基づいてどのような判断を下すのかが重要な焦点になるのである。それは，ある裁判官が州権論の強い州出身のゆえに州の判断を好ましいと感じるといった主観的な観点ばかりではなく，先例や法令の解釈という法解釈の観点，さらにその裁判官の判断の深層に存在する世界観・政治観という点から，その判断を理解することによって，政治的意味合いをもつと考えられる判決に示された判断過程を明らかにし，その裁判官の行動を合理的に説明しより良く理解することができるのである。

---

[8] デイヴィッド・S・ロー（西川伸一訳）『日本の最高裁を解剖する―アメリカの研究者からみた日本の司法』（現代人文社，2013年）124-128頁。

（3）連邦最高裁の制度が及ぼす影響

　第3に，各裁判官の判断過程ないし行動を合理的かつより良く理解するためには，そのような判断や行動が制度という一定の枠内で形成ないし生み出されるということを踏まえる必要がある。そこでは，制度や形式の与える裁判官の判断や行動に対する影響についても考慮する必要がある。その意味で，連邦最高裁の裁判官の判断を拘束する要因として，まず法令や裁判所規則などの形式で存在する様々なルールをあげることができる。それらのルールは，連邦最高裁の法的機関としての性格から派生するものであり，裁判官の行動を理解する上で大きな意味合いを有する。それらのルールは，多くの場合憲法や法律などによって構築されているが，判例や実務上の慣行として確立しているものも存在する。ただ，より広い意味で裁判官の判断や行動を制約する制度的要因も存在する。連邦最高裁の裁判官の任命に至るプロセスについては，後述するように，かなりの部分は政治的要因によってなされている。その意味で，裁判官がどのような法的・政治的プロセスを経て，連邦最高裁の裁判官の地位に就いたかを検討する場合には，幅広い視野が求められることになる。

3　日本との関連性

（1）わが国の司法消極主義

　これまで述べてきたことは，もちろんアメリカのことである。その意味で，日本のこととは関係ないと思われるかもしれない。たしかに，これまでわが国ではアメリカと異なり，司法と政治との関係については，その問題について本格的には注目されてこなかったといえる。その点は，わが国の司法が政治的に影響の大きい問題に介入することを極力避けようとして，政治的・社会的影響力の大きい違憲審査権の行使に消極的になるという，いわゆる日本的な「司法消極主義」の立場に立ってきたからであると説明されている。その典型的な例として，憲法9条をめぐって自衛隊の合憲性が争われた自衛隊裁判における司法の消極的な態度があげられることが多い。

　もっとも，最近事情は変化してきている。日本の最高裁は，これまで自民

党の長期政権と事務総局を頂点とする司法内部の官僚制的体質のゆえに保守的な性格を維持するという意味で,「司法消極主義」に従ってきた。そこでは,わが国でいわれる司法消極主義の下で,裁判所が違憲審査権を制度的,政治的,歴史的な理由で積極的に行使しないことが見られた。もっとも,そのような状態は,自民党政権の安定に結果的には寄与するという形で,かなりの政治的意味合いを持っていた。さらに,最近の研究では司法消極主義的立場が最高裁により意図的にとられてきたところもあるという指摘がなされている[9]。

ただ,これまで日本の最高裁が違憲審査権を積極的に行使してこなかった理由として多く指摘されてきたのは,日本の法文化の影響という側面である。いわゆる法文化は,司法と政治の関係を支える基層ともいえる部分であるので,本論に入る前に検討しておくことにしたい。

(2) 日本人の法意識論

わが国で長くとられてきた日本人の法意識に関する見方によれば,日本人は法を利用することには消極的と解され,それがわが国とアメリカの法および裁判所に対する意識の相違をもたらすものとされてきた。

これに対し,わが国における司法について「2割司法」という言葉も存在する。この言葉は,弁護士でもあった中坊公平元住宅金融債権管理機構社長[10]の用いたものである。中坊氏は,1990年に日弁連が「法律紛争を裁判所に持ち込みますか」というアンケートを行なったところ,「持ち込む」と答えた人の数が2割であり,また「あなたの身近なところに弁護士がいます

---

[9] 砂川事件について,田中耕太郎最高裁裁判官がアメリカの在日首席公使に対して,最高裁としての判断について政治的影響力を少なくする形での判断を目指していると語ったとされる文書が最近公けにされた。以下の文献は,この田中長官の発言が裁判所法75条に反するものであり,日本の司法への信頼を損ねるものであるとする。布川玲子・新原昭治「砂川事件『伊達判決』と田中耕太郎最高裁長官関連資料—米国務省最新開示公文書(2013. 1. 16開示)の翻訳と解説」法学論集(山梨学院大学)71巻(2013年)220頁。同『砂川事件と田中最高裁長官』(日本評論社,2013年)。

[10] 中坊公平氏は,司法改革の際の中心人物の1人として「平成の鬼平」となぞらえられ,マスコミからその経歴や考え方が注目された。詳しくは,高尾義彦『強きをくじき—司法改革への道』(毎日新聞社,1992年)参照。

か」という問いの答えも2割であったということから，2割司法という言葉を使ったといわれる。したがって，この言葉の意味するところは，わが国の司法は本来の果たすべき機能の2割しか担っていないということにある。この2割司法という言葉は，20世紀末からの司法改革を推進するものとして広く使われたが[11]，そこに込められた指摘はこれまで伝統的にわが国でいわれてきたこととは異なるものであった。

（3）日本人の司法利用行動と法意識の問題

　日本人の裁判所利用に関する伝統的見方によれば，わが国では紛争解決の手段として訴訟は用いられないとされてきた。訴訟事件を人口数で割ったわが国の訴訟率は，他国とくにアメリカと比べて格段に低く，紛争の解決の多くは，調停や和解などの非公式な手段によってなされるとされてきた。そして，そのような低い訴訟率は，わが国が法的には非近代的な状況にあることを示すものとされ，日本人が和を尊重し訴訟を回避しようとする法意識を有することに起因するものであるとされた。そして，この非近代的な発展途上の段階を乗り越えるためには，法的に近代化の進んだ西洋社会で一般的な紛争解決の手段である訴訟や法に対する意識を定着化させることが必要であるとされた。もっとも，訴訟率の単純な比較に対しては，紛争の実数がわからなければ意味がないという反論もありうるところである。実際，都市化・工業化が進展し，人間関係が複雑化している現在，わが国における紛争の数が他国に比べて極端に低いわけではない[12]。そこで，このような訴訟率が低いという状況がなぜこれまで見られてきたのかが，長くわが国において法社会学者を中心に論じられてきた問題であった。その問題に対する有力な解答の1つとして，いわゆる「日本人の法意識」論が示されてきた。実際，わが国の法社会学の誕生は，この問題をいかに説明するかという観点と深く結びついたものであった[13]。

11　小倉眞久「裁判員制度の誕生（2・完）―アジェンダ・セッティングと政策形成―」関法62巻6号（2013年）274頁。
12　村山眞維・濱野亮『法社会学』（有斐閣2003年）91-92頁。
13　この点を説明しようと試みた著作として，川島武宜『日本人の法意識』（岩波新書，1967年）がまずあげられる。

第1章　イントロダクション

　この「日本人の法意識」の問題については，その後様々に議論されてきたが，最近の法社会学の代表的教科書はこの問題に関する学説として，3つの立場をあげている[14]。以下，その内容を紹介しつつ，検討してみたい。ここで取り上げる学説は，文化説，機能不全説，予測可能説の3つである。

（4）文化説
①文化説の主張　文化説は，伝統的な説明であり，その説明とは日本人の権利意識が低く，それゆえに訴訟を行わないというもので，従来の支配的な学説の立場である。代表的な著作としては，わが国の法社会学の創始者といえる故川島武宜東大教授の『日本人の法意識』があげられる。この書物は，岩波新書の1冊として刊行され，現在も出版されているロング・セラーである。この書物は，法社会学者としてばかりではなく，民法学の第一人者としても知られる東大教授の著した書物ということもあり，日本独特の法意識を説くものとして，外国でもかなり広く翻訳されて読まれており，多大な影響を日本人ばかりでなく外国人読者にも与えてきた書物である。

　文化説によれば，権利意識は，国における実定法についての知識を問う狭義の権利意識と，「人間関係を権利や義務という概念で考えるかどうかという抽象的な思考枠組み」としての「権利観念」に分かれる。そして，川島教授は，実定法の知識が国ごとに異なるのは当然であるとしても，日本人の場合には権利観念について独特のものがあるとし，そのような権利観念を伴う権利意識の結果として日本では訴訟が少ないのだと主張したのである。

②文化説の具体的内容　文化説は，第1に，本来の権利観念とは，「権利・義務の判断基準が客観的に存在することを認め，他者の権利と自己の義務を進んで認めるようなもの」[15]であるとする。それが，近代欧米諸国の法典において予定されているものである。第2に，日本では，このような権利観念の発達が遅れており，「平等かつ普遍的に適用される公式の法システムによって社会関係を処理したりしようとせず，当事者間の特殊な関係に基づ

14　渡部保夫・宮澤節生・木佐茂男・吉野正三郎・佐藤鉄男『テキストブック　現代司法（第4版）』（日本評論社，2000年）219頁以下。以下の論述はこの書物によっている。
15　渡部ほか・前掲書注（14）221頁。

く影響力で処理しようとしたり，相手との事実上の関係を考慮して権利主張を断念したりする。」[16]これが，調停や仲裁などの非公式な紛争解決手段の使用につながっているとする。さらに，このような非公式手段が用いられるのは，わが国では権利観念の発達が遅れているためであるとする。たとえば，「所有権は排他的な効果を持つものとは考えられず，契約は確定的内容をもつものとは考えられず，訴訟よりも調停が好まれるという特徴」[17]に現れているとされた。そして，遅れた契約の観念としては，建築請負契約があげられた。また，所有権については，敷地の境界争いに対する鈍感さがあげられた。

つぎに，社会的な伝統的意識として，日本の場合には「私人間の紛争を訴訟によって解決することを，ためらい或いはきらうという傾向がある」[18]とされる。それを行えば「変わり者」，「訴訟きちがい」とされ，「裁判を起こすと家をつぶす」といわれた[19]。訴訟を利用することに対する社会的制裁が存在するというのである。そして，わが国ではそのような文化を背景に，公的な法制度ではなく非公式な紛争解決手段が発達してきたとするのである。

文化説は，いま述べたように，日本人の権利意識，とくに権利観念の発達が遅れているという考え方に依拠するものである。ここで遅れているというのは，わが国社会と西欧社会との相対的関係においてである。したがって，このような日本人の権利意識の発達が遅れているという状況は，日本社会の近代化に伴って改善するという仮定がとられている。逆に，川島によれば，近代化が進展すれば，「人々は，よりつよく権利を意識し，これを主張するようになるであろう。そうして，その手段として，より頻繁に，訴訟＝裁判という制度を利用することになるであろう。」[20]とされることによっても明らかである。

③**文化説の問題**　　いままで見てきたような文化説の仮説は，訴訟率の低さ

16　渡部ほか・前掲書注（14）221頁。
17　渡部ほか・前掲書注（14）221頁。
18　川島・前掲書注（13）127頁。
19　川島・前掲書注（13）141-142頁。島崎藤村の『夜明け前』という小説には，そのような状況が描かれている。島崎藤村『夜明け前　第1部上』（新潮文庫，1955年）。
20　川島・前掲書注（13）202頁。

を日本人の法意識の非近代性に求め,近代化＝法意識の向上という考え方を背景にしていた。そして,日本の非公式的なものを中心とする紛争解決制度の存在を,日本の文化によって規定されたものとしてとらえたのである。

しかし,このような文化説に対しては,問題点が多く指摘されてきた。具体的には,日本人が前近代的な段階にとどまっているといえるのか,日本人が権利観念を持っていないといえるのか,などという文化説そのものがとる前提に対する疑問,また訴訟に解決を求めないのは日本人がもつ特有の法意識の故にではなく,経済的負担の過重さなどのためであり,訴訟回避の行動はより合理的な説明が可能である,などの批判である。

より基本的な点として,訴訟率の低さを日本人の伝統的意識というあいまいな理由で説明しようとすることへの疑問も存在した。それは,日本人の訴訟回避の行動をより合理的な観点から説明しようとする観点と結び付くことになる。そのような観点から見た場合には,文化説において「日本人特有の『権利観念』の例として引用される事例は,実は具体的行動のデータであって,『権利観念』自体は,その背後にあるものとして仮定されているにすぎない。」[21]のではないかという指摘がなされることになる。

さらに,最近では,リストラの瀕発という現状を前にした,会社を擬似共同体ととらえる思想の崩壊,家族制度の脆弱化,少子高齢化社会の進展,賃金の低下と非正規雇用者の増大などによって,伝統的な社会の紛争回避メカニズムはうまく機能しなくなっており,紛争の表面化が非常に多く見られるようになっている。にもかかわらず,現実には訴訟の数は急激には増えていない。むしろ,減少の傾向にある。このような点からも,文化説への疑問は強くなっている。もし,訴訟率の低さが,日本の近代化の遅れと関連しているならば,戦前よりも戦後,そして戦後よりも最近という具合に訴訟率が高まるはずであるのに,そのような傾向が見られないことを文化説は正しく説明できていないとされるのである。

このような問題点の指摘の上に立って主張されるようになったのが,日本はヨーロッパと同様に近代化しており,日本人の法意識も近代化している

21　渡部ほか・前掲書注（14）224頁。

が，そのような近代化された意識から見て，訴訟の提起が他の非公式な紛争解決よりも日本人にとって利用困難である，あるいはメリットがないためではあるという考え方が見られる。このような日本人の法意識に関するより合理的な説明をめざすものとして，機能不全説と予測可能説が主張されている。

（5）機能不全説

①機能不全説の主張　機能不全説は，アメリカの日本法研究者ジョン・ヘイリー（John O. Haley）教授が主張し始めた見解である[22]。機能不全説によれば，日本での訴訟率の低さは，裁判所の過剰負担による訴訟遅延と弁護士不足のために，裁判所が訴訟解決のために十分利用されていないという日本の司法制度の機能不全にその原因が求められるとされる[23]。この見解は，さらにフランク・アップハム（Frank K. Upham）教授によって，日本での訴訟の少なさは支配層であるエリートによる機能不全を好ましいとする政策の効果として理解できるとされた[24]。すなわち，エリート層は，訴訟率の低さと非公式紛争解決手段の優位性を体制維持などの自らの利益にとって好ましいものと判断し，意図的に公式の紛争解決手段の働きを抑制する政策をとってきたとするのである。具体的には，①裁判所を実際の紛争解決処理に必要な数だけ置かないという政策がとられてきた，②司法試験による合格者の数をかなり低く抑制する政策がとられることによって，その結果として裁判所はその処理能力以上の事件を押しつけられて訴訟遅延の状況になり，また司法試験合格者の数が抑制されることによって，事件を裁判所に提起する役割を果たす弁護士の数が少なくされてきた，③さらに，訴訟提起を考えている人々に訴訟を提起する動機付けを与えないような低いレベルの救済のみしか裁判

---

[22] JOHN OWEN HALEY, AUTHORITY WITHOUT POWER: LAW AND JAPANESE PARADOX (1994).
[23] 平成26年度の司法統計によれば，地方裁判所の民事・行政事件の新受事件数は58万555件であり，平成17年度の95万4775件に比べて大幅に減少している。より詳しい内容については，以下の裁判所のホームページを参照のこと。
http://www.courts.go.jp/app/files/toukei/889/007889.pdf
[24] 渡部ほか・前掲書注（14）224頁。なお，アップハム教授の著作として，以下の文献が興味深い。
FRANK K. UPHAM, LAW AND SOCIAL CHANGE IN POST WAR JAPAN (1989).

所によって与えられないという政策もとられてきたとされる。

このようなエリート層による意図的な訴訟提起抑制策によって，日本における訴訟を通しての紛争解決は，アメリカと比べて著しくその数が低く維持されてきたというのが，機能不全説の主張である。

②**機能不全説のメリット**　機能不全説の主張するように，たしかにわが国の場合はアメリカの裁判においてしばしば見られる高額の損害賠償をもたらすことの多い懲罰的損害賠償やクラス・アクションなどの制度が認められていないことや，法律扶助制度が十分設けられていないなどの制度的な問題が存在する。また，平成28年現在の地方裁判所および家庭裁判所について見てみると，全国で50ケ所の本庁，203ケ所の支部が設けられているが，平成2年に41ケ所の裁判所支部が統廃合されたことは，機能不全説の立場からは重要である。さらに，それ以前の昭和63年に簡易裁判所が122ケ所廃止されたことも重要である。紛争解決の担い手として期待される弁護士の数もわが国の場合欧米諸国に比べ少ないことは明らかであり，そのことは地方に行くとゼロ・ワン地域と呼ばれる，弁護士がその地域に一人あるいはまったくいない地域が，現在でもかなり存在するという状況にあることからも明らかといえる。

このような点を考えると，機能不全説が主張するように，わが国で裁判所による紛争処理が少ないのは，「自己の利益に反する法的な権利が形成されることを恐れたエリートたちが，非公式処理の機構を意識的に導入・維持してきた」ためであるということもできるように思える。その意味では，「裁判官・弁護士の不足，裁判による救済の限界，法律扶助の未発達などの現象も，公式法制度の整備を望まないエリート側の努力の結果」として説明しうるとする機能不全説の主張[25]にも頷けるものが含まれているといえる。

③**機能不全説の問題**　しかし，いま述べたような多くの点で共感すべき主張をもつ機能不全説に対しても，問題点が指摘されている。それは，単にエリートの支配対策の一環として日本人の訴訟回避の傾向が説明できるのかという批判である。すなわち，訴訟を提起する個人の側の判断は，まったく関

25　渡部ほか・前掲書注（14）226頁。

係がないとして無視しても良いのかということである。この観点からいえば，日本人の訴訟回避行動は，訴訟を起こすまでもなく訴訟の結果が予測することができ，訴訟によって得られる利益と同様な利益が非公式紛争解決手段の利用によって得られるならば，訴訟を回避することは各個人の合理的な計算に基づく行動として理解されるべきではないかということになる。このような見解に立つのが，つぎに述べる予測可能説である。

（6）予測可能説

①予測可能説の主張　機能不全説が，いわば訴訟提起の低さを個人を取り巻く外部的要因に帰する見解であるとすれば，それとは逆に，個人の側の合理的な判断に基づく行動予測の結果という観点から，日本人の訴訟回避行動を説明しようとするのが，予測可能説である。その代表的な見解は，ハーバード大学ロー・スクールのマーク・ラムザイヤー（J. Mark Ramseyer）教授の主張である[26]。

ラムザイヤー教授は，法の分析に経済学的手法を適用しようとする法と経済学派（Law and Economics）の考え方に従って，「当事者は，合理的に自己の富を極大化する手段を通じて紛争を解決している」と仮定する。この仮定に基づき，ラムザイヤー教授は，つぎのように主張する。すなわち，日本で訴訟が利用されず非公式処理が行われるのは，訴訟結果の予測可能性が高いために和解が成立しやすいからであって，その意味では法は有効に機能しており，法が機能していないことを問題とした文化説と機能不全説は両方とも誤っているとするのである。

②予測可能説の特徴　この予測可能説によれば，わが国においてアメリカと異なり，訴訟ではなく示談で解決されることの多い交通事故事件の場合について，なぜそのような処理が行われるのかということは，以下のような合理的な説明によって理解することができるとされる。すなわち，この種の事件においては，裁判を起こしてもその「判決結果が当事者双方に対して予測可能であって，裁判外の処理でも被害者が加害者から損害の法的賠償額に当

26　マーク・ラムザイヤー『法と経済学』（弘文堂，1990年）：J. MARK RAMSEYER AND MINORU NAKAZATO, JAPANESE LAW: AN ECONOMIC APPROACH (2001).

たる金額を支払っている場合には，合理的判断の結果として訴訟が回避される」[27]ためであるとされる。

　この予測可能説は，いままで述べたような文化説や機能不全説に対して，近代的な社会における合理的な個人像という，より時代を超えた普遍的な合理的な人間という存在を仮定し，そのような合理的人間が経済的な観点から行動した結果として，訴訟回避行動を説明しようと試みるものである。そして，わが国でも法は十分機能しているということを示そうとするものである。そこでは，わが国特有の事情をことさら強調することなく，より普遍的で理論的な説明が目指されているといえる。その意味で，機能不全説とも文化説とも異なるものである。

③予測可能説の問題点　しかし，この予測可能性説にも問題点が指摘されている。それは，予測可能説によった場合でも，そこでは既存の制度が前提とされ，個人の合理的法行動を説明しようとしているにすぎないから，既存の制度をどのように評価するべきなのかという点が説明しえないのではないかということである。そうであるとすれば，機能不全説とは両立可能ではないかというのである。

（7）最近の見解

　以上3つの考えを見てきたが，それらはいずれも問題点を含んでおり，いずれもそれ1つだけでは不十分である。そこで，最近の考え方の中には，予測可能説は機能不全説を補完するものとして捉えたうえで，文化説と機能不全説の両立を説いているものがある。その代表的な論者である宮澤節生教授によれば，このような折衷説をとるのは，「訴訟による紛争処理の正当性を否定する文化というものは，訴訟の拡大を歓迎しないエリートが存在するからこそ必要とされるからである。そして，公式法制度が訴訟を促進する方向で改革されることによって利益を受けるはずの人々も，その制度改革が容易に実現しないとすれば，結局は自己の利益に反するはずの文化を支持する可能性がある。なぜならば，好ましくない現実が変更しがたいものであると

27　渡部ほか・前掲書注（14）226頁。

き，それを物事の自然なあり方として受け入れることができれば，人々は現実と折り合いをつけて生きることができるからである。」[28]とするのである。この考え方は，文化と制度のあり方は相互に影響しあい拘束するものであると見るものといえる[29]。

　この考え方は正しいといえるのであろうか。この見解の一番の問題点は，そこでいう文化という言葉の曖昧さである。すなわち，機能不全説も予測可能説もともに文化という不確定要因を何とかして取り除いて説明しようとするものである。したがって，基本的に文化説と機能不全説および予測可能説は対立するものとなるはずである。この点を折衷説は必ずしも解決しえていないように思われるのである[30]。

（8）司法制度改革論議との関連

　もっとも，いま述べたような折衷説には問題が多いとしても，その現実的有効性を示唆するのが，かつての司法制度改革をめぐる論議の変遷である。その議論は，経済のグローバル化に伴う個人の意識の変化を訴訟の役割の増大要因と捉えた上で，エリートがその政策を変更したものといえるように思われる。

　たとえば，裁判所に対する見方についても，司法制度改革論議の中では，これまでの行政による事前規制を減らし，裁判所による事後救済を重視するべきだということとの関係で，公正な社会を築くためには司法の役割がこれまで以上に重視するべきだとされた。実際，司法改革の論議の中で議論された制度的変更は，従来のわが国の司法のあり方を大きく変えようとするものであった。その際に，改革の1つの重要なモデルとして考えられていたのが，アメリカの司法なのである。これらの点を踏まえると，アメリカの司法の現状を見ることは重要ということになる。たしかに，最近では司法制度改革に対する批判も強く，一部では後退も見られる。ただ，そのような後退は，経験を経ての後退であるという意味では，単純な旧慣への回帰とはなら

28　渡部ほか・前掲書注（14）227頁。
29　渡部ほか・前掲書注（14）227頁。
30　宮澤節生『法過程のリアリティ』（信山社，1994年）175頁。

ないように思われる[31]。

　以上のような点を踏まえて，本書では，直接にはアメリカの連邦最高裁とアメリカ政治さらにはアメリカ社会とのかかわりについて見ていくことにする。それは，将来のわが国の司法のあり方を考える上で，有用な素材を提供することになるのを期待してのものである。

31　もっとも，このような後退は，結局司法の閉鎖性はそのままに司法の焼け太りをもたらし，一層の司法の官僚化をもたらすことになるという指摘も存在する。瀬木比呂志『絶望の裁判所』（講談社，2014年），森炎『司法権力の内幕』（筑摩書房，2013年）参照。

第2章　訴訟社会アメリカ

1　訴訟社会の到来

　本書で対象とするアメリカの司法は，これまで様々な形で特徴づけられてきた。アメリカの司法制度の特徴として，その地域主義に由来する多様性，すなわち50の州と1つの連邦の司法制度が併存していることをあげる見解は，その代表的なものである[1]。

　ただ，本稿との関係で重要なものとして，「アメリカほど裁判所が社会的，経済的，政治的に重要な役割を果たしてきた国も少ないだろう。」[2]との指摘があげられる。この点については，現在多くの人々にとって，違和感なく受け取ることができよう。もっとも，アメリカの司法が建国当初からそのような司法の働きをしてきたと理解することは，後述するように必ずしも正鵠を得たものとはいえない。

　アメリカ社会が「訴訟社会」（Litigious Society）といわれるようになったのは，1980年代である[3]。もっとも，その頃はまだ「訴訟社会」という言葉は一般的ではなかった。さらに，訴訟の増大が指摘され，「訴訟爆発」（Litigation Explosion）という言葉が登場するようになったのは，1990年代に入ってからである[4]。

---

[1]　「諸外国の司法制度概要」（1999年）1頁。この文書は，司法制度改革審議会第5回議事録で政府から提出されたアメリカの司法制度の特色を指摘した資料である。その内容については，以下のホームページを参照のこと。Available at http://www.kantei.go.jp/jp/sihouseido/pdfs/dai5gijiroku-1.pdf

[2]　上坂昇「最高裁判所」阿部齊編『アメリカの政治―内政のしくみと外交関係』（弘文堂，1992年）77頁。

[3]　JETHRO K. LIEBERMAN, LITIGIOUS SOCIETY (1983). 翻訳として，ジェスロ・K・リーバーマン（長谷川俊明訳）『訴訟社会』（保険毎日新聞社，1993年）がある。

[4]　WALTER K. OLSON, LITIGATION EXPLOSION (1992).

アメリカは訴訟社会であるといわれる場合には，それは否定的な意味合いで言及されていることがほとんどである。たとえば，訴訟爆発の結果として，アメリカの裁判所は訴訟を過剰に抱えすぎているとして問題とされている[5]。わが国でも，このようなアメリカの状況を「訴訟亡国」として描くという形で批判的に紹介されている[6]。そして，「訴訟社会」や「訴訟爆発」というような言葉に含意される訴訟の増大が，社会に対して大きなそして悪い影響を及ぼすという理解は，その後も広く共有されている。

2　訴訟社会の具体例

（1）マクドナルドコーヒーやけど事件

いま述べた訴訟爆発の具体例として，アメリカでしばしば言及されるのが，マクドナルドコーヒーやけど事件（McDonald's Scalding Coffee Case）とも呼ばれるリーベック対マクドナルド・レストラン（Liebeck v. McDonald's Restaurants）事件[7]である。この事件の概要は，以下のようなものである。

1992年2月，ニュー・メキシコ州アルバーカーキに住む81歳の元デパート店員のおばあさんステラ・リーバック（Stella Liebeck）は，孫の運転する自動車に乗ってマクドナルドに行き，ドライブ・スルーを利用して49セントのコーヒーを買った。そして，車を止めてコーヒーのふたを膝で挟んで取って砂糖とクリームを入れ飲もうとしたところ，華氏180度（摂氏80度）のコーヒーがカップからこぼれて，着ていたスウェットパンツの上にかかり，その結果膝から上にかけて体表面積の6パーセントに及ぶ2度から3度のやけどを負った。2度のやけどというのは，水ぶくれができる状態であり，3度のやけどというのは，皮膚の表面が焼けただれて，場合によっては皮膚移植が必要であるという程度のものである。このおばあさんは，やけどの治療のた

5　もっとも，このような問題が存在するとしても，その解決は国民の裁判を受ける権利の保障という観点からより司法を強化することによってはかるべきであるとする見解もある。Randy M. Mastro, *The Myth of the Litigation Explosion*, 60 FORDHAM L. REV. 199（1991）.
6　高山正之・立川珠理亜『「訴訟亡国」アメリカ―標的にされる在米日系企業』（文藝春秋，1995年）参照。
7　1994 Extra LEXIS 23（Bernalillo County, N. M. Dist. Ct., 1994）.

め8日間入院して皮膚の移植手術を受けた。そこで，このおばあさんは，マクドナルドに対して800ドルの医療費と慰謝料の合計2万ドルで示談による解決を求めた。これに対して，マクドナルドは示談で解決することを拒否し，この種の訴えに対して終止符を打とうと図った。このマクドナルドの姿勢の背景には，それまでマクドナルドの販売するコーヒーでやけどを負ったとして，700件に及ぶ訴訟が1982年から1992年まで提起されていたという事情が存在した。そのような中で，リーベックが訴えたのである。

　ディスカバリー（Discovery，正式事実審理の前にその準備のため，法廷外で当事者が互いに，事件に関する情報を開示し収集する手続）の段階で明らかになったことは，マクドナルドがコーヒーの熱さを華氏180度から190度に保っておくという方針を有していたこと，やけどの可能性に十分な配慮を払っていなかったこと，マクドナルド以外の店では135度から140度であったことなどであった。これに対して，マクドナルドは，ドライブ・スルーでコーヒーを買う人はその場では飲まず，家とか事務所で飲むことが多いとか，コーヒーが熱いことを客は承知しているはずであり自己責任の問題であるという抗弁を行った。しかし，マクドナルド自身の調査では，ドライブ・スルーでコーヒーを買う人は，すぐに飲み始めることが示されていた。

　いま述べたように，この事件は，コーヒー・カップから熱いコーヒーがこぼれてやけどを負ったという，日常よく見られるもののように思われた。それにもかかわらず，この事件が全米で注目されるようになったのは，裁判の結果，陪審員が塡補損害賠償（compensatory damage）として20万ドル（ただし，後に原告の方の過失分として20パーセントを減額し16万ドル），そして懲罰的損害賠償（punitive damage）として270万ドル（後に裁判官が48万ドルに減額），じつに総額290万ドルという巨額の損害賠償を原告に認めたためである。おばあさんの治療費800ドルの3,575倍，最初の慰謝料2万ドルを含めた場合でも約140倍という非常に高額な損害賠償が認められたのである。これに対して，マスコミは，訴訟爆発の中で生じた「くだらない訴訟（frivolous case）」として嘲笑の的としたが[8]，それはアメリカの訴訟社会化が進んでい

---

[8] Kevin G. Cain, *The Mcdonald's Coffee Lawsuit*, 11 J. CONSUMER AND COMMERCIAL L. 14, 15 (2007).

（2）その他の例

　いまあげたマクドナルド事件のほかにも，同様な例はいくつか存在する。たとえば，ドミノ・ピザが訴えられた事件があげられる[9]。ドミノ・ピザは，かつて30分以内の配達をうたい文句としてかかげ，30分で配達できなかったときはその場で現金を払う（アメリカでは3ドル）という営業方針を採っていたことで有名であった。ところが，ミズーリー州セントルイスで，ジーン・キンダー（Jean Kinder）という女性が信号にさしかかったとき，信号を無視してつっこんできたドミノ・ピザの車に衝突され，頭と背中にけがを負う事故が発生した。そこで，その女性はドミノ・ピザに対して交通事故はドミノピザが30分以内の配達という営業方針を採っているために，配達をする人が急いで車を飛ばしたために生じたものであるとして，訴訟を起こしたのである。その訴訟の結果，ミズーリー州の第1審裁判所の陪審は，ドミノピザに対して，7800万ドルの懲罰的損害賠償を認めたのである。この懲罰的損害賠償額の算定基準は，ドミノが30分以内に届けられなかった場合に支払う金額を1年間合計した額に相当するとされた。この訴訟によって，ドミノピザは30分以内の配達方針をやめることになったのである[10]。この訴訟は，結局ドミノが上訴すると発表した後，原告の弁護士と会社側の弁護士の間で和解交渉が持たれ，和解が成立したことによって解決されたが，その内容は秘密とされた。

　この種の「くだらない訴訟」事件は，アメリカ事実審法律家協会（Association of Trial Lawyers of America（現在は，American Asociation for Justice に名称を変更））という法律家団体のホームページに，代表的な事件がいくつも載せられている。そこでは，マクドナルド事件やドミノ事件の他に，他の車が横から衝突してきたために事故に遭い運転手が死亡したのは，ジェネラ

9　*Domino's drops promise that made it pizza leader*, *available at* http://articles.baltimoresun.com/1993-12-12/news/1993356006_1_domino-pizza-hat.

10　Michael Janofsky, *Domino's Ends Fast-Pizza Pledge After Big Award to Crash Victim*, Dec. 22, 1993, *available at* http://www.nytimes.com/1993/12/22/business/domino-s-ends-fast-pizza-pledge-after-big-award to crash-victim.html.

ル・モータース（GM）が製造したピックアップトラックの燃料タンクの設置場所に欠陥があるための事故であるとして，GM が訴えられたモズレー対 GM（Moseley v. G.M.）事件（"Side-Saddle Fuel Tank" 事件と呼ばれる）[11]，アラバマ州の医師が買ったドイツの自動車会社 BMW の販売する高級自動車が，ドイツで酸性雨の被害にあったのを隠すため塗装のし直しを受けていたにもかかわらず，BMW はそのことを明らかにせず，完全な新車として偽り販売したとして，詐欺で訴えられた BMW 対ゴア（BMW North America, Inc v. Gore）事件[12]などが代表的な例として載せられていた。

3　訴訟社会の背景にみられる特徴――3点

（1）訴訟の相手方――Deep Pocket

いま述べたいくつかの事例は，アメリカの訴訟社会化を示す典型例として指摘されてきたものであるが，この種の訴訟に共通する特徴として，3つの点があげられる。第1に，訴訟の相手方が大企業ないしそれに準ずる法人であるということである。マクドナルド，GM，BMW は，いずれもグローバル企業であり，ドミノ・ピザも世界最大のピザ販売業者であって，いずれも豊富な資金源（deep pocket）を有している点で共通している。

（2）陪審の役割

第2に，陪審の果たした役割の重要性があげられる。陪審の制度は，イギリスで生まれて以来「同僚による裁判」という民主的側面を有し，裁判という国家の作用に市民が自ら主体的に参加する機会を提供するものとして，今日でも重要性を有している。その反面，陪審の果たす機能・役割が主観的なものへと流れる傾向は否めない。ときに争われている事実に対して，冷静に判断するというよりも，感情によって動かされる場合も少なくない。マクドナルド事件でも，陪審員たちは当初原告がコーヒーをこぼしてやけどを負っ

---

[11] *See* http://www.rolanddarby.com/br_sidesaddle.html.
[12] 646 So. 2d 619 (Ala. 1994). なお，この事件は最終的には連邦最高裁に上訴された（116 S. Ct. 1589 (1996))。

たからといって,「くだらない訴訟」を起こすことにはあまりいい感じを抱いていなかった。しかし,後に原告のこうむったやけどの写真や入院して皮膚の移植手術を受けたという事実が明らかにされていく過程で,被告であるマクドナルド側の弁護士が,原告の苦しみに対して思いやりを欠き,無関心な態度を示したことなどもあって,徐々に陪審員の態度が変化していったといわれる。そして,マクドナルドは年間10億杯のコーヒーを売って利益を上げていること,マクドナルド側に謝罪の意思のないことなどを,陪審が訴訟の過程で知らされたことによって,260万ドルの懲罰的損害賠償を含む290万ドルの損害賠償を認めるという判断を下したといわれる。

(3) 懲罰的損害賠償

　第3に,これまで述べてきた具体例で損害賠償の額が非常に大きくなった理由として,懲罰的損害賠償の存在があげられる。懲罰的損害賠償は,当初は加害者の行為が害悪を与えようとする意思を持ってなされた場合や重大な危険を招いたような場合に,加害者に対する懲罰や見せしめ的効果(一般的抑制効果)をねらって,通常の損害賠償に加えて認められる損害賠償であった。しかし,最近では刑罰的な意味合いを込めて用いられることも少なくない。そのようなことから,加害者がグローバル企業のようなときには懲罰的損害の額が高くなる傾向が強く働くといえるのである。

4　懲罰的損害賠償の制限の動き

　いま述べたような3つの特徴を有する最近の訴訟社会化を示す訴訟に対して,そのような動きを制限しようとする動きも見られた。その焦点は,いま述べた懲罰的損害賠償額の高騰であった。懲罰的損害賠償を認めるか否か,そして認めるとすればどの程度の額となるのかについて判断を行使する裁量は,陪審に委ねられていた。陪審は,従来資金源の豊富な加害者には多くの懲罰的損害賠償を認める傾向があった。しかし,マクドナルド事件をきっかけとして,懲罰的損害賠償の額に制限を設けようとする動きが見られるようになったのである。それは,この事件の判決が全米に衝撃的なニュースとし

て伝わり、各州の州議会でこの種の訴訟を制限する法律の制定が図られるようになったためである。その結果、他人の権利を侵害する不法行為に対して損害賠償請求を認めるとしても、そこに一定の枠を設けようという「不法行為法改革」(Tort Reform) の運動が行われるにいたった。その際、マクドナルド事件の原告リーベックは、不法行為法改革のためのポスターを飾ることになったのである。

このように当初州議会で見られた不法行為法改革の動きは、その後連邦議会にも影響するようになった。すなわち、1994年11月の連邦議会中間選挙では、ニュートン・ギングリッチ (Newt Gingrich) 連邦下院議長を中心とする共和党議員が、「アメリカ国民との契約 (Contract with America) と称する」書物[13]を著し、その中で同様な改革の主張を行ったのである。そして、その主張に沿って改革法案が下院を通過することになった。法案の内容は、民事訴訟で「敗訴した者が勝訴側の訴訟費用を負担するという英国ルールの制度の導入と、懲罰的損害賠償額を経済的損害の3倍以内にする」[14]というものであった。もっとも、対等な二院制型をとるアメリカにおいては、法案がひとつの議院を通ったからといって、もうひとつの議院を通過するとは限らない。実際、この法案も下院は通過したが上院は通過しなかった。

また、連邦最高裁も前述したBMW対ゴア事件に対する1996年の判決の中で懲罰的損害賠償額の合理性について、憲法上の制限を認める判断を下した[15]。BMW対ゴア事件では、当初州裁判所の陪審は4000ドルの填補損害賠償と400万ドルの懲罰的損害賠償を認める評決を下したが、裁判所の判決はこの評決を踏まえつつも、懲罰的損害賠償額を200万ドルに減額したため、原告が連邦最高裁にサーシオレイライ（裁量上訴）を求めたのである[16]。

この訴えに対し、連邦最高裁はサーシオレイライを認めた上で、合衆国憲法修正14条のデュー・プロセス条項は懲罰的損害賠償額に対して実体的な制

13　REPUBLICAN NATIONAL COMMITTEE ed., CONTRACT WITH AMERICA (1994).
14　高山・立川、前掲書注 (6) 236頁-237頁。
15　Son B. Nguyen, *BMW of North America, Inc. v. Gore: Elevating Reasonableness in Punitive Damages to a Doctrine of Substantive Due Process*, 57 MD. L. REV. 251, 251-254 (1998), *available at* http://digitalcommons.law.umaryland.edu/mlr/vol57/iss1/8.
16　116 S. Ct. at 1598.

約を課しているとし，200万ドルの懲罰的損害賠償は州の正当な目的を考慮しても憲法上の限界を超えるものであると判示したのである[17]。もっとも，連邦最高裁は限界を正確な数字で示したわけではない。

5 訴訟社会化の評価

(1) 訴訟社会化の背景

いままで述べたような訴訟社会化の評価については，一般的には批判的な形で論じられてきた。ただ，19世紀と比べて，現在は訴訟の件数は人口との対比で比べればそれほど多くはないとして，そもそも訴訟社会であることを否定する立場もある。したがって，人口あたりの訴訟事件数がスウェーデンやイギリスなどの諸外国と比べて多いのかといった点や，訴訟にかかる費用が多額にのぼることがアメリカ経済にマイナスの影響を与えているといえるのかを含めて，訴訟社会化に対する評価は一概には下しえない難しいところがある[18]。

まず，現在アメリカにおいて訴訟爆発が生じているか否かをめぐって争いがある。そのいずれの立場が正しいのかは，どのような事件をとるのか，件数の増加と人口の増加との関係をどのように考慮するのかなどの判断がからんでいるため，ただちに答えが導き出されるわけではない。しかし，いずれの立場をとったとしても，現在のアメリカで訴訟が重要な社会における役割を果たしていると見る共通認識は存在しているといえる。

アメリカでの訴訟社会化の進行といわれる状況の中で，日本の企業もアメリカに対する理解の不足からさまざまな敵対的な訴訟に直面してきた。たとえば，日本の男性優位文化をそのまま持ち込んだために，三菱自動車のアメリカ子会社がセクハラ訴訟で巨額の賠償金を払わせられたり[19]，あるいはかつてジャパンマネーがアメリカを席捲している中で訴訟の対象とされたりし

---

17 Nguyen, *supra* note 15, at 271.
18 訴訟社会化に対する擁護論を展開する議論として，以下の文献を参照のこと。CARL T. BOGUS, WHY LAWSUITS ARE GOOD FOR AMERICA (2001).
19 若林喬「在米日系企業におけるセクハラ対策」ジュリスト1097号（1996年）63頁。

たことも多かった[20]。また，最近では2014年に日本の武田薬品工業が，糖尿病治療薬の発ガンリスクを隠したとして，60億ドルの懲罰的損害賠償の支払いを命じられたこともある[21]。

ところで，前述の訴訟社会における3つの要因は，訴訟当事者など訴訟増加の直接的要因の特徴を指摘したにとどまる。アメリカの訴訟社会化の重要な背景として，そもそも連邦と州がそれぞれ司法制度を有し，連邦裁判所には約25万件，50州ごとに存在する州裁判所には1億件の訴訟が提起されるといわれる状況を考えておく必要がある。もちろん，提起される訴訟の中で，訴訟として意味を持つ事件数は1200万件であるとされることにも留意しなければならないが[22]，それでもアメリカの事件数は日本の場合と比べると非常に多いということができる。

（2）訴訟社会化の原因

いま述べたアメリカにおける訴訟が多い背景的要因として，ここでは機能的要因と歴史的要因を取り上げてみることにしたい。

機能的要因としては，まず裁判所数の多さがあげられる。アメリカの司法制度は，連邦の司法制度と50州それぞれが有する司法制度から成り立っている。連邦の裁判所制度は，ほぼきれいな形の三審制をとっているが，州の裁判所の中には，複雑な形態をとる制度を有するものもある[23]。実際，アメリカ全体を通して見られる裁判所の種類は多く，裁判所の全体数は1万7千に

---

20 高山・立川，前掲書注（6）79頁以下。
21 ロイターニュース編集部「武田薬品に60億ドル支払い命令　糖尿病治療薬『アクトス』訴訟，アメリカ陪審」，*available at* http://www.huffingtonpost.jp/2014/04/08/takeda_n_5109073.html. ただし，その後連邦地方裁判所の裁判官が原告側の申立てを認めて，大幅に減額したとされる。ロイターニュース編集部「武田薬品のアクトス訴訟，米裁判所が賠償金を大幅減額」，*available at* http://jp.reuters.com/article/businessNews/idJPKBN0IG29A20141027.
22 ROBERT A. CARP, RONALD STIDHAM AND KENNETH L. MANNING, JUDICIAL PROCESS IN AMERICA 18（9th. ed. 2014）.
23 その代表例は，ニューヨーク州の司法制度である。ニューヨーク州では，次頁の図が示すように，邦訳すると最高裁判所となるSupreme Courtが第一審とされ，邦訳すると控訴裁判所となるCourt of Appealsが最上位裁判所となっている。より詳細は，次頁の図とホームページ（http://www.courts.state.ny.us/courts/structure.shtml）を参照のこと。

第2章　訴訟社会アメリカ

及ぶとされる[24]。第2に，法律家の数の多さをあげることができる。アメリカの法律家の団体であるアメリカ法律家協会（American Bar Association）が

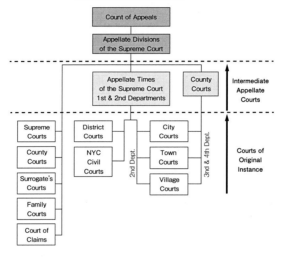

STRUCTURE OF THE COURTS （ニューヨーク州の裁判所組織図）

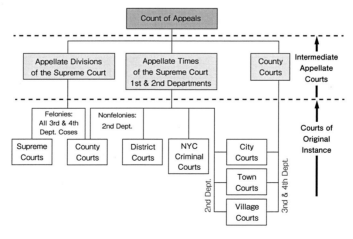

24　CARP, STIDHAM and MANNING, *supra* note 22, at 19.

2015年に公表した数字では，2014年現在で会員数は128万1432人であり，2010年の102万2462人に比べ，14年の間に26万人近く増えたことになる[25]。その人数の増加の理由として，そもそも毎年のロースクールの入学者数が多数いることがあげられる[26]。

　つぎに歴史的・文化的な要因をあげることができる。アメリカでは紛争について訴訟を通して解決するべきであるということが，一種の世俗的宗教になっているとしばしば指摘されるが[27]，その歴史的要因はどのようなものであろうか？　アメリカでは，かつてのようなコモンローという不文法優位の国から，実体面及び手続面で制定法が優位な時代へと推移し，それに伴い法制度が複雑化してきている。そして，紛争も多く見られるようになっている。ただ，法制度の運用の担い手としての法律家の数も，1970年代に急増していく。その増加の大きさから弁護士のあり方に対する批判も高まり，交通事故があれば必ず弁護士が登場するというようなジョークも登場するようになった。

　もっとも，1960年代の黒人の人種差別撤廃に立ち上がった弁護士も数多くいた。その背景には1960年に出版された，南部の白人社会の中で無実の罪を着せられた黒人を助ける白人の弁護士の活躍を描いた小説「アラバマ物語」にも現れているような人種差別問題への意識の高揚，また1960年代にゼネラル・モーターズ（GM）の欠陥車（コルベア）を告発して，当時の消費者運動の中で一躍時の人となったラルフ・ネーダー（Ralph Nader）弁護士に率い

25　具体的な年度ごとの人数の変化については，以下のホームページを参照のこと。
　　http://www.americanbar.org/content/dam/aba/administrative/market_research/total-national-lawyer-counts-1878-2014.authcheckdam.pdf.
26　ウォール・ストリート・ジャーナル紙の調査によれば，2013年度のロー・スクール入学者数は，3万9675名であり，アメリカ経済の停滞や授業料の高騰を理由に11％減少している。Erin E. Harrison, *First-year enrollment at U. S. law schools drops 11 percent*, available at http://www.insidecounsel.com/2013/12/18/first-year-enrollment-at-us-law-schools-drops-11-p. しかし，4万名という数字は，わが国と比べるとはるかに多い。さらに2010年の5万名を最高に近年入学者が急減した反面，新たなロー・スクールが開校される傾向がある。2016年4月現在，ABAの認証するロースクールは207校（うち仮認証5校を含む。）となっている。American Bar Association, *ABA-Approved Law Schools*, available at http://www.americanbar.org/group leagl_education/resources/aba_approved_law_schools.html. 2000年には183校であったことを考えるとかなりの数のロー・スクールが誕生していることになる。
27　LIEBERMAN, *supra* note 3, at viii.

られた消費者運動の活発化も存在した。ネーダーは，GMの製造したコルベアがデザインのために安全性を犠牲にしているとして，GMと訴訟を通して戦い，それに勝利したのである。ネーダーによって創設されたパブリック・シチズン（Public Citizen）は現在でも活発に活動しているが[28]，1970年代以後一般の人々に関連する環境保護，人権，消費者の権利などの問題を提起し，その解決を目指すこの種の公共利益団体（Public Interest Group）も数多く誕生した。とくに，これら公共利益団体が，その目的達成の手段として訴訟という方法を選択ことが多いことを考えると，法律家の役割は大きなものがあるといえる[29]。

　第2の歴史的・文化的要因として，アメリカが移民の国であるということがあげられる。アメリカは，建国期，19世紀の西部開拓に伴う農業化の時期，20世紀初頭の産業化に伴う都市化の時期，1970年代からの第3次産業の発展時期[30]，現在のIT企業などの知識集約産業化の時期などを中心に，これまで多くの移民を受け入れてきた。しかし，このような移民の受け入れは，文化的背景を異にする人々がアメリカで同時に生活をすることを意味するのであり，その結果当然のごとく様々な軋轢を生み，多くの紛争を生み出すことになった。そして，それらの紛争を解決するために裁判所が用いられたのである[31]。

　第3の歴史的・文化的な要因として，アメリカの発展の過程で育て上げられた住民自治の伝統の強さの下で，社会的，政治的紛争がスパイラル型紛争解決という方法によって解決されていることがあげられる。その具体例として，ここではイースト・パロアルト市（City of East Palo Alto）の設立をめぐ

28　パブリック・シチズンの活動については，以下のホームページ参照。Available at http://www.citizen.org/Page.aspx?pid=183.

29　Thelton Henderson, *Social Change, Judicial Activism, and the Public Interest Lawyer*, 12 WASH. U. J.L. & POL'Y 33, 45 (2003), *available at* http://openscholarship.wustl.edu/law_journal_law_policy/vol12/iss1/4.

30　現在では，とくにIT企業などの知識集約産業化の進展によって，高度の能力を持つ移民が求められている。

31　たとえば，最近のメキシコ系移民をめぐる紛争と裁判所のかかわりについて，大沢秀介「アメリカにおける移民政策・移民法に関する一考察—最近のオバマ政権の移民改革の背景—」『法学研究　小林節教授退職記念号』87巻2号（2014年）1頁，とくに14頁-18頁参照。

る紛争例を参考にとりあげたい[32]が、やや長くなるので項を改めて見ていくことにしたい。

（3）イースト・パロアルト市をめぐる紛争

この紛争は、イースト・パロアルト市を立ち上げる過程で起きたものである。イースト・パロアルトは、もともとはどこの市町村にも属さない地域（unincorporated）であった。Incorporationとは、法人格を取得することを意味し、それ以前の段階では地域が市として独立しておらず、法人格を持っていないことを示していた。したがって、この当時イースト・パロアルトとして知られる地域は存在したものの、カリフォルニア州のサンマテオ郡に属するというにすぎず、それは市ではなかったのである。市に昇格したのは1983年である。

イースト・パロアルトで市の誕生を目指す運動が盛んになったのは、地域が貧困と犯罪に覆われた黒人コミュニティーであるという現状を改善すべきであるという認識が広がっていったためであった。その運動では、新たな自治体を組織することによって、黒人たち自らのために政治と行政のパワーを握ろうとする主張がなされた。イースト・パロアルトの先住民は、オーロン・コスタノアン（Ohlone/Costanoan）と呼ばれるインディアン（Native American）であったが、その後スペイン人による征服、投機目当ての白人住民と開拓者の流入、中国人移民による人口の増大、アジア・イタリア系の園芸農家（flower grower）の流入、第2次大戦後の宅地開発ブームの際の白人中産階級の流入という経緯を経て、黒人の人口が増加するという事態が生じていた。そして、サン・フランシスコを中心とするベイエリアと呼ばれる地域では、イースト・パロアルトが最も黒人の多い地域になっていた。

しかし、このような市の誕生をめざす主張に対しては、新たな自治体の結成に反対する黒人の意見も相当に強かった。その理由は、イースト・パロアルトには産業もなく貧しい人々しか居住していないから十分な税収は得られ

---

[32] 現在のイースト・パロアルト市については、市のホームページを参照のこと。Available at http://www.ci.east-palo-alto.ca.us/. 以下の叙述は、主に若田恭二『草の根のアメリカ政治』（時事通信社、1988年）23頁以下によっている。

ず，市を維持していくだけの財政的基盤はいまだ構築できていないことを理由とするものであった。これら反対派の人々の解決策は，隣接のパロアルト (Palo Alto) 市ないしメンロ・パーク (Menlo Park) 市によるイースト・パロアルトの吸収合併であった。そのため，イースト・パロアルトの黒人コミュニティーの意見は，独立派と被吸収合併派の２つに分かれ，相互に自分たちの意見を推進する団体を結成し，それぞれ運動を展開することになったのである。

これに対して，前述の隣接の２つの市は白人コミュニティーであり，イースト・パロアルトの吸収合併に対しては，議会の決議などを通じて反対の趣旨を明らかにしていた。そこで示された両市の態度は，イースト・パロアルトの黒人住民が，自ら市をつくって問題を処理すべきであるというものであった。とくに隣接するベイショア西地区に土地をもつ地主やイースト・パロアルトにアパートを有する白人たちは，イースト・パロアルト市の誕生に反対した。ベイショア西地区に土地をもつ地主は不動産価格の下落を心配し，イースト・パロアルト内のアパートの所有者は市が誕生した場合に予想される家賃価格統制条例 (rent control ordinance) によって家賃の値上げが抑制されることを嫌っていたためである。彼らは，市結成の反対運動を陰から資金面で援助をしていったのである。

このような中で市を誕生させることの是非などについて，公聴会などが開かれることになった。その過程で反対派が法律顧問として雇ったのが，ピート・マクロスキー (Pete McCloskey) 弁護士であった[33]。マクロスキーは，この事件の中で，反対派の背後にいる白人の地主たちによって実質的に雇われたのである。そして，白人の反対派の立場から黒人たちの動きを牽制して，サン・マテオ郡の自治体結成審議会などに意見書を提出したりした。結局，最終的に郡の自治体結成審議会は市を誕生させるかどうかについて，イースト・パロアルト地域で住民投票を行うことを認めたのである。

---

33 マクロスキーは，スタンフォード大学ロー・スクールを卒業して弁護士となり，さらにその後，連邦下院議員となった人物である。その政治的主張はリベラルとして知られ，とくに人種差別問題では黒人に対して好意的な発言を繰り返していた。その後マクロスキーは，大統領選挙に出馬したり，連邦上院議員選挙に打って出たりしたが，いずれも敗れたため政界から引退し，この当時弁護士を開業していた。

住民投票の結果は，市の誕生に賛成する票が反対の票を15票上回るというものであった。そのため，イースト・パロアルト市は1983年に誕生することになったのである。もっとも，ただちには市の存在は確立されずに中途半端な状態が続くことになった。それは，反対派の法律顧問であるマクロスキーが住民投票の無効を主張して，裁判所に訴えたためである。無効の理由は，不在者投票としてなされた投票の中に無効票が混じっているというものであった。裁判所は，2週間にわたってこの訴えを審理し，結局反対派の住民投票は無効であるという訴えは退けられた。ここに初めて，これまでの市の誕生をめぐる紛争に一応のピリオドが裁判所によって打たれたのである。

　ここでの裁判所の働きは，アメリカの裁判所がコミュニティ内での紛争やコミュニティ同士の対立の中で，その紛争の解決者として立ち現れることがかなり頻繁にあることを示唆しているように思われる。また，アメリカにおけるコミュニティの存在が，法的な紛争と結びつく過程も示していると見ることができる。それは，スパイラル型の紛争解決方法といえるものである。

　イースト・パロアルトの事例は，スパイラル型の紛争解決方法としてはそれほど複雑なものではなく，初期段階にとどまるものといってよいが，後述するようなアボーション（人工妊娠中絶）規制の合憲性をめぐる一連の事件などでは，以下のようなより複雑な内容が示されている。そこで見られるスパイラル型紛争解決方法とは，地方のレベルで起こった紛争が，①住民の中での紛争となる。②訴訟となるが，その際に陪審の判断が重要なものとなる。③地方的紛争が政治家に取り上げられて，地方のレベル，州のレベルでの政治的問題となっていく。④州の裁判所が解決をしたり，連邦の下級審が解決策を示したりする。⑤それでは問題は解決せずに，連邦議会や大統領がその問題を取り上げ，それを解決しようとして法律や命令が作られ，それに対して連邦最高裁が判断を下す。そして，⑥連邦最高裁の判決に対して立法府や司法府が動くという形で，政治問題の解決が地方，州，連邦という軸を中心に司法と政治部門との間のキャッチボールをしながら，徐々に上の方にのぼって来るという形を示すものである。このようなスパイラル型紛争解決では，⑤の連邦最高裁の判決と⑥の大統領の判決の履行との間において，連邦議会や大統領が連邦最高裁の判決を待つということもありうる。とくに，

最近の連邦議会の多数党と大統領の所属政党が異なる分割政府の場合には，そのようなことが起きやすいと考えられる。

6　ヤング教授の見解

　いままで述べてきたところから，アメリカにおける裁判所の果たす役割が見えてくるように思われるが，その役割は，さらにいくつかに分けることができる。この点について参考になるのは，マイケル・ヤング（Michael K. Young）教授の考え方である。ヤング教授は，その著書の中でアメリカにおける裁判所の役割として，紛争解決手段としての裁判所，法律明確化機関としての裁判所，社会変化手段としての裁判所の3つをあげている[34]。この分類は，アメリカの裁判所の果たす役割の多様性を適確に示していると考えられるので，以下その内容について見てみることにしたい。

（1）　紛争解決手段としての裁判所
　ヤング教授のいう紛争解決手段としての裁判所の意味は，移民国家といわれるアメリカにおいて異なる社会的，文化的背景をもつ人々に対し，裁判所が紛争の解決を通して，アメリカ社会での共通する規則，確立したルールを提示・提供する場として機能しているということである。このヤング教授の言葉に付け加えるとすれば，アメリカにおける地域主義的な特徴に基づく相違を反映した司法制度の多様性も重要である。もちろん，アメリカでもわが国と同様に，裁判所は紛争解決の機能を遂行している。ただ，アメリカの場合には，住民自治の伝統が反映した形でまず州の裁判所が訴訟を通した法的紛争解決を目ざす機関としてとらえられている。一般的な市民の間の紛争にいきなり連邦の裁判所が登場してくるわけではない。アメリカでは，基本的に州レベルで民事，刑事事件は解決されるのであり，連邦の裁判所は州をまたがるような刑事事件や一定の訴額以上の民事事件については，州裁判所と

---

[34]　マイケル・K・ヤング（佐藤紘彰訳）『「法」は日米を隔てるか』（日本貿易振興会，1989年）90頁-124頁。

連邦裁判所が競争的管轄権を有するといった理由で[35]，同様の訴訟を扱うことがあるにとどまる。ただし，近年では連邦法の領域も拡大しており，それにつれて州そして連邦裁判所が，多様な様相を帯びる紛争解決にあたっており，その結果裁判所が人々の行動の指針，ルールを確立し，提供しているということが見られる。

（２） 法明確化機関としての裁判所

第２に，ヤング教授は，アメリカの裁判所の役割として，「法律を明確にし，ときとして法律を作成するメカニズムとしての裁判所の役割」をあげている。ここでは，法明確化機関としての裁判所の役割が指摘されている。この法律明確化機関としての裁判所という指摘については，つぎの２点に注意する必要がある。

第１に，アメリカは，その地域の広大さそして地域主義的な連邦制度に由来する多様な法体系を有しているということである。しばしばアメリカには51の法体系があるといわれるが，それは50州と連邦政府のそれぞれが法体系を形作っていることを示している。

各州が異なる法体系を有するに至ったのは，各州が植民地時代あるいは独立後にイギリスから異なる時代のコモンローを継受したためである[36]。各州のコモンロー継受は，18世紀中葉から19世紀中葉に及ぶ100年を超える期間の間に行われたため，各州の継受したイギリスのコモンローそれ自体がその内容の上で異なるものであった。また，継受した後に各州がその社会状態，経済事情，政治的制度の相違の事情などに応じて，それに適応する形でコモンローの内容に修正を加えて変化させていった[37]。さらに，各州は，それぞれの議会が制定法を独自に制定することによって，その法体系の内容を豊かにまた複雑にしていったのである。一方連邦は，膨大な制定法体系を作り出

35　田中英夫『英米法総論　下』（東京大学出版会，1980年）628頁。
36　伊藤正己・木下毅『アメリカ法入門（第４版）』（日本評論社，2008年）44頁によれば，アメリカ植民地におけるコモンロー継受を決定的にしたのは，植民地開設のための特許状が，植民地の統治権者に法令制定権をイギリス本国のコモンローと法律に反しない範囲で認めたことであったためとされる。
37　伊藤・木下前掲書注（36）54頁。

していった。このような状況の中で,「法律を明確にし,ときとして法律を作成するメカニズムとしての裁判所の役割」に対する期待が大きくなったことは当然といえよう。

このように州と連邦のあわせて51の法域が存在し,また各州の複雑な司法制度が存在する結果,アメリカ全体として見れば多様な事件に対する多様な解釈が日々うみ出されていることになる。これが,アメリカで判例が重要であるといわれていることの実際的な意味である。そして,アメリカでは当初から判例が重視されてきたため,判例の検索ということがかなり古くから商業的にも成り立ち,現在ではかつての判例を検索するために蓄積した考え方や技術をもとに,民間会社により積極的にコンピューターを用いた判例・文献検索システムが運用されるようになっているのである。

第2に,注意しておくべき点は,裁判所が法明確化の機能・役割を担うようになった背景として,アメリカにおける官僚機構の弱さが存在することである。アメリカでは,19世紀のジャクソニアン・デモクラシーの影響もあって[38],猟官制(Spoils System)が発達し,官僚の地位は高くなく,またわが国のようなキャリア制度も発達していない。その結果,官僚の法に対する意見や解釈を知ることが困難であるとともにあまり意味がないとされている。わが国の場合には,自衛隊の集団的自衛権の解釈問題に関して指摘されてきたように,官僚,なかでも内閣法制局の権威は非常に高いといわれてきたこととは対照をなしているのである[39]。

(3) 社会変化手段としての裁判所

第3に,ヤング教授は,「裁判所が社会を変化させる有効な道具」としての役割を果たすことをあげる。いままであげてきた紛争解決や法律明確化のための機関としての裁判所の役割は,そこに若干のアメリカ的特色を有していると指摘できるとしても,わが国の裁判所においても基本的に共通して見

---

38 ジャクソニアン・デモクラシーとアメリカの法との関係については,田中英夫『アメリカの社会と法―印象記的スケッチ』(東大出版会, 1972年) 206頁以下参照。
39 西川伸一『知られざる官庁 内閣法制局』(五月書房, 2000年) 20頁。もっとも,2015年の閣議決定による集団的自衛権の容認などの過程で,内閣法制局の威信は大きく傷つくことになった。

られる裁判所の役割といってよいかもしれない。これに対して，アメリカの裁判所が顕著に果たしている特徴的な役割が，社会変化に絡んで果たす役割である。このような社会変化手段の役割を示す代表的な例が，テスト・ケース（Test Case）と呼ばれるものである。

　テスト・ケースとは，ある社会的，政治的目的をもった団体が，重要な権利や法原則に関する主張を裁判所に判断してもらうとともに，それを先例として確立することを意図して提起される訴訟である。その代表例としては，後述する1896年の州の人種差別立法の合憲性を争ったプレッシー対ファーガソン（Plessay v. Ferguson）[40]事件連邦最高裁判決をあげることができる。テスト・ケースは，とくに政治的，社会的マイノリティの権利を擁護することを目的とする圧力団体によって好んで提起される。この種の圧力団体が訴訟を実質的に行なう場合にしばしば見られる戦略は，同様な事実関係と同じ法律上の論点を提起するいくつかの訴訟の中から，共通の主張をもつ当事者や団体が特定の事件を選んで重点的に準備し，重要な法原理や権利の判断を裁判所に対して求め，先例として確立するというものである。その典型例としては，後述する1954年の有名なブラウン対教育委員会（Brown v. Board of Education）事件連邦最高裁判決[41]があげられる。

40　163 U. S. 537 (1896).
41　347 U. S. 483 (1954).

第3章　合衆国憲法の制定と連邦最高裁の誕生

　アメリカにおける司法と政治との問題を考える際に，それが主としてアメリカ合衆国憲法の憲法解釈や憲法修正にかかわるものであることから，その憲法がどのようにして制定されたのかを理解するために，アメリカにおける憲法制定史について見ておく必要がある。まず，建国当時の13の邦における初期アメリカの憲法がどのような形でできあがったのかを概観した上で，合衆国憲法の制定の経過そしてその内容の特色などについて確認していくことにしたい。

1　イギリスのアメリカ植民地経営

(1) アメリカでの植民地建設

　アメリカでのイギリスの植民活動は，実質的に1667年にジェイムズ1世の特許状をもとに，ヴァージニアのジェームズタウン（Jamestown）に建設された植民地に始まる。ジェームズタウンでの植民は，1607年5月14日にジェームズ要塞（James Fort）を開いたことに始まるが，ジェームズタウンは1616年から1699年までアメリカ植民地の首都的役割を果たすことになった。

　その後多くの地方で植民地が建設された。もっとも，イギリスのアメリカにおける植民地建設の時期はかなり長期にわたっている。3つの代表的な植民地についても，1607年のヴァージニアや1620年のマサチューセッツのプリマス（Plymouth）[1]での初期の植民地建設に始まって，1732年のジョージアでの植民地建設まで125年の期間に及んでいるのである。その間，1699年に「首都」がウィリアムズバーグ（Williamsburg）に移り，1780年まで「首都」

1　いわゆる「メイフラワー号」に乗船して，アメリカに渡ってきたピューリタンによって開かれた植民地である。

の役割を果たした。もっとも，この当時は各地に植民地が開かれ，ウィリアムズバーグは正確にはヴァージニア植民地の首都であった[2]。

イギリスは，スペインのような強硬な植民地政策をとらずに，「本国イギリスからの入植者が自活的生活を営めるようにするところから経済を築き上げる」形をとった[3]。その意味で，アメリカの植民地では，スペインの統治する植民地よりも自治が広く認められた。

イギリスのアメリカ植民地統治の様式には，イギリス国王によって総督が任命される直轄の王領植民地（Royal Colonies），貴族の領主によって総督が任命される領主植民地（Proprietany Colonies），入植者が総督を選出する自治植民地（Charter Colonies）の３つがあった。これらの植民地では，総督を補佐する機関として評議会（council）が置かれ，総督によって評議員が任命された。評議会は，立法権，行政権，司法権を行使した。しかし，ヴァージニア植民地では1619年に議会（House of Burgesses）が，そしてマサチューセッツ植民地では1634年に議会（Assembly）が開設された。このような議会制度は，イギリスを制度の母国ととらえるものであったが，自らをイギリス人と考える植民地の人々にとっては当然のことであった。一般に植民地での議会では，総督を軸とする本国の利益を重視する上院と民意を代表する下院とが対立するという構図が見られた。そして，18世紀半ば頃から選挙で選ばれる議会の力が強くなっていった[4]。

このような植民地には，多くの人々が移住してきた。1600年代の初期の移住者は，その多くがイギリスから渡ってきた人々であるが，その移住理由は経済的なものから政治的なものまでさまざまである。たとえば，経済的にはイギリスで原材料としての羊毛の需要の高まりから羊の生産が図られ，そのため放牧地の確保を図るために囲い込み運動が行われたことを理由とするものがあった。囲い込み運動の結果，農民は土地を奪われまた住民は職を奪われるなどして，イギリスでは後の産業革命の前提となる都市への人々の移動

---

[2] ワシントン（Washington District of Columbia）に議事堂が建設され首都となるのは，1800年である。
[3] 鷲尾友春『20のテーマで読み解くアメリカの歴史』（ミネルヴァ書房，2013年）31頁。
[4] 有賀貞『アメリカ革命』（東京大学出版会，1988年）33頁。

が見られた。そこでは，農民から労働者になるなどの社会的変動が生じ，そのような状況の下で人々には新大陸へ赴くという選択肢も存在しえたのである。また，インフレの昂進も見られ，貧しい人々には，アメリカという新天地に豊かな生活の期待をかけるようになったのである。しかし，人々の移住の大きな1つの理由としては，イギリスにおける宗教的迫害の存在をあげなければならない。

イギリスでは，ヘンリー8世の離婚問題を契機に，ローマカトリック教会からイギリス国教会が独立したが，16世紀から17世紀にイギリス国教会内で対立が生じた。この対立で国教会の有力な一派であったピューリタンは，国教会の改革（純化）を求め，国教会主流派と鋭く対立した。この内部はさらに，国教会に残って改革を進めようとする長老派と分離派などに分かれていた。そして，分離派に属する人々は，国教会改革の要求が通らなかったために，新大陸で理想社会を作ろうと考えるに至ったのである。それらの人々は，1620年にピューリタンの分離派40人を中心として約100人がメイフラワー号に乗船して，現在のマサチューセッツ州ケープ・コッドにある現在プリマス[5]と呼ばれる地域に到着した。これらの人々が，ピルグリム・ファーザーズ（Pilgrim Fathers）と呼ばれた人たちである。ピルグリム・ファーザーズは，「厳粛に，神の前で，また，相互の契約で，団結して一つの政治団体を作り，共同の秩序と安全を保持して…」新大陸植民地を建設していくことを誓うメイフラワー誓約（Mayflower Compact）を結び，社会契約によって本格的な植民地を建設することになった[6]。

アメリカに移住してきたイギリス人たちに，政治思想的な面で影響を与えた書物としてしばしばあげられるのは，ジョン・ロック（John Loche）の

---

[5] プリマスという地名は，後に（1630年代）に探検家ジョン・スミス（John Smith）により命名されたものである。
[6] このような宗教理由による入植は，アメリカの植民地の場合に特徴的なものであった。ただし，植民地により指導的な宗派は異なっていた。メリーランドは，アイルランド出身のカトリックが多く，ペンシルヴァニアはクェーカー教徒のウィリアム・ペンによって指導された。ペンシルヴァニアとは，ペンの森を意味する。ロードアイランドは，マサチューセッツの過度の宗教的純化（ピューリタン）化に反対して分離してできた植民地である。鷲尾友春『20のテーマで読み解くアメリカの歴史』（2013年，ミネルヴァ書房）45頁-46頁。

「統治二論」である[7]。ロックの政治思想は，自然法の思想と社会契約論の結び付いたものとされる。そこでは，自然権思想の影響の下で個人は生まれながらに有する自らの権利を守るために，お互いに社会契約を結び，国家をつくり出したと説かれる。したがって，国家がそれら人々の信託に反することがあれば，個人は国家に対して抵抗権を有すると考えられることになる。このようなロックの考え方は，メイフラワーの誓約にも，さらに後の独立宣言や合衆国憲法の中にも色濃く見いだされる。

このようなロックの考え方は，国家はあくまで自分たちの権利を擁護すべき存在にとどまり，仮に国家が人々の権利を侵害するような場合には，国家をも打倒することが出来るというものである点で，基本的には国家からの自由を求める自由主義的な考え方によっている。そして，ロックのこの自由主義的な考え方は，政治制度の原理としては権力分立原理という形で現れてくることになり，それは合衆国憲法に大きな影響を与えることになった。

（２）植民地とイギリス政府との対立

アメリカ植民地は，当初かなりの自治が認められ，その中で，徐々に経済発展，政治的成熟を遂げるようになってきた[8]。南部の植民地では，たばこ，穀物を中心とする農業が，北部の植民地では造船業，製造業，木材業などの発展が見られた。その結果，アメリカはイギリス本国にとって重要な海外市場となり，その経済的重要性が高まることとなった。イギリス本国政府は，それまで広く自治を認めていた植民地に対して，植民地からの歳入を得るため砂糖法などによりその交易を制限しようとする政策を示すようになった[9]。しかし，このような状況は，植民地側に不満をもたらすことになった。その

---

7 このような植民地時代において，ロックの政治思想が影響を与えたという代表的な主張は，ルイス・ハーツ（Louis Hartz）の見解である。ハーツの見解については，ルイス・ハーツ（有賀貞訳）『アメリカ自由主義の伝統』（講談社，1994年）参照のこと。しかし，その後に影響の源泉の多様性，とくに共和主義の伝統の影響が指摘されるようになった。ゴードン・S・ウッド（中野勝郎訳）『アメリカ独立革命』（岩波書店，2016年）。もっとも，最近ではロックの影響力の再評価が行われつつある。大森雄太郎「アメリカ革命とジョン・ロック―アメリカ革命政治思想史研究の一視角―（１）」『史学』65巻4号（1996年）325頁，327頁。
8 有賀・前掲書注（４）29頁-32頁。
9 ウッド・前掲書注（７）28頁-30頁。

不満は当初は経済的なものであったが,植民地の商品を売る国がイギリス本国に限られることへの不満が存在し,次第にイギリスへの政治的不満の種となっていった。

　政治的成熟という点からいえば,アメリカの植民地の統治制度は,18世紀半ば頃からその中心的機関が評議会から議会へと徐々に移行していった。評議会の構成員は保守的となりがちであったからである。そのため,植民地の経済的発展およびそれに伴う人口の増大を背景に出現した新たな政治的指導者が,議会を中心に活動するようになるとともに,総督側と対抗するようになったのである[10]。

(3) 法の担い手としてのエリート層の存在

　このような状況の中でエリート層が出現することになったが,そこでは法律家が次第にエリート層を形成していくことになった。もっとも,この時期のアメリカには法曹養成の正式な制度は存在しなかった。そのため,直接本国イギリスで法教育を受けたり,あるいはアメリカ国内で開業している法律家の下で訓練を受けるなどして法律家となっていったのである[11]。

　しかし,アメリカでは当初法律家は重視されていなかった。それは,初期アメリカの法の特色が影響していた。すなわちアメリカに継受されたコモンローは,議会が制定した法ではなく,イギリスで裁判所が11世紀以来長年にわたって積み上げ練り上げてきた不文法であるという特色を有していた。そのような形式で法が作り上げられていくと,裁判所の判決を知り得る人々の範囲は,ごく少数の法律家,裁判官らにとどまるということになる。コモンローが発展するためには,それら法律家が有能で知的なエリートであり,そして法が十分にそれらの人々の間で練られることが必要であった。

　このような観点からいって,アメリカで問題となったのは,建国時以来アメリカ社会の上流階級の弱さのためにエリート層が手薄だったということである。その結果,イギリスではコモンローは上流社会の中でじっくりと育て

10　有賀・前掲書注(4)33頁。
11　ROBERT A. CARP, RONALD STIDHAM, KENNETH L. MANNING, JUDICIAL PROCESS IN AMERICA, 182 (9 th. ed. 2014).

第3章　合衆国憲法の制定と連邦最高裁の誕生

られたものであったのに対し，アメリカではそのような上流社会の基盤が弱かったために，即席的にイギリスの代表的な法学者であるウィリアム・ブラックストーンの4冊からなる『英国法釈義』（COMMENTARIES ON THE LAWS OF ENGLAND）という著作を通して理解された。そのため，当時の法律家，弁護士のもっている書籍はかなり少なかったといわれている。

　もっとも，このような即席的な法律家への道が開かれたことは，重要な意味を有していた。それは，イギリスのように法が上流社会の中において独占されることなく，逆に法の担い手への一般の市民のアクセスを増大させることにもなったためである。また，アメリカでは，コモンローがイギリスから導入される中で，一方において法の内容が各地域によってそれぞれ独自に形成され，それを用いるためにも法曹の即席栽培がなされる必要があった。そのため，結果として法による支配の考え方が広められることになったのである。さらに，イギリス本国との関係でイギリス法の解釈が重要となり，イギリスから受け継いだ法の支配の思想は対外的にも重要な基盤を提供することになった。

　このように初期アメリカでの法曹は数少ない存在であったが，イギリスとの緊張関係が増すようになったこの時期に至って，法律家はその重要性を増していった。独立革命期において，アメリカ人は，法に訴えてイギリスの圧制に対抗しようとしたからである。独立宣言に至るまでのアメリカの歴史が，印紙法（証明書等法的文書などへの課税），タウンゼント諸法（日用品への課税），茶法（東インド会社の輸入茶に対する免税）などの圧制的なイギリスの諸法をめぐって，まさにイギリス法を使ってイギリス政府は法に従っていないとして，その圧制を糾弾することになったことからである。このような状況の中で，アメリカ建国時の指導者の多くが，法律家であったことはごく自然な流れと見ることができる。たとえば，1776年の第3回大陸会議で独立宣言の起草を命じられた5人の人物，トーマス・ジェファーソン（Thomas Jefferson），ジョン・アダムズ（John Adams），ベンジャミン・フランクリン（Benjamin Franklin），ロジャー・シャーマン（Roger Sherman），ロバート・リビングストン（Robert R. Livingston）のうち，フランクリンを除いた4人は，すべて法律家であった。そして，4人のうちアダムズは，第2代の大統

領となり，ジェファーソンは独立宣言の実際の起草者となった。そして，ジェファーソンは，後に第3代目の大統領に就任したのである。また，1787年に合衆国憲法制定のために開かれた憲法制定会議に出席した各邦の代表を見ても，そこに集まった55人の代表者のうち，33人は法律家によって占められていた。

(4) 独立戦争までの経緯

アメリカにおける法律家の政治的指導者の役割が大きく示されたのは，まず独立戦争においてであった。本国政府は，アメリカ植民地の支配には当初それほど熱心ではなかった。「植民地に関するすべての事柄についての最終的決定権はイギリス政府にある」[12]という前提が守られる限りにおいて，アメリカの植民地に対して法律を直接強制することはなかった。しかし，1756年から1763年にかけての7年戦争において，イギリスは戦争に勝利したものの巨額の戦費の支出を強いられることになった[13]。

そこで，本国政府は，アメリカ植民地に1760年代から70年代にかけて様々な増税を行うための法律を制定した。なかでも，最も問題となったのが前述の1765年の印紙法であった。この法律は，植民地での活動に必要な多くの公的文書，遺言書，契約書などの法的文書，暦，新聞，その他すべての印字された紙に印紙を貼付することを求めるものであった。この印紙法に対して植民地の人々は，伝統的なイギリス的観念である「同意による統治」の原則に基づいて[14]本国人と同じイギリス人としての自由と特権を有するから，「代表による同意なしに」課税されないと主張した。この「代表なくして課税なし」という植民地側の主張に対して，本国側が反論として用いたのが，「実質的代表」の理論である。この理論によれば，イギリス議会は選挙権を持たない人々も実質的に代表しているように，イギリス議会に代表を送っていない植民地人も実質的に代表しているというものであった。しかし，この考え

12　M・L・ベネディクト（常本照樹訳）『アメリカ憲法史』（北海道大学図書刊行会，1994年）17頁。
13　ベネディクト・前掲訳書注（12）19頁。
14　大森・前掲論文注（7）335頁。

方に対しては，イギリス本国と植民地の利害はあまりにも異なっており，「実質的代表」の理論は適用できないと反論する声が多かった[15]。

　印紙法を認めることは，植民地への直接課税ばかりではなく，その他の植民地内部の規制にも介入を容認することにつながるとして，有名なヴァージニア植民地議会による反対決議や印紙の不買運動，さらには群衆による印紙販売業者への襲撃など激しい抵抗が示された[16]。その結果，印紙法は1776年に廃止されたが，その際に本国政府は，本国議会はあらゆる事項について植民地を拘束する立法権を有するとする1766年宣言法を制定していた。この法律の意味は，植民地では当初重視されていなかった。植民地人は，植民地の内的規制に本国政府が介入することには反対したが，本国政府が帝国全体にかかわる事項，たとえば外国との通商を規制することには異存は見られなかったからである。そのような中で本国政府は，通商規制であるとして植民地が輸入する茶，ガラス，紙，塗料に対して，関税を課すタウンゼント諸法を定めた[17]。これに対して，タウンゼント諸法は植民地に対する課税を行うものであるとして，再び不買運動によって植民地人は抵抗し，イギリス政府も1770年に茶税を除くタウンゼント関税を撤廃した。

　その後一時平穏状態が続いたが，1773年に茶法が制定された。この茶法は，「イギリスの東インド会社の財務を助けるため，同社がアメリカ植民地に持ち込む茶に関税を支払う義務を免除する」ものであって，東インド会社の茶は，植民地の輸入業者の茶の価格よりも安くなった。したがって，茶税は，イギリスの貿易商にアメリカの植民地の業者と比べて，有利な立場を認めるものであった。その結果，1773年には，「茶法に基づいて独占的立場を得ていたイギリス承認の積み荷の茶が，インディアンに変装した一団に奪われ，海中に投棄される事件」[18]（ボストン茶会事件）が起きたのである。

15　大森・前掲論文注（7）336頁。なお有賀・前掲書注（4）46頁-53頁。
16　ベネディクト・前掲訳書注（12）21頁。
17　ベネディクト・前掲訳書注（12）22頁。
18　鷲尾・前掲書注（3）80頁。

（5）大陸会議の開催と独立宣言

　このような植民地の行動に対し，本国政府が「強制諸法」といわれる一連の法律を制定して強硬措置をとったため，植民地側はついには1774年9月にフィラデルフィアで13の植民地の代表を集めて第1回大陸会議を開催し，本国議会の植民地に対する立法権を否定した。そのため，本国政府との間で緊張感が急激に高まることになった。この第1回大陸会議は，国王によっては認められなかったが，植民地側の統一した行動を示すものとなったのである[19]。そして，半年後の1775年5月に開催予定であった第2回大陸会議の直前に，ボストン（Boston）郊外のレキシントン（Lexington）とコンコルド（Concord）で，イギリス軍とアメリカの民兵が一発の銃声を合図に戦闘を開始することになった。その結果，第2回大陸会議は1776年6月に独立宣言を採択し，イギリスとの戦争，すなわち独立戦争を始めることになったのである。

（6）独立宣言の内容

　第2回大陸会議で採択された独立宣言は，トマス・ジェファーソンによって執筆されたものであるが，そこでは植民地の不満を明らかにした上で，独立を正当化するための理由として，つぎのような3つの基本原則が述べられていた。

① 「我々は自明の真理として，すべての人は平等に造られ，造物主によって，一定の奪いがたい天賦の権利を付与されており，その中には，生命，自由，幸福追求の権利が含まれることを信ずる。」ここでは，神から与えられたものとして人権が考えられ，それは奪うことのできないものとされており，自然法思想の影響が見られる。
② 「これら天賦の権利を保全するため，政府が組織されるべきこと，そして，この正当な権力は被治者の同意に由来するものであることを信ずる。」ここでは，政府は天賦の権利を保障するための手段としての組織であり，政府の権力の正統性は人民の同意に基づくとされており社会契約論の影響が見られる。

19　E・アラン・ファーンズワース（スティーブン・シェパード編）（笠井修=髙山佳奈子訳）『アメリカ法への招待』（勁草書房，2014年）5頁。

第3章　合衆国憲法の制定と連邦最高裁の誕生

③「いかなる政体でも，もしこれらの目的を毀損するとなった場合には，人民はそれを改廃し，彼らの安全と幸福をもたらすと認められる主義を基礎として，また，そのような権限を伴う機構をもつ新たな政府を組織する権利を有することを信ずる。」ここでは，政府が人民の信託に反するときには，政府に対する抵抗権を有するという考え方が見られる。

この独立宣言に見られる考え方は，ジョン・ロックの思想に由来するとされてきたが，「幸福の追求」という言葉が挿入されていることから，イギリスの古典的共和主義の影響を指摘し，個人の幸福ではなく，公共への献身によって得られる公的幸福を意味するという立場も見られる[20]。いずれにせよ，この独立宣言によって，各植民地もそれぞれイギリスからの独立を宣言し邦（state）と呼ばれることになった[21]。そして，独立を宣言した各邦は，自らの統治体制を定めるために，邦憲法の制定を急いだ。そのことに示されているように，独立宣言の主体は，アメリカが一体化した「ユニオン」ではなく，「自由かつ独立した」各邦であった。換言すれば，この時点でこれら各邦を結びつけていたのは，イギリスへのそれぞれの反感と断絶でしかなかったのである[22]。

（7）独立戦争とパリ条約

独立戦争は，すでに述べたように，1775年のレキシントンとコンコルドの戦いに始まっていた。そして，1776年の7月4日に独立宣言が出された。独立戦争は，当初植民地側は劣勢であったが，1777年のサラトガ（Saratoga）の戦いでの勝利を機に戦局が変化し，1781年のヨークタウン（Yorktown）の戦いでイギリス軍が大敗して，植民地側が勝利を得ることになった。その勝利によって，独立戦争はほぼ終わることになった。そして，1783年にパリにおいて，アメリカとイギリスの間での講和条約（パリ条約）が結ばれ，列強各国はアメリカの独立を承認するという形を取った。このときのアメリカの独立は，正確には13の植民地（colony）の独立であり，以後各植民地は邦

20　有賀・前掲書注（4）122頁。
21　ベネディクト・前掲訳書注（12）27頁。
22　ファーンズワース・前掲訳書注（19）5頁。

とされるようになった。13の邦がそれぞれ国家として独立したような状況であったのである。それゆえ、この後の課題は、13の邦を大きな国家としての枠組みの中でどう構成していくかということであった。そして、そのために連合規約に代る新たな憲法の制定が、求められることになったのである。

その制定は、それ以前の植民地における経験、独立戦争での経験が活かされていた。それはどのようなものであったのか。ここではまず、アメリカの各邦の憲法の中でも大きな影響力をもったヴァージニア植民地の憲法を見ておくことにしたい。

2　ヴァージニア憲法

（1）特色

1776年に制定されたヴァージニア憲法は、人民の代表者によって制定された最古の成文憲法といわれる。その大きな特色は、「権利の章典」（Bill of Rights）と「政府の枠組み」（Frame of Government）という2つの文書から、憲法が規定されていたところにあり、それはアメリカのその他の邦の憲法や合衆国憲法ばかりではなく、以後の近代の憲法のほとんどで踏襲されることになった。このヴァージニア憲法が注目されるもう一つの点は、その憲法の起草者が、後の合衆国憲法の制定および政権担当者として憲法の解釈に大きな影響を与えたトマス・ジェファーソン、ジョージ・メーソン（George Mason）とジェームス・マディソン（James Madison）によって著されたものであるということにある。

周知のように、本国イギリスは不文憲法の国である。その中でなぜ植民地で成文憲法が制定されたのか？　この点については、国王から下賜された特許状が基本法ととらえられ、一種の先例として存在していたことがあげられる[23]。さらに、大きな理由として、国家権力は憲法により与えられ、その行使は憲法の許容する範囲内で行なわれなければならず、政府といえども従わなければならない根本的諸原則が存在するという「法の支配」の考え方が、次

23　有賀・前掲書注（4）142頁-143頁。

第3章　合衆国憲法の制定と連邦最高裁の誕生

第に植民地人によって信奉されるようになったことがあげられる。そして、各邦が制定した憲法には、侵害されえない「根本法」として国家によっても奪うことのできない不可侵の権利が規定されることになったのである[24]。

（2）権利の章典

すでに述べたように、このヴァージニア憲法は、「権利の章典」の部分と「政府の枠組み」の2つの部分から構成されている。

「権利の章典」は、つぎのような前文で始まっている。「ヴァージニアのよき人民の代表によって作られた権利宣言は、…政府の基礎及び土台として、人民とその繁栄のために直接関係するものである。」このように宣言する前文は、ジェファーソンによって起草されたとされる。ただし「権利の章典」の部分のほとんどは、メーソンによって起草されたものであるとされる。

権利宣言の第1条は、「すべての個人は本来的に等しく自由で独立しており、一定の固有の権利を有する。…それら権利は、いかなる契約によっても、彼らの子孫から奪ったり剥奪することができない、すなわち、それらは財産を獲得して所有し、そして幸福と安全を追求するという手段をもって人生及び自由を享受することをである」と述べ、人権が生まれながらに個人によって享有されることを宣言していた[25]。以下、刑事手続上の権利（8条・9条・10条）デュー・プロセスの権利（第11条）、言論・出版の自由（12条）信教の自由（16条）などがあげられている[26]。

ヴァージニア憲法の持つ他の植民地の憲法と異なる特徴として、主権の所在や抵抗権の所在など、わが国でいえば憲法総論の部分にあたる規定が、権利章典の中に置かれていることがあげられる。たとえば、権利章典2条は「すべての権力は人民にあり、したがって人民に由来する」と述べ、また3条は「政府は、人民の国又はコミュニティの共通の利害、保護、安全のために組織され、又はされるべきである。あらゆる態様及び形式の政府の中で、

24　ベネディクト・前掲訳書注（12）29頁。
25　この前文と1条は、1776年の「独立宣言」の中で、より洗練された形でトマス・ジェファーソンによって述べられた。
26　詳細については、有賀・前掲書注（4）150頁-157頁参照。

最大限の幸福と安全をもたらすことができ，そして悪政の危険に対して，最も効果的に保護する政府が最良のものである」と述べた上で，抵抗権について触れているからである。

(3)「政府の枠組み」

「政府の枠組み」は，人民主権の考え方に立った上で，「立法，行政，司法の各部門は分離し，区別されなければならず，いかなる部門も他の部門に適切に委ねられた権限を行使してはならず，またいかなる個人も，1つの部門を超える権限を行使してはならない」とする厳格な権力分立の考えに従った政府であることを求めるものである。また「政府の枠組」は，ヴァージニアの裁判官の任命方法，身分保障，他の部門の役職との兼職禁止を定めているが，違憲審査権については触れていない。前述した厳格な権力分立制がとられた背景には，ロックや当時のイギリスの哲学の影響さらにモンテスキューの影響が見られたとされる。

ヴァージニア憲法は，その起草者の一人であるジェファーソンが中心となって著した1776年7月の独立宣言の中で表明された考えの基礎となっていること，またメーソンが後の独立宣言の起草に当たって，ヴァージニア憲法の起草の経験を活かしたことなどから考えて，合衆国憲法の源泉の一つととらえることができ，重要な憲法文書といえる。ただ，本書の関心である裁判所の違憲審査権のことはほとんど触れられていなかった。

各植民地は，独立して邦となり，それぞれ邦憲法を有することによって植民地から「邦」になった。しかし，アメリカ全体が，国家としての枠組みをもつ必要性があった。それが，各邦の代表が集まった大陸会議によって採択・提案されていた。独立後のアメリカの政治体制について，各邦の連合を定める「連合規約」（Articles of Confederation）である。連合規約は，最終的に1781年のメリーランド州の批准によって成立・発効していた。

第3章　合衆国憲法の制定と連邦最高裁の誕生

3　連合規約

（1）連合規約の3つの特色

　連合規約は，ヴァージニア憲法と同様に，合衆国憲法の制定に大きくかかわった憲法文書である。連合規約は，アメリカ全体を国家としてまとめた最初の憲法である。連合規約は，1777年に採択され，1781年に発効した。この連合規約は，1776年にイギリスに対して独立宣言を行った13の邦が相互の独立性を維持しつつ結び付きの必要性を認めた上で，イギリスに対抗することを狙いとするものであった[27]。

　連合規約を詳細に見ていくと，3つの興味深い点が存在する。第1に，連合規約によってつくりだされたものは，連邦国家という1つの国家であるというよりも，13の邦による国家連合というものであった。そのことは，同2条において，「各邦は，その主権，自由，独立，並びに，連合会議に対しこの連合規約によって明白に委任されていない一切の権限，管轄権，権利を保持する。」とうたわれていることからも理解できる。第2に，連合は各邦が対等の形で構成されていたことである。連合全体の利益を適切に運営するための連合会議には，各邦立法部の選ぶ代表が出席し，「連合会議の諸問題に関する票決においては，各邦はそれぞれ1票を有する。」とされていたのである。第3に，連合は，人民を直接代表するものではなかったということである。そのことは，連合規約の第1条が，連合の名称を"The Title of this Confederacy shall be "The United States of America" としていることの意味を，「アメリカ諸邦連合」ととらえることが適切のように思わせるのである。

---

[27]　連合規約3条は，「諸邦は，この規約により，それぞれが共同の防衛，諸邦の自由の確保と相互かつ全体の福祉のため，相互に強固な友好同盟に加盟し，宗教，主権，通商その他いかなる理由によるものにせよ，諸邦連合ないしいずれかの加盟邦に加えられる，あらゆる圧力ないし攻撃に対し，相互に援助するため結合するものとする。」とうたっていた。また，同6条は，「いかなる邦も，連合会議の承認なく，いかなる国王，君主若しくは国家と外交使節の派遣並びに接受をしてはならない。」と定めていた。

（２）連合会議の権限の制限

いま述べたように，連合会議は，各邦がイギリスとの対抗上形作った対等な邦同士による国家連合であった。したがって，その権限は目的の範囲内に制限されていた。具体的には，連合規約９条で連合会議の排他的権限として，以下のものが付与されていた。宣戦及び講和の決定，大使の派遣及び接受，条約及び同盟の締結，州間の係争の裁定，貨幣の鋳造，度量衡の確定，郵便に関する事柄，連合陸海軍の組織及び服務規律の制定並びに作戦の指揮，連合会議の休会中に執務する連合委員会の設置などの権限である。それらは，イギリスに対して各邦が共同で対抗するための中央政府としての必要最低限の権限であった。そして，第９条は，とくに13邦のうち９邦の同意なく行ってはならない事項として，つぎのようなものをあげていた。戦争行為，平時における拿捕免許状の発行，条約ないし同盟の締結，貨幣の鋳造及びその価値の統制，合衆国若しくはそのいずれかの邦の防衛と福祉のために必要な金額及び経費の確定，合衆国の信用に基づく公債の発行並びに借款，金銭支出，建造又は購入すべき軍艦数並びに徴募すべき陸海軍兵員数に関する同意，陸海軍最高司令官の任命である。

（３）連合規約の問題点

連合規約には，いままで述べたことからもわかるように，連合規約が作り出した中央政府としての連合会議の権限が弱いことと，その権限を変更することが困難であるという弱点が存在した[28]。権限の弱さとしては，第１に，連合規約が連合会議に課税権を認めていないこと，第２に，連合の財政の基盤が確立していないことがあげられる[29]。このような連合規約の下で連合会議の財政的基盤の脆弱性は，独立戦争の際の負債をどのように処理するかと

28　有賀・前掲書注（４）191頁。
29　財政について，連合規約８条は「共同防衛又は全体の福祉のために支出され，連合会議によって承認されたすべての戦費及びその他すべての費用は，連合の財政から支出されるものとする。この財政に対し，各邦は，それぞれの邦が個人に下付し，あるいは，下付のため測量した当該邦内のすべての土地の価値に応じ拠出するものとする。また，こうした土地，その地上建物並びに土地改良は，連合会議が随時指示し定める方法により評価されなければならない。前記分担金を支払うための税は，連合会議によって同意された期日までに，各邦立法府の権限と指示とにより課せられるものとする。」と規定していた。

いう問題と密接に絡んでいた[30]。また，連合会議の権限を強化しようとしてもそれを変更することが困難な理由としては，連合規約の改正がきわめて厳格で困難であるという事情が存在した[31]。このような状況の中から，連合規約では不十分であるという声が高まり，1787年9月17日のフィラデルフィアの憲法制定会議で新たな憲法の採択が議論され，その後1788年6月21日に第9番目の邦の承認を得て成立したのが，後述する合衆国憲法である。

（4）連合規約の改正が急がれた政治的要因

この時期に連合規約の改正が急がれたもうひとつの理由として，民主主義の名の下に過激化しやすい急進的な農民による政治的運動や反乱が起こったことがあげられる[32]。このような急進的な農民の反乱という事態に直面して，当時の保守的な指導層は連合規約が中央政府に対して十分な権限を与えておらず，統治能力を欠いているのではないかという不安を有することになった。そして，このような急進的な勢力を放置しておいては政治の安定を

30　この点について，連合規約12条は，「連合の結成以前に，現在の連合目的達成のため大陸会議の権限により，あるいは，その権限の下で発行されたすべての信用証券，借款，契約債務は連合の負担とみなされる。その支払いと債務履行に対する連合の公の信義をここに厳粛に誓約するものである。」と定めていた。実際，連合政府は，邦を通して賦課した租税がうまく徴収できず，また独立戦争の戦費のための債務の弁済もままならなかった。ベネディクト・前掲訳書注（12）34頁。

31　この点について，連合規約13条は，「今後いかなる場合にも，連合規約のいかなる条項についても，連合会議で承認され，次いですべての邦の立法府によって確認されない限り，いかなる改正もなされてはならない。」と述べていた。

32　とくに1786年から1787年にマサチューセッツで生じた農民指導者ダニエル・シェイズ（Daniel Shays）による反乱（Shays' Rebellion）は，大きな影響を与えた。有賀・前掲書注（4）205頁。このような運動や反乱が起こった背景には，独立戦争後，邦が自らの負債を返済するために住民に多額の課税を行うなどしたため，農民が多くの負債を抱えて返済に窮し，政府の官吏によって拘束されて，資産を没収されたり，納税を拒否して債務刑務所に入れられるなどしたため，農民が急進化したという状況が存在した。各邦の中には，邦議会が債務者としての農民を救済する法律を制定するところもあった。もっとも，そのような急進的な農民層が議会の主導権を握った邦，たとえばロードアイランドでは，負債をすべて免除するというような債権者から見た場合には急進的な立法が成立した。一方，そのような中でマサチューセッツ邦では，邦政府に対する反感が，もともと強かった山間地などの小さな町に住む農民の間で一層大きくなり，また邦議会も農民の救済に成功しなかったため，シェイズが自分たちの政府を自らの手に取り戻すとして，ボストンで反乱を起こしたのである。反乱それ自体は，厳しく鎮圧され，治安はすぐに回復したが，その後の選挙でシェイズに同調する人々が議会に選出され，農民救済の急進的立法が制定された。その結果，急進的勢力が州権力を掌握することになった。ウッド・前掲訳書注（7）184頁。

欠くのではないか，ひいては保守層の利益が損なわれるのではないかと恐れたのである。そして，連合規約の大きな欠陥として中央政府の権限の脆弱性が問題視され，それを克服するためのより強い権限と組織を持った中央政府の樹立が目指されることになったのである。

4　合衆国憲法

（1）憲法制定会議と2つの案

　憲法制定会議は，1787年にフィラデルフィアで邦の自律性を重視して欠席したロード・アイランドを除く12邦からの代表55名が参加して開かれた。ほとんどの代表は壮年期の政治的エリートであり，連合規約に欠陥があることの認識を共有していた。

　この会議では，新しい憲法について大きく2つの案が提案されていた。まず，ヴァージニア案と呼ばれる草案が，33歳のジェームズ・マディソンを中心に起草された[33]。マディソンの見解は，一部の人々が党派を形成して権力を握り，他を抑圧して，私欲のために公共の利益を無視する傾向があるとし，それを防止することのできる健全な共和国となるためには，立法・行政・司法の3部門からなる，より大きなそしてより強力な政府の樹立が必要だとするものであった[34]。具体的には，主権者である人民によって選出される2つの議院から構成される2院制の議会に基づく強力な政府であり，議会は邦が権限を持たないすべての事項に関して，幅広い立法権限を有するとするものであった。また，議会は，邦の法律に対して拒否権を行使する権限を有するとされていた。このような強力な中央政府を作るべきだとする考え方をもつ人々は，フェデラリストと呼ばれた。

　これに対して，小さな邦の代表者や邦の独立性を堅持しようとする人々は，反フェデラリストと呼ばれた。これらの人々は，ヴァージニア案があまりにも急進的であるとして，各邦の平等を重視しようとした。すなわち，

33　有賀・前掲書注（4）213頁。
34　松井茂記『アメリカ憲法入門（第7版）』（有斐閣，2012年）7頁，ベネディクト・前掲訳書注（12）38頁。

ヴァージニアのような大きな邦も小さな邦も平等に扱うべきであると考えたのである。また，ヴァージニア案に比べて中央政府の権限を制限し，邦議会で間接的に選出される一院制の連合会議を認めるにとどめるという立場をとった。そして，そのことを内容とする草案として，ニュージャージ案が提案されたのである。

　この憲法制定会議は3ヶ月続き，その結果，原則的にはヴァージニア案が採択されることになったが，なお憲法草案として会議を通過するために，数々の妥協が重ねられることになった。有名な妥協としては，連邦議会の2院が，人口比例に基づいて代表数を割り当てる下院と，各邦平等に2名ずつの議員を選出する上院から構成されるとすることによって，上院で小さな邦もその利益を主張できるようになったことがあげられる[35]。また，奴隷制に関する妥協として，たとえば奴隷貿易を20年間禁止しないことや，各邦の議席数を割り当てる人口の基礎数としては，奴隷を自由人の5分の3と数えるとされたこと[36]などがあげられる。

（2）特色

　連合規約の問題点を検討し，ヴァージニア案を基礎にして採択された合衆国憲法（案）は，前文及び本文7ヶ条からなるものである[37]。連合規約の問題点であった中央政府の財政基盤を確立し，かつ憲法条文の変更も連合規約に比べて緩やかな改正手続を定める修正条項を設けて，改正しやすいものとしていた。また，合衆国憲法は，人民主権に基づく立法・行政・司法の3権を有する統治組織を設けたという点で，連合規約よりも中央政府の権限を強化したものであった。その一方，人権に関する条文は，主として刑事手続に関するものが規定されるにとどまっていた。その結果，修正条項が付加される前の当初制定されたオリジナルな合衆国憲法は，主として統治組織と権限に

---

[35] コネチカットの代表であるロジャー・シャーマンの提案であったことから，「コネチカットの妥協（Connecticut Compromise）」と呼ばれる。
[36] 有賀・前掲書注（4）219頁。
[37] 合衆国憲法の構成は，前文，第1条連邦議会，第2条大統領，第3条連邦司法府，第4条連邦制，第5条憲法修正，第6条最高法規，第7条発効となっていた。もっとも直後に憲法修正がなされ，本文に増補される形で修正条項として1条から10条（権利章典）までが付加された。

重点をおいたものとなっていた。合衆国憲法の詳細な説明はここでは他に譲り[38]，本書ではアメリカの司法と政治を理解する上で重要と思われる2点についてのみ説明することにしたい。それは，第1に合衆国憲法が連邦制を採用したことであり，第2に権力分立原理，とくに抑制・均衡の原理を採用したことである。

第1の点について合衆国憲法は，4条で連邦制を採用することを明らかにしていた。連邦制は，国家連合すなわち主権を有する国家の連合体とは異なり，確固とした組織と権限を有する中央政府が存在する制度である。このような連邦制は，国家連合のような各支邦の独立を尊重して権力の所在が不明確な統治体制を拒否するものであるとともに，他方において単一の国家を志向して権力の集中をめざす中央集権体制をも排するものである。連邦制の下では，その結果中央政府には特定の権限が認められる一方，残余の権限を支邦（州）の権限として留保する体制がとられることになる。この点で合衆国憲法は，連邦政府に立法権を与えているが，それは全権的ではなく制限されたものであった。たとえば，合衆国憲法1条8節は，連邦議会が立法を行える一定の事項を列挙していた。ただ，同1条8節18項は，憲法に規定されていなくとも，連邦が保持していると当然推定されるあらゆる権限を有するとしていた。そこには，連邦の権限が拡大する萌芽が内包されていたのである。

このように合衆国憲法は，連邦の権限を限定していたが，連邦と州との間で立法権が衝突する事態が生じた場合には，同6条がこの憲法と条約が国の最高法規であると定められていることから，憲法や条約が各州の憲法や法律に反対する場合でも，各州の裁判官はこれら規範に拘束されると定めていた。また，連邦法と州法が競合した場合には連邦法が優位することになり，最終的な判断は連邦最高裁が行うものとされていた。その意味で，連邦法と州法のどちらの法が優位するのかを判断する連邦最高裁の重要性は，この点ですでに明らかであった。

つぎに第2の点について，合衆国憲法は，ヴァージニア憲法と同様に，

38　代表的な合衆国憲法に関する教科書として，松井茂記『アメリカ憲法入門（第7版）』（有斐閣，2012年）樋口範雄『アメリカ憲法』（弘文堂，2011年）などがある。

ロックの影響の下に，厳格な権力分立制を採用していた。この権力分立原理は，ロックの考え方に依拠し，政府はあくまで権利を擁護するために組織されたのであり，その目的を毀損する場合，たとえば国家が人々の権利を侵害するような場合には政府を改廃しうるとしている点で，基本的にリベラルな考え方を基礎としていた。ただ，そこには2つの特色が見られた。第1に，政府は「人民の同意」に基礎をおき人民の代表によって構成されるという共和主義の考え方が，憲法修正手続条項などに取り込まれていたことである。しかし基本的には，権力分立とくに抑制と均衡に配慮され，統治につき1つの部門が他の部門を支配することが忌避され，権力間の抑制と均衡が重視されたのである[39]。第2に，繰り返し述べてきたように，国家連合的なものでも単一国家的なものでもない連邦制がとられていたということである。そして，連邦議会の立法権限は，州の権限を配慮した上で列挙されたものに限られるという形で，権力分立原理が適用されていたことである。連邦内での立法府，執行府，司法府という各部門間の権力分立を水平的分立とすれば，連邦と州との間の権限の分立は，垂直的権力分立という考えがとられていたのである。

（3）権利保障規定の少ない理由

　合衆国憲法は，すでに触れたように，当初統治組織と権限に焦点をあてて制定されたものである。したがって，当初人権を保障する規定は少なかった。そのため，批准過程において，ニューヨーク邦などで反フェデラリストによって，人民の権利を保障する権利宣言がないのはおかしいとする強い批判や不満が示された[40]。

　権利保障規定が，合衆国憲法に当初十分に設けられなかった理由につい

---

[39] 合衆国憲法は，三権のどの部門も，以下に見るように，その権力行使過程を単独で支配できないような仕組みを設けていた。執行府と立法府の関係について，2条3節，1条7節2項（議案の再議決），1条2節5項，1条3節6項，2条4節（弾劾の制度），立法府と司法府の関係について，1条2節5項，1条3節6項（立法府による裁判官の弾劾），1条8節9項（連邦議会の下級裁判所組織権），2条2節2項（連邦最高裁判所裁判官の任命の承認権），司法府と執行府の関係について，2条2節2項（大統領の連邦最高裁判所裁判官任命権）など参照。なお，大沢秀介「アメリカにおける『立憲主義』」法学教室428号（2016年）16頁参照。

[40] 有賀・前掲書注（4）238頁。

て，憲法起草者の1人であるハミルトンは，『ザ・フェデラリスト』の第84篇の中で3つの理由をあげている。第1に，合衆国憲法は，権利章典は有していないが，憲法の本文の中に一定の権利や特権を守る条項（人身保護令状の制度，事後法の禁止，貴族の称号の禁止など）が含まれており，それらの条項は実質的には権利章典と同じものである。第2に，イギリスでは国王と臣下の対立から権利の章典が必要とされたが，アメリカでは君主と臣民という区別はなく，合衆国憲法ははっきりと人民の権力に基づいてつくられており，かつイギリスと異なり，政府も人民の直接の代表や奉仕者によって執行されるようになっている。したがって，イギリスにおけるような国王と臣民との約束事としての権利章典は不必要である。アメリカにおいては，イギリスと異なり，人民はすべてのものを確保し何ものも譲渡しないのであるから，とくに権利を留保するという必要はない。第3に，より積極的な理由として，権利章典を憲法に規定することになれば，連邦政府にはそれら権利を制限するための権限を認めざるを得ないことになり，連邦政府の権限はより大きなものとなってしまう[41]，ということである。

このようなハミルトンのあげた理由が，すべて成り立ちうるか否かは疑問である。むしろハミルトンが恐れていたのは，第3の理由としてあげられたものとは反対に，権利章典が課税権の制限とともに反フェデラリストによって主張されていたことから，その主張を容認することは，権利保障という名の下に連邦政府の権限を直接制限することになるというおそれを避けることにあったと思われる[42]。そのことは，連邦政府の重視をはかるフェデラリストでもあった憲法起草者達にとっては，避けるべき事項であったからである。

（4）憲法修正の手続

いままでアメリカの司法と政治の関係を理解する上で必要な合衆国憲法の特色などについて述べてきたが，さらに南北戦争後の連邦最高裁の判断に大

41　アレクザンダ・ハミルトン，ジョン・ジェイ，ジェイムズ・マディソン（齋藤眞＝武則忠見訳）『ザ・フェデラリスト』（福村出版，1991年）415頁以下。
42　有賀・前掲書注（4）240頁。

きな影響を与えたものに憲法修正条項が存在するので，ここで合衆国憲法における憲法修正手続について見ておくことにしたい。

　合衆国憲法の憲法修正手続は，発議および承認からなる。発議は，連邦議会の両院のそれぞれ3分の2の賛成による提案または3分の2の州議会が発議し，連邦議会が招集する憲法会議による提案により行われる。承認は，4分の3の州議会の承認または4分の3の州における憲法会議の賛成により行われる。したがって，憲法修正の方法には4通りあることになるが，発議の2番目の方法はこれまで一度もとられたことはない。また，承認の2番目の方法は，過去一度だけ修正18条によるアルコール飲料の禁止条項を廃止するためになされた修正21条で行われたことがあるのみである。

　これまで憲法修正案は，10,000件以上も提案されてきた。そのうち，最終的に承認されたものは27である。このように憲法修正の数が少ないのは，その修正手続が非常に厳格だからである[43]。発議に関して，そのことを示す最近の例としては，たとえば財政均衡憲法修正案があげられる。この修正案は，第104連邦議会で下院を通過したが，上院では1票差で否決された。1997年3月にも第105連邦議会において上院で1票差で否決された。

　憲法修正案の承認のための期間については，1919年の修正18条以降は，修正条項の本文の中に7年以内という承認のための期間を明らかにすることが多くなっている。

　ちなみに，1791年に承認された修正1条から修正10条までの権利章典は，発議時に12あった提案のうち，第1提案と第2提案が承認されなかったために，10の修正条項にとどまったものである。ただし，第2提案は，当時修正案の中に承認のための期間が定められていなかったため，203年目に承認され修正27条となったが，第1提案は現在でも未承認である[44]。

43　わが国の憲法改正手続も硬性度が高いが，アメリカ憲法はそれ以上に高いものとなっている。
44　その他未承認のものは，以下の通りである。①下院議員の定数の配分に関するもの（1789年），②合衆国市民が外国政府から栄誉を受けることを禁止したもの（1810年），③地方政府の機構を改変するような憲法改正を禁止したもの（1861年），④児童労働を禁止したもの（1924年），⑤男女同権修正案（ERA）（1972年）。このERAと呼ばれる憲法修正案は，後述するように1971年10月に下院で可決された後，1972年3月に上院で可決され，発議された。その承認のためには，1979年3月まで38州の承認が必要であった。しかし，結局その期限までに35州の承認しか得られなかった。そのため連邦議会が1982年6月30日まで期限を延長したが，なお承認に必要な最後の

（5）これまでの憲法修正の特徴

　これまでの憲法修正を見てみると，大きく5つの時期に分けることができる。第1に権利章典の時期，第2に南北戦争の時期，第3に革新主義の時期，第4にニュー・ディールの時期，第5に最近の時期における修正である。各憲法修正条項を見てみると，これらの時期における政治的，社会的変化が憲法修正の中に反映しているということができる。反面，権利章典や南北戦争後の憲法修正を除くと，憲法修正の内容は技術的な問題へと移ってきているということがいえる。その意味で，実体的な内容を含む現代的な憲法問題の多くは，現在連邦最高裁による憲法解釈の形で判断されることが多くなっている。その点で，憲法の解釈権を有する連邦最高裁の役割は，近年ますます大きくなっているといえる。ただ，それに対して政治部門，とくに国民の支持が高い大統領が，自らの政策変更をなすために必要な憲法解釈を主張することも見られるようになってきている。

　そのような中で，連邦最高裁が政治部門の判断に対峙する形で，自ら法律や命令の合憲性を判断するいわゆる違憲審査権を行使するとき，連邦最高裁が重要な存在となる。もっとも，この点で注意を要するのは，すでに示唆したように，違憲審査権が合衆国憲法には明文で書かれていなかったことである。それは，ある事件においてしかも政治的な意味合いを持つ事件に関して，連邦最高裁が下した判決に基づいているのである。その点について，次章で触れることにしたい。

　1州を得られず，成立しなかった。⑥下院議員選挙及び大統領選投票においてコロンビア特別区を州として扱うもの（1985年）。

第4章　連邦司法府の成立とマーベリー事件

1　合衆国憲法と連邦司法府の成立

（1）合衆国憲法と司法府

　合衆国憲法が成立した後，アメリカの新しい政治体制は順調にスタートした。その政治体制は，権力分立の考え方の下で統治組織が構成されていた。連合規約の時代は，連合会議がほぼすべての権限を握っていたが，それらの権限は各邦の代表が一票を有するという対等な立場で行使するものとされた。そこでは立法権優位の体制がとられ，執行権は弱められ，また司法権を司る裁判所に至っては設置すらされなかった。これに対し合衆国憲法は，人民主権の考え方に基づいた上で，立法，執行，司法の3権を分立し，相互に抑制と均衡を働かせようとした。このうち，執行権を掌る大統領には，1789年にジョージ・ワシントン（George Washington）が各州から選出された代表者の満場一致によって選出された。また，立法権を担当する連邦議会は，各州で連邦の下院議員が公選されまた各州議会で連邦上院議員が選出された。これに対して，司法権を担う連邦の司法府は，合衆国憲法で「1つの最高裁判所，および連邦議会が随時制定し設置する下級裁判所に属する」（3条1節）とされているだけで，下級裁判所がどのようなものとなるかが不明確なままであった。それは，連邦最高裁が重要な機関とはみなされていなかったことの反映でもあった。それでは，連邦司法府の地位，役割は，この当時どのように把握されていたのか。その点を明らかにするためには，憲法制定会議での議論に遡ることにしたい。

（2）憲法制定会議での議論

　連合規約の欠陥を補うべく開かれた憲法制定会議において，中央政府レベ

第4章 連邦司法府の成立とマーベリー事件

ルで司法府が存在しないことも，連合規約の大きな問題点と見られていた。中央政府に司法府が必要であるという認識は，マディソンやハミルトンらの有力者を含めて憲法制定会議の代表者たちの間で共有されていた[1]。しかし，中央政府における司法府の具体像については，かなりの不一致が見られた。それは，憲法制定会議における連邦制のあり方をめぐる大邦と小邦との政治的対立に起因していた。ヴァージニアなどの大邦は，フェデラリスト的な考え方に立ち，邦政府に対する中央政府の権限を強化しようとする立場をとった。それに対して，ニュージャージなどの小邦は，フェデラリストの考え方に反対し，邦の権限を擁護するために小さな中央政府をとるべきだと主張した。

このような対立は，中央政府の司法府の構想にも大きな影響を与えていた[2]。大邦は新しい合衆国憲法の制定に当たって，中央政府の権限を強化するヴァージニア案を提出し，そのなかで中央政府の司法府については，最高裁判所と地方裁判所から構成されるものとし，憲法上明記すべきであると主張した。これに対して，小邦が提案したニュージャージ案では，最高裁判所の設置だけが構想されていた。それは，ニュージャージ案では，州の裁判所がすべての事件について第一審の管轄権をもって判断し，上訴する権利のために中央政府には最高裁判所さえあれば国民の権利は守られ，統一的な法判断が確保されるから下級裁判所は必要ではないとされたためである。ニュージャージ案のねらいは，連邦の権限が司法府を通して，各州に及ぶのを避けようとしたところにあった。これに対して，ヴァージニア案を支持する人々は，ニュージャージ案をとれば，邦外の人たちが不利益な扱いを受ける可能性があると批判した。

その結果，憲法制定会議では，連邦の司法府に関しては，合衆国憲法3条1節に「合衆国の司法権は，1つの最高裁判所，および連邦議会が随時制定し設置する下級裁判所に属する」（合衆国憲法3条1節）と規定する形での妥協が図られた。すなわち，この3条1節は，最高裁判所については憲法上

---

1 Robert A. Carp, Ronald Stidham and Kenneth L. Manning, Judicial Process in America 26 (9th. ed. 2014).
2 Id.

必要な機関であるとする一方，下級裁判所の設置の是非については，連邦議会の判断に委ねていたのである。

2　連邦の司法制度

（1）当初の制度

　連邦議会は，1789年9月24日の第1回連邦議会（First United States Congress）で，1789年裁判所法（Judiciary Act of 1789）を制定した。1789年裁判所法は，連邦の司法府について三審制を採用し，首席裁判官と5人の最高裁裁判官によって構成される1つの最高裁判所（Supreme Court），2名の最高裁裁判官と1名の連邦地裁裁判官によって構成される3つの巡回裁判所（Circuit Court），そして独立時の13州すべてに，各州境を意識しておかれた13の地方裁判所（District Court）によって組織されることを定めた。

　このうち巡回裁判所については，若干説明を付け加えておきたい。巡回裁判所は，つぎのような2つの特徴を有していた。第1に，巡回裁判所は，地方裁判所からの上訴事件の他に，広範な第1審管轄権を有していた。したがって，自ら第1審として審理にあたることも見られた。第2に，巡回裁判所は，専属の裁判官を持っていなかった。その代わりに，巡回裁判所は，地方裁判所裁判官1人と最高裁判所裁判官2名で構成されることとされた。そのため，最高裁判所裁判官は，2名で組んで年2回開かれる法廷のために全米各地にある巡回裁判所まで馬車で文字通り巡回（circuit-riding）を行なった。その巡回の期間は，9ヶ月に及んだといわれる。しかし，このような巡回制度については，当然のことながら，最高裁判所の裁判官の間では不満が強く見られた。

　にもかかわらずこの巡回制度がとられた理由は，フェデラリストに対抗する反フェデラリストが，裁判官はできる限り地方の事情を知るべきだと主張したことに対応したものであった。反フェデラリストの真のねらいは，このような巡回を行うという負担をかけることによって，連邦の司法府がエリート化し影響力を持つようになることを避けることにあった。しかし，それはフェデラリストから見れば望ましいものではなかった。そこで，フェデラリ

スト党のアダムズ大統領の時代に新しい裁判所法が制定され，巡回裁判所専属の裁判官職が設けられた[3]。

1789年裁判所法は，最高裁判所について，その事件管轄を厳密に規定していた。それによれば，最高裁判所は，地方裁判所と巡回裁判所からの上訴管轄，条約又は連邦法及び合衆国憲法又は連邦法又は条約に反する州法を含む州裁判所事件の上訴管轄，そして合衆国憲法又は連邦法若しくは条約の「解釈」の権限を有した。州裁判所の判決は，その法律が連邦の利益に反する場合に限って審査されるにとどまっていた。

（2）現在の制度

いま見たように，当時のアメリカの司法制度は三審制をとっていたが，やや変則的であった。その後，いくたびかの変遷を受けて，連邦の司法制度は，現在のように合衆国最高裁判所（Supreme Court），合衆国控訴裁判所（Court of Appeal），合衆国地方裁判所（District Court）という三審制の構造・組織が基本とされることになった[4]。

その中で，最高裁判所の当初の重要な役割は，連邦制度をとるアメリカにおいて，当然生ずる連邦法と州法との調和をどのように図るかということと，さらに後述する合衆国憲法と州法との調整をどのように図るかということにあった。ところがその後，後述するように[5]，判例上連邦の裁判所は法令が合衆国憲法に適合するか否かを審査する違憲審査権を有するということになった。このような連邦最高裁判所の役割については，アメリカのおける法の統一ということとの関連ですでに述べたが，合衆国憲法と州法の調整という点については，連邦最高裁が州法を違憲と判断することを含む点で，政治的に重要となる場合があるので，ここで触れておく。

---

[3] もっとも，巡回裁判所専属の裁判官職は，つぎのジェファーソン大統領の時代になるとただちに廃止された。

[4] そのほかに，制限的管轄権を有する請求裁判所（U.S. Claims Court），租税裁判所（U.S. Tax. Court）などがある。E・アラン・ファーンズワース（スティーブ・シェパード編）（笠井修＝高山佳奈子訳）『アメリカ法への招待』（勁草書房，2014年）44頁。

[5] 本書第5章参照。

（３）連邦最高裁による州法の違憲判断

　連邦最高裁は，1819年のマカーロック対メリーランド（McCulloch v. Maryland）事件[6]で，連邦裁判所は，州法が連邦憲法に適合しているか否かを判断できることを明らかにした。マカーロック事件は，メリーランド州が連邦議会の制定した法律によって設けられた合衆国銀行（Bank of the United States）に，州税を課そうとしたことに端を発する。この事件は，銀行の職員マカーロックが，税金の支払いを拒否したため，州法違反として起訴されたが，これに対し，マカーロックが州法を違憲として争ったというものである。この事件で，マーシャル首席裁判官の執筆する法廷意見は，つぎのように述べて，メリーランド州法は違憲であると判示した。合衆国憲法は，連合規約と異なり，連邦に黙示的権能を認めているから，具体的な権能が連邦に委任されているか，州に対して禁止されているかは，憲法全体を解釈することによって決定される。連邦の権限は広範であり，その権能を執行するための広範な手段は連邦に委任されている。したがって，連邦議会が合衆国憲法に準拠して制定した連邦法を州は規制する権限を有しない。それは，合衆国憲法が最高法規であることから当然導かれる。したがって，本件において，メリーランド州は，課税によって連邦法の作用を規制することができないとしたのである。

　マカーロック判決は，合衆国憲法1条8節18項は，連邦議会の権能を憲法上の権能を執行するための立法を，「必要かつ適切な」な場合にのみ厳格に限定するものであるというメリーランド州の主張を強く退けるものであり，連邦の権限を大きく認めたものである。このような連邦優位の判断を示す判決の背景には，連邦最高裁と州との間で連邦制の下で州の権限をどの程度広く認めるのかという点をめぐる対立が存在していたことがあげられる。その後，連邦政府の権限を重視する連邦最高裁は，州法に対する違憲審査を積極的に行うようになった。違憲とされた州法あるいは州憲法の規定は，数多くにのぼる。州法を違憲とする判断は，後述する連邦法を違憲とした場合に比べ，影響はさほどでもないとされる。しかし，それらの判断は，しばしば連

---

[6] 17 U. S. (4 Wheat.) 316 (1819).

邦制というアメリカ憲法の原則に大きな影響を与える場合も見られてきた。そのために，連邦最高裁は，これまで多くの政治的対立の中に巻き込まれてきたのである[7]。なお，連邦最高裁は，いま述べたように，州法の合憲性を判断するなどという形で最高法規条項の下で国内法の統一を行う権限を有するとされるほか，直接各州の人民の権利を州の裁判所とともに，競合的に判断することができることもその特色としてあげられる。

（4）連邦最高裁と憲法判断

わが国の最高裁が，年間に6,000件前後の上告事件に対して判断を下すのに対し[8]，連邦最高裁は年間に10,000件が上訴してくる。しかし，連邦最高裁は，そのうち75件から80件程度の上告を認めるにとどまり，きわめて限られた数の事件しか判決を下さない[9]。したがって，実際には連邦の裁判所に提起される刑事事件や民事事件のほとんどは，地方裁判所と控訴裁判所によって処理されている。その点で，控訴裁判所が事実上の最終審であるといわれることもある。このように連邦最高裁が事件を絞ることができるのは，上告を認めるか否かが，連邦最高裁の裁量に委ねられているからである。このような制度をサーシオレイライ（certiorari）の制度という。この制度の下で，上告を認めるか否かに当たっては，連邦最高裁裁判官9名のうち4名の賛成が必要とされているため，連邦最高裁内部が保守，リベラルなどのブロックに分かれる理由になっているといわれる。なお，連邦最高裁が憲法判断を行うのは，具体的な事件を通してそれに必要な限りで，憲法判断を示すものと理解されている。

---

[7] マーシャル首席裁判官に率いられた連邦最高裁は，さらにギボンズ対オグデン（Gibbons v. Ogden, 22 U. S. 1, 9 Wheat 1（1824））事件連邦最高裁判決で，州は州際通商規制に重大な影響を及ぼすような形で，警察権能（ポリス・パワー）を行使できないと判示して，州の権限を制限する姿勢を示した。そのため，連邦議会の内部では，連邦最高裁の州裁判所からの上訴管轄権を廃止する動きも見られた。M・L・ベネディクト（常本照樹訳）『アメリカ憲法史』（北海道大学図書刊行会，1999年）62頁-63頁。
[8] 藤田宙靖『最高裁回想録—学者判事の7年半—』（有斐閣，2012年）62頁。
[9] 詳しくは連邦最高裁の以下のホームページを参照のこと。http://www.supremecourt.gov/faq.aspx#faqgi 9．

(5) 連邦司法府の組織・構成

現在，連邦最高裁は，ワシントンD.C.におかれている[10]。裁判官の定員は，首席裁判官1名と陪席裁判官8名の合計9名であるが，1789年から1801年までは6名，1801年から1803年までは5名，1803年から1806年までは6名，1807年から1836年までは7名，1837年から1862年までは9名，1863年から1865年までは10名，1866年は9名，1867年から1869年までは8名と変化してきた。ただ，1869年裁判所法により9名とされて以後は，現在まで9名に固定されている。その変化の幅は，それほど大きくない。この定員数を大きく変更しようとして政治的な問題となった事件として，1930年代に起こったルーズヴェルト大統領による裁判所抱え込み政策（court packing plan）をめぐるものがあるが，それについては後述する[11]。

つぎに，中間上訴裁判所である現在の控訴裁判所については，前述した巡回裁判所とは異なるものであることに注意する必要がある。現在の控訴裁判所は，1891年に巡回控訴裁判所（Circuit Court of Appeals）として創設されたものである。そして，1948年に現在の控訴裁判所（Court of Appeals）と名称が変更された。1891年の巡回控訴裁判所は，専属の裁判官を有するものであったが，当初その構成は，巡回控訴裁判所裁判官1名，巡回裁判所裁判官1名，地方裁判所裁判官1名，最高裁判所裁判官1名からなっていた。定員は2名であった。少し話が込み入るが，この巡回控訴裁判所と1789年に創設された巡回裁判所は，1911年に巡回裁判所が廃止されるまで併存していた。そこでは，巡回裁判所は第1審として，巡回控訴裁判所は控訴審として機能していた。1911年に巡回裁判所が廃止されて以後は，連邦の司法制度は純粋な三審制の構造を採っている。しかし，巡回裁判所と巡回控訴裁判所の両者はしばしば混同されており，現在でも公式には控訴裁判所というべきところ

---

10 連邦最高裁は，1790年にはニューヨーク，1791年から1800年まではフィラデルフィアに置かれていた。1801年2月からはワシントンに置かれている。もっとも，1810年から1860年までは連邦議会の北ウィングの部屋（Old Supreme Court Chamber），そして1860年から1935年までは同じく連邦議会上院の一室（Old Senate Chamber）に置かれていた。Id. そして，1935年10月以後は，連邦議会議事堂と向い合う形の独立した建物として，ワシントンの中心部に位置している。
11 なお連邦の裁判所については，以下のホームページを参照のこと。United States Courts *available at* http://www.uscourts.gov/FederalCourts.aspx.

第4章　連邦司法府の成立とマーベリー事件

を，巡回裁判所（circuit courts）ということがある。

　現在の控訴裁判所の数は，全米各地を11に分けてそれぞれに番号を付したものとなっている。たとえば，第9巡回控訴裁判所のようなものが1から11，そして首都ワシントンの地域性に着目したD.C. Circuitと呼ばれる控訴裁判所の合計12の控訴裁判所があり，それに加えて特定の事件（特許法事件，軍事法廷の事件に関する控訴裁判所，退役軍人関係の控訴裁判所など）に対する管轄の面に着目した，複数の控訴裁判所（Court of Appeals for the Federal Circuit）がある。各控訴裁判所の裁判官数は，6名から28名の間である。控訴裁判所の裁判官の数は現在179名である。

　合衆国の地方裁判所は，連邦の司法制度の下で，第1審として機能している裁判所である。地方裁判所で取り扱う事件は，連邦法の下で連邦事件とされたほぼすべての民事，刑事事件に及ぶ。地方裁判所は，すでに述べたように，当初は憲法制定時に存在した州の州境を尊重して各州に1つずつ置かれた。現在地方裁判所の総数は，94である。ワシントンとプエルトリコにも置かれている。そのほか，アメリカの海外にある準州であるグアム，ヴァージン・アイランド，北マリアナ諸島（サイパンなど）にも，地方裁判所が置かれている。地方裁判所の数は州ごとに異なり，カリフォルニア，ニューヨーク，テキサスの各州は，州内に4つの連邦地方裁判所地区裁判所を抱えている。また，裁判官の人数も最初のそれぞれの裁判所に1人ずつという体制から変化し，1990年の連邦裁判官法（Federal Judgeship Act）により74名増員され，現在の定員数は677名となっている。上訴は，それぞれの州を管轄区域とする控訴裁判所に対して行うものとされている。

3　初期の連邦最高裁の影響力

（1）政治的影響の源

　前述したように，合衆国憲法成立時の連邦の司法制度は，当時の連邦制をめぐる大州と小州，正確には中央政府を強化しようとするフェデラリストの立場と州の権限を保持し続けようとする反フェデラリストの立場という2つの立場の間の妥協という性格を持っていた。そして，そこでは連邦司法府

3 初期の連邦最高裁の影響力

は，政治的にまったく無意味な存在ではないが，有力な存在でもなかった。そのような中で，連邦最高裁の役割もまたそれほど大きなものではなかった。そのことは，連邦最高裁の管轄に現れている。連邦制採用の下で，合衆国憲法は司法制度を州と連邦がそれぞれ有するものとした。そして，連邦最高裁の州裁判所の判決に対する審査は，その事件が連邦の利害がかかわっている事件に限られていた。ただ，連邦法は，合衆国憲法が認めている権限事項に限って，連邦議会が制定するものであるから，その点が厳格に解されるならば連邦最高裁の影響力はそれほど大きなものにはなりえなかったといえる。この点については，すでに述べたように，連邦最高裁はマカーロック判決で連邦議会がその憲法上委ねられた権限を執行するための権限を幅広く認める判断を下すという形で，その影響力の大きさを確かなものとし，しばしば政治的役割を果たすことになった。ただ，その判断に対しては，連邦の権限の拡大に反対する立場からの批判も強かった。

　もっとも，マカーロック判決は，当時政治的な影響という点ではそれほど注目されていなかった。むしろ，この点からいえば，その後の連邦最高裁の政治的重要性を根本的に高めることになった判決が別に存在する。それがマーベリー対マディソン（Marbury v. Madison）事件連邦最高裁判決[12]である。この事件で連邦最高裁は，連邦裁判所が法令の合憲性について，判断し違憲無効とする権限，すなわち違憲審査権を有すると宣明したのである。とくに，連邦最高裁は，連邦司法府の頂点に立ち，合衆国全体の法令解釈について最終的な有権解釈を下す立場にあることから，その連邦最高裁が下す違憲判断あるいは合憲判断は，その後のアメリカ政治の中で大きな政治的意味を持つことになった。この重要な意味合いを持つマーベリー判決とは，どのような内容のものであったか。実はその事件が生じるに至った背景には，複雑な当時の政治的な状況が存在していた。合衆国憲法制定当初それほど政治的な影響力を有しなかった連邦最高裁が，なぜ違憲審査権という政治的にも影響を与える大きな権限を有するに至ったのか。つぎにそれを見ていくことにしたい。

12　5 U.S. 137 ; 1 Cranch 137（1803）.

第4章　連邦司法府の成立とマーベリー事件

（2）憲法制定当初の連邦最高裁

　連邦最高裁は，合衆国憲法上司法権の頂点に位置する。しかし，当初は連邦最高裁の管轄が限られていることもあって，ほとんど事件も存在しなかった。初代首席裁判官ジョン・ジェイ（John Jay）は，1789年10月19日からニューヨーク州知事に選ばれたために退官した1795年6月29日まで，初代連邦最高裁首席裁判官の職にあったが，その間に審理した事件は4件にすぎなかった。そこで，ジェイの関心は政治に向かうことになり，在職中スペイン大使や外務長官（secretary of foreign affairs）を務めたりした。現在では執行権の職と司法権の職を兼務することはできないが，この当時は，裁判官が政治の世界に入り兼職できたのである。その後，第2代首席裁判官としてジョン・ラトリッジ（John Rutledge）が，1795年6月30日から同年12月28日まで在職した。ラトリッジは，議会が開かれていない間に就任したが，後の議会での承認を得られなかったため短かい在職期間となった。第3代首席裁判官は，オリバー・エルズワース（Oliver Ellsworth）であり，その在職期間は1796年3月4日から1800年9月30日までであった。エルズワースは，病気により退官したが，在職中4件の事件を判断した。これらからもわかるように，当時の連邦最高裁の首席裁判官ひいては連邦最高裁の地位は，それほど重要とは考えられていなかった。

　そのことを象徴的に示す事実として，2つの点をあげることができる。第1に，建国当初から1935年まで連邦最高裁は独立の建物を持たず，長く連邦議会内の上院の建物の一室を法廷として用いていたことである。合衆国憲法は，三権分立をうたっているが，司法権は政治部門に比べてその重要性は低いものとされていたといえる。第2に，いま述べたような事情から，当時の多くの著名な法律家は，今日と異なり連邦最高裁の裁判官に就任することを断る者が多かった。その理由は，裁判官になっても名声が伴わず，むしろ巡回裁判に代表されるように負担ばかり多かったからである。それは，当時の連邦最高裁の権威が，いかに低いかを象徴しているものでもあった。

　このような状況に置かれていた連邦最高裁の地位を大きく高めることになったのが，1803年2月24日に連邦最高裁によって下された，連邦司法府が

違憲審査権を有すると判示したマーベリー判決[13]である。ここでは，その判決を執筆したジョン・マーシャル（John Marshall）首席裁判官の論理に注目して，判決を見ていくことにしたい。

4　マーベリー対マディソン事件

（1）マーベリー事件と政治的背景
　マーベリー事件の背景には，当時の政治的状況が存在していた。それら政治的状況は，3つの点から見ていくことができる。

①フェデラリスト党とリパブリカン党の反目　まず，マーベリー事件を考える上で重要なことは，当時のアメリカでフェデラリスト党とリパブリカン党という2つの政党が激しく政治的に対立していたということである[14]。フェデラリスト党は，北東部の都市富裕層を支持基盤とし，より強力な中央政府をめざしていた。これに対して，リパブリカン党は，州の主権を維持することを目指し，自作農などの民衆を支持基盤としていた。対外的にもフェデラリスト党がイギリスと手を結ぼうとしたのに対して，リパブリカン党はフランスと手を結ぶという相違を有していた。このような中で，フェデラリスト党は，より強力な連邦司法府を望み，リパブリカン党は州裁判所の役割を重視するべきであるとの立場をとっていたのである。

②外国人・反活動取締法をめぐる対立　つぎに，連邦の司法府のあり方と密接にかかわるのが，フェデラリスト党とリパブリカン党の間で当時大きな政治的争点となっていた外国人及び反活動取締法（Alien and Sedition Acts）の存在であった。これらの法律は，1798年にフェデラリスト党のジョン・アダムズ（John Adams）第2代大統領によって署名された4つの法律からなるものであった。それらは，フランス革命の影響が合衆国に及び，アメリカの新しい政治制度が崩壊するのをおそれたフェデラリスト党によって制定さ

13　5 U. S. (1 Cranch) 137, 2 L. Ed. 60（1803）. マーベリー事件については，すでに多くの論考がある。代表的なものとして，ここでは畑博行『アメリカの政治と連邦最高裁判所』（有信堂高文社，1992年）13頁以下，阿川尚之『憲法で読むアメリカ史 上』（PHP新書，2004年）104頁以下をあげておく。
14　有賀貞『アメリカ革命』（東京大学出版会，1988年）250頁-251頁。

れた2年間の時限立法であった。その内容は，大きく3つに分けることができる。第1に，外国人の帰化のための居住要件を5年から14年へと厳格化するというものであり，第2に，合衆国の平和と安全を害する外国人の強制退去権限の大統領への付与などの外国人の取り締まり強化であり，第3に，政府批判の言論を規制するというものであった[15]。これに対して，リパブリカン党は，外国人・反活動取締法は違憲であり，それら法律は政府批判を封じるものであるとし，さらに各州政府の外国人に関する規制権限を侵害するものであると批判した。これに対して，フェデラリスト党は，イギリスで言論の規制として禁じられているのは事前の検閲であり，事後的な規制は禁じられていないなどと反論した。

その後，これらの法律に違反したとして，ジャーナリスト，連邦議会下院議員などが起訴され，この法律の是非は1800年の大統領選挙の争点となっていった。当時の副大統領であったトマス・ジェファーソンは，反活動取締法は無効であり，合衆国憲法修正1条の表現の自由と「この憲法が合衆国に委任していない権限または州に対して禁止していない権限は，各々の州または国民に留保される。」と定める同修正10条を侵害すると強く批判した。さらに，それらの法律は，州内では無効であるとする考えをとった上で，リパブリカン党の大統領選挙の候補者となった。

そして，これらの法律に批判的な世論も受けて，ジェファーソンは大統領選挙に当選し，第3代大統領に就任した。リパブリカン党は，こ

ジェファーソン大統領

---

15 この法律については，以下のホームページ参照。http://www.loc.gov/rr/program/bib/ourdocs/Alien.html.

の選挙で大勝をおさめることになったのである。当選後，ジェファーソンは，これらの法律によって刑罰を科された人々に恩赦を与え，また法律が廃止されたことから，法律に絡んだ政争は鎮まることとなった。もっとも，これらの法律は，リパブリカン党が政権を掌握した後は廃止されるまでリパブリカン党によって用いられた。また，この法律は現在存在するとすれば，言論の内容を規制するものとして，ただちに違憲の言論規制立法とされるようなものであった。この点は当時も問題とされ，この法律が合衆国憲法に反するなどの点が指摘されていたが，マーベリー判決以前であったため，連邦最高裁は違憲審査権を有しないと考えられていたため，裁判所によって違憲とされることはなかった。また，法律をめぐる論争が沈静化したことによって，連邦最高裁に具体的事件の形で上訴されることはなかった。

③1800年の大統領選挙　マーベリー事件判決について，さらに言及すべき重要な政治的状況は，1800年の大統領選挙であった。1800年の大統領選挙では，リパブリカン党（現在の民主党の前身で現在の共和党とは異なる）の現職の副大統領であったトマス・ジェファーソンと現職の大統領であるフェデラリスト党のジョン・アダムズ大統領の間で戦われることになった。この当時は，大統領と副大統領はペアで選ぶということはまだなかったため，ジェファーソンとアダムズのように正副大統領が，異なる政党から大統領選挙に選出されることがあったのである。フェデラリスト党とリパブリカン党は，すでに1796年の大統領選挙でも戦い，そのときはフェデラリスト党のアダムズがリパブリカン党のジェファーソンを破っていた。そのため，ジェファーソンは，当時の憲法の規定に従い，副大統領となっていたのである[16]。そして，1800年の大統領選挙では，すでに触れたようにジェファーソンがアダムズを破って，第3代大統領に当選することになった。そして，アダムズ大統領率いる保守的なフェデラリスト党は，ジェファーソン率いる進

16　憲法上の規定の不備は，初期の合衆国憲法の運用の中で想定外の事項として生じた。ただ，合衆国の建国が，それまでの政治体制とは異なる新しい政治体制への移行を伴うものであったことから見れば，やむを得ないともいえる。そのような移行過程で，さらに指導者間の争いも生じた。このような憲法上の規定の混乱や，指導者同士の決闘などは，この当時のアメリカが依然として政治体制が固まっていなかったことを示している。

歩的なリパブリカン党に完敗し，政権を失うにいたったのである[17]。

（2）アダムズ大統領による司法府への勢力温存策
①憲法上の規定とレーム・ダック・セッション
　さて，前述のように，1800年の大統領選挙と合衆国議会の選挙で破れたアダムズ大統領率いるフェデラリスト党は，自らの国政への影響力を残存させるべく，政権担当期間中に司法府内にその勢力を扶植しようと図った。当時の憲法の規定は，アダムズ大統領とフェデラリスト党にとって3つの点で好都合であった。第1に，当時の上院議員および下院議員の任期開始日は，憲法上3月4日とされていた。そのため，前年の11月に新たに当選した議員は，当時の憲法の規定（1条4節2項）によって12月に開かれる議会には参加できないこととなっていた。したがって，このような状況で12月に開かれる議会は，落選者を含めた前任議員が翌年3月4日までの会期（Lame Duck Session）を務めるということになっていた。

　このような状況は，フェデラリスト党にとって，自らに有利な内容の法律を作る時間的余裕の存在を意味していたが，さらに大統領の任期も，現在のように1933年の修正20条によって大統領選挙翌年の1月20日と改められる以前であったため，翌年の3月4日から新大統領が就任するということも第2の利点であった。したがって，アダムズ大統領にはまだ勢力温存の方法を考慮する時間的余裕が存在していた。そして第3に，さらに好都合であったのは，大統領選挙でジェファーソンと同数の得票者として，もう1名アーロン・バー（Aaron Barr, Jr.）がいたために議会で決戦投票が行われ，最終的にジェファーソンの大統領当選が決定したのが1801年の2月21日であったことである。そのために，具体的な政権移行が現在に比べ，遅れがちとならざ

---

[17] なお，このときの選挙に関連して，完敗であることを示す当時の状況が存在した。この選挙では，リパブリカン党のジェファーソンと，同じリパブリカン党から副大統領候補として出馬したが憲法の規定が明確でなかったために，ジェファーソンと同数の大統領選挙人を獲得したアーロン・バーとの間で，これまでで唯一となる議会での大統領選出の決選投票が行われた。このときの議会での判断が決着するために，36回の投票が行われた。その結果，ジェファーソンが大統領に当選し，バーは次点として副大統領になった。この意味で，アダムズは第3位ということになり，文字どおり完敗したのである。いま述べたような大統領選挙人に関する憲法上の規定を明確化するために，1804年に憲法修正12条が付加された。

るをえなかったのである[18]。

②**アダムズ大統領の具体策**　アダムズ大統領は，この時間的なメリットを活かして，具体的には3つの対策を採った。第1は，かねてからその対処が求められていた連邦最高裁裁判官の巡回裁判に伴う負担解消という名目で，裁判所の組織改編を伴う1801年裁判所法（Judiciary Act of 1801）を制定したことである。この裁判所法は，新たに6つの巡回裁判所（circuit court）を設け，そこに裁判官16名を配置するというものであった。また，連邦裁判所の管轄を広げようとするものであった[19]。アダムズ大統領は，過重な巡回義務を負担しなしなければならなかったために，連邦最高裁の裁判官に就任する者がいなかったという状況を名目として利用して，連邦司法府の役割を拡大しようと図ったのである。

フェデラリスト党が多数を占める連邦議会は，2月17日にこの法律を制定したが，その制定はジェファーソンが大統領に最終的に当選することが確定した4日後であった。さらに，アダムズ大統領とフェデラリスト党が支配する連邦議会は，法律制定後2週間の間にフェデラリストの16名を巡回裁判所の裁判官に任命してしまった。そのことはリパブリカン党からすれば著しく党派的な行動であり，連邦の権限を不当に拡大するものであると映ることになったのである[20]。

第2の対策は，1802年1月20日に当時の連邦最高裁の首席裁判官として，アダムズ政権で国務長官の職にあったジョン・マーシャルを指名したことである。それは，1801年にエルズワース連邦最高裁首席裁判官が，健康上の理

---

[18] ちなみに，現在の憲法上の規定（修正20条1節・2節）によれば，「大統領および副大統領の任期は，本条の承認がなければ任期が終了すべき年の1月20日正午に終了し，上院議員および下院議員の任期は，同じ年の1月3日正午に終了する。その後任者の任期は，その時点より開始する。」（1節）および「連邦議会は，毎年少なくとも1回集会する。この集会は，連邦議会が法律によって別の日時を定めない限り，1月3日正午に開会されるものとする」（2節）と定められている。

[19] 具体的には，連邦法，合衆国憲法及び条約違反を理由とする民事事件に対して連邦裁判所の管轄を認めるもので，連邦問題管轄（Federal Question Jurisdiction）と呼ばれるものであった。もっとも，この管轄は以下に触れる1803年裁判所法によって認められなくなり，それが再度認められるようになったのは1875年であった。

[20] そのため，この1801年裁判所法は1803年裁判所法によって廃止され，1801年裁判所法以前の司法府に戻された。

由で辞職した後を受けてのものであり，連邦議会はマーシャルの指名を１月27日に承認した。それを受けて，マーシャル国務長官は，連邦最高裁の首席裁判官としての宣誓を済ませた。ただ，そのときには，なお国務長官としての職務を遂行していた。この当時は，権力の分立という観点からする兼職の禁止は，厳密には遵守されていなかったのである。

　第３の対策は，首都ワシントンのコロンビア地区の治安判事42名を自ら任命することであった。ジェファーソンが大統領に就任する５日前に，連邦議会はコロンビア地区に関する法律（この法律は1801年裁判所法とは異なる）を制定し，大統領に42名のコロンビア地区の治安判事を任命する権限を与えており，その権限をアダムズ大統領が任期切れ間際に行使したのである。

（３）マーベリー事件の具体的内容

①真夜中の判事（Midnight Judge）の誕生　　上記の３つの対策のうち，３番目のものについて，治安判事の任命に対する上院での承認が遅れるという事態が生じた。連邦議会の承認が得られたのは，アダムズ大統領の任期がわずか１日を残す３月３日であった。そのため，議会の承認が得られた後も，マーシャル国務長官の下で任命状の作成・交付が急がれ，深夜まで作業が続けられたが，ついに時間切れとなり，17名の者には任命状を交付することができないという事態が生じた。

②ジェファーソン大統領の対応　　いま述べたように，治安判事としての任命状の中には，交付が間に合わなかったものがあった。それらの任命状は，国務長官の机の上に残されたままであった。そこで，新たに大統領となったジェファーソン大統領は，任命状の交付を止めるように命じた。もっとも任命状の交付は形式的，補助的な行為にすぎない[21]ため，ジェファーソン大統領は多くの治安判事についてアダムズ大統領の指名した裁判官をそのまま任命したが，ただ４名については任命を拒んだのである。それらの４名が，マーベリー事件での原告であり，マーベリーもその中の一人であった。そこで，任命状を交付されなかったマーベリーら４名が，国務長官のマディソン

21　邦語評釈として，畑博行「Marbury v. Madison　違憲立法審査制の成立」ジュリスト『英米判例百選（第三版）』(1996年) ４頁。

に対して，裁判所が任命状の交付について行政府の職員（具体的にはジェファーソン政権における国務長官ジェームズ・マディソン）に職務執行を命ずる令状（writ of mandamus）を出すように求めて，裁判所法13条に基づき，直接連邦最高裁に訴えたのである。これがマーベリー事件の事実の大まかな内容である[22]。

③連邦最高裁の置かれた政治状況　マーベリー事件に関して注目されるのは，前述したように，この事件が政治的な意味合いを帯びていたことであるが，さらに，この事件を判断する連邦最高裁もまた特別な政治的状況に置かれていた。それは，第1に，連邦最高裁の首席裁判官がマーベリーを任命しようとしたマーシャルであったことから生じていた。いわば当事者が裁判官の立場にあったということである。第2には，新たな大統領に就任する者が，マーシャルの支持するフェデラリスト党と対立するリパブリカン党のジェファーソンであり，またジェファーソン大統領が国民の多くの支持を得ていたということである。第3に，連邦最高裁の地位が低かったということである[23]。仮に連邦最高裁の下す判決が，ジェファーソン大統領の受け入れるところとならなければ，連邦最高裁ばかりか，連邦の司法府全体の権威が著しく低下することにつながり，司法府に勢力を温存しようとしたフェデラリスト党の政策を失敗させるおそれがあったのである。

④事件での難問　マーベリー事件での法律上の争点は，1789年の裁判所法13条の下で，連邦最高裁は国務長官のマディソンに対して，マーベリーの任命状を交付するように職務執行令状の発給を命じることができるか否かということであった。すでに述べたように，連邦最高裁は，そのような法律上の争点を判断するに当たって，当時の連邦最高裁の置かれていた地位とそれをめぐる政治的状況および判決の政治的影響を考慮した上で，一種の政治的判

22　マーベリー判決については，すでに述べたようにわが国でも多くの論考がある。それは，マーベリー判決がアメリカ憲法学を理解する上で前提となっていることを示している。もっとも，わが国の憲法学者の中でも，マーベリー判決における法と政治のかかわりにとくに注目した論稿もある。岸野薫「マーベリ判決における法と政治の相克（一）（二）」『法学論叢159巻2号』（2006年）63頁，159巻4号（2006年）55頁。

23　連邦最高裁の置かれていた政治的地位の低さは，すでにマーベリー事件が1801年に提訴されながら，途中リパブリカン党が支配する連邦議会によって1802年中の連邦最高裁の開廷を止められるなどしたため，1803年2月に判決を下さざるを得なかったということにもあらわれていた。

断を下すことを実質上求められていた。そのため，この事件で，フェデラリスト党のマーシャル首席裁判官は，連邦最高裁がジェファーソン大統領の率いるリパブリカン党の政権に対して，フェデラリストの裁判官の任命を行うように求めることは，フェデラリスト党とリパブリカン党の厳しい対立を考慮した場合には困難であるが，他方リパブリカン党のジェファーソン政権にとって有利な判決を下せば，フェデラリスト党の勢力を温存した連邦最高裁および連邦司法府の力を弱体化させることになるというジレンマを抱え込むことになったのである。マーシャル首席裁判官の前には，リパブリカン党，とくにジェファーソン大統領に判決を無視されることなく，かつフェデラリスト党の行為を正当化するという難題が突きつけられていたのである。

（4）マーシャル首席裁判官の判決
①3つの法的論点　　マーシャル首席裁判官は，この事件で争われていた3つの法的論点に対して，つぎのような判断を判決の中で示した。第1に，マーベリーは，任命状を請求する権利を有しているかという論点については，すでに任命にあたって大統領の任命状への署名が終わっており，国務長官はそれに従って任命状を交付するべきであるとして，マーベリーは任命状を請求する権利を有しているとした。第2に，権利が侵害されているとした場合に救済が与えられるべきか否かという論点について，マーベリーに対する任命状の送付に関する裁量は，法的には自由裁量行為ではなく覊束裁量行為であるから，国務長官がそれを拒否するときにはマーベリーの権利に対する侵害を意味し，そのような侵害が加えられたときには法的救済がマーベリーに与えられるべきであるとした。第3に，マーベリーに救済を与えるとすれば，それはどのような救済かという論点について，救済はマーベリーの求める職務執行令状であるとした。

このようにマーシャル首席裁判官は，3つの法的論点について，マーベリーの主張を認める判断を示したが，マーシャル首席裁判官は，最後にどんでん返しを用意していた。それは，いわば第4の論点ともいうべきもので，この事件で争われている裁判所法13条が，職務執行令状に関する事件を合衆国最高裁判所の第一審管轄権として付与していることは，合衆国憲法に違反

するか否かという点に関する判断であった。

②**第4の論点**　マーシャル首席裁判官は，この第4の論点について，裁判所法13条は合衆国憲法に反し，違憲であると判断した。原告のマーベリーは，裁判所法13条に基づいて，連邦最高裁を第一審として訴えを提起したが，連邦最高裁の第一審管轄権（original jurisdiction）として職務執行令状に関する事件を付与する裁判所法は，合衆国憲法に違反するとしたのである。裁判所法の規定が，合衆国憲法に違反していると考えられる理由は何か。この点についてのマーシャル首席裁判官の判断は，以下のようなものであった。

　裁判所法の合憲性を考えるためには，連邦最高裁が第一審管轄権を有する事件を列挙する合衆国憲法3条2節2項が参照される必要がある。合衆国憲法3条2節2項には，連邦最高裁が第一審管轄権を有する事件が，すべて列挙してあるが，その中に職務執行令状に関する事件は掲げられていない。憲法3条2節2項は，「大使その他の外交使節および領事に関係する事件ならびに州が当事者である事件のすべてについて，最高裁判所は第一審管轄権を有する。前項に掲げたその他すべての事件については，最高裁判所は，連邦議会の定める例外の場合を除き，またその定める規則にしたがい，法律および事実の双方に関し，上訴管轄権を有する。」と規定している。したがって，連邦最高裁が第1審管轄権をもつ事件は，大使その他の外交使節および領事に関係する事件ならびに州が当事者である事件でなければならないと判示したのである。

　その上で，マーシャル首席裁判官は，つぎのように述べた。問題となっている裁判所法13条は，大使その他の外交使節および領事に関係する事件ならびに州が当事者である事件でもなく，また上訴されたものでもない事件について，職務執行令状を行政府の職員に対して発給する権限を，連邦議会が連邦最高裁に与えようとするものである。しかし，第一審管轄権に属する以外の事件は，連邦最高裁が下級審からの上訴を受けて審理を行う事件として，憲法上考えられなければならない。それにもかかわらず，法律によって連邦最高裁の第一審管轄権に，職務執行令状に関する事件を付与しようとする裁判所法の規定は，合衆国憲法の条項を変更しようとするものである。そうであるとすれば，本来合衆国憲法を修正するという形でなされなければならな

い。したがって，このような裁判所法の規定は，合衆国憲法と矛盾する。法律と憲法が矛盾した場合には，憲法が国家の基本を定めた法である以上，三権の1つである議会の制定した法律に優位する。以上のことから，裁判所法13条は憲法に矛盾していて無効であり，裁判所法13条に基づく職務執行令状を，連邦最高裁は発給することはできないと判示したのである。

そして，マーシャル首席裁判官は，以上のように考えるならば，マーベリーが救済を求めるためには，下級審にあらためて訴訟を提起するべきだとしたのである。しかし，この当時の法律では，マーベリーが求める救済を，下級裁判所に提起することを許す法律は存在しなかった。そのため，マーベリーは，訴訟を断念せざるをえなかったのである。

③判決の影響　マーベリー事件に対する判決は，裁判所法上の手続が憲法に違反しているか否かということを中心にした判決で，法律家らしい細かい点にかかわるものであった。その意味で，一般の人々の期待ないしおそれたような華々しい判決ではなかった。もっとも，その「当時，連邦裁判所が米国憲法を解釈する権利をもつことについては，だれも異論をはさまなかったが，だからといって連邦最高裁が最終的な，最高権威をもつ憲法解釈者だという点について，賛意を表明する人は少なかった。事実，立法府と行政府は，自分らの措置が最高裁に審査されたばかりでなく，それが無効とされたことに驚いた。」[24]といわれる。

そのため，連邦最高裁の憲法解釈が唯一最終的なもの，すなわち公定解釈であるのか[25]が問題とされることになるが，この点を肯定するマーシャルの示した根拠は，連邦司法府の管轄権が「この憲法，合衆国の法律および合衆国の権限に基づいて締結されまた将来締結される条約の下で発生するコモンロー上およびエクイティ上のすべての事件」に及ぶと規定する合衆国憲法3条2節1項，裁判官の憲法擁護の宣誓義務を定めた同6条3項，そして憲法の最高法規性を定めた同6条2項であった。しかし，これらの根拠で十分で

24　マイケル・K・ヤング『法は日米を隔てるか』（日本貿易振興会，1989年）67頁。
25　ここでの公定解釈と有権解釈との相違については，森本昭夫「憲法の有権解釈―国会・内閣・最高裁判所の判断とその変更―」『立法と調査』351号（2014年）135頁参照。

あるかは，疑念の残るところであった[26]。たとえば，憲法擁護の宣誓義務は，州も含めてすべての公務員に求められていたからである。

そのような中で，ジェファーソン大統領は，この判決を聞いたときには激怒したといわれる。それは，判決が執行府の行為を審査したばかりか，執行府の行為がマーベリーの権利を侵害するということを明らかにしたからである。しかし，マーシャル首席裁判官の下した判決が，実質的にはフェデラリスト党の行為を支持しながら形式的にはリパブリカン党の立場を支持した判決であったため，ジェファーソン大統領も受け入れざるを得なかったのである。したがって，連邦最高裁の憲法解釈が唯一最終的なものであるのか，それとも議会あるいは執行府の憲法に関する有権解釈が公定解釈になることがありうるのかという点については，明確にはされなかったのである。

④**判決受容の理由**　マーベリー判決は，法律上の争点については，フェデラリストの立場を支持しながら，違憲審査権を行使することによって，裁判所法13条は違憲であるから訴えを提起することはできないと判示し，それによって，任命状の交付を拒否したジェファーソン大統領の判断を結果的に支持したものである。そして，そのような判決をジェファーソン大統領が受容することによって，政治的に争いのあった事件が回避されることになったのである。それは，マーシャル首席裁判官の卓越した判断の結果であった[27]。もちろん，マーベリー判決が，先にも述べたように，法律家らしい手続の側面に焦点をあてたものであり，判決は表面上政治的な判断を示したものではなかった。また，マーベリー事件は，アダムズ大統領が行ったもう1つの司法府への勢力温存策である巡回裁判所の裁判官と違って，首都ワシントンの治安判事という低い地位の裁判官にかかわる事案であったことも，事件が少なくとも表面上穏便に終わった理由である。

26　畑・前掲評釈注（21）5頁。
27　マーシャル裁判官が，法律家として優秀であると共に，強力なリーダーシップを有していたこともあげられる。マーシャルは，彼以外の裁判官を論理的に説得し，かつそれまでそれぞれの裁判官が意見を書いていた慣習を改め，多数意見についてはそれを法廷意見として一本化し，連邦最高裁の姿勢を明瞭にした。しばしば，マーシャルのリーダーシップについて指摘されることは，マーシャルの任期が1801年から1835年までの長期に及んだということである。その任期は，マーシャルが80歳に近くまでおよぶが，その間にほぼ半数の法廷意見を書き，反対意見はただ1度だけであった。

⑤**違憲審査権と民主主義**　マーベリー判決には、検討するべき点が2点存在する。第1に、この判決で示された違憲審査権を裁判所が有するという判断は、その後のアメリカの歴史の中で大きな政治的意味を有することになったが、そこには民主主義の観点から見て無視できない問題が含まれていた。仮に民主主義を多数決民主主義ととらえれば、違憲審査権は議会の制定する法律や行政府の行為を憲法に照らして審査し、裁判所が最終的にその合憲性を判断するという権限である。したがって、それは、議会という人民の多数によって選出される代表者によって制定される法律を違憲無効とするものであり、人民の多数の意思に基づく民主主義の政治による判断に反するということになる。すなわち、違憲審査権の制度は、反民主主義的なものであるということになるのである。

しかし、アメリカにおいてその後長く議論されることになる違審審査制の反民主主義的性格という問題は、当初あまり意識されることがなかった。その理由の1つは、連邦最高裁がマーベリー判決以後、連邦法を合衆国憲法に違反するという違憲判断を1856年のドレッド・スコット事件連邦最高裁判決まで53年間にわたって下さなかったからである。これに対して、州法と合衆国憲法との関係については、連邦最高裁はまず1810年のフレッチャー対ペック（Fletcher v. Peck）事件[28]で州法を合衆国憲法に違反するという判決を下し、ついで1816年のマーティン対ハンターズレシー（Martin v. Hunter's Lessee）事件[29]では連邦最高裁の判決が州の最高裁判所の判決に優位するという判断を下したのである。

これらの判決は、合衆国憲法が州法に優位しているとしたこと、そして連邦最高裁が連邦の権限の拡大を支持したことなどから明らかなように、連邦の優位を主張するフェデラリストの考え方を反映した判決であった。そして、マーシャル首席裁判官は、前述した1819年のマカーロック判決で、連邦政府の権限は合衆国憲法に規定された権限に限られることを認めた上で、連

---

[28] 10 U.S. 87, 6 Cranch 87 (1810). 邦語評釈として、釜田泰介「州立法に対する連邦最高裁の司法審査」ジュリスト『英米判例百選〔第三版〕』6頁。
[29] 14 U.S. 304, 1 Wheat. 304 (1816). 邦語評釈として、浅香吉幹「州判決に対する連邦最高裁の審査」ジュリスト『英米判例百選〔第三版〕』8頁。

邦議会はそれら連邦政府の権限を行使するために，必要かつ適切な（necessary and proper）法律を制定する権限を有すると判示したのである。

マカーロック判決は，連邦議会の州に対する権限をこれまでよりも大きく拡張したものであったため，連邦政府の権限の拡大に寄与するという側面があった。そのため，連邦の政治部門と対立することは少なかった。また，この判決は，必要かつ適切な手段を連邦議会がとることを認めたが，そのことは，また同時に連邦最高裁が連邦議会と州との間に立って，その調整役を担う範囲を拡大することにもつながった。そして，連邦と州の間の調停者としての役割を果たすことによって，連邦最高裁の重要性は，マーシャル首席裁判官が就任する以前とは比べようもないほど大きく引き上げられたのである。もっとも，これらの判決では，フェデラリスト的な考え方がとられていたものの，それは州と連邦との関係であり，連邦最高裁が連邦法に対する違憲審査権を行使する場合とは，直接に対比できないものであったことも注意しておく必要がある。

第2に検討するべき点は，違憲審査権を裁判所，とくに連邦最高裁が有するとした際のその根拠である。この点については，重要な点であるので，項を改めて論じることにしたい。

（5）違憲審査制の根拠

①アメリカの違憲審査制の特徴　アメリカの違憲審査制には，いくつかの特徴がある。第1に，違憲審査権は現在では世界各国の憲法で定められているが，その端緒はマーベリー事件に対する連邦最高裁の判決にある。しかし，合衆国憲法は，明文で違憲審査権について何ら明確にしていなかった。アメリカの違憲審査権は，判例上確立したものであったのである。そのため，違憲審査権の行使の正当性が，しばしば問題にされることになり，違憲審査制を正当化する根拠がさまざまに提示されてきた。それらの根拠として指摘されるものには，以下のようなものがある。

②憲法起草者の意思　まず，憲法起草者の考え方があげられる。違憲審査権が，合衆国憲法の上で明文の規定として掲げられていないことについてはいま触れたが，憲法起草者の中には違憲審査権を裁判所に付与する考え方を

第4章　連邦司法府の成立とマーベリー事件

有していた者もいたとする見方が存在する。そのような憲法起草者の意思の存在を裏付けるものとして，少なくとも2つのことが指摘されてきた。第1に，1787年の憲法制定会議での代表者たちによる司法審査をめぐる議論の中で，修正評議会（Council of Revision）設置の提案があったことがあげられる。しかし，この点については，憲法制定会議では違憲審査制についてはあまり話されず，また話された場合でも代表者たちの意見は分かれていたとされる[30]。事実，修正評議会の提案は，会議で拒否されたのである。第2に，各植民地での先例が指摘されてきた。ただ違憲審査が行われていた植民地もある反面，他の植民地では行われていないということがあり，植民地において広く違憲審査が行われていたわけではないと一般に解されている。このようなことから，憲法起草者達は，連邦の司法府とくに連邦最高裁の違憲審査権の行使について，確固とした意見を持っていなかったと見られている。

③**ハミルトンの見解**　　違憲審査権の正当化理由として，しばしば引用されてきたのは，アレクザンダ・ハミルトンの見解である。ハミルトンは，アメリカ建国期に活躍した人物として良く知られ，とくに『フェデラリスト』の著者パブリウス（Publius，仮名）の一人であったことが重要である。

『フェデラリスト』という著作は，1787年に憲法制定会議で採択された合衆国憲法について，憲法の発効に必要な3分の2の州の批准を必要とする過程の中で著されたものである[31]。それは，ニューヨーク州での批准を求めるために，憲法制定会議における3人の著名な代表者（ハミルトンのほかに，マディソンとジェイ）によって，ニューヨークの新聞紙上に匿名記事として書かれた合衆国憲法に関する解説文を集めたものである。

いま述べたように，記事は匿名で書かれているが，各記事の大体の著者は推測されている。そして，違憲審査について書かれた第78番の記事は，ハミルトンによって書かれたものとされている。ハミルトンは，その記事の中で違憲審査権について，つぎのようなことを述べていた。第1に，合衆国憲法は国の最高法規であるから，立法も含めてあらゆる国家の活動は憲法に合致

---

[30] 有賀・前掲書注（14）232頁。
[31] 邦訳として，アレグザンダ・ハミルトン，ジョン・ジェイ，ジェイムズ・マディソン（齋藤眞＝武則忠見訳）『ザ・フェデラリスト』（福村出版，1991年）がある。

していなければならない。第2に，立法府の制定した法律が憲法に反し無効であるということを判定するのは，ハミルトンによれば，憲法を解釈することが連邦最高裁に委ねられる以上，その権限も連邦最高裁に委ねられるべきである。このようなハミルトンの主張に対しては，裁判所でなくても法律を作った議会それ自身が判断するべきであるという反論が予想されるが，ハミルトンは議会に委ねると議会の意思が人民の意思に優先してしまうおそれがあると主張した。そして，裁判所は，議会と人民との間に存在する機関として，人民の意思を優先した憲法解釈をとることができるとしたのである。しかし，この点について疑問となるのは，憲法解釈における司法権の優越（Judicial Supremacy）という考え方をとると，選挙によって選ばれもしない司法府が，選挙によって選ばれた議会よりも，より強力な部門になるということである。この点についてのハミルトンの代表的な応答が，司法府は刀も財布（sword and purse）もない，あるのは判断（judgment）だけであるという言葉である。そして，ハミルトンは，司法府を「最も危険性の少ない部門（least dangerous branch）」と呼んだのである。裁判所は，判決を執行する能力を有していないことがその理由であった。

　このハミルトンの考え方は，違憲審査権の正当化根拠としてかなり有力であるが，2つの問題が指摘されてきた。第1に，ハミルトンの考えは，憲法起草者の共通した考え方とはいえず，したがって合衆国憲法との関連でいえば，違憲審査を起草者の意思として正当化するものではないということである。第2に，ハミルトンの考え方は，人民と議会との結びつきに対する警戒心が反映されており，そのような考え方は民主主義的見解と調和しがたいのではないかということである。この点は，前述のように，今日まで難問とされて議論が重ねられてきたところである。

④**その他の正当化根拠**　　そのほかの正当化根拠として，合衆国憲法6条2項の最高法規条項，またイギリス以来の歴史的先例（ボナム医師事件でのクックの説明，イギリスの枢密院の植民地法を無効とする先例など）などがその根拠としてこれまで示されてきたが，それらが果たして十分なものか否かは現在でも議論されているところである。

（6）連邦最高裁のその後

　本書では，いま述べた違憲審査権の行使を通して，民主的正統性の疑問を抱えながらも，徐々に連邦最高裁がアメリカの政治制度の上で，重要な役割を担う機関となっていく過程とその理由を見ていくことを，1つの大きなねらいとしている。ただ，その過程が徐々に進むにつれ，当初当然視された連邦最高裁の憲法解釈権に対して，政治部門が自らの憲法解釈権を主張することが見られることに注意していきたいと考えている[32]。この政治部門の憲法解釈権を主張する見解は，マーベリー事件の判決が下された当時は当然のように広く見られた。そのような中にあって，マーシャル首席裁判官も司法権の優位の見解を単純に述べたわけではない。しかし，この司法権の優位の考え方は，その後司法の領域を超え統治の領域でも次第に強まることになった[33]。もっとも，このような司法権優位の考え方の強さは，時代とともに比例的に増加して来たわけではない。その強さは，政治的リーダーシップの強い大統領が選ばれたときには大統領の憲法解釈観が優位し，それとの相対的な関係において，司法権の優位が減少するということもあり，あたかも波のような形で上下してきたと考えられる。たとえば，アメリカにおける政治体制が変化するとき，あるいは政党の間で大きな再編成があるときなどには，政党のリーダーでありまた政治的指導者でもある大統領による憲法解釈が優位することが多くなったからである。

　もっとも，そのような指導力の強い大統領が，新しい政治体制の下で自らの憲法解釈に従った判断を示すといっても，それは多様な方法をとることになる[34]。たとえば，正面切って連邦最高裁の憲法解釈を批判し対立する場合，連邦最高裁の判決を強く支持することによって共闘の形をとる場合，連邦最高裁の憲法解釈を自らに有利な形で行われるようにその条件を整備する

32　このことは，換言すれば連邦政府の各部門が憲法解釈権を有するとするデパートメンタリズム（Departmentalism）と司法権の優位の相克という観点から見ていくことを意味する。
33　その典型的な例は，1958年のクーパー対アーロン（Cooper v. Aaron, 358 U. S. 1 (1958)）連邦最高裁事件判決の中で，当時の連邦最高裁首席裁判官であるアール・ウォーレン（Earl Warren）が述べた言葉に表れている。それは，憲法の解釈において連邦司法部が最高であるというのが基本的な原理であり，その原理はこれまでわが国の憲法制度の最高かつ不可欠の特徴として本連邦最高裁と国全体（the Country）によって尊重されてきたとする。358 U.S. at 18.
34　KEITH E. WHITTINGTON, POLITICAL FOUNDATIONS OF JUDICIAL SUPREMACY 15 (2007).

形をとる場合，連邦最高裁が自らに不利な形で憲法解釈をすることを行わせないように導こうとする場合など，その態様はその時々の状況に応じて様々な形をとるということがいえる。ただ，そのような中で連邦最高裁の役割は変化してきたにせよ，基本的には司法権の優位が徐々に確立してきたように考えられる[35]。

それでは，具体的にはどのようなことになったのか？　次章から具体的にその点に触れていくことにしたい。

35　*Id.* at 10.

第5章　南北戦争と連邦最高裁——ドレッド・スコット事件連邦最高裁判決

1　州法と連邦最高裁

(1) 州法に対する違憲判決

　前章で述べたように，州法に対する違憲判決という形で連邦最高裁が政治的影響力を行使するということは，マーベリー判決後でも見られたが，それは連邦の政治部門の行為に対する違憲判断と異なり，政治的影響という点から見た場合には大きなものではなかった。

　たとえば，連邦最高裁はフレッチャー対ペック（Fletcher v. Peck）[1]事件連邦最高裁判決で，州法が合衆国憲法に違反するという判決を下した。この事件は，ジョージア州が財政上の理由から，州有地3500万エーカーを1エーカー当り2セント総額50万ドルという低額で民間会社に売却するという内容の1795年州法を制定したことに始まる。しかし，人民からのきびしい批判を浴びて，その後州会議は1795年州法を無効とした州法を1796年に制定したが，この1796年法が事後法による変更であり，合衆国憲法の契約条項（1条10節1項）[2]に反しないかが争われることになったのである。

　マーシャル首席裁判官の執筆する法廷意見は，まず1795年法を禁ずる州憲法の規定は存在しないから，同法の下で結ばれた契約は有効であるとした。そこでは，裁判所は州議会の立法動機を審査することはできないとされた。そして，つぎに州議会は前の議会の立法を廃止することができるという原則

---

[1]　10 U. S. (6 cranch) 87 (1810). 邦語評釈として会沢恒「州立法に対する連邦最高裁の司法審査［Fletcher v. Peck］」ジュリスト『アメリカ法判例百選』(2012年) 6頁。
[2]　合衆国憲法1条10節1項は，「州は，条約を締結し，同盟もしくは連合を形成し，船舶捕獲免許状を付与し，貨幣を鋳造し，信用証券を発行し，金貨および銀貨以外のものを債務弁済の法定手段とし，私権剥奪法，事後法もしくは 契約上の債権債務関係を害する法律を制定し，または貴族の称号を授与してはならない。」と定めていた。

は，有効とされる法律の下で行われた行為を元に戻すことはできないとした。さらに，土地の譲渡は契約の1種であるから，合衆国憲法の契約条項が適用されるとし，法廷意見はその適用の結果として，1796年法が契約条項の禁ずる事後法にあたり違憲であると判示したのである[3]。

　また，連邦最高裁は，1816年のマーティン対ハンターズ・レシー（Martin v. Hunter's Lessee）事件の判決[4]で，州裁判所の判決に対する連邦最高裁の審査について判断を下した。この事件の事実関係は，以下のようなものである。ヴァージニア州は，独立戦争中の1779年にイギリスに対する忠誠を誓う人々の財産を没収する州の権限を定める州法を制定した。原告のハンターは，州から州の土地を譲与された。しかし，独立戦争後のイギリスとの条約によってイギリス臣民の権利も保障されることになった。マーティンはそれに従い，本件で争われている土地をイギリスの貴族から遺贈された。そこでハンターは，不動産回復訴訟（ejectment）を提起し，一審で敗訴したが二審の州の最上級裁判所は，一審判決を覆した。これに対し，連邦最高裁は，イギリスとの条約が州法に優位すると判断して原判決を覆し，事件を州の最上級裁判所に差し戻した。ところが，州の最上級裁判所は，連邦最高裁の命ずることを拒否したため，上訴されたのである。

　この事件で連邦最高裁は，連邦法を含む州裁判所の判決に対する上訴管轄権を有すると判示した。ストーリ裁判官の執筆する法廷意見は，合衆国憲法3条2節2項は「その他の事件については，（連邦最高裁判所は……上訴管轄権を有する）」と定めており，州裁判所の判決に対する連邦最高裁の審査を許容していることを示しているとした。そして，もし連邦最高裁が州の最上級裁判所からの上訴管轄権を有しないとすれば，州裁判所は連邦法の問題を含む事件を審理しえないことになるが，州裁判所が連邦法について判断する権限を有することは確立している。したがって，連邦最高裁は，州最上級裁判所の判決を審理することができなければならないとした。また，合衆国憲

3　釜田泰介「Fletcher v. Peck 州立法に対する連邦最高裁の司法審査」ジュリスト『英米判例百選〔第三版〕』（1996年）6頁-7頁。
4　14 U. S.（1 Wheat）304（1816）.

法6条2項の最高法規条項[5]は，連邦の解釈が州の解釈に優位するとし，このことはすでに州の執行府や立法府の行為について連邦最高裁が行っていることであるとした。さらに，法廷意見は，最高法規条項が州の裁判官も連邦の裁判官と同様に合衆国憲法に拘束されるということは，法の統一の必要性を述べているのであり，州裁判所の憲法解釈を連邦最高裁が否定したとしても，州の裁判官の憲法解釈が誠実に行われていないということではないとした。法廷意見は，このように述べた上で，ヴァージニア州最上位裁判所の判決を破棄したのである[6]。

（２）フレッチャー判決とマーティン判決の意味

いま述べてきたフレッチャー判決とマーティン事件判決については，ある種の政治的な事情がその提訴の背景として指摘されうるが[7]，むしろこれら2つの事件で注目されるのは，以下のような点である。

まずフレッチャー判決で注目されるのは，1796年法が合衆国憲法に違反することを明らかにするために，両当事者が訴訟を意図的に提起したということである[8]。したがって，この事件における両当事者の実際のねらいは，1796年法が事後的に1795年法の下で取得された財産権のすべてを無効にすることは，合衆国憲法の契約条項（contract clause）に違反していることを連邦最高裁に明らかにしてもらうことにあったのである[9]。また，マーティン判決で

---

[5] 合衆国憲法6条2項は，以下のように定める。「この憲法，およびこれに準拠して制定される合衆国の法律，ならびに合衆国の権限にもとづいて締結された，または将来締結されるすべての条約は，国の最高法規である。すべての州の裁判官は，州の憲法または法律に反対の定めがある場合でも，これらのものに拘束される。」

[6] 浅香吉幹「Martin v. Hunter's Lessee 州判決に対する連邦最高裁の審査」ジュリスト『英米法判例百選〔第三版〕』（1996）8頁。

[7] 当時フェデラリストが多数を占めていた州議会は，1795年に本件土地1エーカー（約4047㎡）を2セント以下の価格で4つの民間会社に売却する法案を通過させたが，その際ジョージア州議会の議員はただ一人の議員を除いてすべて買収されていたため，1人の反対票だけが投じられる形で1795年法律が成立した。しかし，このような買収に対しては，州の中で批判が強く，結局新しい議員で構成された州議会は翌1796年に新法を制定し，1795年州法を無効としたのである。

[8] 釜田・前掲評釈注（３）6頁。

[9] もっとも，この事件に対する連邦最高裁の判決を執筆したマーシャル首席裁判官は，契約条項を拡張解釈して，ジョージア州の1796年法を合衆国憲法違反とした。そのことは，連邦の権限の拡大につながったといえる。

は，不動産回復訴訟という私法上の事件であったものが，イギリスとの条約と州法との関係が争われたために，連邦最高裁で州裁判所の判決を審理できるのか，すなわち連邦最高裁の上訴管轄権が州裁判所の判決を含むのかが争われ，法廷意見は合衆国憲法3条2節2項の契約条項およびそれにかかわる先例，そして最高法規条項（6条2項）を根拠に含まれるとされ，連邦最高裁の解釈が州最高裁の解釈に優位すると判断されたのである。それは，連邦最高裁の管轄権が広くとらえられたという点で大きな意味を持つが，多分に手続的な側面を有し，直接的な政治的影響力を有するものとはいえなかった。この点は，前章で述べたマカーロック判決の場合にも当てはまるといえる。

　いままで述べてきた州法を合衆国憲法の下で違憲とするこれら2つの判決は，合衆国憲法が州法に優位していること，連邦最高裁が州裁判所の判決に対する上訴管轄を有することなど，その権限の行使の範囲を拡大したことなどから明らかなように，連邦の権限の拡大を求めるフェデラリストの考え方を反映した判決であった。その意味ではある程度の政治的な意味合いを含む判断であったといえる。しかし，政治的影響力の大きさという点で見るときには，連邦最高裁が連邦の政治部門の行為を合衆国憲法に違反し無効であるとする判断には及ぶものではない。この点で，連邦最高裁は，マーベリー事件以後，連邦法との関係では違憲審査権を行使して連邦法を違憲と判示することを長く行うことなく慎重な姿勢をとっていた。ところが，連邦最高裁は，1856年のドレッド・スコット対サンフォード（Dred Scott v. Sandford）事件[10]で，連邦法に対して違憲判断を下したのである。

2　ドレッド・スコット事件に到る経緯

（1）南北戦争の背景

　1856年のドレッド・スコット事件連邦最高裁判決は，今日に至るまでアメ

10　60 U.S. (19 How.) 393 (1857). 邦語評釈として，長内了「Dred Scott Case (Scott v. Sandford) 奴隷制と合衆国最高裁」ジュリスト『英米判例百選〔第三版〕』54頁。なお，阿川尚之『憲法で読むアメリカ史 上』（PHP選書，2004年）221頁以下参照。

リカ社会に大きなトラウマを遺したという意味で，アメリカ史上最も重大な南北戦争の引き金となった判決である。南北戦争は，形式的にはアメリカ合衆国とフランスから国家としての承認を受けたアメリカ連合国（Confederate States of America）との間の戦争といえたが，その内実としてアメリカの南部諸州と北部諸州が戦ったという意味では，相手国領土の獲得などを目指す戦争ではなく，civil war（内乱）と呼ぶべきものであった。ただ，それはアメリカの一部地域に止まる戦いではなかった。南北戦争における戦死者が，両軍で第2次大戦時よりも10万人多い50万人とも60万人ともいわれることからも，その戦いの大きさその意味の重要性がわかる。一説によれば，北軍の死者は約36万人，戦傷者は27万5千人，南軍の死者は25万8千人といわれる。このような死者の多さは，内乱と呼ぶにはあまりに大きなものであった。それは，内乱以上の意味が南北戦争には存在し，南部と北部が総力をもって戦い抜いたという意味で，南北戦争（Civil War）と呼ぶにふさわしいものであったからである。

　南北戦争については，一般的には南部の人種差別に対する北部の人道主義の戦いと理解されることが多いが，このような道徳的な理由だけでは，ここまでの大きな戦いになることはなかったであろう。むしろ，南北相互の対立は，奴隷制の取り扱いをめぐって妥協をした憲法制定時から内包されていたものであり，この点については戦争に至るまでに，さらに幾たびも南北で妥協が重ねられた事実があった。ただ，その妥協が，南部と北部の産業構造の相違の拡大と，その上に存在する南北の有する文明観の乖離などによって，次第に政治的・社会的にも維持しがたくなりつつあったのである。そのような中で，連邦最高裁が，南北間の対立を南部に有利な形で解決することを意図して判決を下し，戦争の引き金を引く一役を買って出ることになったのである。

　いま述べたような点から，ドレッド・スコット判決を理解するためには，その前提として南北戦争がどのような要因によって始められるに至ったのかを，まず見ておくことが必要となる。南北戦争については，さまざまな原因が語られている。ただ，ここではその代表的な原因として，2つをあげておくことにしたい。第1に，歴史的な理由として，南部における奴隷制の存在

とそれに対する北部の批判があげられる。第2に，農業を主体とする南部と商工業を主体とする北部の経済構造の相違がもたらした，南部と北部の文明観の対立があげられる。

（2）奴隷制の存在

①合衆国憲法と奴隷制　まず，南部における奴隷制の存在について見ていくことにしたい。南北戦争の主要な原因が，当時の南部と北部が奴隷制問題をめぐって意見が対立し，緊張関係にあったためであることはよく知られている。アメリカは，しばしば多くの人々によって平等への志向を持った国ということがいわれる。実際，アメリカン・ドリームなどといわれるときには，個人の機会の平等が強調される。そのような個人の機会の平等の主張は，最近でもアファーマティブ・アクションに対する保守的な人々からの批判の中に散見される。また，歴史的にいってもアメリカは，個人主義的な傾向の強い国と解することができる。そもそも，アメリカの独立宣言は，自然権思想に基づいて，「すべての人が平等に造られ，創造主によって一定の不可譲の権利を付与」されているとしていた。しかし，このような平等への志向を持った国という見方については，合衆国憲法との関係では少し注意が必要である。合衆国憲法は当初から自由に対する条文を有していたのに対し，平等に関する条文は規定されていなかったのである。すなわち，合衆国憲法の前文は，以下のように述べて，自由を志向する憲法であることを明らかにしていた。「われら自身とその子孫に自由の恵沢を確保することを目的として，アメリカ合衆国のため，ここにその憲法を制定し，かつこれを確立する」としていたのである。

　これに対して，合衆国憲法は平等について明確には述べていなかった。合衆国憲法が，平等について明確に規定しなかった原因として1つ考えられるのは，アメリカが独立当時から南部を中心に奴隷制を保持していたことの影響である。アメリカにおける奴隷制の始まりは，1619年であるといわれている。その年にヴァージニア植民地のジェームズタウンに，アフリカから奴隷

が連れて来られてきたといわれるからである[11]。

アメリカの植民地では，奴隷としての黒人は，人間としての権利・自由を認められず，所有者の私有財産の一部として取り扱われた。そして，労働を強制され，譲渡・売買の対象ともされた。したがって，植民地時代には，奴隷は所有者である白人の財産であり，その処分の対象物として考えられていたのである。

②憲法制定と奴隷制をめぐる妥協　このような奴隷としての黒人が存在する当時の社会状況，なかでも南部が奴隷制を維持しようとしている中で，合衆国憲法の中に奴隷制のことをどのように書き込むのかは，重大な政治問題であった。ここにおいても，憲法制定時に妥協が図られた。その結果，憲法の中では，奴隷ないし黒人という文言を具体的には使わずに，実質的には奴隷制を認める規定が置かれることになった。それは，以下のような憲法の条文であった。

まず，合衆国憲法1条2節3項では，連邦議会の下院議員の各州間への配分について，「各州の人口は，年期を定めて労務に服する者を含み，かつ，納税義務のないインディアンを除いた自由人の総数に，自由人以外のすべての数の5分の3を加えたものとする。」と定め，奴隷という文言は用いていないが，実質的には奴隷は自由人の5分の3として計算するということとされた。このような規定となったのは，人口数が連邦下院議員の各州への配分数に大きな影響を与えることから，連邦下院議員の数を南北が均衡をとれるように，奴隷を自由人の5分の3分としたのである。

また，合衆国憲法は，1条9節1項で「連邦議会は，1808年より前においては，現に存する州のいずれかがその州に受け入れることを適当と認める人びとの移住または輸入を，禁止することはできない。」と定めて，奴隷の輸入について1808年まで認めていた。さらに，4条2節3項で「1州において，その州の法律によって役務または労務に服する義務のある者は，他州に逃亡しても，その州の法律または規則によってかかる役務または労務から解

11　今日，黒人のことをかつてのニグロでもなく，カラードでもなく，ブラックでもなく，「アフリカン・アメリカン」と呼ぶのは，言葉が中立的であるということのほかに，そのエスニシティを大切にしたいということを反映している。

放されるものではなく，当該役務または労務を提供されるべき当事者からの請求があれば，引き渡されなければならない。」と定めて，逃亡奴隷の引渡しについての規定を置いていた[12]。ここでも奴隷という文言は使用されていなかった。

　これらの憲法の規定については，2つの点が注目される。第1に，これらの規定では，単に黒人奴隷を財産とは見なしてはいないということである。たとえば，合衆国憲法1条2節3項は，黒人は5分の3という形で人として計算しているのである。したがって，合衆国の奴隷は，従来理解されてきたような厳密な意味で，人間として取り扱われない奴隷なのか否かが問題とされる余地があるということである。第2に，これらの規定に見られる南部と北部の妥協は，結果的に奴隷に関する2つの異なる法体系を発展させることになったということである。

　北部においても，黒人は自由黒人といえども，白人よりも権利に対する制約が大きかった。たとえば，黒人は法廷での証言はできなかった。とはいえ，北部では法律上は黒人も自由意思を有する者として扱われていた。これに対して，南部では北部とは異なる独自の法体系が発達した。南部では，奴隷は所有権の対象とされた。したがって，奴隷は，原則として自由意思のないものとして扱われたのである。奴隷は売買の対象となり，抵当権なども設定された。そして，結婚も財産の所有も認められなかった[13]。

　もっとも，1776年の独立宣言では「人間は生まれながらにして平等である」とされ，奴隷についても人間として扱おうとする動きが見られたという兆候も存在する。しかし，北部を中心とする6州では奴隷制を州憲法で禁じたのに対して，南部を中心とする7州では奴隷制が依然として維持された。当時の奴隷の数は，70万といわれている。そこで見られるのは，南部と北部の奴隷制をめぐる法律制度，政治制度をめぐる対立である。

③南部と北部の産業構造　　第2に，南北戦争の背景として，南部と北部の産業構造の相違とそれがもたらす異なる文明観を考えることが必要である。

12　この規定は修正13条によって改正された。
13　もっとも，それは原則で，例外として主人の同意があれば結婚は許されることがあった。ドレッド・スコットも，婚姻をして家族を有していた。

当時の南部と北部では,産業構造が大きく異なっていた。北部はヨーロッパと近いこと,港湾があったことなどから,商業や工業が発展していった。北部では,奴隷制度を持つ必要性は必ずしもなかった。これに対して,南部では天候が綿花などの栽培に向いていたために,綿花などのプランテーション農業が発達した。綿花に対しては,イギリスの綿紡績工業の興隆により強い綿需要が存在した。ただ,南部の暑い気候などの条件の下では,労働力が不足しがちであり,南部で黒人は労働力として必要不可欠なものとして重要であった。そして,南部では1794年のイーライ・ホイットニー(Eli Whitney)によるコットン・ジン(cotton gin)という綿繰機の発明などもあり[14],大量の黒人奴隷を使った綿花栽培が広がり,奴隷の労働力に依存した農業が高い収益性を持って一層発展した。そのことは,南部にとっての奴隷制度の必要性をより高めるものとなったのである[15]。

このような産業構造の相違は,さらに両地域の文明観の相違をも生み出していた。南部では南北戦争以前に,アンテベラム・プランテーション(Antebellum[16] Plantation)が出現した。これらのプランテーションは大農園であり,そこでの南部の奴隷所有者と奴隷との間には大きな差別が存在し,それが階層化されていた。そして,南部には一種の貴族制的社会が出現していた。すなわち,人種を含めて生まれが重視され,奴隷所有者の生活は優雅なものであった[17]。このような貴族制的社会は,北部のような工業化の進んだ社会から見れば道徳的に受容できるものではなかった。しかし,南部社会では,そのような貴族制社会が一種の安定をもたらしていた。その意味で,北部の南部に対する批判は,南部の社会を根底から覆す可能性のあるものであ

---

14 コットン・ジンについては,以下のホームページ参照。
 Cotton Gin and Eli Whitney, *available at* http://www.history.com/topics/inventions/cotton-gin-and-eli-whitney.
15 M・L・ベネディクト(常本照樹訳)『アメリカ憲法史』(北海道大学図書刊行会,1994年)82頁。
16 Antebellumとは,文字通りには"before the war"の意味であるが,南北戦争前の期間のことをさす。
17 その当時の面影を示すものとして,今日でもアンテベラム・マンション(Antebellum Mansion)といわれる建造物が残っている。それらの建物では,現在結婚式などが行われたり,あるいはホテルとなっているところもある。

り，南部からすれば，その社会構造はなんとしても維持しなければならなかったのである。その点で南北戦争は，2つの社会をあげての全面的な戦いという側面も有していた。もっとも，そのことは，当初から北部の人々の多くが，人種差別主義者ではないということを意味してはいなかった[18]。

（3）南北戦争への経緯

　南北戦争にはいま述べたような背景が存在したが，そのような中で，南北戦争に至る直接的な原因が次第にその姿を現わすようになっていった。それは，合衆国憲法制定時に見られた奴隷制をめぐる南北の妥協が徐々に揺らいでいく過程である。揺らぎの原因としては，3点あげられる。

①北部の奴隷解放運動の高揚　　まず，揺らぎの原因としてあげられるのは，北部におけるキリスト教的人道主義的な奴隷解放運動の高まりである。その典型例は，1852年にハリエット・ビーチャー・ストウ（Harriet Beecher Stowe）夫人の出版した「アンクル・トムの小屋（Uncle Tom's Calin）」である[19]。この「アンクル・トムの小屋」では，初老の黒人奴隷トムの波乱に富んだ一生が描かれていた。奴隷のトムは，彼が売られた主人による過酷な取り扱いによって死に至ったが，それを見た以前の主人の息子が奴隷解放運動に従事するようになることが描かれた。そして，トムが救った黒人奴隷がカナダに逃亡したりすることなどによって，幸福をつかむようになるということを描いた物語であった。その本の内容は通俗的なものであった。しかし，19世紀において，聖書に次いで第2番目に売れたといわれるこの本のもつ社会的影響は大きかった。それは，精神的な意味で，北部の人々にとっては，南部に対する戦争気分を高める一因となったからである。つまり，この通俗的な本が，北部において奴隷解放運動の高揚を招いたのである。

　もっとも，このような奴隷解放運動には，白人たちばかりではなく，北部の黒人たちも参加していた。たとえば，1818年に生まれたフレデリック・ダグラス（Frederick Douglass）は，奴隷の身分から逃れ，23歳の時にマサ

18　ベネディクト・前掲訳書注（15）83頁。
19　ハリエット・ビーチャー・ストウ（小林憲二監訳）『アンクル・トムの小屋』（明石書店，1998年）。

チューセッツ反奴隷制協会に招かれて、奴隷としての経験と奴隷制の打破を訴える演説を行い、以後反奴隷制大会の演説のため北部を中心に旅したのである。その後「皮膚の色・性別を問わず、人は皆平等の権利を与えられるべきだ。」をモットーに、「ノース・スター」(North Star) などいくつかの新聞を発行した[20]。しかし、他のアフロ・アメリカン指導者にしばしば見られた奴隷解放のために武力の行使をも辞さないという急進的な奴隷革命論には、ダグラスは肯定的ではなかった。

また、1856年に生まれたブーカー・T・ワシントン (Booker T. Washington) も16歳の時に勉学を志し、1872年にサミュエル・アームストロング (Samuel C. Armstrong) 将軍の運営する黒人用に設けられたハンプトン大学 (Hampton Institute) に通う決心をした。ただし、アームストロング将軍の教育方針は、黒人には芸術は不要であり、実務的な仕事を一生懸命に習得するべきだとするものであった。そのような考え方に強く影響されたワシントンは、1881年に教員養成を目ざす「タスキギー学校 (Tuskegee School)」[21]を創設した。その考え方は、白人との社会的・政治的不平等を容認しつつ、黒人の経済的な自己決定を重視するものであった。そのために、白人からは好意的に迎えられ、「偉大なる調整者」(Great Accommodator) と呼ばれることになった[22]。

②ナット・ターナーの反乱　　第2の原因は、黒人奴隷のナット・ターナー (Nat Turner)[23]の起こした反乱 (Nat Turner's Rebellion) の影響である。この反乱は、1831年にヴァージニア州のサウスハンプトンで起きたもので、ターナーに率いられた黒人奴隷たちが、白人を50人から60人殺害したというものである。この反乱は、大きな衝撃とおそれを南部にもたらした。南部の州議会は、奴隷や自由黒人の教育を禁止し、自由黒人の集会の自由や市民的権利

20　フレデリック・ダグラスについては、以下のホームページ参照のこと。*Available at* http://nps.gov/frdo/learn/historyculture/people.htm.
21　現在アラバマ州にあるタスキギー大学 (Tuskegee University) の前身である。
22　いま見たように、これらの黒人たちの見解が、白人との完全な平等を打ち出していたわけではないことには注意が必要である。そのことは、1960年代になって大きな問題とされてくることになる。
23　ナット・ターナーについては、以下のホームページ参照のこと。http://www.history.com/topics/black-history/nat-turner.

を制限する法律や白人の牧師に黒人への説示を禁止する法律を制定した。その結果として、南部は北部の批判に対して、より強い奴隷制維持の姿勢を示すことになったのである。

③２つの妥協と反発　第３の要因として、南北戦争へ至る過程での最も大きな要因といわれる「ミズーリの妥協」をめぐる南北の対立があげられる。アメリカは、周知のように、建国以後西へ西へとその領土を拡大していった[24]。問題は、先ほど述べたように、合衆国憲法がその内容において奴隷制をめぐる南北の妥協と均衡を図るという特色を有していたことである。そこで重要となるのは、合衆国憲法制定時の13州から徐々にその国土が広がり、新しい地域が合衆国の領土となるときに、その領土をどのように割り振り、奴隷制をめぐる南北の妥協を維持するかということであった。

いま述べたような新たにアメリカの国土となった領土は、おおよそ次のような形で州として合衆国を構成することになった。まず、それら新たな領土は、准州（Territory）として組織された。そして、その後地域がある程度発展すると、州憲法を制定して連邦に州として加盟の申請を行うという手続が踏まれた。これが一般的なアメリカの州の成立の過程である。このようにして新しい州が誕生した場合、奴隷制を合法とする奴隷州にするか、それとも奴隷制を禁じる自由州にするかが、南部の奴隷州と北部の自由州との両者の勢力均衡の観点と直接結びついて重要となったのである。そのため、この均衡を維持するために、いろいろな妥協が南北戦争以前から両者によって図られていた。

④ミズーリの妥協　南北間の妥協の中で最も重要なものが、1820年の「ミズーリの妥協」（Missouri Compromise）である。この妥協は、1820年にミズーリを奴隷州として連邦に加入させる際に、当時11州ずつだった自由州と奴隷州の均衡を図るためになされたものであった。その内容は、ミズーリ州の加盟と自由州メインの加盟を一括して認めると同時に、これ以後は1803年のルイジアナ購入によって獲得された西部の領地のうち、北緯36度30分以北においては、奴隷制を禁止するという内容のものであった。

24　たとえば、アメリカは、1803年に欧州での戦費調達を図るフランスからルイジアナを購入した。

このミズーリの妥協によって、一時的に南北の対立はおさまることになった。しかし、その後も領土の拡大が続いた結果、自由州と奴隷州の数の均衡が崩れかかることになった。とくに、1849年にカリフォルニアを自由州として連邦に加入させるか否かについては、当時のアメリカが、奴隷州と自由州がそれぞれ15州ずつで均衡していため緊張を生じることになった[25]。

南部は、カリフォルニアが北緯36度30分の線の南北にまたがっているため、カリフォルニアの自由州化には強く反対した。もっとも、この時にはヘンリー・クレイ（Henry Clay）[26]の提案した種々の決議案の成立を通して妥協[27]が成立し、南北の決定的対立は回避された。それが「1850年の妥協」（Compromise of 1850）である。この妥協の内容は、以下のようなものであっ

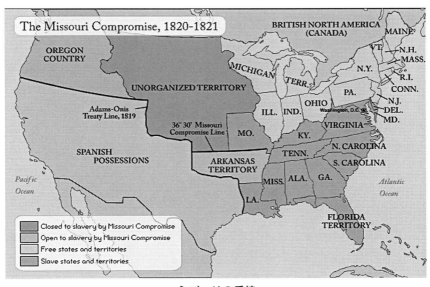

ミズーリの妥協

---
25 たとえば、米墨戦争によってメキシコから割譲される領土では奴隷制度が禁じられるとするウイルモット付属条項（Wilmot Proviso）は、連邦議会の下院は通過したものの、1846年から1848年において、上院では南部選出議員の強い反対によって通過することはなかった。ベネディクト・前掲訳書注（15）86頁。
26 ヘンリー・クレイについては、以下のホームページ参照。Henry Clay．〔Internet〕．2015, The Biography.com website. *Available at* http://www.biography.com/people/henry-clay-9250385.
27 The Compromise of 1850．〔Internet〕．2015. The Library of Congress. *Available at* http://www.loc.gov/rr/program/bib/ourdocs/Compromise 1850.htm/.

第5章　南北戦争と連邦最高裁——ドレッド・スコット事件連邦最高裁判決

た。カリフォルニアは，自由州として連邦加入が認められるが，ユタ准州とニューメキシコ准州については，連邦は奴隷制を禁止しない。ニューメキシコ准州とテキサス州の境界問題は，テキサス州に10億ドルの補償金を付与することで解決する。首都ワシントンの所在地であるコロンビア特別区での奴隷売買は禁止され，連邦法である逃亡奴隷法（Fugitive Slave Law）については，逃亡奴隷の所有者への引渡しを一層厳格に求めるものに改正するというものであった[28]。

　この妥協によって，北部はカリフォルニアの自由州化，首都ワシントンでの奴隷売買の禁止，テキサスの領土問題の解決という利益を得る一方，南部はユタ准州およびニューメキシコ州での奴隷制の可能性，首都ワシントンでの奴隷制度の維持，逃亡奴隷法の厳格化という利益を得たのである。

⑤カンザス・ネブラスカ法をめぐる南北の対立　　南北戦争を導く要因としてさらに大きなものが，1854年に成立したカンザス・ネブラスカ法（Kansas-Nebraska Act）をめぐる対立であった。カンザス・ネブラスカ法は，後にエイブラハム・リンカーン（Abraham Lincoln）の政敵として知られるようになるスティーブン・ダグラス（Stephen A. Douglas）連邦上院議員（イリノイ州選出）によって主導されたものであった[29]。カンザス・ネブラスカ法は，当時領土として未組織であり，土地の所有権の不明確であった地域について，1つではなく，カンザスとネブラスカの2つの准州に分け，その地域で奴隷制を認めるか否かはその地域における住民が決定するという住民主権（Popular Sovereignty）の考え方に立つものであった。

　この住民主権の考え方は，それまでダグラスが主張してきたものであった。ただ，その考え方に基づくこの法案には，一つの大きな問題があった。それは，奴隷制をとる准州と予想されたカンザスの地域は，従来の「ミズーリの妥協」が奴隷制を禁じるとしていた北緯36度30分をまたいでいたということであった。それは，ミズーリの妥協を否定することを意味していた。そ

28　The Compromise of 1850.〔Internet〕. 2015. ushistory.org website. *Available at* http://www.ushistory.org/us/30d.asp.
29　リンカーンとダグラスは，1858年の連邦上院議員選挙と1860年の大統領選挙において戦った。1858年の選挙運動期間中のリンカーンとダグラスの論争（Lincoln-Douglas Debate）は有名である。

して，この法案には，その後の修正で「ミズーリの妥協」は無効であると宣言する修正条項が付されていた。

　この法律に対して南部は歓迎し，一方北部はダグラスが北部のイリノイ州選出の議員であることから，裏切られたとして強い反発が生じた[30]。そして，北部では奴隷制を即時に廃止することが主張され，それに対して南部では積極的に奴隷制を擁護する政治的議論が展開された。また，この法律の結果，住民の奴隷制に対する賛否の投票が重要であるとされることになった。そのため，カンザス准州には北部から奴隷制反対論者が入り込むことが見られるとともに，南部からは奴隷制擁護論の過激分子が乗り込んで，両者が激しい争いを繰り広げることになった。カンザス准州政府は，奴隷制賛成論者によって掌握され，これに対して反対派すなわち奴隷制反対論者は，別に政府を組織することになった。その結果，両者の間の対立は，流血事件を生じさせるまでになった。それは，小規模ながら南北戦争がすでに発生していることを示していたのである。

　連邦最高裁が1857年にドレッド・スコット対サンフォード（Scott v. Sandford）事件で判決を下したのは，このような状況の中であった。ドレッド・スコット事件に対する連邦最高裁の判決[31]は，緊張関係を続ける社会状況の中で南部寄りの判決を下すことによって，その緊張関係を一蹴することを図ったものであったが，逆に北部の反発を買い，南北戦争への大きなきっかけをもたらすことになったのである。

3　ドレッド・スコット事件

（1）事実の概要

　ドレッド・スコット事件の内容は，以下のようなものであった。ミズーリ州の黒人奴隷スコットは，軍医エマーソンの奴隷であった。彼は，主人に伴

30　ダグラスがこのような法案を提出した背景には，大陸間鉄道が自らも土地を所有する地元シカゴを通るようにしたいという思惑が存在した。The Kansas-Nebraska Act.〔Internet〕. 2015. ushistory. org website, *available at* http://www.ushistory.org/us/31a.asp.
31　60 U. S. 393（1857）.

第5章　南北戦争と連邦最高裁──ドレッド・スコット事件連邦最高裁判決

われて奴隷州のミズーリ州を出発して，自由州のイリノイ州のフォートアームストロングに移り住んだ。そこで2年近くを過ごした後，さらに当時のウィスコンシン准州のフォートスネリングに移った。その地でスコットは，主人の許可を得て結婚し4年近くを過ごした。フォートスネリングは，「ミズーリの妥協」により，連邦議会によって奴隷制を禁じられていた自由准州（free territory）であった。その後スコットは，主人とともにミズーリ州に再び帰ることになった。

　主人が亡くなった後，奴隷制廃止論者の支援により，スコットは，自由州のイリノイ州と奴隷制が禁じられている准州に居住していたことを理由に，自由人になったと主張して，奴隷の地位からの解放を求めて，州裁判所さらに連邦裁判所に訴訟を提訴した[32]。

（2）判決の内容

　連邦最高裁では，1856年からドレッド・スコット事件に関する審理が行われ，1857年3月に判決が下された。

　この事件で連邦最高裁のロジャー・トーニー（Roger B. Taney）首席裁判官[33]は，2つの点を指摘して，ドレッド・スコット敗訴の判決を下した。

　第1に，黒人は，この種の事件で連邦裁判所に訴えることができないということである。トーニー首席裁判官は，その理由を以下のように述べた。黒人は市民としては白人と比べて劣っていると憲法起草者は考えていたのであり，合衆国憲法上は黒人は州の市民とはいえない。したがって，黒人は，どこの州の法（ミズーリ州かイリノイ州か，准州か）が適用

ドレッド・スコット

32　連邦裁判所に訴訟が提起されたのは，エマーソン夫人からスコットを譲渡されたサンフォードがニューヨーク市民であったため，州籍相違訴訟となったからである。
33　トーニーは第5代の首席裁判官であった。

されるべきかが争われる事件，すなわち州籍相違訴訟に関して，連邦裁判所に訴え出ることはできない。仮にスコットが自由黒人であるとしても，連邦裁判所に訴えることはできないというのである。このトーニー首席裁判官の見解は，合衆国憲法上の市民の中に，黒人と白人という二層の市民を設けるものであった。もっとも，この白人と黒人をまったく同じには扱わないということは，当時はそれほど大きな問題ではなかった。そし

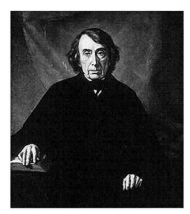

トーニー首席裁判官

て，訴訟は，ここで終わっても良いはずであった。連邦裁判所は，この事件について判決の中ですでに州籍相違訴訟としては管轄権を有しないと判断していたからである。

　しかし，トーニー首席裁判官は，第1の論点である管轄権の問題について述べた後で，「したがって」という接続詞を無理矢理使って，「ミズーリの妥協」の違憲性の判断に踏み込んだのである。トーニー首席裁判官によれば，連邦議会は，准州において奴隷制を禁じる権限を有しないとされた。准州において奴隷制を禁じることは，奴隷が財産であり，合衆国憲法修正5条のデュー・プロセス条項が「適正な法のプロセスによることなく，生命，自由，財産を奪われない」と定めていることから見て，適正な手続によることなく財産を奪うことになり，デュー・プロセス条項に違反するとしたのである。准州における奴隷制に関して，連邦議会はそれを禁じることができず，奴隷をその所有者から奪うことはデュー・プロセス条項に違反するとして，北緯36度30分以北の地で奴隷制を禁じる「ミズーリの妥協」は違憲であり，無効であるとしたのである。

（3）判決の政治的メッセージ

①**連邦議会へのメッセージ**　　この判決は，連邦議会に対する連邦最高裁の政治的メッセージを含んでいた。連邦議会は，准州の奴隷制問題に手を付け

第5章　南北戦争と連邦最高裁——ドレッド・スコット事件連邦最高裁判決

られないということを少なくとも述べていたからである。また，奴隷制に反対する北部の人々は，連邦最高裁がいかなる州も合衆国憲法の下で奴隷制を廃止することはできないという形で，つぎの判断を下すのではないかとおそれたのである[34]。

　ドレッド・スコット判決の法廷意見を著したトーニー首席裁判官の意図は，当時の政治問題であった准州での奴隷制に対する連邦議会の関与を否定して，ミズーリの妥協を違憲と判断しようとするものであった。それは，北部の准州における奴隷制廃止議論にストップをかけ，連邦議会ばかりではなく准州における議会も奴隷制を左右し得ないと解するものであった。そのように判断することによって，当時北部の奴隷開放論者によって脅かされていた南部の心配を除去しようとしたのである。それは，きわめて南部寄りの判決であった。

　②ブキャナン大統領へのメッセージ　また，この判決は，当時就任直前であった15代大統領ジェームズ・ブキャナン（James Buchanan）へのメッセージも含んでいた。実は，トーニー首席裁判官が「ミズーリの妥協」は違憲であるとの判断に踏み込んだ理由について，1856年に大統領に当選したブキャナンが「ミズーリの妥協」を違憲とする立場をとっていたことへの配慮が強く存在したといわれる[35]。というのは，1856年2月15日の裁判官会議では，連邦最高裁はドレッド・スコット事件の判決について，ドレッド・スコットは自由州に住んだことがあってもミズーリ州に戻った以上奴隷であるという判決を下し，「ミズーリの妥協」の合憲性については判断をしないと決定していた。ところが，その後急に方針転換が行われたからである。その転換した理由は明らかではない。ただ，その変更を連邦最高裁の裁判官の1人であるロバート・グリア（Robert Grier）が，大統領就任直前のブキャナンに知らせたのである。それを受けて，ブキャナン大統領は，大統領就任演説の中で，連邦最高裁は准州における奴隷制の問題に最終的な解決を与えるであろうと述べたのである。

34　The Dred Scott Dicision.〔Internet〕. 2015. ushistory. org website. *Available at* http://www.ushistory.org/us/32a.asp.
35　JAMES F. SIMON, LINCOLN AND CHIEF JUSTICE TANEY 119-120（2006）.

このような事情が存在したとすれば，当時の連邦最高裁は大統領とともに，奴隷制の問題について南部に有利なように解決しようと動いたといえることになる。連邦最高裁は，時の政権の判断に一致する姿勢を示したことになるからである。ただ，このドレッド・スコット判決で，連邦最高裁は，司法権の優位を政治部門に対して正面から主張することまでしたわけではないということにも，注意する必要がある。

(4) ドレッド・スコット判決の影響

ドレッド・スコット判決は，マーベリー対マディソン事件の判決以来50年ぶりに，連邦最高裁が連邦法を違憲とした判決であった。そして，この判決は，決定的な南北戦争への契機となったわけではないが，南北戦争を起こす一つの大きな引き金となるものであった。奴隷制解放論者は，この連邦最高裁の判決を引き合いに出して，南部人が奴隷制を国中に広げようと望んでいることを示す証拠であり，最終的には国それ自体を支配しようとしていると批判した。その結果，西部の地域にも奴隷制が広がるだろうという見方が，流布するようになったのである。

そして，南北戦争は周知のように，リンカーン大統領が率いる北部のアメリカ合衆国政府が南部のアメリカ連合国を破り，勝利するという結果で終わった。この南北戦争が与えた影響は甚大であった。とくに南部にとってそうであった。実際，南部は，その後100年あまりの間大統領を選出することができず，政治的には北部に対して従属的な立場に立たされることになったのである。もちろん，その過程で南部は様々な形で北部の政治に抵抗した。たとえば，人種問題では，南北戦争によって憲法修正が行われた後もさまざまな法律をつくって黒人の政治的進出を妨げようとした。それは，南部の人々にとっては譲れないところであった。その意味で，北部に対する南部の反発には根深いものがあった。それは，1960年代に共和党のニクソン大統領の南部戦略が成功するまでは，リンカーン大統領が奴隷解放を行った共和党に対する反発から保守的といわれる南部の人々が，リベラルな民主党を支持するという一見奇異な感じを与える政党支持の形を見せてきたことにあらわれている。

ところで，ドレッド・スコット判決では，連邦最高裁は意識的に北部に対して敵対的な憲法判断を下したのであるが，それではなぜ北部の勝利に終わった後，連邦最高裁は憲法修正などによって違憲審査権を剥奪されずにそのままその地位を保持することができたのであろうか。リンカーン大統領は，違憲審査権とそれに基づく司法権の優位という見方について，どのような見解を有していたのであろうか。

4　リンカーンと連邦最高裁

（1）スプリングフィールドでの演説

　ドレッド・スコット判決が下された当時は，民主党のブキャナン大統領の時代であった。ただ，その後リンカーンは，1860年の大統領選挙で奴隷制に反対する共和党（Republican Party）[36]から出馬し当選した。そこで，リンカーン大統領のドレッド・スコット判決そして連邦最高裁に対する見方が，連邦最高裁と大統領の関係という観点から注目を引くことになる。

　ドレッド・スコット判決について，リンカーンは大統領になる以前の1857年に，イリノイ州スプリングフィールドで有名な連邦最高裁批判の演説を行っていた[37]。その中で，まずリンカーンは，ドレッド・スコット判決について，各裁判官の意見が論点ごとに分かれたものであるということを指摘した上で，つぎのように述べた。

> 判決には2つの側面があり，1つは具体的な事件を解決することが必要とされている場合であり，もう1つは先例としての意味を持つ場合である。われわれは，もちろん連邦政府の司法部門に従いそして尊敬する。憲法問題に関して，判決が十分にそれを解決するようなものであるなら，特定の事件の解決ばかりではなく，国家の一般的な政策についてもその判決が支持されるべきである。もし判決に反対ならば，憲法に規定された手続に従って，憲法修正を行う

36　共和党は1854年に反奴隷制を掲げて結党された。History of the GOP.〔Internet〕. gop.com website, *available at* Republican National Comittee〔US〕https://gop.com/history.

37　Speech on the Dred Scott Decisions.〔Internet〕. teachingamericanhistory. org website, *available at* teachingamericanhistory.org/library/document/speech-on-the-dred-scott-decision/.

ことができるのであり，それによらずに強く反対することは革命である。しかし，ドレッド・スコット判決は誤っている。これまでも裁判所は謬りをおかしてきた。われわれは，自ら判決を覆してきた。そして，裁判所に判決を覆えさせるためにできる限りのことを行う。われわれは，判決に抵抗するものではない。しかし，判決の先例の強固さは，その状況によってさまざまである。先例として十分なものでないなら，その判決について先例として従わないことは，何ら党派的でも革命的なものでもないのである。

このようにリンカーンは述べて，違憲審査制それ自体は尊重するが，その判決の内容や裁判官の中で反対意見がなく満場一致か否かなどを判断して，場合によっては先例としての価値を有しないと判断することも許されるとしたのである。このようなリンカーンの認識の重要性は，連邦最高裁との関係において，憲法解釈の権限に関して司法権の優位を認めたわけではないという点にある。もっとも，この当時はリンカーンはまだ大統領ではなかった[38]。しかし，この演説は，憲法解釈をめぐる大統領と連邦最高裁の相互の優位関係に関する重要な視点を提供するものということができる。

（２）連邦最高裁とリンカーン

1861年3月4日にトーニー首席裁判官は，憲法の規定に従い，リンカーンの大統領就任式を執り行った。その後，1864年にトーニーが首席裁判官を辞めるまで，両者の間では鋭い対立が存在した。この1861年から1864年という時期は，まさに南北戦争の期間中であった。そして，リンカーン大統領とトーニー首席裁判官の対立は，連邦最高裁が戦時における大統領の人身保護令状の停止権限事件で下した判決によって明らかになったのである。

その事件をめぐる状況は，以下のようなものであった。1861年4月に南部がサウスカロライナ州にあった連邦政府のサムター要塞（Fort Sumter）を攻撃したことをきっかけに，南北戦争の戦端が開かれた。これに対して，リンカーン大統領は，すぐに北部各州に対して州の民兵からなる軍隊を連邦政

38　後述するようにリンカーンが大統領に就任したのは，1861年3月である。
　　Abraham Lincoln.〔Internet〕. 2015. The Biology com website, *available at* http://www.biography.com/people/abraham-lincoln-93 82540.

府に派遣するように要請した。そして，それらの軍隊は，メリーランド州ボルティモアを経てワシントンに集結してきた。ところが，この軍隊の集結の動きに対して，南部支持の群衆が4月19日に軍隊を襲うという事態が生じた。それら群衆は，ワシントンに隣接するメリーランド州を支配する勢いがあった。南部がメリーランド州を支配することは，首都ワシントンと北部諸州との連絡の断絶を意味した。そのため，ワシントンに危機が迫っていると判断したリンカーン大統領は，メリーランド州に戒厳令（martial law）を発し，1861年4月27日に陸軍最高司令官らに，ワシントンへの軍隊集結を妨げようとする者がいる場合における人身保護令状の停止権限を付与した。

そのような状況の中で生じたのが，エクス・パーティ・メリーマン（Ex parte Merryman）事件連邦最高裁判決[39]である。ジョン・メリーマン（John Merryman）という南部の軍人は，メリーランド州で反逆罪の疑いなどで，軍の司令官の命令により逮捕されマックヘンリー要塞（Font Mc Henry）内に拘束された。このことに対して，メリーマンは人身保護令状の発給を求めた。そして，このとき巡回裁判所の裁判官の立場（当時は連邦最高裁裁判官と兼職できた）にあったトーニー首席裁判官は，メリーマンの拘束を違法であるとして，裁判所に連行するように命じる人身保護令状を発した。しかし，要塞の司令官は，リンカーン大統領により令状の停止権限を与えられているとして，令状に従うことを拒否したのである。

この事件で争われた憲法上の問題は，大統領は人身保護令状の停止権限を，「人身保護令状の特権は，反乱または侵略に際し公共の安全上必要とされる場合を除いて，停止されてはならない。」と規定する合衆国憲法の1条9節2項の停止条項の下で有するのか否かということであった。この点に関して，トーニー首席裁判官は，大統領は人身保護令状の停止権限を憲法上有しないとする判断を下した。その理由として，合衆国憲法1条は，連邦議会に関する規定であり停止権限は連邦議会のみが有すること，また人身保護令状は人権保障にとってきわめて重要なものであるから，その停止は公共の安全のために求められるときに厳しく制限されなければならないこと，大統領

---

[39] 17 F. Cas. 144 (C.C.D. Md. 1861).

の停止権限は執行府に関する合衆国憲法2条に明文で規定されておらず，むしろ大統領は法律誠実執行条項（合衆国憲法2条3節）の下で人身保護令状を誠実に執行するべきであることなどをあげた。その上で，トーニー首席裁判官は，その判断を示した判決書を大統領に送付するよう命じることを判決の中に書き込んだのである[40]。

しかし，リンカーン大統領はこの判決を無視し[41]，大統領麾下の軍司令官も大統領の判断に従ったのである。最終的にはこの事件に関連して，議会が権限を大統領に与え[42]，そして大統領がそれに基づき1862年2月に命令を下し，その命令によりほとんどすべての政治犯を釈放したため，事件は判断の実益を欠くにいたった（moot）とされることになった。

このような経緯の中で，トーニー首席裁判官の率いる連邦最高裁とリンカーン政権との関係は，冷え込むことになった。トーニー首席裁判官は，奴隷解放論者からは嫌悪の対象とされ，またリンカーン政権の穏健派の人々からも無視されていた。そのような中でも，トーニー首席裁判官は，リンカーン大統領の奴隷解放宣言（Emancipation Ploclamation）や南北戦争の中で制定された法定通貨法（Legal Tender Act）を違憲とする判断を固めていた。ただ，その判断を示しうる事件は，連邦最高裁には上告されてこなかった。

ところが，1863年の戦時捕獲物事件（Prize Cases）[43]では，南北戦争の際にリンカーンの命令により行われた南部の港に対する北部の海上封鎖措置のために船舶を没収された所有者から訴えが起こされ，その合法性の判断が連邦最高裁に求められた。この事件で海上封鎖措置が違法と判断されれば，それは間接的にリンカーン大統領ひいては北部の戦争行為の正当性が疑問とされる恐れがあった。さらに，この事件で敗訴すれば，リンカーン政権は戦時捕獲物として没収した南部の船舶所有者に巨額の賠償金を支払わなければならず，また海上封鎖措置が違法と判断されれば，南部と諸外国との協力関係が

40　Ex Parte Merryman.〔Internet〕. 2015. Teaching American History. Org website. *Available at* http://teachingamericanhistory.org/library/document/ex-parte-merryman/.
41　SIMON, *supra* note 35, 197.
42　Roger C. Cramton, *Lincoln and Chief Justice Taney, by James F. Simon*, 29 J. ABRAHAM LINCOLN ASS'N 76, 77（2008）(book review).
43　67 U. S. 638（1863）.

強まるおそれがあった。

　しかし，この事件に対して連邦最高裁は，以下のように判断して，北部勝訴の判決を下した。連邦議会が宣戦布告を行う前に大統領が海上封鎖措置を命令しうる憲法上の権限を有するのか否かについては，たしかに憲法上宣戦布告は連邦議会の権限とされているが，国家の緊急事態が存在するときには，大統領は連邦議会の承認を経ずに反乱を鎮圧するための必要な措置をとる権限を有するとした。つぎに，判決は，交戦者は国際法上戦時捕獲物として，その敵対者から船舶を没収する権限を有するとした[44]。この判決は5対4という僅差の判決であった。この判決を支持した裁判官5名のうち，3名はリンカーン大統領が任命した人々であった。残り2名のうち，ジェームズ・ウェイン（James Moore Wayne）裁判官は，かつてドレッド・スコット事件判決ではトーニー首席裁判官を支持したが，この判決では袂を分ち，多数意見の一翼を担ったのである。この判決の当時から病身であったトーニー首席裁判官は，南北戦争がそろそろ終わりを告げようとした1864年10月12日に失意のうちに87歳で亡くなった。その日は自らが生まれ育ったメリーランド州が奴隷制を廃止した日でもあった。

44　SIMON, *supra* note 35, at 230-31.

第6章　南北戦争後の南部と連邦最高裁

1　南北戦争後の南部再建

（1）リンカーンの見解

①「分かれたる家は立つこと能わず」演説　　南北戦争の結果，奴隷は解放された。その数は約400万人といわれる。リンカーンは，当初からアメリカは国家としてより一体化すべきであると考えていた。それは戦争気運の中で生まれた共通の感情，文化等によって結ばれた国民のための国家を求める当時の北部の人々の考え方と一致していた[1]。リンカーンの見解は，1858年6月16日にリンカーンが行った「分かれたる家は立つこと能わず[2]」演説（House Divided Speech[3]）の中ですでに示されていた。この演説は，リンカーンを連邦上院議員選挙の候補者として指名したイリノイ州スプリングフィールドの州議会堂で，1000名の代議員を前に行った指名受諾演説であった。この演説の内容は，以下のようなものであった。

>　「分かれる家は立つこと能わず。」私は，政府が，半分は奴隷制，半分は自由の形で永続化することになるなら，維持されえないと信じている。私は（アメリカ諸州）の連合（Union）が解散されることを望まない，家が倒れることも望まない，そうではなく，私は分裂されるようにならないことを強く望んでいる。したがって，どちらの政府が残るか否かということになるのである。

リンカーンの見解は，南北間の戦争もやむなしとするもので，演説当時はかなり急進的な立場ととらえられていた。そのため，最終的には州民投票に

---

[1]　M・L・ベネディクト（常本照樹訳）『アメリカ憲法史』（北海道大学図書刊行会，1994年）95頁。
[2]　この言葉は聖書マルコ伝3の25からとられたものである。
[3]　Lincoln's House Divided Speech.〔Internet〕. 2015. ushistory.org website, *available at* http://www.ushistory.org/documents/housedivided.htm〔Accessed 27 Mar 2015〕.

よって州の住民に奴隷制の維持に関する判断を委せようとする，上院議員選挙の対立候補である民主党の現職スティーブン・ダグラスとの争いで敗れることになった。

この選挙戦でのリンカーンとダグラスとの論争は，「リンカーン・ダグラス論争」（Lincoln-Douglas Debates）として有名である。2人の論争は，当時の州内の連邦下院議員選挙区7ヶ所で1858年8月から10月にかけて行なわれた[4]。民主党のダグラスは，持論である准州で奴隷制を認めるか禁ずるかは准州の住民が決定するべきだという住民主権の議論を展開した。これに対し，リンカーンは，そのような准州の住民が権限を有するということは，ドレッド・スコット判決にも反すると批判した。この批判に対して，ダグラスは，連邦最高裁の判決ではなく，住民の判断こそ重要であると反論したが，南部の人々は，それでは住民の決定によって准州での奴隷制が禁じられてしまうおそれがあるとして，ダグラスに懐疑的になっていった。

この論争は多くの人々の注目を浴び，隣州からも汽車や馬車などで人々が会場につめかけた。その中でリンカーンは選挙に敗れたものの，その有能さを人々に印象づけることになり，1860年にシカゴで開かれた共和党全国大会で大統領候補に指名されることになった。そして，選挙綱領の中で，奴隷制については准州への拡大反対を唱えることになったのである。

②**奴隷解放宣言**　1860年の大統領選挙で，ダグラスとの対決を制して当選したのは，リンカーンであった。それを見て，南部諸州は連邦を脱して1861年4月にアメリカ連合国（南部連合）を結成し，州権と奴隷制の護持を謳う憲法を制定した。このとき連邦を離脱したのは，サウスカロライナを先頭に，ジョージア，アラバマ，ミシシッピ，ルイジアナ，テキサス，フロリダに加えて，ヴァージニア，ノースカロライナ，テネシー，アーカンソーの11州であった。これに対して，連邦にとどまった23州からなる北部は，同年3月に大統領に就任したリンカーンを含めて連邦制の護持を強く主張した。北部では，工業化が進み奴隷制は必要とされていなかったこと，また黒人の数も少なかったことから，奴隷制について道徳的には許容できないという世論

4　List of Debates.〔Internet〕. 2015. illinoiscivilwar.org website. *Available at* http://illinoiscivilwar.org/debates.html.

が強かった。しかし，奴隷制反対という理由で南北間の戦争を開始する必要があるとまでは認識されていなかった。北部においても黒人に対する差別はさまざまなところで存在し，黒人差別が見られたのである。

ただ，北部にはこれまでの南部の行動に対する強い反感と連邦制維持を図るべきだという強い意見が存在した。そのような中で，リンカーンは，結成された南部連合を認めるわけにはいかなかった。そして，すでに述べたように，1861年4月20日サウスカロライナ州チャールストンにあったサムター要塞を南部連合が砲撃したことによって，南北間の戦争が開始されることになったのである。このようにして南北戦争が開始されると，奴隷制反対，奴隷の解放という大義名分が，フランスやイギリスのアメリカへの干渉を排除する理由，あるいは南部を中心とする黒人の支持を集めるための手段として[5]，強調されることになった。

この大義名分は，1863年1月1日にリンカーン大統領によって発せられた「奴隷解放宣言（Emancipation Proclamation）」[6]に結実することになった。それは，反乱した州におけるすべての奴隷について，これからは自由であると宣言するものであった。そして，この奴隷解放宣言を契機にして，南部の奴隷が自由となるとともに，一斉に北軍に参加することが可能となり[7]，南北戦争が連邦を護持する戦いから，人間の自由を守る戦いへと変化していったのである。以後の戦況は，ゲティスバーグの戦い（Battle of Gettysberg）を契機に，北部に有利に展開することになった。そして，南北戦争は，最終的に北部の勝利に終わることとなったのである。

（2）リンカーン大統領と南部の再建
①リンカーン大統領の南部再建策
南北戦争が終わった後，連邦から脱

5　南部を中心とする黒人が北軍に参加することは，北軍の勢力を増大させる上でも重要なことであった。とくに，労働者が不足していた南部では，奴隷が大量に動員されており，それら奴隷が南部を脱出して北部に加わることは，南部の弱体化につながるという意味があった。

6　The Emancipation Proclamation.〔Internet〕. 2015. Archives.gov website. *Available at* http://www.archives.gov/exhibits/featured_documents/emancipation/transcript.html.

7　John Hope Franklin, The Emancipation Proclamation An Act of Justice.〔Internet〕. 2015. Archives.gov website: *Available at* http://www.archives.gov/publications/prologue/1993/summer/emancipation-proclamation.html.

退した南部を連邦に復帰させること, すなわち南部の再建が課題となった。この南部の再建という時期は, 1865年の南北戦争の終結から1877年にまで及んだ。この南部再建における課題は, 3つであった。第1に, 連邦に復帰した州をどのように扱うか。第2に, 南部の白人をどのように扱うか。第3に, 解放され自由となった奴隷をどのように扱うかであった。

このような課題を有する南部再建策についてのリンカーン大統領の考えは, すでに南北戦争中に示されていた。それが1863年の「大赦および再建宣言」(Proclamation of Amnesty and Reconstruction) であり, そこでは, 「奴隷解放を確認するとともに, 連邦に忠実な南部人が州政府を組織する際の連邦政府による介入を最小限にとどめる方針」が打ち出された[8]。

この考えには, リンカーン大統領による2つの政策が含まれていた。第1に, 南北戦争に参加した南部の白人については, それが連邦（合衆国）に忠誠を誓うならば恩赦の対象となるということであった。第2に, 南部の州において, 州における投票者のうち10パーセントが連邦への忠誠を誓うならば, 州の連邦への復帰が認められ, 奴隷制を廃止した新しい州政府を組織することができるとするものであった。この第2の政策は, いわゆる「10パーセント」プランとして知られるものである。リンカーン大統領は, 南部の州は連邦から決して実際に脱退したわけではないから, 罰せられる存在ではないという認識をもっていたのであった。

②**リンカーン大統領の暗殺**　いま述べたようなリンカーン大統領の南部再建策は微温的なものとして, 南北戦争を南部に対して戦ったことを重視する連邦議会からは強く批判された。そして, 連邦議会は, 1864年5月4日に南部の再建策は法律に基づかなければならず, また南部諸州が連邦に再加入するためには合衆国に対する忠誠を誓わなければならないとするウェイド・デービス再建法案（Wade-Davis Reconstruction Bill）を通過させた。これに対して, リンカーン大統領は会期終了が近いことを利して, 法案に署名せず事実上の拒否権（いわゆる pocket veto）を行使した。そのため, 両者の緊張が高まったが, リンカーンは大統領に再選され2期目に入った直後の1965年4月14日に, 著名な俳優で南部連合の支持者であったジョン・ウィルクス・

8　勝田卓也『アメリカ南部の法と連邦最高裁』（有斐閣, 2011年) 61頁。

1　南北戦争後の南部再建

リンカーン暗殺の拳銃

リンカーンの暗殺者ブース

ブース（John Wilkes Booth）によって，フォード劇場で劇を鑑賞中に背後から頭に銃撃を受け，翌15日に死去した[9]。大統領の後継者は，元々は南部民主党上院議員ではあったものの，アメリカの一体性を示すためにリンカーンと正副大統領候補を組んでいた南部出身のアンドルー・ジョンソン（Andrew Johnson）副大統領であった。

（3）ジョンソン大統領の南部再建策

副大統領から昇格したジョンソン大統領は，南部再建策についてリンカーン大統領と同様に，その実施権限は大統領にあるとした。ただ，その南部再建策の内容は，南部に対して緩やかなものであった。ジョンソン大統領は，南北戦争参加者にまず恩赦を与え，また南部諸州の復帰条件として，各州議会に対して，連邦脱退を無効とし，奴隷制を廃止し，南部連合の支援を目的とするすべての戦債の返済を拒否し，憲法修正13条を批准することを求めるにとどめたのであった[10]。その結果，1865年までに南部諸州の議会は，1州を除いてその過程を終了し，奴隷制を廃止する憲法修正（修正13条）は，1865年12月に批准されることになった。

修正13条は，2項からなっていた。第1項は，「奴隷制および本人の意に

9　一方，犯人のブースは，4月26日ヴァージニア州の農場内の納屋で発見され射殺された。
10　勝田・前掲書注（8）65頁-66頁。

反する苦役は，適正な手続を経て有罪とされた当事者に対する刑罰の場合を除き，合衆国内またはその管轄に服するいかなる地においても，存在してはならない。」とし，第2項は「連邦議会は，適切な立法により，この修正条項を実施する権限を有する。」と定めるものであった。

修正13条は，いま見たように，奴隷制を廃止することを明示するものであった。奴隷解放宣言は，奴隷は自由となるべきであると述べていたが，奴隷制を禁じるものではなかった。リンカーン大統領は，そのような奴隷制廃止を明記する憲法修正の必要性を認識して，議会に強いはたらきかけを行ない，連邦議会は1865年1月31日に憲法修正案を発議していたのである。

（4）連邦議会の南部再建策

ところで，ジョンソン大統領の南部再建策について，連邦議会とくに急進的共和党員（Radical Republicans）と呼ばれた議員達は，大統領の政策が生ぬるいとして，南部諸州の処罰を求める強硬策を主張した。これらの議員を中心に，連邦議会は新たに南部諸州で選出された議員について，上院および下院の議席を与えることを拒否した。そして，大統領に代わって，連邦議会自らが，南部再建策を策定したのである。連邦議会の南部再建策の柱は，つぎの4点であった。

第1に，南北戦争によって解放された奴隷は400万人にのぼったが，戦争はプランテーション経済をも破壊したため，かつての奴隷達の多くは貧困にあえいでいた。そのため，そのような人々の救済ための政府機関（解放黒人局，Freedmen's Bureau）[11]を設けることが，第1の施策とされた。第2に，1866年公民権法（Civil Rights Act of 1866，市民的権利法という訳も多いが，ここでは歴史的な意味合いを込めて，従来からの言い方である公民権という言葉を用いる）を制定し，この法律によって，当時南部の諸州で制定された黒人取締法（Black Code）のような法律から，解放された人々の保護を図ることであった。ここでいう黒人取締法とは，「黒人の財産所有権，契約の権利，裁

---

11 解放黒人局は，1865年から1872年まで存在した。The Freedmen's Bureau.〔Internet〕. 2015. archives.gov website. *Available at* http://www.archives.gov/research/african-americans/freedmens-bureau/.

判を受ける権利」などを保障する一方，雇用証明書の携帯，「浮浪者」のプランテーションでの強制労働など，従来の奴隷に近い形で黒人を労働力で使用しようとしたものであった[12]。ただし，この公民権法では，黒人の選挙権には触れられていなかった。第3に，合衆国憲法修正14条[13]を提案し，それを批准することによって，公民権法が将来変更されるのを阻止することであった。第4に，南部再建諸法（Reconstruction Acts）を制定し，南部諸州の連邦への復帰を困難にすることであった。

　急進派を中心とする共和党員は，1866年の連邦議会選挙で圧勝しかつ南部の議員が存在しない中で，第39連邦議会で大統領の拒否権を乗り越えて，1867年に南部再建諸法[14]を成立させた。それは，大きく3つの内容からなっていた。まず連邦議会は，南部を5つの軍政区に分け，州の公務員の任免権を与えてその各区を北部の軍人に管理させた。また，軍政区では軍事裁判所も治安維持や市民の財産保護のために用いうるとされた[15]。そして，このような軍政を脱し南部が復帰するためには，新たな政府を樹立すること，修正14条を批准すること，黒人の投票権を認めることが必要であった。この南部再建諸法は，南部の旧指導者の復活を阻止することと黒人奴隷に真に自由人にするという目的を有していた。そのような中で修正14条は，1868年に批准されたのである。修正14条は全5項からなり，とくに第1項は「合衆国内で生まれまたは合衆国に帰化し，かつ，合衆国の管轄に服する者は，合衆国の市民であり，かつ，その居住する州の市民である。いかなる州も，合衆国市民の特権または免除を制約する法律を制定し，または実施してはならない。いかなる州も，法の適正な過程によらずに，何人からもその生命，自由または財産を奪ってはならない。いかなる州も，その管轄内にある者に対し法の平等な保護を否定してはならない。」と定め，また5項は「連邦議会は，適切な立法により，この修正条項の規定を実施する権限を有する。」と定めていた。修正14条は，黒人に市民としての権利を与えたのである。

12　紀平英作編『アメリカ史』（山川出版社，1999年）104-105頁。
13　修正14条は，黒人を合衆国市民と認めてドレッド・スコット判決を否定したものである。
14　First Reconstruction Act.〔Internet〕. 2015. teachingamericanhistory.org website. *Available at* http://www.teachinghistory.org/library/document/first-reconstruction-act/.
15　勝田・前掲書注（8）97頁。

(5) ジョンソン大統領の弾劾裁判

　連邦議会による南部再建諸法の中で，解放黒人局法案と公民権法案が，南北戦争後の黒人に対する扱いをどのようにするかという，南部再建に関する第3の課題との関係で重要なものであった。しかし，ジョンソン大統領は，これらの法案について，いずれも拒否権を行使し[16]，両者の間には鋭い対立が見られた。

　このような連邦議会の急進的共和党員とジョンソン大統領の対立は，連邦議会が大統領の拒否権を乗り越えて在職期限法（Tenure of Office Act）を成立させたことで，一層厳しさを増すことになった。この法律は，大統領は政府高官を上院の同意なく解職できないと規定していた。にもかかわらず，ジョンソン大統領はそれを無視して，上院の同意なくエドウィン・スタントン（Edwin M. Stanton）陸軍長官を更迭した。この大統領の行動に対して，連邦議会は大きな反発を示し，ついに弾劾手続が進められることになった。合衆国憲法2条4節は「大統領，副大統領および合衆国のすべての文官は，叛逆罪，収賄罪その他の重罪または軽罪につき弾劾され，有罪の判決を受けたときは，その職を免ぜられる。」と定めており，この規定の下で下院がジョンソン大統領を非行を理由として訴追した。この訴追を受けて始まった上院の弾劾裁判では，ジョンソン大統領は，有罪判決に必要な3分の2に1票足りないところまで，連邦議会内の急進派共和党員らによって追い詰められたのである[17]。

　本書との関係でこの弾劾裁判が注目されるのは，ジョンソン大統領が政府高官の罷免権を大統領が憲法上有していることは明らかであるとし，その判断は憲法解釈を行う権限のある連邦最高裁に委ねられるべきだと主張したことにある。なぜなら，ジョンソン大統領が，リンカーン大統領とは異なり，大統領の憲法解釈権を主張せず，司法権の優位（judicial supremacy）の考え方を前提としていたものといわなければならないからである[18]。もっとも，

16　詳細は，勝田・前掲書注（8）73頁-75頁。
17　ジョンソン大統領の弾劾裁判の詳細については，以下のホームページ参照。Douglas O. Linder, *The Impeachment Trial of Andrew Johnson*. 〔Internet〕. 2015. law 2. umkc.edu website. Available at http://law2.umkc.edu/faculty/projects/ftials/impeach/imp_account2.html.
18　KEITH E. WHITTINGTON, POLITICAL FOUNDATIONS OF JUDICIAL SUPREMACY 184 (2007).

連邦最高裁は，この事件に関して判断を示すことはなかった。連邦最高裁が在職期限法を違憲としたのは，40年後のマイヤース対合衆国（Myers v. U.S.）事件連邦最高裁判決[19]であった。

その後，1869年に就任したユリシーズ・グラント（Ulysses S. Grant）大統領は，連邦議会の再建策を支持することを明らかにしたため，以後1877年まで続く南部再建期の政策の主導権は，連邦議会が握ることになり，また北部主体の再建策が採られることになった。

その期間中の1870年には，それまで重要な論点であったにもかかわらず，明確にされていなかった黒人の投票権について保障した修正15条が，各州議会で批准され，成立することになった。ただ，修正15条1項は，合衆国またはいかなる州も，人種，肌の色，または前に隷属状態にあったことを理由として，合衆国市民の投票権を奪い，または制限してはならないということを定めるにとどまり，教育や財産による制限を認めないということまでは明記していなかった。修正15条は，「投票権についてあからさまな人種差別を禁止する」と述べるにとどまるものであった[20]。

なお，いままで述べてきた南北戦争後に行われた合衆国憲法修正13条ないし15条については，南北戦争後の憲法修正（Civil War Amendments または Reconstruction Amendments）と呼ばれることがある。

2　南部再建の問題点

（1）再建策の特色

いま述べたように，グラント大統領以降の連邦議会中心の南部再建は，南部の観点から見た場合，北部を主体とするかなり急進的な内容を含むものであった。連邦議会は，1867年に南部再建諸法を制定し，すでに述べたように，南部の旧指導層の復活の阻止と黒人への投票権付与を目指した。それによって，南部の州政府が，黒人を含めた有権者の選出した人々によって構成されることを望んだのである。その結果，南部諸州では，黒人も選挙に参加

19　272 U. S. 52（1926）．
20　勝田・前掲書注（8）103頁。

して再建州政府が樹立され，共和党が各州政府を掌握した。そして，それら州政府の政策には，無料公教育制度の創設，黒人取締法の廃止とともに労働者の保護など，現在でいう社会福祉国家的な政策が見られた。また，その財源は，税金や保証のはっきりしない公債などを通じて調達された。その結果，放漫財政や重税などが見られるようになり，その負担は南部の白人が負わされることになった。そのため，これらの州政府の政策に絡んで，2つの問題が生じることになった。

（2）南部共和党州政府への反感

　第1に，さきに触れたような急進的で財政的裏付けを欠く政策は，南部の人々から反発を買い，南北戦争後，南部に樹立された共和党州政府への反感が強まったことである。投票権を得た旧奴隷である黒人は大量に州議会に進出したが，そのほとんどは政治的知識を有していなかった。解放された黒人達は，法律的，政治的知識を欠いたまま裁判官や役人に就いたのである。1872年には，ルイジアナ州に初めての黒人知事ピックニー・ピンチバック（Pickney Pinchback）が誕生するまでにいたった。このような状況の中で，南部の旧支配層は，連邦議会によって政治への関与を禁じられていたため，出来上がった南部の共和党州政府はそれを適切に運営することのできる人材に欠けていた。そのため，南部の政治は，利権を目的に北部から流入して来た渡り鳥政治家（Carpetbagger）と呼ばれる政治屋と，火事場泥棒政治家（Scalawags）と呼ばれる南部の白人という，利益目当ての人々によって主導されることになった。彼らは，投票権を得た黒人と協力する形を取りながらも，南部の再建された共和党州政府の政治的実権を握ったのである。その結果，それら白人たちが，州知事や州議会の議員となって州政府を実質的に動かすことになった。渡り鳥政治家はとくに深南部で，一方火事場泥棒政治家は北部に近い南部で，南部諸州の政治を牛耳ることになったのである。そして，政治には腐敗が，経済には混乱が生じるようになったのである。それは，共和党州政府への反感を一層強めたのである。

（3）クー・クラックス・クラン（Ku Klux Klan）の誕生

　第2の問題は，人種差別を標榜する過激な団体が見られるようになったことである。前述したように，黒人と北部から来た白人たちによる政治運営から生じた政治的腐敗と経済的混乱の中で，その負担を背負うことになった南部の白人たちの中には大きな不満が募ることになった。そして，それは黒人たちに対する憎悪と敵意へと向っていったのである。南部ではすでに南北戦争が終わる頃には，白人優越主義を主張するクー・クラックス・クラン（Ku Klux Klan）をはじめとするさまざまな秘密結社が組織されたが，南北戦争後その活動は一層過激化した。彼らは，黒人と奴隷解放に賛同する白人（たとえば渡り鳥政治家，火事場泥棒政治家など）を，リンチにかけて殺害する事件をたえず引き起こすようになったのである。この白人優越主義を主張する団体の中で代表的な組織であるクー・クラックス・クランは，1866年5月に南部のテネシー州で誕生し，その後各地に組織が拡大されていった。その組織の構成員の多くは，旧南軍の兵士であった。クー・クラックス・クランの最高指導者として初代のグランド・ウィザード（Grand Wizard）に就任したネイザン・フォレスト（Nathan Forrest）も，旧南軍の有名な将軍であった。フォレストは，人種差別的な考えに基づく行動を戦時中また終戦直後にとったことで知られた存在であった[21]。彼は軍人としての経験を活かし，クー・クラックス・クランを組織化していったのである。

　クー・クラックス・クランの構成員は，白い布を頭から被り，目だけ開けて行進をすることによって黒人を威嚇するばかりではなく，黒人をリンチにかけるなどの犯行に及ぶ異様な人々の集団であった。もっとも，1870年と1871年にクー・クラックス・クランの活動を規制しようとする法律が制定され，州の官吏が人種を理由として投票権者を差別することを禁じ，クー・クラックス・クランの活動は下火になったが，なお類似の組織が誕生し，黒人や奴隷解放に好意的な白人に対する迫害は続くことになった。ちなみに，その後登場したより排外主義的な第2次クー・クラックス・クランのメンバーは，1924年には600万人に達したといわれるが，その後急速に会員数は減り，現在は1万人以下になっているといわれる。

21　*Available at* http://kkk.org/klansmen-bios/nathan-bedford-forrest.

（4）北部の南部に対する関心の低下

このような状況の中で，北部では南部に対する関心が薄れていった。黒人たちには投票権や市民権などの保障を与えたのであるから，これ以上の再建は南部には必要がないという機運が広がっていったのである。また，同時に北部では，グラント大統領の政権下での政治腐敗や不適切な経済政策によって，自らの政治や経済問題への対処の必要性に直面していった。そして，北部は，急進的な南部の再建州政府が南部の白人民主党員によって打倒されることに対して，それを助ける行動を起こすことをためらうようになった。そのような中で，1876年に大統領選挙が行われたのである。後述するように，この大統領選挙の結果，北部は南部から撤退することになった。それは，南部における旧支配層の復活と黒人に対する差別をもたらすことになったのである。

3　南部からの北部の撤退

（1）1876年の大統領選挙

南部に対する北部の急進的な再建策は，再建された共和党州政府への反感，そして黒人に対する白人の反発などから，うまくいかないことが明らかとなった。実際，南部では徐々に民主党員が政治に復活し始め，1876年に至ると南部での共和党の州政府の数は，フロリダ，ルイジアナ，サウスカロライナの3州のみになった。

このような状況の中で大きな意味を持ったのが，1876年の大統領選挙であった。1876年の大統領選挙は，共和党のラザフォード・ヘイズ（Rutherford B. Hayes）と民主党のサミュエル・ティルドン（Samuel J. Tilden）の間で争われた。選挙の結果は，ティルドンが一般投票で約430万票を獲得し，25万票ほどの差をつけて勝利した。しかし，選挙人の獲得票において過半数に1票不足していた。そして，4州で投票結果に疑義が指摘された。そのため3州では両候補者の選挙人をワシントンに送ることになった[22]。そこで連邦議

22　Robert McNamara, *The Election of 1876: Hayes Lost Popular Vote but Won White House*, available at http://history1800s.about.com/od/presidentialcampaigns/a/electionof1876.htm.

会に選挙委員会（Election Commission）が設置され、その委員会の決定により、ヘイズが大統領に当選したのである。

（2）1877年の妥協とその意味

①妥協の内容　このヘイズの当選に対し、民主党がなぜ反対しなかったのか。その背景には重大な取引があった。それは、ヘイズの大統領当選を認める代わりに、黒人のことについては南部に委ねることなどを内容とする密約が結ばれたのである。これは一般に「1877年の妥協」（Compromise of 1877）と呼ばれる。その妥協の内容によれば、南部はヘイズ当選を認める代わりに、ヘイズは閣僚に南部人を入れ、南部の交通網改善、主として鉄道建設に連邦資金を与え、さらに南部から連邦軍隊を撤退することを約するものであった。

この最後の条件である南部からの連邦軍隊の撤退は、当時まだ連邦軍隊により維持されてきたフロリダ、ルイジアナ、サウスカロライナの3州の共和党州政府の放棄であり、黒人の問題は南部人に委せるということを意味するものであった。この妥協により、南部再建期が終了し、南部では黒人に対する反発が一挙に噴出したのである。

②再建後の南部経済　この「1877年の妥協」によって、南部の黒人問題は再び南部の白人の手に戻されることになった。もっとも、南部の白人の支配層は、もはや旧プランター勢力ではなく、北部と同様の産業資本家であった。具体的には、これらの人々は鉄鋼、たばこ、木材、繊維などの産業に力を入れ、南部の州政府もイギリスやフランスとの関係を期待してそれを後押しした。しかし、南部では、北部ほどにはヨーロッパには近くないことから産業は発展せず、むしろ産業化の過程で安価な労働力として児童労働をさせるなどし、また病気も蔓延した。その結果、南部は依然

ヘイズ大統領

として農業を中心とする停滞的な地域にとどまった。そして残ったのは，南部の産業資本家が南部人として共有する白人優越の考え方であった。そのため，南部における黒人は，経済的，政治的，法的に不十分な取扱いを受けることになった。それは，南北戦争後の南部再建策があまりに急進的であったために，それが崩壊したときの反動も大きかったことを意味していた。

（３）経済的な側面での黒人に対する扱い──シェアクロッパー制

　南北戦争後の黒人の地位は，連邦政府が黒人に対して積極的な経済的保障をしなかったために上昇しなかった。むしろ奴隷から解放された黒人は，土地をもたずに無産階級の労働者として存在するようになった。ただ，南北戦争後そして南部再建期も，南部の経済は基本的に農業経済であり，そのためにどうしても資本不足が解消されず，安価な労働力が必要であった。そこで，仕事を求める解放された黒人と，プランテンションの持ち主であるプランターとの間の一種の妥協として，奴隷解放後広く普及するようになったのが，シェアクロッパー（Sharecropper）制[23]である。日本的には小作制度にあたるものである。

　シェアクロッパー制の下では，プランターは農場を50エーカー程の小区画に分け，それを黒人や貧しい白人の家族に農機具，肥料，種子，住居などとともに貸し，クロッパーとなった黒人や白人は，耕作して収穫した作物をプランター主と分けるのである。その考えは，一種の契約であり，契約の自由があるように思われた。しかし，この制度の下では，小作人は耕作道具や生活必需品を高価格で購入し，かつ代金を高利でプランターや商人から前借りし，結局は借金に縛られた半農奴的な農民になっていったのである。そして，その借金のために，南部ではクロッパーが現金作物の綿花の栽培を強制されるようになった。さらに，このシェアクロッパー制の下で，黒人と南部の貧しい白人小農民層（poor white）は，対立関係におかれることになった。とくに南部の白人小農民による農民運動が激化する中で，それら白人小農民と対立する関係にあった黒人は，南部の支配層によって生け贄的なもの

23　この制度は20世紀の中頃に農場の機械化が進むまで存在した。

とされることになったのである。

（4）黒人の政治的取り扱い

　前述した1877年の妥協によって，北部の連邦政府が南部から撤退し，事実上南部の再建期が終わることになった。北部の南部への介入は見られなくなったが，その過程で南部は民主党支持で強く固まることになった。それは，南部再建期における共和党支持の白人と黒人とが一体となった急進的共和党州政府による南部支配に対する反感が，南部の貧しい白人小農民層，没落プランター勢力，そして本来なら共和党を支持してもおかしくない南部の産業資本家をも，民主党を支持するという方向に向かわせたためである。また，その遠因としては，戦争による荒廃と南北戦争の戦争債務の存在，人種差別の激化などがあった。そのような中で，南部の旧支配層は，民主党と結びつくことによって，再度政治的に各州において優位な立場に立つことになった。そして，南部は，その後も長く民主党の金城湯池となったのである。ただ，それまで州政治にかかわっていた黒人は，政治から次第に閉め出されるようになった。

（5）政治プロセスにかかわる黒人差別

　黒人は，南北戦争後の憲法修正によって投票権や市民権を保障されたが，それらの政治プロセスにかかわる権利は次第に奪われていくことになった。とくに合衆国憲法修正15条によって保障された投票権が奪われることは，黒人が南部諸州での政治プロセスから排除・隔離されることを意味する点で，重要なことであった。すなわち，南部の諸州では，新しい州憲法の制定や州憲法の修正によって，①祖父条項，②人頭税，③識字テスト，④白人予備選挙（ホワイトプライマリー）などの人種差別的制度を導入し[24]，黒人の投票権を事実上剥奪していったのである。

①祖父条項　　祖父条項（Grandfather Clause）とは，南北戦争以前に投票を行った者の子孫を，投票権の制限から免除するというものであり，黒人はそ

24　そのほかに，一定期間の居住証明，選挙当日よりかなり前の有権者登録やその証明書の提示などを求めるということも行われた。

のような祖父を持たないのが一般的であった。とくに南部における黒人の多くは，奴隷制の下にあった黒人の子孫であったから，この祖父条項によって合衆国憲法によって投票権を保障されながらも，事実上投票権を剥奪されたのである。

②人頭税　　人頭税（Poll Tax or Head Tax）は，本来的には投票を行うに当たってすべての人が払うことを求められる税金を意味した。投票するためには登録が必要であり，その経費として一定額の税金の支払いが求められるという理由であった。それが投票権を行使する前提として使われたために，税金を払えない黒人は投票権を行使することができなかった。なお，人頭税は後に憲法修正24条で禁止された。この人頭税は，貧しい黒人から事実上投票権を奪うように働いたからである。

③識字テスト　　識字テスト（Literacy Test）は，投票権を行使するにあたっての知識や読解力を有するかを確かめるという目的を掲げながら，実際には黒人の投票権の行使を阻止しようとするものであった。識字テストの具体的内容に関しては，たとえばアラバマ州で実施されたテストは，以下のようなものであった[25]。まずテストの形式は，パートAからパートCまでの3部構成であった。パートAでは，州憲法の一部を声に出して読むことが求められた。その際，登録官（Register）の判断により，黒人にはかなり長い条文が示され白人には短い条文が示された。それが正しく読めない場合にはチェックされた。そして，その文章を書き写すことが求められた。その場合，登録官は黒人には聞き取りによって書くことを求めた。そのため，登録官の判断で文盲か否かが判断され，その判断は最終的なものとされた。このパートAをうまく終わると，つぎに先ほど書き取った条文に関連する4つの質問に答えるパートBのテストがあった。さらに，州ないし合衆国憲法に関する一般的な4つの質問に答えるパートCのテストがあった。パートBやパートCのテストは，相当の政治的ないし法的知識を前提とするものであった。さらに，パートAからCの問題についてのいくつかのパターンからどれを出題するかは，登録官の裁量に委ねられていた。そのため，黒人が

---

[25] *Available at* http://www.crmvet.org/info/litques.htm. アラバマ州の識字テストは，黒人を威圧する意味もあって，裁判所に赴く形で行われた。

投票権を認められることは，かなり困難であり，事実上その投票権を剥奪するものであった。

④白人予備選挙（ホワイト・プライマリー）　白人予備選挙（White Primary）という手段は，20世紀に入った頃に認められるようになったものである。当時の革新主義[26]の潮流中で，政党内部の公職候補者選出過程において政党員による直接予備選挙が用いられるようになった。そのような中で，白人予備選挙とは，州法もしくは政党の内部規則を通じて予備選挙への参加資格を白人に限定し，すべての黒人を予備選挙から排除するものをさしていた[27]。民主党の一党支配が顕著であった南部では，同党の予備選挙で勝利を収めた候補者が後の本選挙において当選する可能性が高いため，予備選挙の参加資格を白人にのみ認め黒人を排除することはその投票権を完全に剥奪するに等しいものであった。

4　南部の白人支配の復活と連邦最高裁

（1）公民権法

　南北戦争の結果，北部が勝利を収め，その結果合衆国憲法が修正されて，先に挙げた3つの修正条文が憲法に付加された。これらの憲法修正は，すでに述べたように，その経緯に着目して南北戦争後の憲法修正といわれる。

　これらの憲法修正条項によって，憲法上は黒人に対する差別は禁じられ，白人と同様な市民権や投票権などの権利が保障されることになった。連邦政府は，その基本的方針として，すべての人に市民としての権利を保障するための法律である1875年公民権法（Civil Rights Act of 1875）を制定した。この法律は，合衆国内におけるすべての人は鉄道，宿泊施設，劇場などの公的施設を平等に利用できると定めたものであった。そして，その利用について，かつて奴隷の身分であったことを理由に差別してはならないとし，違反した場合には処罰すると規定するものであった。

26　革新主義については，次章で説明する。
27　その点で識字テスト等に比べ，確実に黒人から投票権を奪うものであった。White Primary, *available at* https://tshaonline.org/handbook/online/articles/wdw01.

しかし，現実の社会では，そのような平等が実現することはなかった。南部再建の時期が終わって連邦の占領軍が撤退した後に，南部では再度白人支配が復活することになったからである。南部において白人支配が復活する中で，かつての奴隷制に代わって人種分離政策をとることにより，黒人に対する差別が行われた。

(2) ジム・クロー法

　その人種分離政策のために南部諸州で制定された州法が，一連のジム・クロー法（Jim Crow law）である。ジム・クローの名前は，白人が黒人の扮装をして歌などをうたう演芸団の1832年でのショウでの役名に由来していた。そして，1890年頃までにはジム・クローは，人種分離された黒人をさす言葉として用いられるようになったのである。

　ジム・クロー法は，黒人を差別することを目的に制定され，またそのような意図に基づき解釈されたもので，1880年代から公民権運動の盛んになる1960年代始めまで見られた法律である。この法律の下で，さまざまな黒人に対する法的な人種的差別が認められた。さらに，ジム・クロー法は，単に法的な取扱いの不平等ばかりではなく，社会的な面においても，人種差別を浸透させることになったのである[28]。

(3) スローター・ハウス事件連邦最高裁判決

　公民権法とジム・クロー法は，黒人に対する人権の保障という点では両極端に位置するものであった。そこで，これら2つの種類の法律をどのように憲法との関係を考えるかが，連邦最高裁に問われることになった。ただ，ここでは公民権法とジム・クロー法に対する連邦最高裁の判決を見る前に，この2つの種類の法律に対する判決とは別に，連邦最高裁が南部再建期の憲法修正や連邦法について判断を示したスローター・ハウス（Slaughterhouse Cases）事件連邦最高裁判決[29]について触れておくことにしたい。

28　ミシガン州のフェリス州立大学（Ferris State University）にはジム・クロー博物館（Jim Crow Museum）があり，そこではジム・クローに代表される人種差別に関連するものが収蔵されている。
29　83 U. S. 36（1873）．なお，勝田・前掲書注（8）112頁-121頁参照。

スローター・ハウス事件は，1869年にルイジアナ州議会が，ニューオリンズ地域の食肉処理に関する独占権を付与された会社を設立するための州法を制定したことに始まる。この法律は，独占権を付与する代わりに，食肉処理施設や食肉の生産量・価格などに条件を付すほか，他の独立した食肉処理業者が，その敷地内で一定の対価を支払うことによって作業を行うことを認めることを求めていた。この法律の目的は，そのような規制を加えることによって，ニューオリンズ地域の食肉処理業者を一本化し，保健衛生や食物の安全性を確保することにあった。ところが，これに対して，地域内のほかの食肉処理業者らが原告となって，この州法は合衆国憲法修正14条1項の保障する特権・免除条項（privileges and immunities clause）に違反するとして，訴えを提起したのである。原告は，この州法は食肉処理業を営むという彼らの特権を剥奪し，それによって収入の途を絶つものであるから，違憲であると主張したのである。

　この訴えに対して，連邦最高裁は，特権・免除条項について，合衆国市民として有する特権または免除を州は剥奪してはならないと規定するものと解釈し，州の市民として有する特権または免除まで剥奪してはならないとは定めていないこと，また合衆国市民としての特権・免除は，合衆国憲法に特定されたものに限られ，各州において州の市民に与えられた特権・免除は含まれないとして，本件州法は修正14条1項の特権・免除条項に反しないとするとともに，合衆国市民の特権・免責の範囲について限定的に解したのである。この連邦最高裁の解釈は，修正14条1項の保障する特権・免除を広く解釈し，州をも拘束しようとする立場を長く封じることになった。また，この解釈は，奴隷から解放された黒人の権利保障という観点からは，以後大きな制約となったのである。

5　公民権事件連邦最高裁判決

（1）公民権法にかかわる状況

　1875年公民権法は，すでに述べたように，鉄道，ホテルなどの経営者が黒人に対して差別することを禁じ，違反した場合には処罰するというねらいを

黒人用の劇場

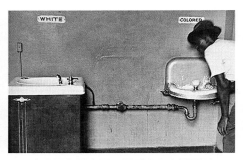
白人用と黒人用に区別された洗面所

持つ法律であった。この法律は，宿泊施設，水陸の交通機関，劇場，その他の公共的娯楽施設などの利用について，以前奴隷であったか否かにかかわらず，一定の法律に基づく制約がある場合を除き，すべての人種にひとしく適用されるというものであった。しかし，このような公民権法の存在にもかかわらず，多くの宿泊施設や劇場では白人のみに向けられた施設であるとされ，黒人は白人と区別された施設を使用することを強いられていた。上記の写真は，そのような黒人と白人の区別がなされた様子を示すものである。

このような差別のために不満を抱える多くの黒人が，鉄道，宿泊施設や劇場などの公共的施設で黒人であるとして自らの利用を差別的に拒否されることは，1875年公民権法に違反するとして訴え出るようになった。これらの訴えに対して，そもそも1875年公民権法が合衆国憲法に違反しているという反論が強く主張された。そして，この反論，すなわち1875年公民権法が合衆国憲法に反しているか否かが，ついに連邦最高裁で争われることになったのである。それがこの種の事件を5つ併合して審理した公民権事件（Civil Rights Cases）[30]連邦最高裁判決である。

（2）公民権事件判決
①**争点**　スローター・ハウス判決の箇所でも述べたように，アメリカは連邦国家であり，合衆国憲法は連邦政府の権限を憲法上認められているものに

30　109 U. S. 3（1883）.

制限することによって，州の権限を認めるという考え方をとっている。したがって，連邦政府の立法は，合衆国憲法によって認められた権限に基づくものでなければならなかった。このような理解の下で，公民権事件での争点は，1875年公民権法が修正14条に基づいて制定されたといえるか否かということにあった。修正14条は，その文言上州がその管轄内にある何人に対しても法の平等な保護を拒んではならないとして，差別的な扱いをすることを州に対して禁じるとしていたにとどまっていた。したがって，鉄道，宿泊施設や劇場などの経営者らの私人による差別を禁じているのか否かまでは，明らかではなかった。そこで，連邦議会がその点を明らかにする趣旨で1875年公民権法を制定し，そのような私人の差別行為を禁じる法律を制定したことが，合衆国憲法に反するか否かが争われることになったのである。連邦最高裁は，この争点に対して，以下のように述べて違憲の判断を下した。

②**連邦最高裁判決**　ジョセフ・ブラッドレイ（Joseph P. Bradley）裁判官の執筆する法廷意見は，修正14条は州の行為（state action）が差別的になされることを禁じているだけであって，そのような州の行為については，連邦議会が修正14条の下で禁じることができるが，私人である鉄道や宿泊施設などの経営者が行なう差別行為を禁ずることはできないのであり，その点で1875年公民権法は議会の権限を超えて制定されたものであって，違憲無効であるとした。すなわち，「（州ばかりではなく私人をも制約する修正13条，修正15条と異なり）修正14条は，州に対する制約である。私人の行為に対する制約ではない。したがって，連邦議会の立法権限も，州政府，州公務員，州の機関がなす行為に対する規制に限られる。私人に対して，その施設や業務の提供を人種に関わりなく平等に行ないうることを命じる法律を制定することは，連邦議会に憲法上与えられている権限を越えるものである。」としたのである。

　また，法廷意見は，私人にも適用されるとした修正13条についても，それは奴隷を所有することを禁じるという範囲で私人の行動を制約するものであって，それを超えて私人の差別的行動を禁じるものではないとした。そして，修正14条の場合と同様，1875年公民権法は修正13条との関係でも連邦議会の権限を超えており，違憲無効と判示した。私人が，個人としてその選好

に従って客を選び,仕事の仲間を選ぶことは自由であるとしたのである。

公民権事件判決は,私人による差別行為を禁じるのであるとすれば,それは州が行うべきことを示唆したものであった。

(3) 公民権事件判決の影響

① 3つの影響　公民権事件判決の結果として,3つのことが注目される。第1に,この判決によって,南北戦争まで行なって成立させた黒人,白人を問わず,同様に権利が保障されることを目指した修正14条の意義が,大きく損なわれることになったということである。判決の結果,私人による差別は,事実上南部においては野放しにされることになったからである。第2に,鉄道,宿泊施設や劇場などの経営者が,黒人に対して行なう差別行為を禁ずるか否かは州に委ねられることになったため,黒人はこの種の施設における差別について,連邦政府,連邦議会に救済を求める手段を失うことになったことである。そのことは,これら施設がアメリカでは単なる私的な性質をもつにとどまらず,法律(鉄道など)あるいは慣行(宿泊施設など)によって公共的な性質を持つと考えられていたことからすれば,この判決の反対意見が示したように,公共的施設での差別は憲法違反(移動の自由の侵害)などに当たるということもできたはずであった。それにもかかわらず,判決はそのような考え方を否定したのである。第3に,連邦政府はこの判決を受けて,連邦法である公民権法に違反するという形で起訴を行うことを避け,それを南部の州や地方自治体に委ねるという姿勢を示すようになり,その判断を容認することになったのである。

いま述べた3つの特色を有する公民権事件判決を受けて,とくに第3のそれを受けて,焦点はジム・クロー法などの黒人を差別的に扱う州の法律が,合衆国憲法の修正14条に違反するか否かを問うという方向へと向かうことになった。そして,この点に対する連邦最高裁の判断は,以下のプレッシー対ファーガソン(Plessy v. Ferguson)事件連邦最高裁判決[31]で示されることになったのである。

31　163 U. S. 537, (1896).

6　プレッシー対ファーガソン事件連邦最高裁判決

（1）人種分離を定める州法と合衆国憲法修正14条
　すでに述べたように，ジム・クロー法は，さまざまな形で白人に対して黒人を差別して取扱うものであったが，そのねらいは一生涯にわたって，白人と黒人を分離しておくということであった。そのために病院の分娩室，教育，異人種間の婚姻，住宅，そして娯楽や公共施設の利用などの日常生活，ひいては墓場まで白人と黒人を分離することを定めていた。そして，このジム・クロー法の存在によって，法律上ばかりではなく社会生活の隅々にまで渡って人種差別が行われるようになり，黒人の意識の中に，白人の優位性，黒人の劣等性が強く植え付けられることになったのである。連邦最高裁が判断すべき問題は，このような州法を通じた白人優位の人種分離政策の遂行が，合衆国憲法とりわけ修正14条の平等保護条項に反するものかどうかであった。その点について，連邦最高裁が判断を下したのが，これから述べるプレッシー対ファーガソン事件に対する判決である。

（2）テスト・ケースの側面
　プレッシー対ファーガソン事件は，1890年のルイジアナ州の法律の合憲性を問うために，ニュー・オリンズ市民委員会（New Orleans Comité des Citoyens）が提起したテスト・ケースである。テスト・ケースとは，政治的，社会的マイノリティの利益集団によって好んで提起される訴訟で，同一の事実関係，証拠そして法律上の争点を提起する訴訟の中から，適切な原告を見つけ出し，最も強力な弁論を行ないうる事件を選んで重点的に準備し，重要な原理や権利の判断を裁判所に対して求めるものである[32]。プレッシー事件は，そのようなテスト・ケースとして周到に準備されたものであった。

32　Stephen Wermiel, *SCOTUS for law students* (sponsored by Bloomberg Law): *Test Cases*, SCOTUSBLOG (Dec. 20, 2012, 11:48AM), *available at* http://www.scotusblog.com/2012/12/scotus-for-law-students-sponsored-by-bloomberg-law-test-cases/.

（3）事件の内容

　ルイジアナ州は，1890年に分離車両法（Separate Car Act）を制定し，鉄道会社に対し，車両に関して黒人と白人がそれぞれ分離した設備を使用できるようにすることを求めた。それに対して，この州法の合憲性を争った前述のニューオリンズ市民委員会という白人を構成員に含む団体は，この法律の合憲性を争う事件のための適切な原告として，ホーマー・プレッシー（Homer Plessy）という男性を選んで訴訟を提起した。プレッシーは，オクトロン（octoroon）と呼ばれる8分の7が白人の血で8分の1が黒人の血が混じった人であった。外見は白人であったが，当時のルイジアナ州法の下では，オクトロンは黒人に分類されていた。

　1892年6月7日，プレッシーは，ニューオリンズで一等席の乗車券を購入して，ルイジアナの鉄道会社が所有する車両の白人専用席に座った。そのルイジアナの鉄道会社には，あらかじめプレッシーがオクトロンであることは通知してあった。そのような中で，プレッシーは，車掌から白人用の席から黒人用の席に移動するように求められたが，それを拒否したのである。その拒否によって，プレッシーは逮捕・起訴され，この分離車両法の合憲性を争う訴訟が始まることになった。

　州下級裁判所のジョン・ファーガソン（John H. Ferguson）裁判官は，ルイジアナ州がその州内では鉄道会社を規制する権限を有すると判示した上で，分離車両法が合衆国憲法修正13条，14条に違反するという主張は認めず，プレッシーに有罪判決を下した。そこで，プレッシーはファーガソンを相手取って訴訟を起こし州最高裁まで上訴したが敗訴したため，市民委員会の援助を受けて1896年に連邦最高裁に上訴したのである。

（4）連邦最高裁の判決

　1896年5月18日，連邦最高裁はこの事件でルイジアナ州法を合憲とする判決を下した。その理由は，たしかに修正14条は白人と黒人の法的平等を定めているが，それは投票権や公民権を保障しているにとどまり，本件のような社会生活上の権利の平等まで要請しているわけではないこと，また白人と黒人を分離して輸送することは，公共の安全，人種間の調和という公共の秩序

維持という目的のためであって、州の正当な権限の行使であること、さらに争われている州法は、白人と黒人の両方に車両それ自体については同等の設備を提供しているものであるから、人種を理由に白人と黒人を分離しても修正14条の下で禁止される人種差別にはあたらないことなどであった。争われている州法は、黒人が白人よりも劣等な存在であるという含意は有していないことも指摘された。このような考え方が、「分離すれども平等」（separate but equal）といわれるものである。そこで示された形式的な論理は、当時の南部において人種差別の現状を肯定する立場から強く支持された。連邦最高裁は、そのような形式的論理が幅をきかす政治状況の下で、南部の人種差別問題に介入することには慎重であったといえる。そこでは、南部の諸州の判断を尊重し、連邦最高裁としては、現状を追認するにとどめたということができる。

　このような現状追認的な判決に対して、強くそれに反対する趣旨の有名な反対意見が、この判決には付されていた。それは、ジョン・マーシャル・ハーラン（John Marshall Harlan）裁判官の反対意見である。この反対意見の中で、ハーラン裁判官は、州法が人種、皮膚の色を理由に差別していることをとらえて、合衆国憲法は人種、皮膚の色に対して中立的であるべきだ、すなわちカラー・ブラインド（color-blind）であるべきだとして批判した。そして、この判決は、ドレッド・スコット判決と同じような悪名高き判決として将来記憶されるだろうと強く非難したのである。このハーラン裁判官の言葉は有名であるとともに、今日の黒人問題を考える上でも重要なものとなっている。ハーラン裁判官は、その反対意見の中でクー・クラックス・クランの行き過ぎた活動を公然と非難し、黒人の苦境を強調した。ただ、その際ハーラン裁判官は、移民である中国人のようなわれわれと大きく異なり、合衆国の市民とは認められないものが

当時の分離車両

白人と同じ座席を占めることができることは不当であるということも強調していた。その意味で，ハーラン裁判官もまたある種人種差別的であったが，少なくとも黒人と白人をアメリカの社会生活の中で明確に分離することは許されないとする立場を示したのである。

（5）判決の影響
　連邦最高裁が，「分離すれども平等」の法理の下でジム・クロー法を合憲としたことは，その結果として「分離すれども平等」の考え方が合法的な基礎を得たことを意味した。その結果，施設や制度の内容が平等であれば，黒人と白人を人種分離することが許されるとされることになった。「分離すれども平等」の法理は，その後の南部の社会生活のあらゆる部分に浸透することになったのである。鉄道ばかりではなく，ホテル，レストラン，病院，学校などに浸透していくことになった。
　ただし，プレッシー判決には多くの問題点が指摘された。まず形式的論理の観点から見て不十分なものであった。たしかに人種別の制度や施設が完全に「平等」であるならば，その形式的論理は正しいものということもできた。しかし，南部での人種分離にかかわる社会的現実は，そのような形式的論理だけでは判断できないものであり，形式的論理がそのまま通用するような状況にはなかった。とくに分離が，劇場やホテルなどから異人種間の婚姻の禁止や教育面にまで進むとき，そこでは白人と黒人の分離が招く人種間による利益の不均衡が一層大きく見られるようになったのである。それは，南部社会における人種統合の方向を妨げるものであった。その結果，教育のように，それを有効に遂行するためには制度を構築する必要があり，また校舎や教員などの手配のための財源を必要とし，さらに将来の社会的地位にも大きく影響する重大な事項について，黒人の蒙る損害は甚大なものとなったのである。今日，プレッシー判決が批判されるのは，あまりに形式的な論理であることに加えて，実質的に見てもアメリカ社会において存在する白人と黒人との間の統合を拒否し，その結果として憲法の価値を軽視した判決を下したという点で問題点を抱えていたといえるからである。
　また，この判決が政治的に与えた効果は，つぎのようなものであった。す

なわち，この判決は，南部における白人主導の人種分離政策とそれを通しての南部白人層の支配に対して，連邦最高裁がそれを維持することを許容する判断を下す存在であることを明らかにしたということである。この判決は，これまでの南部再建期に連邦議会がその立法を通して得た成果を完全に掘り崩すものとなったのである。また，この判決は連邦政府の州政府に対する介入を抑制する効果を有するものであった。すなわちそれは，州が人種を分離して制度を構築し，それを履行する州の立法権限を認めるものであった。州の立法は，その制度における白人と黒人の取り扱いが平等でなければならないという制約を受けるのみであった。したがって，制度それ自体の内容の平等は求められていなかったのである。もっとも，当時の南部の政治状況から考えれば，連邦政府は南部のことを南部の州政府に任せざるをえなかった。その結果，南部では州政府が人種差別的政策を採るという状況が存在し，その中で連邦最高裁は現状を追認せざるをえなかったということができる[33]。

　ただ，司法権の優位という観点から見ると，南部再建期の憲法修正や連邦法をめぐっての連邦最高裁の判決は，合衆国憲法の文言の解釈を自ら判断し，連邦法をその解釈に基づいて違憲無効とするものであり，それに対して，連邦や州の政治部門が批判を加えなかったことを看過するべきではないであろう。そのような批判は，後に述べるように大統領自らが憲法解釈の権限を有するという考え方を強く主張するとき，連邦最高裁との間に軋轢をもたらすことになる。しかし，未だこの事件当時においては，そのような対立は見られなかった。そのような対立は，1875年の公民権によって認められた黒人の権利を回復するために，1964年公民権法が制定される過程で明白に生じることになるのである。

---

[33] 勝田・前掲書注（8）148頁。

第7章　ニュー・ディール政策と連邦最高裁

1　20世紀初頭のアメリカ

（1）経済の発展

　南北戦争は，アメリカの経済発展の観点から見る場合，それまでの農業経済から産業経済への転換の契機となったといえる。その背景にあるものとして，戦争による補給線の確保の必要性や西海岸と東部を繋ぐ大陸間鉄道の必要性ということから鉄道網が整備されたことがあげられる。また，戦争中の軍需の拡大に伴って製造業が発達したこともあげられる。具体的には，鉄，電力，蒸気を利用した経済基盤が発達をした。

①経済活動に必要な基礎的な発明　　鉄道網の整備や製造業の発達について述べる前に，今日まで経済活動に恩恵をもたらしている発明が，19世紀後半に数多くなされたことが注目される。その中には，以下のようなものが含まれていた。1868年にクリストファー・ショールズ（Christopher L. Sholes）によって最初の実用的なタイプライターが発明された。また，1876年にはグラハム・ベル（Graham Bell）によって電話機が発明された。さらに，1879年にはトマス・エジソン（Thomas Edison）によって白熱灯の商業化がなされた。加えて1879年にはジェームズ・リッティー（James Ritty）によって最初のキャッシュ・レジスターの発明[1]がなされた。このような工業製品は，その後長く企業の成長発展に寄与する基礎的な発明として重要な役割を果たしていくのである。

②鉄道網の発達　　経済の発展にとって重要なものとして，インフラの整備

1　ジェームズ・リッティーは，オハイオ州デイトン（Dayton）の酒場のオーナーであったが，使用人がもうけをくすねることを阻止するために，1879年にレジスター（リッティ型）を発明したといわれる。James Ritty, *available at* http://www.ohiohistorycentral.org/w/James_Ritty.

があげられる。その点で注目されるのが，先にあげた南北戦争による鉄道網の発展である。これによって，原材料や燃料と工場が結びつけられ，産業化の基盤が整備された。また，鉄道に関連する産業である機械，鉄鋼，石炭などの産業も発展が促されることになった[2]。アメリカにおける鉄道建設は，すでに18世紀中頃には軍事目的でなされていたが，乗客を乗せた蒸気機関車という形の近代的な鉄道は，1830年のボルティモア＝オハイオ鉄道が嚆矢であるとされる[3]。そして，最初の大陸間横断鉄道が，1869年にユタ州でセントラル・パシフィック鉄道とユニオン・パシフィック鉄道が連結されることによって誕生し，アメリカ国内の輸送網が大きく整備されることになったのである[4]。

③製鉄業，石油業の発達と独占企業の登場　　また，アメリカの鉄鋼年間生産量は，1875年の38万トンから急激に増加し1920年には6,000万トンにまで拡大した。その結果，アメリカの鉄鋼産業は，圧倒的な差をつけて世界をリードすることになった。このようなアメリカの製鉄業の発展は，鉄鋼技術の発展を基礎にしながらも，そのほかに保護的な関税や都市のインフラ，ビル，工場，鉄道などの鉄鋼需要によってもたらされた。さらに，20世紀に入ると，自動車産業や家電製品の生産も伸び，鉄鋼需要を押し上げたのである。

　鉄鋼生産には，潤沢な鉄鉱石，鉄を溶かす火力，そして鉄鋼労働者の存在が必要とされる。鉄鉱石については，アメリカの中で当時東部諸州にもかなりの埋蔵量を持った鉱山が存在したが，その後五大湖の一つであるスーペリア湖の地域にきわめて豊富な埋蔵量を持つ鉱山が次々と採掘されるようになった。そして，そこで採掘された鉱石は，五大湖地域の鉱山からシカゴやデトロイト，クリーブランドなどの町に運ばれ，さらに炭鉱を背後に控えた製鉄所があったオハイオ州やペンシルヴァニア州へと持ち込まれた。鉄鋼業

---

[2] 紀平英作編『アメリカ史』（山川出版社，1999年）216頁。
[3] Boltimore and Ohio Railroad Historical Society Homepage, *available at* http://www.borhs.org.
[4] この時代に，セントラル・パシフィックの鉄道工事で，多くの中国人移民が使役された。中国人移民は，本国での貧困とアメリカでのゴールド・ラッシュの噂などによって，1850年にはカリフォルニア州に来ていた。当初，中国人移民は，アメリカに同化しないこともあり偏見にさらされていたが，後にその勤勉さと労働条件に不満を言わず，危険な仕事までこなすということから，鉄道工事に使われるようになったのである。

は，労働者にとってはかなりきつい仕事を求めるものであり，労働力の確保が重要な課題であったが，この点はイギリスやドイツ，さらにその後は東欧からの移民が大量にアメリカに押し寄せてきたことによって解決された。

　アメリカの鉄鋼業は，いま述べたような状況の中で大きく発展し，1869年には全労働者の6.6%が鉄鋼労働者であった。そして，その鉄鋼業界の中心人物が「鉄鋼王」アンドリュー・カーネギー（Andrew Carnegie）であった。彼によって，ピッツバーグ（Pittsburgh）は鉄鋼産業の中心地となったのである。カーネギーは，スコットランドの極貧の家に生まれながら，その後家族とともにアメリカに移住し大富豪となった立志伝中の人物であり[5]，その才覚によって一代で鉄鋼会社を中心とする企業群を創設した。その後，彼は慈善活動に専念するという理由で事業を売却したが，その売却を受けた企業が長く世界一の鉄鋼会社として君臨したU.S.スティールである。

④**自動車産業の発展**　　前述したような経済成長に必要な基礎的な発明，そして鉄鋼業の発展などを基礎にして，アメリカ経済は20世紀を迎える頃からさらに大きな発展を遂げることになった。その発展の中心となったのが，自動車産業や家電産業であった。とくに自動車産業の発展は，アメリカ経済に大きな好影響を与えた。そして，これらの工業化の進展にともなって，立地条件の良さ，交通の利便性，労働力の存在，資本力の蓄積などの観点から都市化も進展し，ニューヨーク，シカゴ，フィラデルフィアなどは19世紀末には100万人を超える都市となっていった。また，19世紀末から1920年代に，いわゆる新移民（New Immigrants，イタリア人，ポーランド人，ユダヤ人，スラブ人）が，東欧や南欧などから大量に流入してきた。彼らは，これまでの移民とは異なり，都市居住者となった。また，それまでのイギリス人やドイツなどからの移民が定住を目指していたのとは異なり，必ずしも定住を目指すものではなく出稼ぎ的な要素も見られた。そのため，都市にはそれらの人々が住むゲットーができあがるようになった。ゲットーでは犯罪なども多発したが，これらの移民は労働力として貴重なものであった。

　ところで，アメリカの自動車産業は，1903年にヘンリー・フォード（Henry Ford）がフォード自動車株式会社を設立したころから本格的に始まるこ

5　Andrew Carnegie, *available at* http://www.history.com/topics/andrew-carnegie.

第7章　ニュー・ディール政策と連邦最高裁

フォードの自動車工場（1913年）

とになったが，それはフォードの生産様式が大きなきっかけとなったとされる。それまでの自動車組み立ては，数人がかりで手作業的に行っていたために，その生産台数は限られ，値段も高かった。これに対し，1913年にT型フォードの生産を始めたフォードは，組み立てライン（assembly line）方式で生産することを行い始め，大量生産とそれによる販売価格の低下を可能にした。1913年当時，すなわち最初の組み立てラインでの自動車の生産の様子を撮ったフォードの工場の写真などを見ると，シートを上からおろし，シャーシへの取り付けを効率的に行っていることがうかがえる。

　この後も，フォードは大量生産方式を工夫することによって，T型フォードの値段を発売当初の1000ドルから1924年には300ドル近くに引き下げることに成功した[6]。また，フォードは，労働者の給与など労働条件を高めて労働意欲を上昇させることに加えて，その高給取りの労働者をフォードの自動車を買う消費者にしようとした。ただ，フォードはあまりにもT型フォードにこだわりすぎたために，その後，買い換え需要を見込んでモデルチェンジを繰り返し，新型車を次々に繰り出すゼネラル・モーターズに後れをとることになった。さらに，その後クライスラー（Chrysler）も成長し，いわゆる自動車業界のビック3が生産を始めるようになった。その結果，アメリカの自動車の生産量は，1900年の年間4,000台から大恐慌の発生した年でもある1929年には，年間400万台を超えるほどになったのである。

　前述した自動車産業の発展は，いうまでもなく，大きな経済的効果をもたらした。それは，自動車産業が裾野の広い関連産業を必要とし，それらの発展を促したからである。生産に必要な鉄鋼，ゴム産業などの発展を始め，トラック，バスなどの生産による物流産業の進展，そして道路の整備やガソリ

6　NHK"ドキュメント昭和"取材班『アメリカ車上陸を阻止せよ—技術小国日本の決断』（角川書店，1986年）28頁。なお，戦前フォードは日本にも進出しようとしたが，太平洋戦争前で，日本の軍部の自動車国産化政策の前に敗退することになった。

ンスタンドの建設などで経済の発展が促された。そのことは，労働者の雇用も拡大させることになったのである。

⑤**家電産業の発展**　　自動車産業以外にも，電力産業が発展し，多くの家庭に電気が配電されるようになった。アメリカでは，1920年代に家電産業が発展し，そこから生み出される家電製品，すなわち電気掃除機や電気洗濯機などが家庭で使用されるようになった。また，蓄音機やラジオの発明などもあり，放送産業，たとえばラジオ事業が発展し，NBC（National Broadcasting Company）などの全国的な放送網を持つ会社も設立されるようになった[7]。さらに，映画産業もハリウッドを中心に発展し，1927年には初の商業的な音声映画（talkie）として『ジャズ・シンガー』が上映された[8]。トーキーには字幕がつけられ，アメリカ映画は世界的に輸出されることになったのである[9]。

（2）革新主義と連邦最高裁

①**科学的管理法と労働者**　　いま述べたようなアメリカにおける産業化の進展が見られるようになった一方，それに伴って弊害も生じてきた。「19世紀から20世紀のアメリカは，製造業の雇用が増え，製造は工場を通して行われるようになった。機械化によって，労働者の需要と特別な熟練を求める需要は減少し，労働者はますます互換性の効くものとなった」[10]のである。たとえば，20世紀初頭に提唱されたフレデリック・テイラー（Frederick Taylor）の科学的管理論（Scientific Management）の下で，労働者の作業手順の標準化が志向された。しかし，この科学的管理法は，生産性を上げることになったものの，その反面労働者を歯車のごとく使うことになった。すなわち，熟練・未熟練の意味が失われ，労働者はその労働の意味，課題への取り組み等

---

[7]　NBCは，アメリカで最も古い放送ネットワークであり，1926年11月15日に設立された。Harold L. Erickson, *National Broadcasting Co., Inc., available at* http://global.britannica.com/topic/National-Broadcasting-Co-Inc.

[8]　初めての商業的音声映画『ジャズ・シンガー』については，佐川和茂「ユダヤ人と映画産業―新たな開拓の場を求めて―」青山経営論集第47巻別冊（2012年）49頁-50頁参照。

[9]　そのため，一般に日本では無声映画が衰退し，弁士たちは失職していかざるを得なかった。ただし，まったくその役割がなくなったわけではなかったとされる。北田理恵「トーキー時代の弁士―外国映画の日本語字幕あるいは「日本版」生成をめぐる考察」『映画研究』4号（2009）4頁。

[10]　カーミット・ルーズヴェルトⅢ世（大沢秀介訳）『司法積極主義の神話　アメリカ最高裁判決の新たな理解』（慶應義塾大学出版会，2011年）217頁。

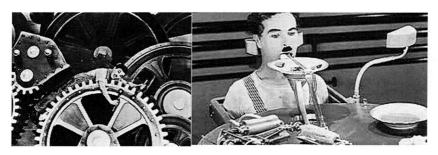

チャップリンの映画『モダン・タイムス』(1936)

について何ら決定することができなくなったのである。その状況は、チャールズ・チャップリン (Charles Chaplin) 主演の映画『モダン・タイムス』の中で、労働者は歯車の存在であり効率的に働くことが求められているということが、おかしくも悲しい形で描かれていた。このような歯車としての労働者が代替可能な存在であるという状況は、労働条件の低下を招いた。なぜなら、労働者と使用者との交渉能力が大きく相違していたからである。

②革新主義の内容　産業化の進展に伴う労働者の置かれていたこのような厳しい状況に対して、新たな政治的傾向が19世紀後半から20世紀初頭にかけて見られるようになった。それが革新主義 (Progressivism) の運動である。革新主義は、私人への富の集中は自由を脅かしうるものであり、政府は自由を保護するべきであるということを信奉する立場であり、社会、政治、経済の漸進的改革を提唱するものであった[11]。そのような観点から、革新主義者は、労働者を危険な労働条件や使用者との交渉力の不均衡から保護する法律を制定するように主張し、多くの法律が制定された。しかし、連邦最高裁は、そのうちいくつかの法律を違憲とする判決を下した。わが国でもよく知られるロックナー対ニューヨーク (Lockner v. New York) 事件連邦最高裁判決[12]は、そのような違憲判決の中で最も有名なものである。

---

[11] 革新主義についてより詳細には、紀平・前掲書注 (2) 243頁以下参照のこと。
[12] 198 U. S. 45 (1905). 邦語評釈として、宮川成雄『英米判例百選〔第三版〕』別冊ジュリスト139号 (1996年) 74頁、川岸令和『アメリカ法判例百選』別冊ジュリスト213号 (2012年) 90頁。

1　20世紀初頭のアメリカ

（3）ロックナー事件連邦最高裁判決

①ロックナー事件の内容　ロックナー事件の内容は，以下のようなものであった。ニューヨーク州は，製パン所法（Bakeshop Act）を制定し，製パン所の従業員が1週間に60時間以上または1日10時間以上労働することを禁じた。州法によって労働時間に上限を設けたのである。製パン所のオーナーであったロックナーは，従業員に対して1週間に60時間以上労働させたために，この法律により50ドルの罰金刑を科された。そこで，ロックナーは，製パン所法は修正14条のデュー・プロセス条項の契約の自由（freedom to contract）を侵害し違憲であることを理由として無罪を主張したが有罪とされたため，連邦最高裁に上訴してきたのである。

この事件で，連邦最高裁は9人の裁判官の判断が5対4に分かれ，製パン所法は違憲であり，ロックナーは無罪であるという判決を下した。法廷意見は，製パン所法は雇用者と被用者の間で結ばれた契約の権利に対する疑う余地のない干渉であり，自己の職業に関して契約を結ぶという一般的権利は，合衆国憲法修正14条によって個人に保障された自由の一部をなすものであると判示したのである。

このロックナー判決は，パン職人の労働時間を1日10時間に限定するニューヨーク州法を違憲としたものであるが，その判決の論理の中で注目される点として，以下の2点があげられる。第1に，製パン所法は公衆衛生などの観点から労働者の最大労働時間を規制しようとするものであり，この点については，当時も現代におけると同様に国の警察権（police power）の行使とみるのが一般的であった。そのように見られる場合には，規制の合憲性は緩やかな裁判所の審査が行われるにすぎないはずであった。ところが，この判決は，炭鉱採掘業などのように健康を害するおそれのあるものとは異なり，製パン業は健康を害する実質的害悪が存在しないから，労働時間規制は労働者の健康と直接的関連性を有しないと判断したのである[13]。しかし，そのように本来的には国の警察権に基づく規制の対象に含まれる事項について，とくにそれを別異に取り扱う場合には，その根拠を明らかにする必要が生じる。そこで，法廷意見は，その根拠として修正14条のデュー・プロセス

13　宮川・前掲評釈注（12）75頁。

条項を持ち出してきたのである。この点が，この判決の注目すべき第2の点である。

　修正14条のデュー・プロセス条項は，「法の適正な過程（Due Process）によらなければ，生命，自由，財産を奪われない」ということを謳っているものであるが，法廷意見は，この中の「自由（liberty）」という文言には，契約によって雇用者と被用者が，自由に労働時間を決める権利が含まれているとしたのである。したがって，製パン所法は，この契約の自由を州の規制によって過度に制約し，違憲となると判断したのである[14]。

②ロックナー判決の影響　このロックナー判決の理解については，有力な反対説もあるが[15]，一般的には，当時の保守的な連邦最高裁が自ら信じる自由放任主義を強く押し出して，合衆国憲法上のデュー・プロセス条項には明示的に規定されていない契約の自由という観念を読み込んだものと解されている。そこでは，修正14条の中のデュー・プロセス条項に含まれる「自由」という文言から契約の自由という概念を抽出した上で，立法目的と目的手段の双方について厳格な審査を行うことによって，雇用者と被用者の雇用契約を結ぶ権利を制限するニューヨーク州法を違憲とした判決であるとされる[16]。それは，一般に実体的デュー・プロセスの考え方をとったものであると理解されてきている。

　デュー・プロセス条項は，この判決までは一般的にプロセスという言葉からも伺われるように，「生命，自由，財産」を主として手続的観点から保護する条項として理解されてきた。それにもかかわらず，この事件の法廷意見は，「自由」という文言の中に「契約の自由」という法的権利を読み込んで，その制約に対して目的と手段の両面で厳格な審査を行って規制を違憲と

14　川岸・前掲評釈注（12）91頁。
15　ルーズヴェルト・前掲訳書注（9）217頁-221頁。ルーズヴェルトによれば，ロックナー事件判決は，連邦最高裁が政治部門に自らの経済的選好を押しつけたというよりも，「立法は特定のグループの善ではなく，公共善を促進しなければならない」との考え，すなわち「人々が政府を作ったのは一般の人々の福祉を促進するためであり，政府に一部の人を偏するために権限を与えたのではない」との考えに基づいて，立法を違憲としたものと理解すべきとされる。最近のこの点をめぐる議論について，清水潤「ロックナー期憲法判例における『残余としての自由』」一橋法学10巻1号（2011年）183頁参照。
16　浅野博宣「立法事実論の可能性」長谷部恭男・安西文雄・宍戸常寿・林知更『現代立憲主義の諸相　上』（有斐閣，2013年）428頁。

判断したのである。このような実体的デュー・プロセスの考え方は、裁判官に憲法の文言から主観的に権利を読み込むことを可能にする点で、政治部門の判断を恣意的に侵害するおそれがあるという問題が指摘されてきた[17]。しかし、ロックナー判決は、その後確立された判例として、1930年代半ばまで労働条件に関する規制立法に対し、多くの違憲判決を生み出す根拠になったのである。この違憲判決が多く生み出されてきた時期は、「ロックナーの時代（Lockner's Era）」と呼ばれてきた。

　いま述べたようなロックナー判決の頃から、連邦最高裁は違憲審査権をかなり頻繁に行使するようになった。実際、連邦最高裁は、実体的デュー・プロセス理論に基づいて、1930年代半ばまでに約200の違憲判決を下したのである[18]。それは、これまで連邦最高裁がすでに触れた代表的な事件に限定する形で違憲審査権を消極的に行使してきたこと[19]とは対照的である。そして、このように連邦最高裁が、経済的自由の規制立法に対して違憲判断を積極的に下す姿勢は、アメリカで新たな国家観に基づき社会・福祉立法を重視するニュー・ディール政策を掲げて、フランクリン・ルーズヴェルト（Franklin D. Roosevelt）大統領が登場するまで続くことになった。そして、ルーズヴェルト大統領は、福祉国家観に基づき従来とは異なる積極的な経済的自由に対する規制を主張して、連邦最高裁と鋭く対峙することになる。その対立は、連邦最高裁が、その憲法判断を変更し、それら規制を合憲と判示するまで続くことになるのである[20]。

2　繁栄の時代から大恐慌へ

（1）1920年代の繁栄と暗黒の火曜日

①消費は美徳　　経済の発展と人々の生活水準の向上から、1920年代はアメ

17　John Hart Ely, *The Wage of Crying Wolf: Roe v Wade*, 82 YALE L.J. 920, 937-43 (1973).
18　KATHLEEN M. SULLIVAN & NOAH FELDMAN, CONSTITUTIONAL LAW 478 (18th ed. 2013).
19　KEITH WHITTINGTON, CONSTITUTIONAL CONSTRUCTION 28 (1999).
20　なお、ロックナー事件判決が覆され、労働時間に対する法的規制が認められるようになったのは、ニュー・ディール政策に対して、連邦最高裁が合憲判決を下すようになった後の1937年のウェスト・コースト・ホテル対パリッシュ（West Coast Hotel v. Parrish, 300 U.S. 379 (1937)）事件判決によってである。この事件については、次章で述べる。

リカでは「繁栄の時代（Age of Presperity）」と呼ばれる。消費は美徳と呼ばれ，広告によって消費は喚起された。また，この当時からクレジット販売が盛んになり，人々の購買欲は高められた。

1916年にジャズの前身となる「ラグタイム（Ragtime）」ミュージックの代表的な作曲家ジェームズ・スコット（James Scott）によって，「繁栄のラグ」が作曲された。そして1927年には，すでに述べた最初の音声映画であるアル・ジョルソン（Al Jolson）主演の映画『ジャズ・シンガー』が上演された。それらのジャケットやポスターからは，当時の華やかな気分を読み取ることができる。

②暗黒の火曜日　しかし，このような過剰な出費を伴う消費生活に支えられた1920年代の繁栄は，突如終わりを迎えた。それが，1929年10月29日の「悲劇の火曜日（Black Tuesday）」に起きたウォール・ストリートの株式の大暴落に始まる大恐慌である。この大恐慌がなぜ起こったのかについては確かな説明はないが，消費者の負債の増大，金融機関の過剰融資を規制する法律や政策の欠如，新たな成長を見込める産業の欠如などが指摘されてきた。ただ，より深刻な問題は，大恐慌の原因よりもこの株式の大暴落によって人々の経済に対する信頼感が急激に薄れ，それが消費の停滞，工業生産の低下などとなって現れたことであった。

この株式市場の大暴落は，多くの株主が銀行口座からの引き出しを必要として銀行への取り付け騒ぎを引き起こすことになった。そのため，いくつかの銀行は倒産し，さらに他の銀行への取り付け騒ぎが飛び火するようになり，それらの銀行も倒産するという連鎖的な事態を招いた。このような背景には，当時は銀行が倒産すれば預金は引き出せず，引き出されなければ預金者が破産することになるという状況があった。また，企業も同様に困難な状況に陥り，賃金の引き下げやレイオフを実施して乗り切ろうと図った。そのため，さらに消費の減少を生じるという悪循環を招いた。その結果，失業者が増大することになったのである。

経済的には，とくに農業が大きな打撃を受けた。農業は，第1次産業として自らが生産する以上，景気後退の波を受けにくいと考えられていた。たしかに，過去の景気後退局面では大きな影響を受けなかった。しかし，大恐慌

のときはそうではなかった。そのような事態を招いたのには，2つの原因があった。1つは，農場における機械化によって農家が常に負債を抱える状態にあり，負債を将来の生産する農作物の代金と相殺するという自転車操業的な状態にあったことである。第2は，この時期にオクラホマやアラバマなどの農業地帯で干ばつとそれに伴う砂嵐（dust bowlと呼ばれる）が起こって，農業生産が行えなくなり，負債を抱えた農家が農場を売り，各地を農家の家族が流浪することになったためである[21]。

（2）1920年代の経済，政治の動向

いま述べたような状況をマクロ的に見ると，アメリカの1920年代の経済，社会の出来事，その時代の政権，そして株式の動きには興味深い関係が見られる。1920年代は，経済的には1920年に最初の全国的なラジオ放送局が誕生し，1921年からはラジオの大量生産が始まった時代であった。そして，社会的には最初のテレビ放送やトーキーが1927年に始まり，1928年にはカラー映画も始まり，1928年には自動パンスライサーも発明された。そして，政治的には1920年から大恐慌の生じる1929年までの間の政権は，ウォーレン・ハーディング（Warren Harding），カルヴィン・クーリッジ（Calvin Coolige），ハーバート・フーバー（Herbert Hoover）と3代にわたって続く共和党の大統領による政権であった。このように1920年代は，いま述べたところからも伺われるように，まさに「繁栄の時代」であった。そのことを端的に示すのは，1920年はじめの株価を100とした場合に，1929年の株式の大暴落が始まった，すなわち1929年10月24日の「暗黒の木曜日」以前の株式の最高値は4倍近くであったということである。とくに，1928年から1929年の間に株価は，急騰しほぼ倍の価格になった。それが，わずか数ヶ月の間に半値近くまで下落してしまったのである。

このような事態がその後長引いて，大恐慌を招いた理由としては，すでに述べた経済的理由が重要であるが，それに加えて政治的背景として2つの点

21　ピューリッツァー賞などを受賞したジョン・スタインベック（John Steinbeck）の原作（1939年）を映画化したアメリカ映画『怒りの葡萄（The Grapes of Wrath）』（1940年制作，ヘンリー・フォンダ主演）は，この当時の農民のおかれた状況を良く描写している。

があげられる。第1に，第1次大戦終結後に行われた1920年の大統領選挙で，「平常への復帰（Back to Normalcy）」をスローガンとする共和党のハーディングが当選して以後，クーリッジ，フーバーと3代12年間にわたって共和党政権が続き，この間は保守的な経済運営，すなわち自由放任主義体制が展開されたことによって，大恐慌への迅速な対応がとられなかったことである。また，第2点としては，1929年の大恐慌の前に複数回のリセッション（recession, 景気後退）が起きていたことから，共和党政権はそれを乗り越えてきたという過信を有していたことである[22]。

（3）共和党政権の対応

いずれにせよ，大恐慌が1929年の株式の大暴落をきっかけに起こり，1929年の失業者数155万人が1933年には1283万人に上った。実にアメリカの労働人口の4分の1が失業していたのである。多くの銀行も倒産した。

大恐慌で著しい困難な状況に陥り当惑する農場の女性と7人の子ども（1936年の写真）。大恐慌を象徴するといわれた。ドロシア・ラングがカリフォルニアで撮影した『移民の母』の一枚

このような状態にもかかわらず，フーバー大統領は，具体的な対策を打ち出さなかった。フーバー大統領の経済政策は，その前歴が技術者であったことから，効率と個人の自律を重視する立場を強く信奉するものであった。それは自由放任主義経済であり，アメリカ経済が自律的に回復することを信じていたのである。景気はすぐに回復する，「景気はその街角まで来ている」が，フーバー大統領の口癖であった。やがて不景気がより深刻化する中で，

---

22 共和党の景気政策は，ハーディング大統領からフーバー大統領までの3代にわたって財務長官を務めたアンドリュー・メロン（Andrew W. Mellon）による経済界を対象とした減税対策であった。それは大恐慌に対して財政支出を阻むものとして働くことになり，政府の無策を示すものとして強く批判された。

ようやくフーバー大統領は，積極的な財政政策をとって農産物価格のつり上げなどを行った。しかし，その規模は小さく，また時期を失していた。そのため，フーバー大統領は就任当初は人気が高かったが，最後は人々の怨嗟の対象となったのである。現在でもアメリカで一番評価の低い大統領ともいわれている。その悪評の高さは，浮浪者や失業者を収容するために空き地に建てた住宅をフーバー村（Hooverville）といったり，浮浪者が潜り込んで寝る古新聞をフーバーブランケット（Hoover blanket）といったり，食料品を節約することを hooverize といったりする言葉が，現在でも残されていることから明らかである。

3 ニュー・ディール政策

(1) ルーズヴェルトの大統領当選

このような経済的不景気の状況の中で，1932年の大統領選挙は，ルーズヴェルトと現職のフーバー大統領との間で争われた。選挙の結果は，ルーズヴェルトの圧勝であった。ルーズヴェルトの得票率は57.4％，一方フーバー大統領の方は39.7％の得票率であった。フーバー大統領は，ペンシルヴァニアとデラウエアの2州だけで選挙人を獲得したのみであった。また連邦の上下両院は民主党が押さえることになり，大統領と連邦議会を民主党が掌握することになった。

ところで，アメリカは「移民の国」といわれる。ルーズヴェルト大統領は，ニューヨーク州のオランダ系の名門であるルーズヴェルト家の出身であった。ルーズヴェルト家

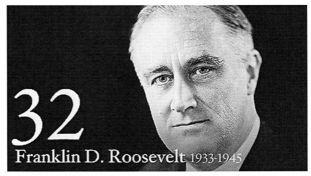

フランクリン・ルーズヴェルト大統領

第7章 ニュー・ディール政策と連邦最高裁

の祖先は，1640年頃にアメリカに渡り，いまのニューヨーク市のレキシントン街から5番街あたりを所有していたといわれる家柄であった。ルーズヴェルト家の家族は，ハーバード大学に進学するものが多かったが，政治家も輩出していた。もう1つのルーズヴェルト家の家系からは，第26代大統領セオドア・ルーズヴェルト（Theodore Roosevelt）が出ていた。彼はフランクリン・ルーズヴェルトの叔父にあたる。フランクリン・ルーズヴェルトも，大統領になる前にニューヨーク州の知事を務めていた。

（2）ニュー・ディールの意味

ニュー・ディール（New Deal，新規巻き直し）という言葉は，1932年のルーズヴェルトの民主党大統領指名受諾演説の中で使われたものである。「私は，あなた方そして自分自身にアメリカ国民の新規まき直しを誓います。」(I pledge you, I pledge myself, to a new deal for the American people.) という言葉に由来するものであった。

ニュー・ディールの意味について，ルーズヴェルト自身は「国のすべての階層，集団，地域の自助努力を組織化したものとして政府の権限を用いる」ものとしたが，その中身はこの段階では具体的なものではなかった。ただ，国民はルーズヴェルト大統領の陽気な自信に満ちた言葉にかけたのである。

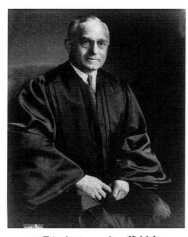
フランクファーター裁判官

ルーズヴェルト大統領は，1933年3月の大統領就任演説でつぎのように述べていた。「われわれが唯一おそれなければならないものは，おそれ自身であり，おそれは必要のない，理由のない，正当化されない恐怖を引き起こし，後退から前進へ転換するために求められる努力を麻痺させるものだという，私の信念を述べておきたい。」その言葉を国民は信じたのである。

3 ニュー・ディール政策

(3) ブレイン・トラストの存在

　ニュー・ディール政策の内容について，当初はあまり明瞭ではなかったと述べた。それは，ニュー・ディール政策が，ルーズヴェルト大統領とその側近の学者らとのその後の討議（Brain Trust）から生まれたからである。このブレイン・トラストの構成員は，1933年当初（第１期ニュー・ディール））はレイモンド・モーレイ（Raymond Moley，後にルーズヴェルト大統領と袂を分かち，最も厳しいニュー・ディール政策の批判者となる。）を始めとするコロンビア大学ロー・スクールの教員が中心であったが，いわゆる第２期のニュー・ディールでは，フェリックス・フランクファーター（Felix Frankfurter，後の連邦最高裁裁判官，司法消極主義の立場に立つ）らのハーバード・ロー・スクールの教員が中心となった[23]。ただ，これらの人々は会議をともにすることなく，個々にルーズヴェルト大統領と話をする機会をもつことによって助言などを行った。ルーズヴェルト大統領は，このようなブレイン・トラストの活用を通して政策を立案し，その政策をラジオの炉端談話（fireside chats，合計30回に及んだといわれる。）に象徴されるマスコミを通しての大衆操作によって国民に伝え，次々と革新的な政策を打出し，遂行していったのである。

(4) ニュー・ディール政策の内容

　ニュー・ディール政策は，連邦政府が高度の経済活動を維持することによって，国民の福祉に対して責任を持つという一連の政策をさすものと見ることができる。それは一般には，３つのＲを志向するものといわれた。３つのＲとは，Relief（救済），Reconstruction（復興），Reform（改革）をさしていた。それらは，つぎの３つのことを意味しているとされた。①1300万人

---

[23] 最初のルーズヴェルトのブレイン・トラストの中心は，コロンビア・ロー・スクールの教授からなっていた。モーレイ，レックスフォード・タグウェル（Rexford Tugwell），アドルフ・バール（Adolf Berle）らである。これらの人々は，1933年の最初のニュー・ディール政策の形成に大きな役割を果たした。彼らは，集団として一緒に大統領と面談したことはなかったが，個別にルーズヴェルト大統領との会話を通して助言した。多くの新聞の社説や論説の漫画は，それらのブレイン・トラストを非現実的な理想主義者とあざけった。第２期のニュー・ディールのブレイン・トラストには，ベンジャミン・コーエン（Benjamin V. Cohen），トーマス・コルコラン（Thomas Gardiner Corcoran），フランクファーターらがいた。

を超える失業者および農場や家を失うおそれのある人たちに，救済（relief）を与えること。②1929年に比して半分に減少したアメリカの農業や産業を復興（reconstruct）すること。③不況を生み出したアメリカ経済体制の修正をめざし，自由放任主義経済からケインズ的な経済運営（政府が雇用を創出していく経済体制）をめざすこと，具体的には米国最大の公営ユーティリティー企業「テネシー・バレー・オーソリティ」（TVA =Tennessee Valley Authority）[24]（本社はテネシー州ノックスビルにあり，低コストの電力を供給した）の設立などを通して，改革（reform）をするということであった。このようにして，ニュー・ディール政策は1933年から始まったが，1935年を境にして救済と復興を中心とする第１期から改革を中心とする第２期へと，重点が移行することになった。

4　ルーズヴェルト大統領の憲法理解

（１）ニュー・ディール政策と大統領権限の拡大

　ニュー・ディール政策は，連邦政府と連邦の行政機関の役割を拡大させ，それまでの制限政府の考え方をとらなかった。それは，その後の連邦政府の拡大の始まりを告げるものであったが，市民生活への連邦政府の積極的な役割が考えられており，また積極的な財政政策がとられた。そして，その政策遂行の過程で執行府が多くの権限を掌握し，主要な統治部門となった。とくに憲法との関係では，合衆国憲法に含まれる必要かつ適切条項（Necessary and Proper Clause）を通して実施された。このような状況は，これまでの憲法理解の内容を大きく変更するものであった[25]。とくに重要な点として注目されるのは，ルーズヴェルト大統領自身が憲法の解釈権を有していると主張したことである。その主張は，憲法解釈の権限は裁判所のみがその特別な能力を根拠に有しているわけではなく，むしろ連邦の各統治部門は，同等の憲法解釈権とそれに対する責任を有するというものであった。それは，今日で

24　TVAは，1933年にルーズヴェルト大統領によるニュー・ディール政策の下，洪水対策，電力供給，貧困地区の雇用を創出することを目的とした国家プロジェクトとして設立された。現在でも存在している。

25　*See* G. EDWARD WHITE, THE CONSTITUTION AND THE NEW DEAL 3-4（2002）.

いう「デパートメンタリズム」[26]といわれる考え方に類するものであった。

そのような考え方は，具体的には後に述べる裁判所抱え込み案（Court Packing Plan）をとる段階で示されたが，すでに再選直後の1937年3月9日の炉端談話でのルーズヴェルト大統領の見解の中に現われていた[27]。ルーズヴェルト大統領は，その炉端談話の中で連邦政府を馬車にたとえて，それは連邦議会，執行府，司法府の3頭馬によって率いられており，それぞれの機関はその領域を有していると述べていた。そして，その上でルーズヴェルト大統領は，統治権限について執行府の長としての大統領自身に権限が集まっているのではなく，大統領も三権の一つの長であり，アメリカ国民こそアメリカ国家の主権者なのであると論じた。この立場は，連邦最高裁がニュー・ディール立法を次々と違憲とした中で示されたものであるが，実はそこでは大統領の強力な立場が背後に隠されていたのである。そのことは，大統領就任後ただちに示されることになった。

（2）最初の百日間

ルーズヴェルト大統領は，初めて大統領に当選した直後の1933年3月9日から6月16日までの連邦議会で，主要なニュー・ディール政策といえる銀行救済，失業対策，農業対策に関する15の法律を通過させた。この連邦議会の期間が百日ほどであったことから，ルーズヴェルト大統領は「最初の百日間」（First Hundred Days）という言葉を使ったのである[28]。

ルーズヴェルト大統領は，この「最初の百日議会」において，具体的には以下のような法律を連邦議会を通して制定させた。3月9日に緊急銀行法（Emergency Banking Act，一定の健全な銀行を政府の保証の下に再開させる権限を大統領に認める法律）を，3月20日に経済法（Economy Act，連邦の支出を

26　WHITTINGTON, *supra* note 19, at 29. ディパートメンタリズムについては，大林啓吾「ディパートメンタリズムと司法優越主義―憲法解釈の最終的権威をめぐって―」帝京法学25巻2号（2008年）103頁参照。
27　Fireside Chat 9: On "Court-Packing" (March 9, 1937), *anailable at* http://millercenter.org/president/speeches/speech-3309.
28　現在でも，アメリカの大統領が当選し，政権掌握後最初の百日間を指す用語として，「最初の百日間」という言葉が用いられている。なお，ここでの百日間の内容について，紀平・前掲書注（2）300頁-302頁参照。

組織の再編と給与カットそして退役軍人の年金カットによって減らす法律）を，3月31日に民間資源保存団法（Civilian Conservation Corps Act, 18歳から25歳までの失業中の青少年300万人を集めて保存団を作り，道路建設，森林保存，河川氾濫防止などの作業に当たらせることを目的とする法律）を，5月12日に連邦緊急救済法（Federal Emergency Relief Act, 連邦緊急局を設立し，失業救済に必要な500万ドルを州や地方自治体を通して供給し，失業者を救済することを目的とする法律。後の額を含めると総額は30億ドルになるといわれた。）を制定させたのである。そして，5月12日には，後述する2つの重要な法律のうち農業調整法（Agricultural Adjustment Act）が，さらに6月16日には全国産業復興法（National Industrial Adjustment Act）が制定された。また，5月18日には前述したTVAを設立するTVA法も制定された。さらに，1935年に始まる第2の百日間（second Hundred days）と呼ばれる期間においても，多くの法律が制定された。また，1935年の6月5日には，共同決議案の形ではあるが金本位制をとらないことを明言した。

（3）全国産業復興法と農業調整法

このような状況の中で，本書との関連で重要と思われる法律が，すでに述べたように2つ存在する。それらは，いずれも中核的なニュー・ディール立法である。1つは，全国産業復興法である。全国産業復興法は，最初の百日議会で制定されたニュー・ディール立法の中でも最も重要で大胆な方策を盛り込んだ法律であった。1933年6月16日に制定された。全国産業復興法は，2つの編から構成されていた。第1編は，政府の監督の下に，業種別に公正競争規約（industrial codes of fair competition）の作成を行わせ，そして，それを反トラスト法の適用外に置き，生産制限や価格規制を認めるものであった。他方でこの法律は，労働組合の団結権および団体交渉権や労働条件の規制（週40時間労働制，最低賃金の保障など）を認めていた[29]。さらにこの法律は，一定の石油製品の価格と運搬の価格を規制していた。これらによって，経済界の要望と労働界の要望をうまく取り込もうと図るものであった。つぎに，第2編は，公共事業局を設立した上で，公共事業計画によって失業状況

---
29 紀平・前掲書注（2）301頁。

を緩和しようとするものであった。

　もう1つの中核的ニュー・ディール立法として重要な法律が，農業調整法であった。この法律は，大恐慌で農産物価格が著しく低下したために大幅に落ち込んだ「農家の購買力を他産業従事者並みに回復させる」ために，1909年から1914年時点の購買力を与える農産物の価格水準を実現することを目的とした法律であった[30]。この法律の中で，農産物の生産調整を図り農産物価格の下落を防ぐために，作付け制限に同意した農民に政府が補償を支払うことにし，そのための機関として農業調整局（Agricultural Adjustment Administration）を設けたのである。

　連邦最高裁は，この中核的なニュー・ディール政策を支える2つの法律に対して，違憲判決を下した。以下，本書との関係でとくに重要な全国産業復興法への違憲判決について見ていくことにしたい。それは，時限立法で制定された全国産業復興法があと三週間ほどで失効するというときに，連邦最高裁がニュー・ディール政策に反対して大統領に対峙するごとくして，1935年5月27日にこの法律を違憲と判示したからである。

5　ニュー・ディール立法と連邦最高裁

（1）連邦最高裁の動き

　連邦最高裁は，ニュー・ディール立法に対して，どのような対応を示したのだろうか。ルーズヴェルト政権では，執行府の強力なリーダーシップのもとに，数多くの初期ニュー・ディール立法を制定していった。その立法の特色は，ビジネス，労働，農業という3つの主要な利益集団の協力を得て，経済再建策を進めようとするものであった。その中での中心的立法が，全国産業復興法と農業調整法であったことはすでに述べた。これに対して，連邦最高裁は，以下に述べるように違憲判決を下したのであるが，当初連邦最高裁はニュー・ディール立法について非常時対策であるとして静観していた。不況時においては，たとえ憲法との適合性が疑われる法律であっても，国民は

30　勝又健太郎「米国の価格所得政策の変遷とその決定要因」農林水産研究所『欧米の価格・所得政策と韓国のFTA国内政策（その2）』（2012年）2頁。

第7章　ニュー・ディール政策と連邦最高裁

救われなければならないと考えていたからである。しかし，連邦最高裁は，1935年頃からニュー・ディール立法を違憲とし始め，その後ニュー・ディール立法の多くをつぎつぎと違憲としていった。なかでも多くの議論の対象となったのが，全国産業復興法を違憲とした1935年のシェクター対合衆国（Schechter Poultry Corp. v. United States）事件連邦最高裁判決[31]である。

（２）シェクター事件連邦最高裁判決

①事実の概要　シェクター事件で問題となった全国産業復興法は，すでに述べたように，一方において公正競争規約という産業ごとに一種のカルテルを結ばせることによって，企業に利潤を確保させるとともに，他方において労働者の安定的雇用と賃金の確保を図るものであった。そして，この事件で問題となったのは，この産業復興法の下で定められたニューヨーク市のユダヤ教信者の食事であるコーシャ用の食材料（Kosher）[32]，とくに鶏を扱う養鶏産業（Live Poultry Industry）に関する公正競争規約であった[33]。その規約によれば，規約の目的は生きた鶏が人間の消費に適合しているか否かを確かめ，そして偽の販売表や価格報告をするのを防止することにあった。

　この事件で起訴されたシェクター兄弟は，前述のユダヤ教の信者に売るための特定の方式に従って処理されたコーシャ用の鶏を扱う業者であったが，この規約に違反して，病気の鶏を売ったなどの廉で起訴された。病気の鶏がかかわっているので，この事件は別名「Sick Chicken Case」とも呼ばれた。

②連邦最高裁の判決　この事件で，連邦最高裁は違憲判断を下して，被告人であるシェクター兄弟を無罪とした。シェクター兄弟の無罪の主張は多岐にわたるが，本書との関係では，憲法上の主張が重要である。その主張によれば，全国産業復興法による大統領の下での公正競争規約の作成は，合衆国憲法が権力分立を定めていることから見て本来立法権に属する事項を広汎に

31　295 U. S. 495 (1935).
32　Kosherは，ユダヤ語で"fit"を意味する。日本にもその認定機関が存在する。ホームページは以下の通りである。Kosher.jp, *available at* http://www.kosher.jp/kocher/Kosher_Certification_Japan.html.
33　ユダヤの教義の下では，肉類についてはコーシャ用の動物の一定の肉のみが認められ，かつその屠殺が極めて厳格に決められた方法に従ってなされなければならないとされている。

執行権に委ねるものであり，立法権の非委任の法理（Non-Delegation Doctrine）に反する。また，連邦政府が公正競争規約によって，州内しかもほとんどニューヨーク市内にとどまる鶏の消費を規制することは，連邦の規制は州際通商に限るとする合衆国憲法の規定に違反するというものであった。

連邦最高裁は，1935年5月27日に全員一致の判決でシェクター兄弟のこのような主張を支持し，違憲判断を下したので

ヒューズ首席裁判官

ある。チャールズ・ヒューズ（Charles E. Hughes）首席裁判官の執筆した判決は，まず全国産業復興法のいう「公正な競争（fair competition）」の意味が不明確であるとした。さらに，以下のような2つの理由をあげて，全国産業復興法が合衆国憲法に反し違憲であると判示した。これらの2つの理由は，ともにニュー・ディール立法にとっては重大な意味を持つものであった。

第1の理由は，全国産業復興法3条は，連邦議会の有する立法権を大統領や業界団体に委任するに際して，かれらが公正競争規約を制定する際に考慮すべき詳細な基準を十分に述べていない。にもかかわらず，公正規約を作成する権限を大統領と業界団体に委任したことは，立法権を本来連邦議会に与えている憲法の趣旨に反するものであるとし，立法権の非委任の法理に反するとした。

第2の理由は，連邦議会の立法権は，憲法上州と州との通商を規制する権限であり，したがってニューヨーク市内の通商を州際通商の流れ（flow）にあると過大に評価して規制する権限を連邦議会は有せず，そのような規制を行おうとした全国産業復興法は，合衆国憲法の州際通商（interstate commerce）条項に反するとしたのである。

ただ，すでに述べたように，そもそも本件で争われた全国産業復興法は，シェクター事件判決の下された日から3週間以内には廃止されることになっていた時限立法であった。連邦議会もこの極端な内容をもつ法律を延長する

気はなかったのである。にもかかわらず，連邦最高裁によって示された合衆国憲法に関する理解は，大統領のリーダーシップの下に連邦政府が中心となって行われるニュー・ディール政策の遂行上大きな障害となるものであった。連邦最高裁は，シェクター判決での憲法解釈を通してニュー・ディール政策を進めようとするルーズヴェルト政権の前に立ちはだかることを明らかにしたのである。

(3) 合衆国対バトラー事件連邦最高裁判決

連邦最高裁は，また1936年の合衆国対バトラー（United States v. Butler）事件連邦最高裁判決[34]で，農業調整法を合衆国憲法の支出条項に反してなされた違憲の規制であると判示した。農業調整法は，先ほど述べたように，農家の購買力を高めようとするものであった。バトラー判決では，その農業調整法が農産物品に対する農産物加工税（processing tax）を課し，それによって作られた基金を，作付面積を減らすことを約束した農民に再配分するという規定の箇所が，合衆国憲法1条8節によって認められた連邦議会の課税および支出権限（taxing and spending powers）を超えるものとして違憲か否かが争われ，連邦最高裁は違憲と判断したのである。その理由として，オーエン・ロバーツ（Owen Roberts）裁判官は，農業調整法が農産物品を規制し統制しようと試みているが，そのことは本来州に留保された領域にかかわるものであると論じ，仮に連邦議会が課税・支出権限を憲法上有するとしても，本件において見られる規制行為は違憲な目的を達成するための手段であり，合衆国憲法修正10条に違反すると判示したのである[35]。

このような連邦最高裁のニュー・ディール立法に対する違憲判決が下された理由としては，つぎの2点があげられる。第1に，無視できないのは，当時の連邦最高裁の裁判官の構成が与えた影響である。このときの連邦最高裁内部では，共和党により任命された強固な保守派とリベラル派裁判官との対立が存在していた。ルイス・ブランダイス（Louis Brandeis），ハーラン・ストーン（Harlan F. Stone），ベンジャミン・カードーゾ（Benjamin N. Cardo-

---

34　297 U. S. 1 (1936).
35　久保文明『ニューディールとアメリカ民主政』（東京大学出版会，1988年）248頁参照。

5 ニュー・ディール立法と連邦最高裁

1936年大統領選挙

zo) の各裁判官がリベラル派の裁判官であり,他方アレクサンダー・サザーランド (Alexander George Sutherland),ウィリス・デバンター (Willis Van Devanter),ジェームズ・マックレイノルズ (James Clark McReynolds),ピアース・バトラー (Pierce Butler) の4人の裁判官は,強い自由放任主義経済を信奉する保守派の裁判官であった[36]。そして,ヒューズ首席裁判官とオーウェン・ロバーツ裁判官が中間派であった。バトラー事件では,保守派と中間派が6対3判決となるよう手を結んだのである。

第2に,より重要な原因としてあげる必要があるのは,ニュー・ディール政策に示されるような,20世紀に入って国家が社会保障立法をつぎつぎと制定するという積極国家の状態と,18世紀に制定された伝統的な自由主義に基づく合衆国憲法とそこで見られる消極国家観の間に大きな溝があったということである。そこでは,このような消極国家から積極国家という新たな体制状況の変化 (regime change) の中で,憲法解釈権について大統領が語ると

---

36 彼らは「4つの災いの騎手 (Four Horsemen)」と呼ばれリベラル派からは嫌悪された。ここでいう4つとは,死,飢饉,悪疫,そして死である。

き，連邦最高裁の司法権の優位の考え方との対立が見られることになったのである。

このような連邦最高裁と大統領の対立の中で，大きな意味を持ったのは，1936年の大統領選挙におけるルーズヴェルト大統領の圧勝であった。この選挙で，ルーズヴェルト大統領は，共和党のアルフレッド・ランドン（Alfred Landon）に対して選挙人の数においては523票対8票，そして一般投票で2775万票対1667万票という圧倒的な大差で勝利した。このような歴史的な大勝を飾ったルーズヴェルト大統領は，ニュー・ディール政策に対する国民の信任を得たのである。そしてルーズヴェルト大統領は，この国民の支持を背景に，積極国家的な観点からする憲法解釈を強く主張する正当性を獲得したのである。

6　裁判所抱え込み案

（1）ルーズヴェルトの再選

全国産業復興法と農業調整法を違憲とした連邦最高裁の判決は，ルーズヴェルト大統領を激怒させた。それらの立法は，ニュー・ディール政策の中心立法であり，それらを違憲とする判決は，正面からニュー・ディール政策さらには大統領に対して反対するものであった。

ルーズヴェルト大統領は，そのような中で，1937年の1月6日の年頭教書（the State of Union speech）において，つぎのように述べて，司法府に対して連邦の政治部門による立法への調和を説いたのである[37]。

> 「司法部門も人民によって民主主義を成功に導くための役割を果たすように求められている。われわれは，裁判所に対して，実在しない権限を実現するように求めようとは思わないが，認められた権限または適切に含意された権限は，共通善のための効果的な道具として用いられるべきであると期待する権利を有する。」

---

[37] この当時は，すでに大統領の任期は1月から開始されることになっていた。

（２）裁判所抱え込み案の具体的内容

　ルーズヴェルト大統領は，1937年２月５日にいま述べた司法部門による政治部門への同意を確保するために連邦議会にやや唐突にメッセージを送り，連邦司法府の再組織化をはかる意図を明示した。その中で，ルーズヴェルト大統領は，裁判所が反動的とは非難せず，現在の裁判官だけでは仕事をこなすことは難しいとし，また，高齢の引退してもおかしくない裁判官が在職していると指摘したのである。そして，連邦の裁判官は，最高裁裁判官を含めてすべて終身任期であり，もし退官すれば年金（当時で２万ドル）も与えられるにもかかわらず，退官する裁判官がいない場合には新しい血を連邦司法府に入れる必要があるとした。このような連邦司法府に対する強気の政策を具体化した，これから述べるいわゆる裁判所抱え込み案（Court Packing Plan）をとる背景については，1937年３月９日の炉端談話の中で明らかにされていた[38]。

　ルーズヴェルト大統領の裁判所抱え込み案は，連邦司法府全体に対するものであったが，その焦点は連邦最高裁にあった。そのため，ここでも連邦最高裁をめぐる議論を中心に見ていくことにしたい。

　ルーズヴェルト大統領は，この裁判所抱え込み案の具体的内容として，連邦最高裁に在任中の70歳以上の裁判官がいてその裁判官が退官しない場合には，大統領は15人を限度として新たに裁判官を任命できるということをあげた。当時の連邦最高裁の裁判官は定員９名であったが，70歳を過ぎた裁判官が６人を占めていた。もっとも，他の裁判官も当時としては高齢であり，「９人の年寄り（Nine Old Men）」と呼ばれていた。ルーズヴェルト大統領は，そこで70歳を過ぎた裁判官１人につき新しい裁判官をもう１人，大統領が上院の同意を得て任命でき，最大上限15名の範囲内で増員できるという案を実現しようとしたのである。これによって，当時連邦最高裁の中で，ルーズヴェルト大統領のニュー・ディール政策に反対する５人の裁判官に対して，ニュー・ディール政策を支持する裁判官を新たに任命し，裁判所内の多数派を確保しようと図ったのである。

　この裁判所抱え込み案のねらいについて，ルーズヴェルト大統領は，前述

---

[38] Fireside Chat 9: On "Court-Packing", *supra* note 27, at 5.

の炉端談話において，憲法修正の形を取らずに憲法の枠内で，必要な最高裁の改革を行うものであると論じた。この案は，実質的に連邦最高裁の裁判官を9人から15人に増やすというものであったが，それを具体化するためには，連邦最高裁の組織改正のための法律の制定が必要であった。しかし，結局そのための法律は，上院で否決され成立しなかった。

(3) 裁判所抱え込み案と連邦最高裁

　このようなルーズヴェルト大統領の連邦最高裁改革案は，すでに述べたように，一般的には通常裁判所抱え込み案として知られている。それは，これまでになかった過激ともいえる改革案であり，大統領と連邦最高裁が初めて正面切って対立する事態を招くことになったという点で注目すべきものであった。このような事態は，新たな福祉国家的な政策を推進しようとするルーズヴェルト大統領と，従来の経済活動を支える伝統的な自由放任主義的な経済方針を維持すべきだとする保守的な連邦最高裁という両者の間の政治的立場の対立という面を持っていた。ただ，そのような政治的立場の対立面以上に重要であったのは，急激な社会的，経済的あるいは政治的変化に対して，どのように合衆国憲法が対応するべきなのかということであった。そして，その点について，ルーズヴェルト大統領のとる福祉国家的政策を憲法に反するものではないという形で読み込む見解と，基本的に従来の経済的自由放任主義で対応可能であるとする連邦最高裁の多数派の見解は，それぞれ憲法解釈権の所在について異なる立場をとり対立していたのである。連邦最高裁は，これまでの司法権の優位を主張し，それに対してルーズヴェルト大統領は今日的に言えばデパートメンタリズムの考え方の下で，大統領にも憲法解釈権があるという主張を行ったのである。

　連邦最高裁の増員政策である裁判所抱え込み案に対しては，大統領が自らの意向に沿う判断を下す者を裁判官に任命するというパッキング（抱え込み）であるとして批判が強かった。この批判に対し，ルーズヴェルト大統領は，現状のアメリカを理解しそれに対応しうる立法政策を行なう連邦議会を尊重する立派な裁判官を，憲法に従って上院の同意を得て任命するのみであ

ると反論した[39]。しかし，この裁判所抱え込み政策のねらいは，自らが提唱し実行しようとするニュー・ディール政策を進めるために，保守的な連邦最高裁の判決の傾向を変えようとすることにあったことは明らかであった。

（4）裁判所抱え込み政策と連邦議会

ルーズヴェルト政権の推進した裁判所抱え込み案を内容とする法案は，前述したように，結局連邦議会を通過しなかった。連邦議会で法案が通過しなかった理由として，これまで重要なものとして語られてきたのが，ヒューズ首席裁判官が連邦議会に宛てた手紙とその影響である。ヒューズ首席裁判官は，この裁判所抱え込み案を具体化する法案が議会を通れば，裁判所は存立しえないとの危機感を強く有していた。そこで関係議員との面談の後，裁判所抱え込みに関する法案支持派を鎮めるために，通常のような連邦議会の所管委員会の質問に答えるという形ではなく，ヒューズ首席裁判官自ら連邦最高裁の活動について自筆で手紙を書くことにによって対応したのである。ヒューズ首席裁判官の手紙に書かれた意見の内容は，連邦最高裁の審議の効率化という点から見て，現在の定員以上の裁判官の増員は率直な意見交換という観点から見て悪影響を及ぼすというものであった。また，裁判官を2つの部に分けるようなことは，連邦最高裁の最も重要な機能から見て実現不可能であるとするものであった。この手紙は，1937年3月22日の上院司法委員会で，裁判所抱え込みに関する法案反対の立場をとる委員長によって紹介され，翌日の新聞にトップニュースとして掲載された。この手紙による影響によって，裁判所抱え込みに関する法案が勢いを著しく失ったというのが一般的な理解である[40]。

ただ，この裁判所抱え込み案が沈静化したより大きな理由は，連邦最高裁がニュー・ディール立法について，自ら当初の違憲判決を覆し始めたことにあった。具体的には，3月29日に1年ほど前には違憲と判断したのと同様な州の最低賃金法を合憲とし，4月には全国労働関係法を5対4で合憲とし，

39　*Id.* at 5-6.
40　Richard D. Friedman, *Chief Justice Hughes' Letter on Court Packing*, 22 J. SUP. CT. HISTORY 76, 79, 82 (1997).

5月には社会保障法（Social Security Act）の違憲の主張を5対4の判決で退けたのである。これらの判決は，連邦最高裁がかつての判例法理を政治的な動機に基づいて変更したことを示したものと理解された[41]。すなわち，当時中間的な立場にいたヒューズ首席裁判官とロバーツ裁判官が，その立場を変更し，連邦が行うニュー・ディール政策を合憲とする判断を下すようになったとされたのである。そして，5月18日に最高裁内部の保守派であるデバンター裁判官が，当該年度の開廷期の終了を待って引退すると発表した。このような状況の中で，上院は裁判所抱え込みに関する法案を否決したのである。もっとも，その後もルーズヴェルト大統領は，内容をより限定した法案（年齢を70歳から75歳に引き上げるなど）を提出したが，最終的には連邦議会における法案の支持者であった民主党の上院院内総務（Majority leader）ジョセフ・ロビンソン（Joseph Robinson）上院議員が死去したことにより，裁判所抱え込み案をめぐる動きは終息することになったのである。

このように，裁判所抱え込み案は，最終的には葬り去られることになった[42]。しかし，ルーズヴェルト大統領は，この政策を打ち出すことによって，2つのことを得ることになった。第1に，彼の圧倒的な人気と4選という長い任期によって，以後裁判官の任命の機会を多く有することになり，6名の連邦最高裁裁判官を任命しえたことである。第2に，本書との関連で重要なことであるが，連邦最高裁の姿勢の転換を引き起こしたことである。この時期以後，連邦最高裁は，福祉国家観念に基づく経済的規制の合憲性については違憲とする判断をほとんど示すことがなくなった。連邦最高裁は，経済的規制についての政治部門の判断を尊重し，以後は違憲判決を下さなくなったのである。そして，連邦最高裁は，これ以後平等保護や表現の自由などの精神的自由にかかわる規制の合憲性を判断するということに，その重点を移していくことになった。そして，それらの領域での判断の正統性を確保

---

41 *Id.* at 83-84. 当初，フィーラー民主党上院議員らの法案反対派は，ヒューズ首席裁判官に連邦議会で証言させようとした。*Id.* at 80.

42 葬り去られた理由については，上下両院の議員たちが，「大統領が司法の独立をおびやかせるなら，自分たちを大統領から守り，多元的な政治制度を存続させる体制の勢力均衡が崩れてしまう」ということを重視したためであるとする側面もあろう。ダロン・アセモグル＆ジェイムズ・A・ロビンソン（鬼澤忍訳）『国家はなぜ衰退するのか（下）』（早川書房，2013年）120頁-121頁。

しようと図るようになったのである。このような連邦最高裁の姿勢の転換は，1937年の憲法革命（Constitutional Revolution of 1937）といわれる。

第8章　憲法革命後の連邦最高裁

1　連邦最高裁の姿勢の変化と1937年の憲法革命

(1) 1937年の憲法革命

　1937年の憲法革命を語る上で重要なのが，同年のウエスト・コーストホテル対パリッシュ（West Coast Hotel v. Parrish）事件連邦最高裁判決[1]である。この事件で，連邦最高裁は，それまでの姿勢を大きく変化させ，「ニュー・ディール政策を通じて福祉国家化を推し進めようとするルーズベルト政権に対する敗北」[2]を認めたからである。また，それは，1880年代から長く続いた「ロックナー時代」の終わりを告げる弔鐘となったのである。

　連邦最高裁は，ワシントン州が制定した最低賃金法の合憲性が争われたこのウエスト・コーストホテル事件で，それまでの先例であった1923年のアドキンス対子ども病院（Adkins v. Children's Hospital）事件[3]に対する判決を明示的に覆し，ワシントン州の最低賃金法を合憲とする判断を下した。この事件で法廷意見を執筆したヒューズ首席裁判官は，ロックナー判決に始まる経済規制を違憲とする連邦最高裁の判決の中にあっては，例外的なものであった女性の労働時間を規制するオレゴン州法を合憲とした1908年のミューラー対オレゴン（Muller v. Oregon）事件連邦最高裁判決[4]を先例として引用し，ロックナー判決以後の連邦最高裁の自らの立場を変更したのである。

　このようにして，ウエスト・コーストホテル判決は，州がコミュニティ，健康と安全，あるいは傷つきやすいグループを保護することを目的として制

1　300 U. S. 379 (1937).
2　長谷部恭男『憲法の円環』（岩波書店，2013年）148頁。
3　261 U. S. 525 (1923).
4　208 U. S. 412 (1908).

第8章　憲法革命後の連邦最高裁

オーエン・ロバーツ裁判官

定された州法に基づく警察権による規制は，正当な警察権能の行使であり，それによって契約の自由が制約されても，合衆国憲法に反するものではないことを明らかにしたのである。

　この判決によって，ロックナー事件判決以来続いてきた，経済的な活動を規制する法律を違憲無効とする連邦最高裁の傾向に終止符が打たれたのである。このウエスト・コーストホテル判決が下された直接的要因としてあげられてきたのが，フーバー大統領によって任命されたロバーツ裁判官の見解の変更（Switch）であった。この変更がなされるまで，ロバーツ裁判官は，連邦最高裁内の保守派（4名）の立場を支持し，ウエスト・コーストホテル判決で争われたワシントン州法と同様な内容を規定していたニューヨーク州の最低賃金法の合憲性が争われた1936年のモアヘッド対ニューヨーク（Morehead v. New York ex rel. Tipaldo）事件連邦最高裁判決[5]では，ニューヨーク州法を違憲とする立場に与していた。したがって，一般に自らの見解の一貫性を重視してそれに従うことの多いといわれる裁判官の行動という観点から見た場合に，ロバーツ裁判官の突然の判決投票行動の変化は，多くの人々によって予期せぬものであったといえる。

　このロバーツ裁判官の判決投票行動の変化については，一般に1936年のルーズヴェルト大統領の再選が，圧倒的勝利によるものであったことに直面して影響を受けたものとされている。すなわち，国民の支持がルーズヴェルト大統領のとるニュー・ディール政策に集まっていることをロバーツ裁判官が認識し，それまでの立場を変更したと解されてきた。そこでは，国民の選挙による政策の選択という民主主義的な正統性が，ロバーツ裁判官によって強く認識されていたと考えられる。そのような理解は，後の連邦最高裁の行

5　298 U. S. 587 (1936).

動と役割の枠付けの議論を示唆するものと解することができる。いずれにせよ，このロバーツ裁判官の行動は，9人の裁判官，すなわち連邦最高裁をぎりぎりのところで救った変更（"the switch in time that saved nine."）と呼ばれている。それによって，連邦最高裁とルーズヴェルト政権との妥協のない正面衝突が回避されたからである。このようにして，1937年の憲法革命を経て連邦最高裁は，以後精神的自由権や平等に関する事件を重視する立場をとるようになったのである。

（２）キャロリーン・プロダクツ事件連邦最高裁判決の脚注4

この憲法革命は，経済的規制については連邦の政治部門，すなわち民主主義的な政治過程の判断を尊重しようとするものであった。したがって，連邦最高裁が，憲法革命以後どのような分野においてどのような形で連邦最高裁としての役割を果たすべきかについては，明白にはなっていなかった。そのような中で，連邦最高裁の新しい方向性を示した判決が，1938年の合衆国対キャロリーン・プロダクツ（United States v. Carolene Products Company）事件連邦最高裁判決[6]である。キャロリーン・プロダクツ判決それ自体は，脱脂粉乳にミルク以外の脂質やオイルを入れて牛乳に類似した商品を製造し，それを州際通商にのせることを禁止した連邦法が，州際通商条項に反しないか否かが争われた事件であった。この事件に対する判決で，連邦最高裁は，緩やかな審査基準を適用して合憲と判示したが，この判決自体は驚くべきものではなかった。

この事件の重要な意義は，連邦最高裁がこの事件に対する判決の脚注4（Footnote 4）[7]の中で，民主主義との関連で裁判所の用いる法令の合憲性に関する審査基準とその適用の理由を示していたことである。脚注4は，3つのパラグラフからなっている[8]が，この3つのパラグラフのうち，重要なの

---

[6] 304 U. S. 144（1938）.
[7] 脚注4の執筆者については，ストーン裁判官であるというよりも，ストーン裁判官のロー・クラークであったルイス・ラスキによって少なくともその原案は執筆されたといわれる（See LOUIS LUSKY, OUR NINE TRIBUNES: THE SUPREME COURT IN MODERN AMERICA（1993））．
[8] 第1パラグラフは，以下のようなものである。「立法の合憲性の推定の作用がより狭くなるのは，それが権利章典のように合衆国憲法がとくに禁じている範囲に文面上含まれるときである。……」

は第2パラグラフと第3パラグラフであった。

第2パラグラフは，以下のように述べていた。「通常であれば望ましくない立法を廃止することを導き出すことが期待される政治過程（の働き）を制限する立法については，その他のほとんどの立法と比べて，より厳格な司法審査に服することになるのだが，本件でそれをいま検討する必要はない。」また，第3パラグラフは，以下のように述べていた。「同様に，同じような考慮が特定の宗教的，……または全国的……人種的少数派に向けられた法律の合憲性審査に払われなければならないのかどうかについて考える必要はない。」「（そのような考慮が払われるのは，）分離されかつ孤立した少数派に対する偏見が，通常ならば少数派を保護することについて信頼を置くことのできる政治過程の作用を深刻なほどに減少させ，そしてそれに対応してより厳格な司法審査を求めることになるような特別な状況にあるか否か」という場合である。

この2つのパラグラフに示された司法審査のあり方は，キャロリーン・プロダクツ判決におけるような経済規制については，緩やかな審査基準が適用される一方，その他の特定の領域の規制については，より厳しい審査基準を適用することを示唆するものであった。このような考え方は，その後表現の自由を中心とする精神的自由に対する厳格審査（strict scrutiny）と経済的自由に対する緩やかな合理性（rational basis review）の審査という二重の基準（double standard）に発展していくことになったのである[9]。

とくにキャロリーン・プロダクツ判決は，分離し孤立する少数派に対する関心を強く示していることから，人種をめぐる平等問題にも大きな影響を与えた。実際，厳格審査は，後述するコレマツ事件連邦最高裁判決におけるブラック裁判官の法廷意見から始まったのである。そこでは，脚注4の第3パラグラフが示唆するように，政治過程によって通常保護されない分離され孤立した少数派に向けられた立法については，より厳格な審査基準が適用され

---

9 このようなとらえ方から，さらに後述するように，政治過程を多元主義的なものと考え，裁判所はその政治過程の補強に必要な限りで司法審査を行うというジョン・ハート・イリィ（John Hart Ely）のプロセス理論が展開していくことになった。イリィの理論については，ジョン・H.イリィ（佐藤幸治＝松井茂記訳『民主主義と司法審査』（成文堂，1990年）参照のこと。

るべき理由があり，したがって，通常の立法に対する合憲性の推定は働かず，厳格な審査基準が適用されるべきであるとされたからである。

（３）ニュー・ディール政策をめぐる連邦最高裁と政治過程の関係

　脚注4は，憲法革命後の新たな方向性を探っていた連邦最高裁が，政治過程との関係を民主主義的正統性の観点から調整しようと図ったものと見ることができる。すなわち，連邦最高裁は，ニュー・ディール期までは憲法上明記されていない契約の自由を，憲法上明記された適正手続条項の「適正な手続きによることなく生命，自由，財産を奪われない」という規定の中の「自由」という文言の中に読み込んで憲法解釈を行ってきた。そして，そのような解釈は，伝統的な自由放任主義経済を支持するものであった。しかし，このような連邦最高裁のあり方は，福祉政策を掲げて得た圧倒的国民の支持を背景に，それに見合った憲法解釈を主張するルーズヴェルト大統領の見解と対立するものであった。連邦最高裁は，国民の支持の高いニュー・ディール立法を保守的な憲法解釈によって違憲と判断することによって，ルーズヴェルト政権と著しい緊張関係を生み出したのである。それは，これまで経済的な繁栄を背景に保守的な経済政策をとる共和党政権と歩調を合わせることによって，経済的規制における司法権の優位を展開してきた連邦最高裁と，デパートメンタリズム的立場に依拠して，福祉国家化に見合った憲法解釈を行うべきであるとするルーズヴェルト大統領との憲法解釈をめぐる対立を意味していたのである。

　結局，この両者の対立は，連邦最高裁が経済規制に対する違憲審査を事実上放棄し，その他の領域で司法権の優位を展開することを目指す道をとらせることになった。ここでいうその他の領域には，表現の自由なども重要なものとして含まれるが，脚注4は少数派に対する平等な取り扱いをとりあえず重視していた。そのことは，以下に述べるように，当時の状況にも沿うものであった。

（４）ニュー・ディール連合と人種問題

　連邦最高裁が合憲判決を下すようになったニュー・ディール政策の展開に

おいて重要な政治的契機は，1936年の大統領選挙であった。この選挙で，ルーズヴェルト大統領は圧倒的勝利で再選を果たしたが，それはまた民主党の長期政権を可能にする一種の支持連合が形成されたことも意味していた。すなわち，民主党は「元来南部と大都市の移民を支持基盤にしており，それに西部や中西部の中小の農民が加わっていた」が，「これに，北部の黒人，低所得者層一般，WASP系も含めた労働者，そしてミドルクラスが支持者に加わった」のである。この民主党の支持基盤をなす集団の連合を「ニュー・ディール連合」と呼び，その連合は1964年の共和党のニクソン大統領の当選まで続くことになったのである。とくに，黒人は，政府の政策により利益を受け，この連合の熱心な支持者となった[10]。もっとも，アメリカは，その後第二次大戦に入り，戦時体制へと移行していった。その中では，戦時経済の発展が国防費を中心とする連邦政府の支出によってもたらされることになった。その結果，経済的に潤うようになった人々は，次第に改革の意欲を失い始め穏健な改革が施行されるようになるとともに，愛国心が強調されることになった。そのような中で，日米関係の悪化とともに日本人および日系人に対する強い人種的偏見が見られることになった。

このような状況の中で，連邦最高裁は，第2次大戦中における日系人に対する人種差別に対して正面から向かい合うようになったのである[11]。

2　日系アメリカ人問題と連邦最高裁

（1）第2次世界大戦の勃発

1941年12月8日に日本は，アメリカのハワイ真珠湾を攻撃し，第2次大戦が開始された。アメリカ政府は，日本の暗号を1941年4月以降解読していたので，日本軍の攻撃それ自体には驚かなかった。むしろ，日本大使館での日本側の最終回答（宣戦布告）の暗号翻訳，タイプの遅れにより，アメリカ政

10　紀平英作編『アメリカ史』（山川出版社，1999年）307頁。
11　連邦最高裁は人種差別問題にはかなり早くから取り組んできた。たとえば，1880年のストローダ対ウェスト・ヴァージニア事件連邦最高裁判決（100 U.S. 303）では，黒人を陪審員から排除する州法の合憲性を判断した。

府への手渡しが真珠湾攻撃後1時間以上経過していたという手続き上の遅延が問題とされた。それは，いわば奇襲攻撃となり，法的にまた道義的に非劣な攻撃を日本は仕掛けてきたとアメリカでは理解されたのである。日本のこのような卑劣な攻撃に対して，アメリカ国内では「真珠湾を忘れるな（Remember Pearl Harbor）」が，日本および日本人への敵対心をあおる合い言葉になったのである。

このような状況は，第1次大戦後孤立主義に陥っていたアメリカの体制を挙国一致体制の下での戦争に向かわせ，アメリカは大西洋ではドイツのファシズム，そして太平洋では日本軍国主義に対峙する正義の国家という自己イメージを持つことになった。このことは，国内政治的に言えば，戦争時において合衆国の最高指揮官として非常に大きな権限をもつルーズヴェルト大統領の戦争指導力を一段と強化させることになったのである。

戦争状況の中で，連邦最高裁は連邦政府の判断に従うことが多かったが，この時期において連邦最高裁は，人種差別に関する事件で，後々まで大きな禍根を残す結果をもたらした判決を下したのである。それが，日系人強制収容所事件における連邦最高裁の判決である。

(2) 日系人強制収容所事件と連邦最高裁

第2次世界大戦でアメリカは，ナチス・ドイツ，イタリア，日本などの枢軸国と戦争状態に入ることになった。この時期において，「自由と安全」の調整が連邦最高裁により図られた事件として，一連の日系人強制収容所事件があげられる。

アメリカでは第2次大戦の近いことが予感された1940年に，スミス法としても知られる外国人登録法（Alien Registration Act）が制定され，14歳以上の在米外国人は移民帰化局（Immigration and Naturalization Service）において登録などが義務づけられた。その結果，約500万の外国人が登録したが，そのうち日本国籍をもつ者は4万人であった。アメリカ政府は，1798年の敵性戦闘員法（Alien Enemies Act）に基づき，これらの人々を敵性戦闘員として分類した。同法の下で連邦政府は，敵性戦闘員の逮捕，抑留そして国外退去を行う権限を有していた。

第8章　憲法革命後の連邦最高裁

日系人収容所

日本国籍を有する者や日系アメリカ人に対する敵意はそれまでにも存在していたが，真珠湾攻撃以後ははっきりと示されることになった。それは，いままで過小評価してきた日本が真珠湾攻撃によって大きな存在感を有するようになり，日本に対する危惧がこれまでになく増大したからである。そのような中で，1942年2月19日に出された大統領令9066号は，軍事的必要性を理由に陸軍に軍事地域を指定させ，その地域から人を立ち退かせる権限を与えたが，その対象は日本人または日系人と見られていた[12]。実際，その命令から8ヶ月後には日本人の血統を有する者12万人が，カリフォルニア州などの自宅からの立退きを命じられた。そのうち3分の2は，アメリカの市民権を有する者であった[13]。これら立退きを命じられた者は起訴もされず，また聴聞も行われないまま[14]，内陸の砂漠や山岳地帯の10カ所の収容所に強制的に移住させられることになった[15]。

しかし，同様な措置が，ドイツあるいはイタリアからの移民やその子孫にとられたわけではない。このように日系アメリカ人が，差別的取り扱いを受けた理由は，第1に軍事的必要性，第2に西海岸における反日意識があったためと思われるが，何よりもまして人種差別意識があったためといわざるをえない。それは，戦争が始まった後，日系アメリカ人は「第5列」(fifth column) と呼ばれたことからも明らかである。第5列とは，内部から手引きす

12　GREG ROBINSON, BY ORDER OF THE PRESIDENT 4 (2nd ed. 2003).
13　ロジャー・ダニエルズ（川口博久訳）『罪なき囚人たち』（南雲堂，1997年）91頁。
14　ROBINSON, *supra* note 12, at 4.
15　紀平・前掲書注（10）328頁。

る人たちを意味した。すなわち，戦争時における第5列とは，自らが居住している国家に敵対する別の国家に忠誠を尽くすことを求められた人々や，自らが居住している国家に対して戦争のときに敵方の国家に味方する人々，内通者，スパイを意味していた。日系人は，果たして本当にアメリカに忠誠を尽くすのか否かが強く疑われたということである[16]。

（3）連邦最高裁と3つの事件
①争われた3つの問題　　大統領令をはじめとして，いま述べたルーズヴェルト政権のとった政策に対しては，当初から人種差別に基づくものであり，合衆国憲法に反するとの声は政権内部にも見られた。政権内部で違憲性を強く主張し，連邦最高裁が判断すべきであるとの立場をとったのは，司法長官のフランシス・ビドル（Francis Biddle）であった[17]。

そのような政権内部でさえ反対意見のあった政策の合憲性に関して，連邦最高裁は3つの事件で判断を下した。それら3つの事件では，具体的にはつぎのような点が争われた。第1に，大統領令9066号に基づき，日系アメリカ人に対して出された夜間外出禁止令が合憲であるのか否か，第2に，日系アメリカ人を西海岸の一定地域から排除することが合憲か否か，第3に，日系アメリカ人の収容所への収容が合憲であるか否かであった。

②ヒラバヤシ事件連邦最高裁判決　　最初の夜間外出禁止令の合憲性が争われた事件が，日系アメリカ人であるヒラバヤシが命令に反する行為を行った

16　日系アメリカ人社会の中で1世は日本への忠誠を持つ者が多かったが，それに対して，2世はアメリカに対する忠誠心を有していた。それを示すために，2世の人々はヨーロッパ戦線で独自の日系人部隊を編成し，Go for Broke（あたって砕けろ，一つの大きなことを達成するためにすべてのものを投入すること。）を合い言葉に活躍した。その有名な部隊として442連隊が存在した。その活躍ぶりは，たとえば大統領継承順位第3位（副大統領（上院議長）―下院議長に次ぐ）にあたる上院仮議長というアメリカの歴史上アジア系アメリカ人として最上位の地位についたダニエル・イノウエ議員も，アメリカ人としての忠誠心を示すために志願し，ヨーロッパ前線で戦い片腕を失うという負傷を負ったものの，その行動が賞賛され，多くの勲章を与えられたことによっても窺われる。このような442連隊などの活躍も，アメリカにおける日系アメリカ人に対する差別を完全に払拭するものではなかった。それは，大統領から直接授与される最高級の勲章である名誉勲章（Medal of Honor）を受ける資格が連隊の兵士には認められず，その下のクラスの殊勲十字賞（Distinguished Service Cross）を授与されたに止まることにあらわれていた。兵士の遺族が，クリントン大統領から名誉勲章を授与されたのは2000年になってからであった。

17　FRANCIS BIDDLE, IN BRIEF AUTHORITY 219 (1962).

上で，自らFBIに出頭することによって夜間外出禁止令の合憲性を争ったヒラバヤシ対合衆国（Hirabayasi v. United States）事件連邦最高裁判決[18]である。この事件の下級審は，軍事地域での制限を故意に無視することを犯罪とする連邦法に違反するとして，有罪の判決を下した。そこで，連邦最高裁に上訴がなされることになった。

ヒラバヤシ事件に対する連邦最高裁の法廷意見は，全員一致でつぎのように述べて，夜間外出禁止令の合憲性を支持した。連邦政府の戦争権限は，「戦争を首尾良く遂行する権限」であり，戦争の危険に対処するにあたって，連邦議会と執行府が国家の安全を確保する手段に関連して，それにかかわる市民の間での人種的相違やそれに伴う状況についてまったく考慮してはならず政府の考慮から排除されるべきであるとはいえない。したがって，人種的出自に基づいて一部の市民を他の市民と区別することも合憲であると判断したのである[19]。

③コレマツ事件連邦最高裁判決　第2の日系アメリカ人に対する排除命令の合憲性は，コレマツ対合衆国（Korematsu v. United States）事件連邦最高裁判決[20]で争われた。この事件は，日系アメリカ人のコレマツが名前を変えて収容から逃れようとはかったものの，1942年5月にカリフォルニア州サクラメントで排除命令違反として逮捕され起訴されたという事件である。この事件で被告人のコレマツは，命令の合憲性を争ったのである。

コレマツ事件に対する連邦最高裁の判決は，裁判官の意見が6対3に分かれたものであったが，ブラック裁判官の手になる法廷意見は，つぎのように述べて排除命令を合憲とし有罪判決を下した。

ブラック裁判官は，まず人種差別に対する一般的な原則を次のように示した。「はじめに，単一の人種集団の市民権を制約するすべての法的制約は，直ちに憲法上疑いがある（suspect）ということに注意が払われるべきである。（しかしながら）このことは，すべてのそのような制約が憲法違反であるということを言っているのではない。裁判所は，そのような制約を最も厳し

18　320 U. S. 81 (1943).
19　320 U. S. at 93-95, 99-101.
20　323 U. S. 214 (1944).

い司法審査によって判断しなければならないといっているのである。差し迫った公共の必要性によって，そのような制約が時には正当化されるかもしれない。もちろん人種的敵意については，そのような正当化をすることはできない」。

ここでは，まず人種差別に対して，厳格審査基準が裁判所によって初めて適用されることが明らかにされたという点が注目される[21]。しかし，このブラック裁判官の法廷意見は，厳格審査基準という今日ではそれがひとたび適用されれば違憲となる審査基準を適用しつつ，その平等に対する制約が人種的敵意に基づくものでなければという条件付きで，厳格審査基準を適用しながら合憲と判断するという例外を認めたのである。

法廷意見は，この考え方を以下のように適用してみせた。「われわれは，日本人の祖先を有する人々を西海岸の戦闘地域からその時点で排除することが，連邦議会及び執行府の戦争権限を超えるものであると結論づけることはできない。……軍当局は，わが国の海岸を防衛する主たる責任を負っており，夜間外出禁止令では不十分な保護でしかない」[22]。「大量の市民集団を強制的に排除することは，極端な緊急時や危機の状況にある場合を除いて，われわれの基本的な統治制度と一致しない。しかし，現代の戦争状況の下でわれわれの海岸が敵対的な勢力に脅かされているとき，それを保護する権限は脅かしている危険と同等のものでなければならない。」[23]「コレマツは，彼または彼の属する人種に対する敵意のゆえに軍事地域から排除されたのではない。……（軍当局が）軍事的緊急状態により，すべての日本人の祖先を有する市民が西海岸から一時的に隔離されるべきであると判断し，そして，最終的には連邦議会が，軍の指導者に戦争時における信頼を見いだして，軍当局に行わせる権限を認めるべきだと判断した」のであるから，合憲であると判示したのである[24]。

④**エンドウ事件連邦最高裁判決**　　最後に，日系アメリカ人の収容所への収

21　釜田泰介「疑わしい分類と厳格な審査」『英米法判例百選〔第3版〕』(1996年) 58頁。
22　323 U. S. at 217-18.
23　323 U. S. at 219-20.
24　321 U. S. at 223.

容の合憲性が争われたのが，エンドウ（Ex parte Endo）事件連邦最高裁判決[25]である。カリフォルニア州自動車省（Department of Motor Vehicles）の事務員として勤務していたエンドウは，日系ではあるが日本語の読み書きはまったくできなかった。エンドウは，命令にはすべて従いながら収容政策の合憲性を争うことを考えて[26]，自らは合衆国に忠誠を誓う者であり，そのような者を強制移住センター（relocation center）へ収容することは違法であると主張して，人身保護令状を請求したのである。

　この事件に対して，連邦最高裁は，コレマツ判決と同日に判決を下し，つぎのように述べて，エンドウは無条件に解放されるべき権利を有すると判示した[27]。大統領令9066号は，市民の自由に配慮しそれを尊重したものでなければならない。合衆国に忠誠を誓う市民は，スパイ活動や妨害活動を引き起こすことはない。また，大統領令9066号は，そのようなスパイ活動や妨害活動を防止することを意図していたのであるから，忠誠を誓う者であると認めざるをえない市民を，政府が抑留する権限を与えるものと解釈することはできない。「忠誠」は，心や精神にかかわる事柄であり，人種，信条あるいは肌の色にかかわる事柄ではないから収容は違法だとしたのである。

（4）連邦最高裁の判断の意味

　これら一連の事件，とくにコレマツ事件に対する連邦最高裁の判断は，政府の人種差別政策を容認した判決といえる。しかし，本来違憲とされることがほとんどとされるべき厳格審査基準のこのような適用のあり方については，その後批判を招くことになった。実際，この判決は，人種に基づく差別的取扱いを違憲とする連邦最高裁の判例法理の中にあって，これまでで唯一人種差別的取扱いを合憲と判断した事件であるという特色を有する。コレマツ判決については戦争中に生じた事件であり，そこでは大統領の戦争権限が広く認められる必要があったという擁護論を主張することもできる。ただ，そのような戦時中という状況の中にあっても，ドイツ，イタリア系の移民に

25　323 U. S. 283 (1944).
26　ダニエルズ・前掲訳書注（13）121頁。
27　323 U. S. at 302.

対しては実施されることのなかった強制収容所への収容が日系アメリカ人に対してのみなされたことは，大きな問題を残すものであった。そして，そこでは，なお人種差別が大きな問題としてアメリカ社会の基底に流れていることが示されていた。

　コレマツ判決において，連邦最高裁は結果的には合憲判決を下したが，人種差別的規制に対しては厳格審査基準を適用するのだと示したことは，この領域での司法権の優位の萌芽が見られたことをあらわしていた。司法権の優位という状況は，この当時リベラルな立場から主張されてきた人種差別解消を第2次大戦後およびその後の政治的，社会的状況の中で，連邦最高裁が憲法判断を下したことから本格的に生じることになったのである。

3　第2次大戦後のアメリカの政治と社会

（1）ニュー・ディール政策の限界

　ニュー・ディール政策は，アメリカという国家の経済体制を大きく変えるものであった。そこでは，連邦政府が主役となって，失業問題や年金問題などに対処しようとしたからである。労働者の権利は強化され，ケインズ的な財政政策によって連邦政府が経済運営に積極的に関与するようになった[28]。しかし，それからさらに進んで，富の再配分につながるような政策，国民健康保険制度を創設することや社会福祉の充実，そしてそれを推進するに足りる強力な政府による経済計画までは本格的に採用することまではできなかった[29]。そのような限界は，第2次大戦中の軍需景気による経済の活性化，失業率の低下によって，1930年代以来の改革に対する人々の熱意が薄れ，保守化の傾向が見られることから生まれていた。また，そもそもルーズヴェルト大統領が，第2次世界大戦の勃発とともに，ニュー・ディール政策の遂行よりも，戦争の勝利に向けてその精力を傾けていったことも大きな影響を与えていた。もっとも，他方で軍需がなくなった後の景気への不安も存在し，すべての改革が止まったわけではなかった。

28　紀平・前掲書注（10）311頁。
29　紀平・前掲書注（10）311頁。

第8章　憲法革命後の連邦最高裁

GI権利章典で保証された住宅購入

（2）第2次大戦後の状況

第2次大戦後のアメリカは，保守派に対して政府が完全雇用に責任を持つことを求めるリベラル左派との対立の中で，経済面ではケインズ的な政策が続けられることになった。社会面では，戦争から帰ってくる兵士の処遇と労働者の処遇が問題となった。このうち，兵士の処遇については，第2次大戦で戦闘に従事した兵士に対する処遇を改善するために，ルーズヴェルト政権時代の1944年6月に，兵士再適応法（Servicemen's Readjustment Act of 1944, 一般にはGI権利章典（GI Bill of Rights）とよばれる）が制定された。その内容は，当時富裕層に限られていた大学入学を帰還兵にも奨学金によって可能としたり，連邦政府が住宅や店舗の購入費の半額までを負担したり，合理的な額の失業給付を1週間から1年間の間支給するなどというものであった[30]。

このGI権利章典の大きなねらいは，大量に帰還する兵士によってもたらされる労働市場の混乱や経済的不況を回避するために，奨学金を与えて大学に行かせることによって労働市場から隔離すること，住宅取得や事業開始の道を用意することによって経済活動への打撃を少なくすることであった。

労働者の処遇については，戦争が終了した後の生産活動の低下を心配する労働者をどのように扱うかが問題となった。また，労働者の中には戦時中の賃金が安すぎるとして不満に訴える者も存在した。そのような労働者の不安や不満を背景に，また戦時中に増えた労働組合員の力を背景に，労働組合のストライキが1945年の秋から翌年の初夏にかけて頻発した。そのストライキに参加した労働者の数は，史上例のない460万人ともいわれた。その動きは，自動車，鉄鋼，電気産業でとくに強く見られ，そこでは賃上げに止まら

30　President Franklin D. Roosevelt's Statement on Signing the G.I. Bill, *available at* http://www.presidency.ucsb./ws/?pid=1625.

3 第2次大戦後のアメリカの政治と社会

ず一部経営参加も主張された。しかし，結局経営者側の強い姿勢の前にわずかな賃上げに止まった[31]。また，ストライキが鉄道などに及んだときには連邦政府が介入した。

このような中で行われた1948年の大統領選挙において，現職の大統領でもあった

トルーマン大統領

民主党のハリー・トルーマン（Harry S. Truman）候補は，ニュー・ディール政策による成果の確保，社会のマイノリティへの利益付与を訴えて逆転勝利を収めた。選挙後，トルーマン大統領は，「フェア・ディール」（Fair Deal）と名付けた一連の国内政策を提示した。

その内容は，健康保険制度の創設，人種差別の解消，中等教育への連邦の援助などを含む，社会・経済改革であった[32]。この政策は，ニュー・ディール政策を基礎とするものであり，経済的機会と社会的安定を目指したものであった。しかし，それに対しては戦後の経済的恩恵に浴して保守化していた中産階級から「大きすぎる政府」との反発が強かったため，そこで示された社会改革はほとんど実現しなかった。

（3）スミス法と表現の自由

また，アメリカ国内の保守化との関連で注目される動きとして，1950年代前半のマッカーシズム（McCarthyism）があげられる。マッカーシズム以前から，アメリカでは無政府主義や共産主義に対する脅威が喧伝されていた。そのような脅威があおり立てられる中で制定された法律が，一般にスミス法（Smith Act）と呼ばれる外国人登録法である[33]。スミス法の規定には政府に対

---

31 紀平・前掲書注（10）344頁-345頁。
32 紀平・前掲書注（10）346頁。
33 スミス法と呼ばれた理由は，その中心的部分である煽動的表現を禁じる条文が，ヴァージニア州選出の連邦下院議員ハワード・スミス（Howard W. Smith）によって主として提唱されたからである。

第 8 章　憲法革命後の連邦最高裁

マッキンレー大統領

する不法なまたは暴力による転覆を唱道することを禁じる文言が見られ，それは憲法との関係で違憲ではないかと議論の対象となった。もっとも，このような唱道を禁じる法律は，かつてウィリアム・マッキンレー（William McKinley）大統領が，1901年9月に無政府主義者のレオン・シゾルゴスツ（Leon Czolgosz）によって暗殺された直後の1902年に，ニューヨーク州で制定されたニューヨーク州無政府主義者取締法（Criminal Anarchy Act）が存在した。そして，同法は，1925年のギトロー対ニューヨーク（Gitlow v. New York）事件連邦最高裁判決[34]で合憲と判断されていた。

　スミス法は，このニューヨーク州法に類似する連邦法ともいえるもので，ヨーロッパでの1939年3月のドイツによるチェコスロバキア占領と1939年9月の独ソ不可侵条約の締結の間に，連邦下院で提出され制定された法律である。このような立法がなされた背景には，マッキンレー大統領の暗殺時のような無政府主義者の活動の再燃やヨーロッパ戦線におけるナチズムや共産主義に対する恐怖が存在した。そして，実際アメリカ共産党（Communist Party of the United States）の指導者が，スミス法違反として検挙・起訴されるという事件が多発した。これに対して，共産党の指導者らは，スミス法は合衆国憲法によって保障されている言論および集会の自由を侵害すると訴えた。そして，スミス法の合憲性は，デニス対合衆国（Dennis v. United States）事件判決[35]の中で判断が示されることになった。

（4）デニス事件連邦最高裁判決

　デニス事件は，1948年にアメリカ共産党のユージン・デニス（Eugene Dennis）書記長が，他の党の指導者と共に，スミス法の定める煽動罪にあた

---

[34] 268 U. S. 652 (1925).
[35] 341 U. S. 494 (1951). なお，イェーツ対合衆国（Yates v. United States, 354 U.S. 298 (1957)）事件判決も参照のこと。

3　第2次大戦後のアメリカの政治と社会

る行為をなしたなどとして逮捕・起訴されたことに始まるものである。この事件の争点は，スミス法の規定が合衆国憲法の保障する表現の自由を違憲に制約するか否かであった。この点について，連邦最高裁は下級審の判決を支持してデニスらを有罪とし，スミス法は合衆国憲法修正1条に反しないと判示した。判決は，共産党の主義主張を単に教えることと，それらの主張を積極的に唱道することの間には区別が存在するとした上で，唱道については，「明白かつ現在の危険（clear

デニスアメリカ共産党書記長

and present danger）」のテストが適用されなければならないとした。そして，そのテストの内容として，①政府が表現を制限するに足りる実質的な政府利益を有することが明らかであること，②内心に止まらないような行動を人々に呼びかけ実行するようにしていること，③唱道によって生じている害悪の大きさと発生の切迫さの存在を考慮することをあげ，それらの要件をみたすなら，政府は違法な行為の唱道を処罰することができるとした。その上で，本件においては，強い支配服従の関係にある党員組織が共産党指導部の指示にしたがって行動を起こすように共謀が存在していたこと，国際状況の緊迫化，他国での同様な暴動の存在などを考慮すれば，デニスらの企図が実際に実現されるか否かは，表現の自由の制約の正当化とは関係しないとした。

　この判決は，従来の「明白かつ現在の危険」のテストと比較すると，それを大きく緩和するものであった。従来の「明白かつ現在の危険」のテストでは，「政府は，憲法上合憲的に防止しうる一定の実質的害悪をもたらす明白なかつ切迫した危険を生み出すまたは生み出すことを意図している表現のみを罰することができる」[36]として，害悪の明白性とは独立した要件として危険の切迫性を求めていた。これに対して，デニス判決では害悪の重大性が，

36　Abrams v. United States, 250 U.S. 616, 627 (1919) (Holmes, J. dissenting).

第8章　憲法革命後の連邦最高裁

それが生じる切迫性がないと考えられる程度も考慮して、判断されるべきであるとして、判断の枠組みが緩やかなものとなっていたかである。

　連邦最高裁の煽動罪の規定に対する違憲判断の基準が緩められた背景には、戦争直後の大規模なストライキの記憶や冷戦下における共産主義による東欧への支配の強まりへの恐怖が存在した。そして、そのような恐怖を連邦最高裁も認め、冷戦下において従来の表現の自由に好意的な立場を変更したと見ることができる。

（5）マッカーシズムとリベラル派

　いま述べたような共産主義への恐怖は、さらに重大な自由への制約となる連邦議会の活動をもたらすことになった。連邦議会下院の非米活動委員会（Un-American Activities Committee）は、「共産主義の破壊活動」への恐怖と結び付ける形で非米活動規制のための調査活動を盛んに行うようになった。そのような下院の非米活動委員会による活動の中では、とくに1947年10月からハリウッドに対する調査が始められたことが注目される。その調査では、ハリウッドの著名な監督や俳優などが委員会へ喚問された。このような喚問と調査に対して、「ハリウッド10」とよばれる脚本家、製作者、監督の人々は、合衆国憲法修正1条を根拠に、政治的活動や組合活動について証言することを拒否したために、議会侮辱罪で有罪とされることになったからである。

　さらに、1949年8月のソ連の原爆実験、同年10月の中華人民共和国の成立という国際情勢の緊迫化の進展の中で、上院でも下院と同様に共産主義者を対象とする調査が始まった。具体的には、ウィスコンシン州選出のジョセフ・マッカーシー（Joseph McCarthy）上院議員が、1950年2月に国務省内部の共産党員のリストを入手したと発言しながら、そのリストを公開しないまま、「政治や社会のあり方に批判的な人々

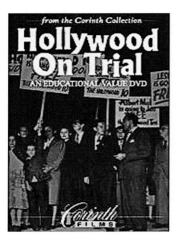

ハリウッド裁判の記録映画

を，確かな証拠のないまま非アメリカ的な破壊分子として糾弾する」[37]マッカーシズムに基づく活動を行ったのである。

このような「赤狩り」とか「魔女狩り」とはいわれる確かな根拠に基づかないマッカーシズムの動きは，1950年6月に勃発した朝鮮戦争によってさらに加速された。そして，1950年9月に

マッカーシー上院議員

は国内治安法（Internal Security Act）[38]が制定された。同法は，「共産主義者の司法省への登録，非常事態の際の彼らの強制収容，全体主義組織への加盟を理由とした外国人の入国拒否」などを内容としていた[39]。

マッカーシズム自体については，マッカーシー上院議員が53年12月に陸軍批判にまで及んだことによって，アイゼンハワー大統領などから信用に値しないなどとの批判を受けるようになって沈静化したが，共産主義に対する否定的な世論は引き続き存在した。

この1940年代後半から1950年代初期の反共産主義的世論において重要な点は，その批判の対象が共産主義者ばかりではなく，ニュー・ディール的改革を進めようとしたリベラル派の政治家や官僚，知識人などをも対象としていた点である[40]。その結果，これらの人々の動きは制約されることになったのである。このような状況の中で，リベラルが望んでいた人種差別の解消について，連邦最高裁が前面に出てくるようになった。その代表的な事件が，後述するブラウン対教育委員会（Brown v. Board of Education）事件連邦最高裁判決である。

---

37 紀平・前掲注（10）348頁。
38 紀平・前掲注（10）349頁。マッカラン法（McCarran Act）とも呼ばれた。
39 紀平・前掲注（10）349頁。
40 紀平・前掲注（10）348頁。

第9章　南部の人種差別と連邦最高裁

1　南部における公教育と人種差別

(1) 人種別学制の問題

①政治過程におけるリベラル派の影響力の低下　　すでに述べたように，1940年代後半から1950年代初期にかけての反共産主義的世論は，主としてニュー・ディール的改革を進めようとしたリベラル派の政治家や官僚，知識人などに，その批判の矛先を向けていた。その結果，政治プロセスの中において，リベラル派の人々は身動きが取りづらい状況となっていた。このような状況の中で，リベラル派が望んでいた人種差別の解消について，前面に出てくるようになったのが連邦最高裁である。ブラウン対教育委員会事件連邦最高裁判決[1]は，この当時のリベラル派の主張である人種差別の解消に関して，公立学校における人種差別を合衆国憲法に違反すると判示した画期的な判決であり，連邦司法府が統治の一部門としてその役割を拡大させていることを象徴的に示すものであった。

②公立学校における人種別学制の状況　　1950年代までは，公立学校における人種別学制は，アメリカでは広く見られた。当時，とくに南部や中西部においては，「分離すれども平等」の法理[2]の下で，州法によって黒人と白人を分離して公立学校で教育するということが行われていた。それらの法律が，分離すれども「平等」と謳っているにもかかわらず，当時の黒人用の学校は白人用の学校よりもはるかに劣るという現状が存在していた。その劣悪な状況は，以下の写真からもわかるところである。このように南部や中西部の州の公立学校は，「分離すれども平等」の法理の名の下で白人と黒人が分離し

1　347 U. S. 483 (1954).
2　*See* Plessy v. Ferguson, 163 U. S. 537 (1896).

第9章　南部の人種差別と連邦最高裁

1948年当時のアーカンソー州の黒人用教室

て教育することが正当化されつつ、現実には白人と黒人の教育は、その内容、施設の点で著しく不平等であった。そのような現実の中で、「分離すれども平等」の法理によって、そのような人種差別を正当化できるのか。さらに、仮に「分離すれども平等」の法理が人種中立的なものであるとしても、その具体的適用において、その法理は実際には適用されうるのかが、1930年代頃から問題とされるようになった。

2　「分離すれども平等」の法理をめぐる現実

（1）NAACPの誕生

　アメリカの南部における人種差別を法的に正当化してきたのは、すでに述べたようにプレッシー判決であり、そこで明らかにされた「分離すれども平等」の法理であった。「分離すれども平等」の法理は、それが厳格に適用されるならば、分離することを正当化する論理となり得る可能性があるものであった。しかし、その法理の具体的適用の段階では、平等という側面は遵守されなかった。それは、形式的平等が実現可能で適切かという問題に加えて、具体的な結果が「分離すれども平等」といえるのかという2つの問題を抱えていたからである。

　1930年代に入るとこの2つの問題を裁判所で争うことを活動の重点に置き、人種差別撤廃を求める黒人団体が誕生するようになった。それが、有色人種地位向上全国協会（National Association for the Adrancement of Colored

People，以下 NAACP）である[3]。NAACP は，1909年2月12日（リンカーンの生誕100周年）の日に誕生した団体で，人種差別をなくし，政治，教育，社会，経済における権利の平等を求める団体として発足した。当初，NAACPは，黒人に対するジム・クロー法や投票権の差別を廃止するために法廷戦術を多用した。そして，さらに1940年代には法廷戦術を強化するために NAACP Legal Defense Fund を設立し，それが NAACP の法廷闘争を担当することになった。

（2）人種差別と教育
①教育の領域が選ばれた理由　この NAACP の戦術の対象として主におかれたのが，教育における黒人と白人の分離の合憲性を争うことであった。プレッシー事件で争われたのは，公共交通機関における差別であった。しかし，その差別は社会生活におけるものであり，南部社会の人種差別として非難されるべきものの，個人の尊厳という観点から見た場合には，人格の発展の阻害という点で教育差別のもたらす害悪とは異なり，中核的関心からはややそれるものであった。その意味で，公教育における人種差別は，個人の尊厳と密接に関連するものであった。

　NAACP が教育の問題を中心に争うことを選んだのは，プレッシー事件判決の「分離すれども平等」の法理のうち「平等」の部分に関して，教育の領域が内容の不平等を争いやすい領域であったからである。プレッシー事件判決は，「分離すれども平等」の法理を謳っていた。しかし，この当時の南部における人種別学の学校教育においては，その設備や教員の状況などから見て，そもそも白人用の学校と黒人用の学校は平等とは言いがたいところがあった。教育の領域においては，教育の内容を数字で評価することの容易な部分があったのである。たとえば，図書館の蔵書数，学校の教師一人あたりの受け持ちの生徒の人数，学校の校舎の建築年度などについて数値化されて示された結果は，不平等な現実を明らかにしていた。その意味で，教育の領域は，「分離すれども平等の法理」が現実には維持できていないことを示し

3　NAACPの歴史や活動については，NAACPのホームページ参照のこと。http://www.naacp.org.

ていたのである。

　さらに，教育の領域は，分離すれども平等の法理の正統性そのものを判断するためにも適切なものであると考えられた。車両の中を前席部分と後席部分に分けてそれぞれに人種を異にする人々を座らせることや，海岸線に沿って白人用の海岸と黒人用の海岸を分けることそのものが，人種差別に当たらないのか？　教育の領域で白人と黒人を分離して教育することが，そのような法理の原理的正当性の問題点を示すことになると考えられたのである。

（３）ヒューストンの戦略

　NAACPが，「分離すれども平等」の法理を合衆国憲法との関係で争うためにまず選んだのが，南部の州における黒人の高等教育の分野であった。高等教育機関としての大学院，具体的にはロー・スクールが州におかれていないことが，「分離すれども平等」の要件，とくに「平等」という部分についてはみたさず，違憲であるという主張を行ったのである。ここで大学院，とくにロー・スクールが対象とされたことには理由が存在した。州立のロー・スクールは，小中学校と違って，そもそも南部諸州では黒人が通えるものとして存在しないか，または存在するとしても，黒人用の設備や教育の質が大きく白人用よりも劣っていた。そのため，「分離すれども平等」の法理の要件，とくに「平等」の部分をみたしていないことが明らかであったという訴訟戦略上の理由が存在したのである。

　このような訴訟戦略は，1934年10月にチャールズ・ヒューストン（Charles H. Houston）から提案されたものであった[4]。ヒューストンは，第1次大戦中のアメリカ軍内における黒人に対する不公平な扱いを見て，ハーバード・ロー・スクール（Harvard Law School）に入学し，ハーバード・ロー・レビューの最初の黒人編集委員を務めた後，古くから黒人学生の多いロー・スクールとして知られるハワード・ロー・スクール（Howard Law School）[5]で教鞭を執っていた人物であり，NAACPには1933年に参加したと

4　Separate But Equal ? The Road to *Brown*, *available at* http://law2.umkc.edu/faculty/projects/ftrials/conlaw/sepbutequal.htm.
5　現在アメリカには，7つの歴史的に黒人学生の多いロー・スクールがあるといわれるが，その

いう経歴の持ち主であった。

　ヒューストンが提案した訴訟戦略の内容は，まず大学院のようなプロフェッショナル・スクールにおける人種差別の合憲性について争うことからはじめ，しかるのちに初等中等教育の合憲へという戦略が必要だとするものであった。そこでは，裁判所を実験室のように使って，まず手始めに大学院段階で「分離すれども平等」の法理の要件，とくに「平等」の部分に焦点をあてて，それがそもそもみたせないことを明らかにする。そして，その後に漸次初等中等教育における人種差別へとその訴訟を展開していくという一連の訴訟活動を続けることによって，徐々に「分離すれども平等」の法理の正当性を突き崩す必要があるという考えがとられていた。

（4）南部の諸州の対応

　NAACPの活動が始められた時期には，大学院，とくにロー・スクールでの教育環境や教育内容は，はっきりと白人と黒人の間での実際上の差別的取扱いが存在した。そのため，ロー・スクールでは差別的取扱いについて「分離すれども平等」であれば合憲とするプレッシー事件判決の示した法理の要件，とくに「平等」の部分をみたしていないことは明らかであった。このような差別的取扱いへの批判に対して，南部の諸州はおおよそつぎのような2つの対応策を示していた。

①マリ対メリーランド事件連邦最高裁判決　　第1に，財政的に余裕のない諸州の対応策である。これらの州では，州が自ら黒人用の州立ロー・スクールを設立することは不可能であったために，白人のロー・スクールへの入学を認めるという方針がとられた。このような対応策に対して，NAACPは黒人学生を白人のロー・スクールに入学させることを求めるという方針をとった。そして，この方針に基づいて訴訟を提起する姿勢を明らかに示したのが，1936年のマリ対メリーランド（Murray v. Maryland）事件[6]であった。

　　中で7つのロー・スクールの中では長い歴史を有するのが1869年に創立されたハワード・ロー・スクールである。なお，ハワード・ロー・スクールは，1931年にアメリカ法曹協会によって認証を受けている。
6　169 Md. 478（1936）．この事件で，大きな役割を果たしたのが，後に黒人として初めて連邦最高裁判所判事に就任したサーグッド・マーシャル（Thurgood Marshall）である。

この事件における原告であるドナルド・マリ（Donald G. Murray）は，優秀な黒人学生であり入学要件をみたしていたが，黒人であるという理由でメリーランド・ロー・スクールへの入学を拒否された。そこで，NAACPのヒューストンやサーグッド・マーシャル（Thurgood Marshall）らが中心となって訴訟を起こすことになった。マーシャルは，「ロー・スクールの人種差別的入学指針は違憲」であり，メリーランド州は黒人のために相応するロー・スクールを運営していないから，マリは白人用のロー・スクールに入学が認められるべきであるという主張を行った。この主張に対して，メリーランド州最高裁判所は，州立大学側に対して入学を受け入れるように命じ，最終的にマリは，メリーランド・ロー・スクールの初めての黒人卒業生になったのである。

南部の州が示した第2の対応は，テキサス州のような大きな諸州のとった方策であった。それらの大州では，黒人用のロー・スクールを別途設けるという方針をとった。このような方策に対して，NAACPは，その方針を人種差別的であるとしてその合憲性を争い，訴訟を起こした。その代表例が，スウェット対ペインター（Sweatt v. Painter）事件連邦最高裁判決[7]である。

この事件は，黒人のハーマン・スウェット（Herman Marion Sweatt）が，人種以外の入学要件はみたしているにもかかわらず，テキサス大学ロー・スクールの入学を拒否されたことに始まる。入学拒否の理由は，テキサス州憲法が人種統合教育を禁じているから入学を認められないというものであった。しかし，当時テキサスには黒人用のロー・スクールは存在しなかった。そこで，スウェットは，州裁判所に対して彼の入学をロー・スクールに命じるように求めて訴えを起こしたのである。

テキサス州は，この訴訟が始まってから急いでスウェットのために，ヒューストンにあるほとんどの学生が黒人で占められている黒人大学のプレイリー・ビュー大学（Prairie View University）の一部として，黒人向けのロー・スクールを建設したものの入学志望者はいなかった。そのため，テキサス州議会は，急遽テキサス大学に「ニグロのためのロー・スクール」を

---

[7] 339 U. S. 629 (1950).

オースティン市に設置する権限を認め，入学者はテキサス州立図書館へアクセスすることができるとした。また，テキサス大学ロー・スクールの教員も一部授業を持つことができるとした。その上で，テキサス州は，ロー・スクールでは人種の間の相違はなく，実質的に平等であるとした。これに対して，スウェットは入学を拒否したのである[8]。

この事件で連邦最高裁は，テキサス州が異なる人種別にそれぞれ別のロー・スクールを設けることは，それらのロー・スクールが実質的に平等であったとしても，合衆国憲法修正14条の平等保護条項に反するとして，スウェット勝訴の判決を下した。スウェット判決が，テキサス州の人種別ロー・スクール制度を不平等で違憲であるとした理由について，フレッド・ヴィンソン（Fred M. Vinson）首席裁判官の執筆する法廷意見は，教員の数，講義の種類，学生数の規模，図書館の規模，法律雑誌の発行の有無などの点で，白人のテキサス州立大学ロー・スクールが優位に立っているとした上で，以下のように述べた。「より重要なことは，テキサス大学ロー・スクールが，客観的には測れないもののロー・スクールの高名さに由来する質の点において遙かに優れたものを有していることである。そのような質として，たとえば教授陣の名声，大学行政部門の経験の豊富さ，卒業生の地位や影響力，コミュニティでの地位の高さ，伝統，権威などが直ちにあげられる。2つのロー・スクールでの選択をできる者が，この問題を不問に付すと信じることは困難である。」[9]

この判決は，プレッシー判決で示された「分離すれども平等」の法理に深刻な亀裂をもたらすものであった。それは，テキサス州が黒人学生と白人学生とに別々のロー・スクールを設けて教育することは，たとえ教員数，学生数や図書館の規模などが数値的には平等であるとしても，白人と黒人を別々のロー・スクールで教育することそれ自体が，質的な面での不平等を必然的に随伴すると判示したからである[10]。

8　*Available at* http://www.texasbar.com/civics/High%20School%20cases/sweatt-v-painter.html.
9　339 U. S. at 634.
10　また，連邦最高裁はスウェット判決を下した同じ日に，オクラホマ州の大学院内での教室や図書館などでの人種分離の合憲性が争われたマクローリン対オクラホマ州高等教育評議員会（McLaurin v. Oklahoma State Regents, 339 U.S. 637（1950））事件に対する判決でも，ほぼ同様

スウェット判決は,「分離すれども平等」の法理が,たとえ数値的に見て等しいとしても,なお質的な観点からは不平等が随伴することがありうるということを明らかにするものになり,法理の基盤は大きくその有効性を削がれることになったのである。そして,そのことは,この判決から4年後に連邦最高裁がブラウン事件判決で公立学校での人種別学制度を違憲とする判決を下すことへとつながっていくことになったのである。ブラウン判決では,人種そのものを理由として白人と黒人とを分離して教育することそれ自体が,合衆国憲法修正14条の平等保護条項に違反すると判示されることになったからである。

3 ブラウン事件連邦最高裁判決

(1) ブラウン事件の事実の内容

ブラウン事件の事実の概要は,以下のようなものであった。原告は,カンザス州のトペカ(Topeka)市に住む小学校3年生のリンダ・ブラウン(Linda Brown)という7歳の少女であった。彼女は,通学のため家のすぐ近く

リンダ・ブラウン(左端)とその家族

に白人用の学校があったにもかかわらず,家から黒人用の学校にたどり着くまで1マイルを歩かなければならなかった。リンダの父は,娘を白人用の小学校へ入学させようと試みたが,校長はそれを拒否した。そこで,父親は,NAACPのトペカ支部に赴き助力を求めた[11]。NAACPは,当時人種差別についての訴訟を公立学校における差別の合憲性を争う形で行おうとしていた。そこで,NAACPは,1951年にトペカ市の公立学校における人種差別を禁じる差止命令の発給を裁判所に求

な理由で違憲と判示した。
11 勝田卓也『アメリカ南部の法と連邦最高裁』(有斐閣,2011年)179頁によれば,ブラウン判決を促した直接的ファクターは,公民権団体による訴訟活動であるとされる。

めることにした。このNAACPの戦略の上に乗って、リンダの両親らが、市の教育委員会の入学拒否処分を憲法違反であるとして、連邦地裁に訴え出たのである。

　原告の主張は、トペカ市の白人用の学校と黒人用の学校は平等ではなく、そして平等たりえないというものであった。それは、人種別学制の及ぼす害悪は、黒人児童に対して彼らが白人児童よりも劣っているというメッセージを送るという点にあり、したがって人種別学制の学校そのものが不平等であるとするものであった。すなわち、教育の領域において、「分離すれども平等」の法理を放棄するように求めたのである。

　これに対して、被告側の教育委員会の反論は、人種差別が広く存在しているところではそこで黒人が生活していく以上、人種別学制は黒人児童が成人した際にそのような人種差別的社会でうまく対応できるようにするために必要なものであると主張した。また、人種別学の黒人学校それ自体が悪影響を及ぼすものではなく、そのことはそのような学校を出たフレデリック・ダグラスやブーカー・T・ワシントン、ジョージ・ワシントン・カーバー（George Washington Carver）らが、それを乗り越えて社会的に名を成したことからも明らかであるというものであった。たしかに、ダグラスらは、当時の黒人たちと比べれば成功したといえるが、それは彼らの人種差別解放に対する態度がかなり穏健なものであって、白人を直接攻撃するものではなく、むしろ黒人の自助努力を説くものであったこととも関係していた。

（2）ブラウン事件の審理と人形テスト

　ブラウン事件では、人種に基づいて白人と黒人を分離して教育することが、な

Kenneth Clark's doll tests were crucial evidence in *Brown v. Board of Education*. Clark was careful to keep the dolls he had used well hidden.

(写真) テストの人形。黒人はペンキを塗ったものを使用した。

ぜ憲法に反するのかが争われた。その点に関して、ブラウン側のNAACPの弁護士たちは、黒人と白人を教育することが黒人に劣等感を植え付け、黒人児童の心理的、教育的成長を妨げていると主張し、その証拠として心理学者による人形テストの結果を提示した。

人形テストとは、黒人の児童に黒い体と白い体の人形を見せて、つぎのような質問をするものであった。「①一番好きな、一緒に遊びたい人形を指しなさい。②きれいな人形を指しなさい。③悪い人形を指しなさい。④白人の子供のような人形を指しなさい。⑤有色人種の子供のような人形を指しなさい。⑥黒人の子供のような人形を指しなさい。⑦あなたに似た人形を指しなさい」。心理学者によれば、この実験の結果、黒人の子どもは黒人の人形と白人の人形との区別を明確にしつつ、しかし自分に似た人形としては白人の人形を示すという結果が見られたとされた。そして、そのことから、黒人の人形は皆から嫌われ、汚い、そして悪い人形であるという形で、黒人の児童の心の中に心理的な差別感が植え付けられ、以後の人格の形成に障害となっているとした。連邦地裁は、この心理学者の証言を証拠として採用した。

しかし、連邦地裁は、結局人種別学制度が黒人児童に悪い影響を与えていることは認めつつ、教育における人種別学制度が合憲か否かに関しては、プレッシー判決の「分離すれども平等」という先例法理が存在するとした。そして、黒人学校と白人学校が、建物、交通の便、カリキュラム並びに教師の教育的適性の点で実質的に平等であるとして、テキサス州の人種別学制度を合憲と判断した。

(3) 連邦最高裁の判決

この連邦地裁の判決に対して、連邦最高裁は、上訴を受けて1952年に民主党のトルーマン大統領によって任命されたフレッド・ヴィンソン首席裁判官の任期中に口頭弁論を行った。しかし、結局裁判官の中で意見がまとまらずに、再度口頭弁論を1953年12月7日と8日に行うこととした。ところが、ヴィンソン首席裁判官が1953年9月8日に死去したため、共和党のドワイト・アイゼンハワー（Dwight D. Eisenhower）大統領により、1953年9月30日にアール・ウォーレン（Earl Warren）が連邦最高裁首席裁判官に任命された。そし

て，再度開かれた口頭弁論では，連邦最高裁からあらかじめ両当事者に，憲法修正14条の起草者が人種差別についてどう考えたかについて述べるように要求されていた。しかし，その議論は結局不十分なものとされ，最終的に現在黒人が公立学校において法の平等な保護を奪われているか否かを連邦最高裁が判断することになった。

連邦最高裁は，1954年5月17日にウォーレン首席裁判官の執筆した判決（以下，この判決を「ブラウンⅠ判決」という）を下した[12]。法廷意見は，プレッシー判決で明らかにされた「分離すれども平等」の法理が，公共交通機関ではなく教育に関連して争われた事件は存在したが，プレッシー判決が公教育に適用されるべきか否かについては，これまで判断を示してこなかったとし，本件ではそれがまさに争点となっているとした[13]。

そして，法廷意見によれば，本件においてはスウェット判決とは異なり，黒人学校と白人学校は「校舎，カリキュラム，教師の資格及び給与，そしてその他の『触知して評価できる』（tangible）要素に関して，平等化されたか，平等化されつつあるということが，下級審で事実認定されている」点で，まさに「分離すれども平等の法理」が正面から問われているとされた[14]。したがって，法廷意見は，本件ではそれらの触知して評価できる要素を単に比較することに依拠することはできず，「それに代えて，公教育における人種差別の効果それ自体を検討しなければならない。」[15]としたのである。

法廷意見は，このように述べた上で，公教育そのものの重要性について「教育は，よき市民としての基礎をなして」おり，「いかなる子どもも教育の機会を否定されるなら，人生で成功を期待しうると合理的に考えることは疑わしい。」そのような機会は，「すべてのものに平等な条件で利用可能とされなければならない権利である。」[16]とした。

---

12 なお，この事件では，ブラウン事件以外に サウスカロライナ，ヴァージニア，デラウェアの各州から上訴されてきた事件も共通の法的争点を争うものとして，併合して判断された。347 U. S. 483（1954）.
13 347 U. S. at 491-92.
14 347 U. S. at 492.
15 347 U. S. at 492.
16 347 U. S. at 493.

法廷意見は，このような教育の重要性に鑑みて，平等な教育の機会の保障に対する「考慮は，小中学校や高校の児童生徒にはより強く当てはまるものである。同じような年齢と資格を持つものを他者から人種を理由に分離することは，（分離された者に）コミュニティにおける地位が劣っているとの感情を植え付け，それは彼らの心と心情に取り除くことのできない影響を与えうるのである。」とする下級審判決を引用した。その下級審判決は，さらにこのような効果は事実認定で十分に明らかにされているとし，白人と黒人の児童を公立学校において法的に分離することは，黒人児童に有害な効果を与えるものとなるとした。ここでいう事実認定とは，前述した人形テストの心理学者による調査結果などをもとにしたものであった。このような社会科学の研究を引用して判決がそれに依拠したことに対しては，そのような研究結果を引用しなくても違憲判断を導けたのではないか，より客観的そして規範的な事実を引用すべきであったなどとして，その後も長く批判の的になった[17]。

　しかし，法廷意見は，このような考察を踏まえた上で，結論として以下のように述べた。「われわれは，公教育の分野において，『分離すれども平等』の法理は維持しえないと結論する。分離された教育設備は，本来的に平等ではない。したがって，原告及び訴訟を提起した者と同様な状況にある人々は，申立てられた分離によって，修正14条の保障する法の平等保護を剥奪されたと判断する。」[18]としたのである。

4　ブラウン判決の影響

（1）直接的影響

　ブラウン判決の与えた影響は，大きなものであった。判決それ自体は，直接には公教育における「分離すれども平等」の法理を否定するにとどまるものであった[19]。プレッシー判決の示した「分離すれども平等」の法理は，な

17　渡辺千原「法を支える事実—科学的根拠付けに向けての一考察—」『立命館法学』2010年5・6号1806頁。もっとも，このような社会学的事実を法理よりも強調する先例として，Muller v. Oregon, 208 U. S. 412（1908）がある。
18　347 U. S. at 495.
19　347 U. S. at 495.

お連邦最高裁の示した法理として、大きな政治的、社会的意味があった。しかし、ブラウン判決は、実際には教育の分野を超えた形で大きな政治的、社会的反響を巻き起こしたのである[20]。具体的には、ブラウン判決は、当時の20あまりの州でとられていた人種別学の公教育制度を違憲と判断するものであった。また、そのことは、それら学校に通う数百万の児童とその親に著しい衝撃を与えることを意味していたのである。さらに、政治的には南部出身の議員が「南部宣言」(Southern Manifesto)[21]を打出し、公教育をどのように定めるかは州の権限であり、連邦最高裁の判断は誤りだとする公然とした批判を展開した。また、ジョンバーチ協会（John Birch Society）という極右団体を中心とする動きとして、当時の連邦最高裁の首席裁判官であるウォーレンを弾劾にかけようとする運動も見られた。

（写真）ウォーレン首席裁判官を弾劾せよという立て看板

（2）ブラウン判決の射程

このような批判が出た背景には、ブラウン判決自体は、直接には公教育における人種別学制度を対象にして、それを違憲とするものであったものの、それを超えて、人種分離それ自体が合衆国憲法に反するという趣旨を内包する射程の大きなものであったという事情が存在した。すなわち、ブラウン判決は、白人と黒人の分離それ自体が平等に反するという趣旨を含むものであ

---

20 ただし、近年はブラウン判決の与えた社会的、政治的影響力を相対化しようとする見解もみられる。See MICHAEL KLARMAN, FROM JIM CROW TO CIVIL RIGHTS: THE SUPREME COURT AND THE SIRUGGLE FOR RACIAL EQUALITY (2004).

21 南部宣言は、ジョージア州選出のウォルター・F・ジョージ上院議員を中心になされたもので、82名の南部出身連邦下院議員および19名の南部出身連邦上院議員が署名をしたものであった。南部宣言は、署名者が連邦最高裁の人種差別撤廃判決を覆すために「あらゆる合法的な手段」を行使することを誓うとともに、かつ南部人に無秩序と法律を遵守しない活動を良心的に慎むように訴えるものであった。

第9章　南部の人種差別と連邦最高裁

NAACPの弁護団。真ん中が後に最初の黒人連邦最高裁裁判官となったサーグット・マーシャル

り，南部における教育以外のさまざまな社会的，政治的な人種差別的慣行を違憲とする可能性をもつものであった。まさに，その判決は，南部の社会を根底から揺るがす可能性をもつものであったのである。そのため，このような判決を下した連邦最高裁に対して，人種差別撤廃という当時のリベラル派の主張を実現する動きを示したものと見られることになったのである。

（3）ブラウン判決と司法府による社会変革

　ブラウン判決は，いま述べたように，直接には南部諸州を中心とする公立学校における人種別学制度を，法の下の平等な保護を規定する合衆国憲法修正14条に違反するとしたものであった。ただし，その判決の論理は，アメリカにおける人種問題全般に妥当するものであり，実際にも連邦最高裁は，その後人種差別を学校だけでなく，プール，ゴルフ場などのその他の領域における人種差別をも違憲とする立場を示すようになった。それは，次第に南部の社会ばかりではなく，アメリカ社会全体を根底から大きく揺り動かすものになっていった。その意味で，ブラウン判決は，連邦最高裁が社会変革の大きな役割を初めて担うことを正面から明らかに示した判決となったのである。

5　連邦最高裁と人種差別撤廃政策形成とのかかわり

（1）ブラウンⅡ判決の存在

　ブラウン判決が，人種差別に関して社会変革を担う機関として裁判所の役割を示そうとしたという点に関して，なお指摘しておかなければならないことが存在する。

裁判所が，人種差別に対する社会変革を担うということ，すなわち人種差別撤廃の政策を形成する機関としての役割を担うということで登場してきたということは，ただちに連邦最高裁がアメリカにおける人種差別撤廃政策の主たる形成者となったというわけではない。結論的にいえば，連邦最高裁は，当時のアメリカにおいてリベラル派の主張する人種差別撤廃の主張をリードする役割を果たしたというにとどまる。もっとも，そのことは，連邦最高裁が人種差別撤廃の主張を単に支持したというにとどまるというものでもない。それでは，どのような形でそしてどの程度において，連邦最高裁はアメリカの人種差別撤廃という政策形成に関与したのであろうか。

　この点で留意しなければならないのは，ブラウン判決が1954年のブラウンⅠ判決（Brown Ⅰ）と1955年判決のブラウンⅡ判決（Brown Ⅱ）[22]という２つの判決を併せて理解されているということである。1954年のブラウンⅠ判決は，全員一致の判決を目指し，そのため憲法起草者の意思の確認や法的な分析を避け，また具体的な救済を避けたごく短い判決であった。そこで，ブラウンⅠ判決のつぎに必要となるものは，公立学校における黒人と白人との人種分離教育に対する救済を，どのような形で与えるかという具体策にかかわる連邦最高裁の判断であった。そこで，翌年の1955年に，その具体的な救済について判断した連邦最高裁の判決が下された。それが，ブラウンⅡ判決である。

　このブラウンⅡ判決で救済を示すに当たって，連邦最高裁はいくつかの選択肢を有していた。具体的な選択肢としては，①ブラウン事件の救済にかかわる場合以外については，連邦議会の立法に委ねる。すなわち，一般的には議会のリーダーシップに期待する。②連邦最高裁は大枠だけを提示しつつ，実行はそれぞれの地域の実情に通じた連邦の下級審に任せる。すなわち，下級審を実際の責任者とする。③連邦の裁判所が，補助裁判官（Special Master）などを任命して，一種の行政官的役割を担わせ人種別学の実行を監督させる。④連邦最高裁自らが，具体的な別学解消の実施案を作る。⑤州および地方の各教育委員会に具体策の立案と実施を委ねる，というものがあった。

22　349 U. S. 294 (1955).

これらの選択肢のうちどれを選ぶかについて連邦最高裁が考えなければいけないことは，第1に，すでに述べたように，当時の政治状況の中で政治過程におけるリベラル派は，保守派によってその行動を制約されており，その意味で人種差別撤廃の活動を連邦の政治部門に期待することは困難であったことである。そして，第2に，人種差別の撤廃をこれまで人種差別を行ってきた州に委ねることはできないということである。また，第3に，連邦最高裁が具体的な解消策を実施した場合には，各地で抵抗が予想されるということである。さらに，第4に，連邦の裁判所，とくに地方裁判所が補助裁判官などを任命して，州の人種政策を管理・監督し，人種別学制の実行を行わせることは州への介入であり，連邦と州の間の権力分立原理に反することになるということであった。

　このような中で，連邦最高裁が選択したのは，連邦政府も推していた連邦地方裁判所の監督の下に，人種差別の解消策を実施していこうとするものであった。

（2）選択の内容

　連邦最高裁が，1955年のブラウンII判決で示した具体的な判決履行のためのシステムは，以下のようなものであった。①教育委員会が，人種統合の実施に責任を負い，早急に実行に着手する。②裁判所は，校舎の収容能力，通学の便宜，教職員の配置，学区の再編成，地方の法律の改廃，その他学校運営上の諸条件を考慮して，教育委員会の人種統合案を審査し，その実施を監督する。③連邦地方裁判所は，原告を可及的速やかに（with all deliberate speed）入学させる，というものであった。

　このようなシステムの特色は，可及的速やかに（with all deliberate speed）という言葉にあらわれている。ふつう，with all speedは，「大急ぎで」という意味で用いられるが，それにdeliberate（慎重な）という言葉を付け加えてあるのは，連邦最高裁が判決の履行を望みながらも他方においてそれが容易でないことを明らかにしたものとしてとらえることができる。また，この点は，人種共学の実施に期限を設けなかったことでも明らかである。

　ブラウンII判決が下された当初，そのシステムの作動はかなりのもたつき

があった。その理由として，少なくとも3つの原因を考えることができた。第1に，裁判というものの特性として，裁判が特定の事件の解決を目指すものであり，そのためあらゆる公立学校における人種別学制度を改革するには多大な時間を要したということである。第2に，先にも触れたように，連邦最高裁の判決の中に示された「可及的速やかに（with all deliberate speed）」という言葉が，南部の人々によって人種別学をできる限り続けることを認めたものであると読み替えられたことである[23]。その背景には，南部の白人の別学解消への抵抗感の強さがあった[24]。第3に，州政府・州議会による組織的な反抗が存在したことがあげられる。その具体的内容は，義務教育の廃止，公立学校の閉鎖，私立学校へ転校する生徒への授業料援助などを行ない，それらが合衆国連邦憲法に反すると裁判所が判断した後は，州政府は実力を持って連邦裁判所の判決の執行を阻止するようになったことである。

（3）モンゴメリー・バス・ボイコット運動とリトルロック事件

いま述べた原因などによって当初もたつき気味であった人種差別撤廃は，ブラウン事件判決後の2つの事件をきっかけに，その動きを加速させることになった。1つは，アラバマ州モンゴメリーでの人種分離バスに対する黒人のボイコット事件であり，もう1つは，人種差別意識の強い深南部のアーカンソー州の州都であるリトルロックで起きた事件である。

①モンゴメリー・バス・ボイコット運動　　モンゴメリー・バス・ボイコット運動のきっかけは，1955年12月1日に起きた人種分離バス事件であった。このようなバスにおける人種差別が問題となったのは，バスの場合には白人と黒人が同じ車両に後から乗ってきた人も含めて同乗せざるをえないため，人数の加減で分離がレストランや海岸などの他の領域ほどには完全にはうまく行いえないということが影響していたためである。そのような中で，白人にバスの利用を認め，黒人に徒歩を強要することもあったが，それははっきりとした人種差別であった。

バスが黒人にとっての主要な交通手段であったことおよびバス会社が黒人

23　大沢秀介『現代アメリカ社会と司法―公共訴訟をめぐって―』（慶應通信，1987年）9頁。
24　勝田・前掲書注（11）203頁。

第9章　南部の人種差別と連邦最高裁

ローザ・パークス

用と白人用のバスを別々に用意することが難しかったことから，バスに乗車する白人と黒人の分離をどのようにするかは，解決困難な問題として存在していた。そんな中である日，黒人女性で市内のデパートでお針子をしていたローザ・パークス（Rosa Parks）は，帰宅時にバスの中に人種分離席を設けていたモンゴメリー市のバスに乗車していた[25]。ローザが，白人用の座席のすぐ後ろの席に座っていたところ，バスは満席であった。その後，さらに白人が乗車してきたため，バスの運転手はこの当時の市の条例に従い，白人席のすぐ後ろの座席にいる黒人4人に対して，席を空けて白人に席を譲るように要求した[26]。これに対して，他の3人の黒人は席を譲ったのに対して，NAACPのメンバーでもあったローザだけは席を移ることを拒否するという行動に出た。そのため，ローザは，ジム・クロー法違反として逮捕・起訴された。このことを知ったNAACPは，ローザの協力を得てテスト・ケースを提起し，州裁判所で刑事事件として争われることになった。

この事件を受けて，地域の人権団体が市バスのボイコット運動を始めるようになり，それは南部諸州を取りこむ人種分離バスの大きなボイコット運動にまで拡大した。乗客の多数が黒人であったバス会社は，黒人が乗らなくなったため大きな経済的損失を蒙った。また，社会的にもボイコット運動によって不安定な状態が引き起こされた。

このような状況の中で，NAACPは，ローザの事件とは別の形で，原告を探し出して，バスにおける人種差別を認めるモンゴメリー市の条例とアラバマ州法が合衆国憲法に反しないか否かに関する争いについて判断を求めるべく，市バスの人種分離が合衆国憲法に反するとのクラスアクションを1956年

---

[25] 以下の叙述は，ローザ・パークス（高橋朋子訳）『ローザ・パークス自伝』（潮出版社，1999年）による。
[26] バスの運転手は，強制的に黒人の席を移動させる権限を認められていた。

2月1日に起こしたのである[27]。

また,このバス・ボイコット運動でもう一つ注目されるのは,運動の中心として形成されたモンゴメリー改良協会（Montgomery Improvement Association）の指導者として,後の公民権運動の有名な

キング牧師とワシントン大行進

指導者となるバプティスト協会の牧師であったマーテイン・ルーサー・キング（Martin Luther King, Jr.）を選出したことである[28]。キング牧師の指導力は,次第に高く評価されるようになり,後の1963年のワシントン大行進そしてワシントン記念堂での「私には夢がある」演説（I have a dream speech）へとつながっていったのである。

このバス・ボイコット運動は,結局381日間続いた。そして,連邦最高裁は,1956年11月13日にブラウン事件判決など人種差別を違憲とする先例を引用して,モンゴメリーの人種分離バスを違憲とする三名合議法廷（three-judge court）で審理された,前述の1956年2月に提起された事件に対する連邦地裁の判決を是認する短い判決[29]を下した。そして,その後12月20日に人種統合化されたバスが,運行されるようになったのである。

モンゴメリー・バス・ボイコット事件は,暴力に訴えないマハトマ・ガンジー（Mahatma Gandhi）の考え方をも参考にした非暴力という形で行われるようになる,その後の大規模な人種差別反対運動の始まりを示すものとなった。また,この事件を通して,社会的に連邦最高裁の人種差別違憲判決が受け入れられる素地が作られていったのである。

②リトルロック事件連邦最高裁判決　　リトルロック事件は,アーカンソー

27　Browder v. Gayle, 142 F. Supp. 707 (1956).
28　キングが指導者に選ばれた一つの理由は,彼がモンゴメリーに来て日が浅く,しがらみがなかったことが指摘されている。
29　Gayle v. Browder, 352 U. S. 903 (1956).

第9章　南部の人種差別と連邦最高裁

リトルロックナインの生徒と怒る白人女性

州のリトルロック市内にある，すべて白人の生徒で占められるセントラル高校（白人生徒約1780人在籍）に，裁判所の判決によって9人の黒人生徒（リトルロックナインと呼ばれる）が入学のため登校する際に起きた混乱をめぐる事件である[30]。

この事件で，アーカンソー州知事オーバル・フォーバス（Orval Faubus）は，「秩序維持と市民の生命・財産の保護」のためライフルで武装した州兵（National Guard）を動員して，黒人生徒らが高校に入ることを実力で阻止しようとはかった。そのため，連邦裁判所は，州の妨害の差止めを認める判決を下し，その結果州兵は引き上げたもののその後暴動が起こり，最終的には当時のアイゼンハワー大統領が連邦軍（101st Airborne Division）を派遣して騒ぎを沈静化させることになった。そして，9人の黒人の生徒は，それぞれ兵士に付き添われて教室へ移動した。その模様はテレビで放映された。

リトルロック事件に見られるこのような状況は，当時においてもリトルロック市の黒人用の高校が設備や施設の点で不十分であり，他方白人用の高校との間には科学の実験室などの施設や最新の図書・教科書類，そして大学進学率の高さなどの面で大きな格差を付けられていたという事情を背景とするものであった。リトルロックナインとして知られる9人の黒人生徒たちは，白人用高校のような設備や施設の良い高校で学びたいと思っていたのである。

連邦裁判所の判決によって，リトルロックナインの黒人生徒たちは，白人用のセントラル高校に入学することができた。しかし，2週間たって連邦軍

30　リトルロックナインについては，以下のホームページ参照のこと。*Available at* http:www.littlerock9.com/history.html.

が撤収した後は，また同じような黒人生徒に対する妨害が行われ，その結果 9 人中 3 人のみがセントラル高校を卒業したにすぎなかった。それほどに当時の南部における人種差別には根深いものがあったのである。

(4) その後の展開と 3 つの特色

リトルロック事件に典型的に見られた南部の白人による抵抗は，連邦軍の出動によってようやく沈静化した。このことは，当初連邦最高裁のブラウン判決に対して「分離と差別の解消よりも南部社会の安定に強く配慮する姿勢をとりつづけ」[31]たアイゼンハワー大統領が，連邦最高裁の立場を消極的な形であれ支持したということを意味しており重要ものといえた。

さらに，ブラウン判決のその後の展開について，つぎのような 3 つの特色を指摘することができる。第 1 に，1964 年に連邦議会が公民権法を制定したことである。この点，ブラウン事件に対する判決が下された直後の時期には，連邦議会ではアメリカの議会の特色として南部出身の議員がシニオリティ・システム（先任制）の下でかなりの力を有しており，それほど連邦議会は熱心には動かないであろうという見方が存在した。そのため，連邦議会に人種差別解消の政策の展開について多くのことが期待できないと見られていた。実際，ブラウン事件の口頭弁論において，ロバート・ジャクソン（Robert H. Jackson）裁判官は，連邦議会が行動しないためにこの事件が連邦最高裁に係属しているという理解を示していた[32]。

しかし，1964 年に制定されたこの公民権法の下で，連邦政府の司法長官が人種別学制度を続ける学校区に共学を求める訴訟を提起することができることになった。また，人種共学を条件にして連邦政府が教育援助あるいは打ち切りをすることができるようになった。そこで，これらの手段を通じて，南部における人種統合が進んだといわれる。その意味で，連邦最高裁のリードに連邦議会が従ったという側面があったと考えられる。

第 2 に，当初あまりはかばかしい進展が見られなかった南部での黒人と白人の共学が，連邦最高裁のいくつかの代表的な判決を通して実現され，相当

31　紀平英作編『アメリカ史』（山川出版社，1999 年）352 頁。
32　勝田・前掲書注 (11) 212 頁。

程度進んだということである。代表的な連邦最高裁の判決としては，1971年のスワン対シャーロット・メックレンバーグ教育委員会（Swann v. Charlotte-Mecklenburg Board of Education）事件連邦最高裁判決[33]があげられる。この連邦最高裁の判決では，強制的バス通学，学校間の人種割合の考慮など，あらゆる措置をとって共学の実現を図るようにする義務が，教育委員会にあると判示された。

　第3に，人種別学訴訟事件が南部以外の地域，とくに北部の都市における公立学校での人種別学制度の合憲性を争う訴訟へと拡大していったことである。南部では，法律によってあるいは法律に基づいて人種別学制度が維持され，黒人の児童は人種別学制度の下で法上差別されていた。そこでは，意図的に差別が行われていたのである。これを法による差別（De Jure Discrimination）という。この当時，実は北部の都市でも事実上公立学校における人種差別は存在していた。たとえば，北部でも南北戦争当時，すでに述べたように奴隷制には反対していたが，異なる人種の間の取扱いは平等ではなかったのである。そのような歴史的経緯もあり，北部では法による差別はあまり存在していなかったが，都市における人種別の棲み分けを反映して，黒人校，白人校などが事実上分離していた。このような差別を事実上の差別（De Fact Discrimination）という。

　この2つの差別の差は，訴訟で争う場合には大きいものといえた。もし教育委員会などの「差別の意図」が，法による差別として明らかであるとされれば，差別は認定しやすいからである。これに対して，事実上の差別はその意図の立証が難しいところがあった。もっとも，差別的意図が認められれば，事実上の差別においても人種統合を実施する必要が生ずるとする判決が下されることになった。その結果，北部でも多くの判決で人種差別の意図があるとされ，公立学校における人種別学制度の解消は，南部ばかりではなく北部でも重要な問題となったのである。

　その結果，北部ではどのような事態が生じたかというと，白人は郊外に移り住むということになった。そして，黒人が市の中心部に残りその子弟は白

33　402 U. S. 1 (1971).

人の抜けた市内の学校区の学校に通ったのに対し，白人の子弟は郊外の別の学校区の学校に通うことになった。このような白人逃避（White Flight）の事態に対して，連邦最高裁は人種統合にはある一定のラインで限界が存在するということを示した。すなわち，白人逃避を避け人種統合を促進するためには，市と郊外の学校区を1つにして学校区をまたがる人種統合のための救済策が必要になるはずであるが，連邦最高裁はそこまでの共学を命じることは，裁判所の権限を超えるものであるとしてストップをかけたのである。

このようにして，人種差別の別学制度を裁判所が主導するということは影を潜め，人種差別の対応は主に議会，政府に委ねられることになった。しかし，なお人種差別が解消されたわけではない。その結果，1960年代の民主党のリンドン・ジョンソン（Lyndon B. Johnson）政権の時代に始まる「結果としての平等」を求めるアファーマティブ・アクション（Affirmative Action, 積極的差別是正措置）に基づく措置が行われるようになり，裁判所はその合憲性を判断することになっていったのである。

6　連邦最高裁と連邦政治部門

（1）最近の見解

ブラウン事件に対する判決は，アメリカ連邦最高裁の長い歴史の中で最も輝かしい判決と一般に評価されている。ただ，最近の有力な見解は，たしかにブラウン判決の判断それ自体の正しさは議論の余地がないとしつつ，連邦最高裁がブラウンⅠ判決とブラウンⅡ判決によってアメリカ南部の人種統合策を実現したということに対しては，否定的見解を示している。したがって，この見解によれば，連邦最高裁が社会改革を成し遂げたとはいえないとされることになる[34]。

①ローゼンバーグの見解　　たとえば，シカゴ大学の政治学者ジェラルド・ローゼンバーグ（Gerald N. Rosenberg）は，つぎのような見解を示した。まず，前述の1964年公民権法のほかに，1965年に制定された初等中等教育法

34　勝田・前掲書注（11）202頁。

表（1） Black Children in Elementary and Secondary School with Whites, 1954–1972, Selected Years

Year	South		South without Texas and Tennessee		Border		Border without D.C.	
	%	#	%	#	%	#	%	#
1954-55	.001	23	.001	20	NA	NA	NA	NA
1955-56	.12	2,782	.002	47	NA	NA	NA	NA
1956-57	.14	3,514	.002	34	39.6	106,878	18.1	35,378
1957-58	.10	3,829	.005	109	41.4	127,677	25.2	57,677
1958-59	.13	3,456	.006	124	44.4	142,352	31.1	73,345
1959-60	.16	4,216	.03	747	45.4	191,114	35.5	117,824
1960-61	.16	4,308	.02	432	49.0	212,895	38.7	131,503
1961-62	.24	6,725	.07	1,558	52.5	240,226	42.8	151,345
1962-63	.45	12,868	.17	4,058	51.8	251,797	43.7	164,048
1963-64	1.2	34,105	.48	11,619	54.8	281,731	46.2	182,918
1964-65	2.3	66,135	1.2	29,846	58.3	313,919	50.1	207,341
1965-66	6.1	184,308	3.8	95,507	68.9	384,992	64.1	275,722
1966-67	16.9	489,900			71.4	456,258		
1968-69	32.0	942,600			74.7	475,700		
1970-71	85.9	2,707,000			76.8	512,000		
1972-73	91.3	2,886,300			77.3	524,800		

（Elementary and Secondary Education Act（ESEA））を重視すべきである。この法律によって，毎年10億ドル以上の補助金が主として南部の低所得者層の子弟の多い学校区に差別をしないことを条件に配分されたからである[35]。つぎに，仮に裁判所が公立学校の人種統合にとって有効な機関であったということであれば，それは1954年から1964年の間に統合の進展が示されていなければならないはずであるが，実際には人種統合への変化が生じてきたのは1964年以後である。そうであるとすれば，人種統合の動きに貢献したのは裁判所ではなく，議会と大統領であるということになるとしたのである[36]。

このような主張の具体的な例証として，ローゼンバーグが提示したのが，表（1）である[37]。この図は，ブラウン判決の下された1954年から1973年までに，初等，中等学校において，黒人生徒がどの程度白人生徒と一緒に在学す

---

35 GERALD N. ROSENBERG, THE HOLLOW HOPE—CAN COURTS BRING ABOUT SOCIAL CHANGE ? 47（2008）.
36 *Id.* at 49.
37 *Id.* at 50.

るようになったかを示すものである。South は南部の州を，Border は南部との境界州を指している。また，パーセントは白人とともに同じ学校で学んでいる黒人の生徒の割合である。

　ローゼンバーグは，この表からつぎのような結論を引き出した。まず，南部との境に位置する境界州（Border states）とワシントンを除く境界州では裁判所による人種別学の解消策が効果を持っているが，1964年と1965年の連邦法の成立後の増加率が注目されるべきである。つぎに，南部について見てみると，1954年から1964年の連邦法の成立まではほとんど白人と黒人の別学の解消は進んでおらず，裁判所の行動は南部においては見られないとした。したがって，南部における別学の解消は，1964年と65年における連邦法の成立による影響が大きいとしたのである。

　このようなローゼンバーグの見解を，どのように評価するべきであろうか。たしかに，表（1）を見る限りは，ローゼンバーグのいうように，南部における別学の解消に与えた連邦最高裁の行動の影響は少ないようにも思える。しかし，この点は先にも述べたように，連邦最高裁が南部における別学の解消を緩やかに進めることを許容するかのような姿勢を示したことが，大きく影響していると思われる。第2に，連邦最高裁によるブラウン判決の影響を評価する際に，裁判所の役割を政策の実施機関としてとらえるならば，連邦最高裁の役割は低いと評価することができよう。しかし，連邦最高裁の役割をアメリカにおける新たな平等の意味を提示することによって，これまでの社会の構造を大きく変化させる方向付けを行ったと見るならば，ブラウン判決に見られる連邦最高裁の役割は，ローゼンバーグの見解と異なりより大きなものがあるといえる。

　ただ，このことは，連邦最高裁が公立学校における人種別学解消訴訟に見られるような，アメリカにおける政治や社会の改革においてきわめて重要な役割をたえず果たしてきたということを意味するわけではない。この点で，とくに注目に値するのは，マイケル・クラーマン（Michael J. Klarman）の反動理論（backlash thesis）の見解である。そこでは，ブラウン判決が南部の反発を招いたことによって，逆に公民権法の制定を促進したとされるからで

ある[38]。もっとも，このような見解は，アメリカにおける政治問題がコミュニティ・レベルから連邦レベルへと上昇していく過程ではよく見られることのように思われる。むしろ，クラーマンの見解との関連で注目されるのは，司法権の優位の下に人種別学制度を解消することを謳うブラウン判決を下した連邦最高裁に対して，アイゼンハワー大統領や連邦議会が判決を当初無視していたことであろう[39]。それはなぜであろうか。この点については，つぎのように考えることができよう。まず，アイゼンハワー大統領が，国民の中で賛否議論の多い争点である人種別学制度を撤廃するという姿勢を強く出せば相当の支持を失うと考えたこと，また連邦制度の下で州法上の問題は連邦最高裁の判断領域であると考えたこと，さらに政治過程に持ち出しても連邦政府が敗北することは明らかであったことなどが考えられよう。

したがって，クラーマンの見解が，連邦最高裁は公立学校における人種別学解消訴訟においてそれほど大きな役割を果しておらず，一時的な政治状況の中で違憲判決を下すことによって，世論の動向を議会や大統領に伝達したにとどまるというように理解していることは正しいとはいえないといえる。

たしかに，クラーマンらの見解は最近有力であり，「連邦最高裁はせいぜい最も弱い反多数派機関にすぎない」という見解も存在する。たとえば，マイケル・ドーフ（Michael C. Dorf）は，この見解に立つ代表的論者として，ボニー・フリードマン（Bony Friedman）をあげる。そして，連邦最高裁は最も弱い反多数派機関であるという見解を，フリードマンの名前をとってフリードマン・テーゼ（Friedman thesis）と呼んでいる[40]。

フリードマン・テーゼに従えば，連邦最高裁による違憲審査権の行使は，連邦議会や大統領などの政治部門という選挙によって選出された統治機関の意見に反して行われることはないことになる[41]。政治部門と対立するという

---

38 KLARMAN, *supra* note 20, at 344-442（2004）. 勝田・前掲書注（11）205頁。
39 アイゼンハワー大統領は私的な会話では，ブラウン判決が南部の進展を少なくとも15年間遅らせると述べ，積極的に判決に従って動こうとはしなかったとされる。勝田・前掲書注（10）201頁。
40 Michael C. Dorf, *The Majoritarian Difficulty and Theories of Constitutioned Decision Making*, 13 J. CONST. L. 283, 286（2010）.
41 この点について，政治学者ロバート・ダール（Robert Dall）の著名な研究が存在する。大沢・前掲書注（23）57頁。

意味で一見反民主主義と見える違憲判決も，やがては世論という国民の多数意見や政治部門の判断に従うことになるからである。しかし，このように考えたとしても，憲法上の権利・自由を守るために違憲判決が下され，それが先例として長く存在することもある。ただ，その先例が長期にわたってその有効性を維持するためには，そのような場合における違憲審査権の行使について，それを支える規範的な憲法解釈理論が必要となると思われる。

　ブラウン判決をこのような観点から見た場合には，判決において憲法が制定された際の人権の保障という目的が民主主義よりもより高次のものとしてとらえられ，とくにマイノリティの人権を保障するためには，裁判所による違憲審査権の行使が正統化されるという考え方に立つものと見ることができよう。ただ，そのような正統化は，精緻な裁判所の活動の民主的正統性を確立しうる理論を要請することになる。

　また，そのような理論化において，そこでいうマイノリティとは何かを明確にする必要も生じる。一般に，マイノリティという用語を単純に理解した場合には，人数的に見て少ない方をさすといえる。しかし，ここでいうマイノリティの人権という場合には，マイノリティとは社会的あるいは政治的マイノリティをさすことになる。すなわち，社会的あるいは政治的にみて，主流派から阻害されている人々をさすのである。典型的には，黒人やヒスパニックなどがあげられる。また，女性もかつてはマイノリティといって良い存在であった。しかし，現在において女性がいま述べた意味でのマイノリティであるとただちには言うことができないであろう。そうであるとすると，そこでいうマイノリティをどのように定義するのか，また定義できるのかが重要であるとされることになる。

　さらに，立法府は必ずしも有効に権力を行使しないという傾向があり，そのような傾向を踏まえた場合には，裁判所が憲法上示された永続的な価値を護るために，短期的な視野からする立法府の制定した法律を違憲とする形で，その役割を果たす必要があるということができるかもしれない。

　しかし，裁判所が永続的な憲法上の価値を擁護するために活動するとき，個々の裁判官の見解が恣意的になるおそれがある。たしかに，裁判官は，時にリベラルであったり，ときに保守的であったりすることもなかったわけで

はない。それによって，アドホックな形で判断が形成されるということもあったかもしれない。しかし，それら裁判官から構成される裁判所が人民とは異なる考え方をとったり，議員や大統領の考えと異なる憲法解釈を行うとき，連邦最高裁はある種の共通する考え方に基づいていたということができる。もっとも，それは，連邦最高裁に政治との直面を迫る容易ならざる課題であったのである。

第10章　ウォーレン・コート下の連邦最高裁

1　ウォーレン・コートと司法積極主義

(1) ブラウン判決から1964年公民権法へ

　ブラウン判決の論理は，アメリカにおける人種問題全般に適用可能なものであり，判決はアメリカ社会を根底から大きく変えようとするものであった。実際，その後南部での黒人と白人の共学が，連邦最高裁のいくつかの代表的な判決を通して実現されて，相当程度共学が進むことになった。一方，南部以外の地域，とくに北部の都市でも公立学校での人種別学制度の合憲性を争う訴訟が次第に拡大していくことになった。そのような中で，1964年には連邦議会により公民権法（Civil Rights Act of 1964）が制定された。

　このような一連の動きの背後に見られる社会的背景としては，まず黒人が第2次大戦後の経済成長の中で，南部の農村から北部の都市へと大規模な形で移動していったということがあげられる。これによって，人種差別の問題が全米的な形で見られるようになったのである。そこでは，経済成長を遂げた社会の陰で，黒人と白人の生活水準の相違は次第に大きく拡がっていった。そして，黒人の人口の半分は貧困ラインより下に位置していた。また，黒人の失業率は，白人の失業率を大きく上回っていた[1]。その結果，経済的に恵まれないまま，黒人に対する人種差別の深刻さが増すことによって，黒人の政治的不満が徐々に拡大し，また経済的地位ばかりでなく，黒人の社会的地位の低さが自覚されるにつれて，その政治的な要求が高まることになったのである。このような中で，ブラウン判決などが下され，法律が制定されることになったのである。

1　紀平英作編『アメリカ史』（山川出版社，1999年）368頁。

第10章　ウォーレン・コート下の連邦最高裁

　いま述べた一連の過程については、まずNAACPを中心とした黒人団体の動きに注目する必要がある。これら団体の人種差別廃止運動は、訴訟活動を通して実現しようとした動きの渦中で生じたブラウン判決から大きな影響を受けていた。ブラウン判決によって刺激された動きは、その後加速されて、南部では白人用レストランでの黒人の座り込み（sit-inns）が見られた。また、白人を含む13人の公民権運動家が、ワシントンから深南部までバス旅行する途上で、バスターミナルなどでの人種差別に抗議を行ったフリーダム・ライド（Freedom Ride）[2]などの人種差別反対運動の動きが顕著になった。それは、1963年へのワシントン大行進へと繋がっていった。

　さらに、1964年公民権法は、人種、皮膚の色、宗教、または出身国（national origin）による差別を違法とし、また公共の場所および雇用に対する平等なアクセスを要請し[3]、さらに公立学校と投票権に関する人種差別撤廃を求める画期的な内容を持つ法律であった[4]。公民権法は、すでに人種差別に関連して述べたように、連邦議会がたびたびその名前で制定してきた法律であるが、この1964年公民権法はその中でも最も重要なものであり、ケネディ大統領が、暗殺される前に人種差別解消と貧困に対する戦いを目指して1963年に提出した法案がもとになっていた。そして、ケネディ大統領の死によって副大統領から昇格したジョンソン大統領の主導の下で、1964年に制定されたという特別な

公民権法の署名式（中央がジョンソン大統領、その後ろがキング牧師）

2　アラバマ州ではフリーダム・ライダーに対する激しい人種差別が行われた。
3　雇用差別に対処するために公正雇用委員会が設けられた。紀平・前掲書注（1）366頁。
4　Civil Rights Act of 1964 (U.S. National Park Service) *available at* http://www.nps.gov/subjects/civilrights/1964-civil-rights-act.htm.

成立の歴史を有するものであった。

　ケネディ大統領の衣鉢を継いだジョンソン大統領は，積極的に自らの政策として「偉大な社会」（Great Society）の実現を掲げ，その中で貧困と人種差別の廃絶を偉大な社会においては不可欠とする立場を示した。1964年公民権法が，ジョンソン大統領の強い支持の下で1964年7月に成立した背景には，そのような事情が存在した。さらに，翌年には1965年投票権法（Voting Rights Act of 1965）が成立し，これまでマイノリティの投票権に対してジム・クロー法によって州により課されていた制限を取り除き，連邦法によってマイノリティの投票権が保障されることになった。

　このような連邦議会の動きは，ブラウン事件に対する判決やその後の裁判所の判決に大きな刺激を受けたものであった。そのことから，社会改革機関としての連邦最高裁が注目され始めるようになったのである[5]。そして，その後の連邦最高裁は，社会改革機関としての役割を併有するのではないかと見られるようになった。そのような役割とそれを支える考え方については，「司法積極主義」（Judicial Activism）と呼ばれ，しばしば賞賛とともに強い批判の対象とされるようになった。

（２）司法積極主義の意味

　司法積極主義という言葉の意味は，必ずしも明確ではない。司法積極主義については，文脈等に応じて異なった定義が用いられてきたからである[6]。まず，司法積極主義は，連邦の裁判所，とくに連邦最高裁が，連邦議会や州議会の制定した法律を合衆国憲法違反とする判断を積極的に行う場合をさすものとして，理解されるときがある[7]。日本で，司法積極主義か司法消極主義かという場合には，この意味で用いられる場合が多い。もっとも，この点についていえば，違憲判決の多さが司法積極主義（リベラルな立場）と結びついている形で，アメリカでは必ずしも解されてはいない。たとえば，1986年か

5　大沢秀介『現代アメリカ社会と司法―公共訴訟をめぐって』（慶応通信，1987年）20頁-21頁。
6　カーミット・ルーズヴェルトⅢ世（大沢秀介訳）『司法積極主義の神話』（慶應義塾大学出版会，2011年）38頁。
7　たとえば，Greg Jones, *Proper Judicial Activism*, 14 REGENT U. L. REV. 141, 143（2002）.

ら2005年までのレーンキスト首席裁判官を中心とするレーンキスト・コートは，これまでの連邦最高裁の中で最も多くの違憲判決を下した連邦最高裁であるが，レーンキスト・コートは一般に司法積極主義に立つ裁判所としては見られていない。実際，連邦法を違憲とする判決の数という観点から司法積極主義を理解するとすれば，レベッカ・ジートロー（Rebecca E. Zeitlow）の指摘するように[8]，ウォーレン・コートが最盛期にあった1962年から1969年までの間の違憲判決数が17件に止まるのに対し，レーンキスト・コートは1995年から2003年の間に33の連邦法を違憲としていた。にもかかわらず，レーンキスト・コートは，司法積極主義の連邦最高裁とは考えられず，むしろ保守的な立場をとるものと見られたからである。

つぎに，司法積極主義を対議会との関係でとらえ，議会の機能不全を理由として，連邦最高裁が連邦議会または州議会の法律を合衆国憲法に違反するという判決を下すことを，司法積極主義と定義することがありうる[9]。この見解は，憲法が立法の裁量に委ねていると思われる立法について，裁判官がそれにもかかわらず違憲と判断することを司法積極主義と理解している。この見解は，政治部門と司法府との権力分立を重視するものである[10]。しかし，この見解では，憲法が立法裁量にどの程度委ねているのかがしばしば不明確であり，何を持って議会の権能と判断するのかがその基準設定において困難であるという問題点を抱えている。その意味で，司法の違憲審査権が認められていることをどうとらえるのかが，この立場では明確にはならない。

最後に，アメリカで最も一般的な定義として，つぎのように言われる。「司法積極主義とは，その概念が典型的に用いられる場合には，裁判官が事件の判断を合衆国憲法の文言の示す意味に反して，彼の政治的選好を促進するために」下すことをさす。この定義は，後述する原意主義との関係で重要

---

[8] Rebecca E. Zietlow, *The Judicial Restraint of the Warren Court (and Why it Matters)*, 69 OHIO ST. L.J. 255, 259 (2008).

[9] Lino A. Graglia, *It's Not Constitutionalism. It's Judicial Activism*, 19 HARV. J.L. & PUB. POL'Y 293, 296 (1996). "By judicial activism I mean, quite simply and specifically, the practice by judges of disallowing policy choices by other governmental officials or institutions that the Constitution does not clearly prohibit."

[10] Larry D. Kramer, *Foreward: We the Court*, 115 HARV. L. REV. 4 (2001).

なものとなる。しかし，ここでいう政治的利害または個人的決定という言葉はあまり正確ではない。むしろ，つぎのように言うことのほうが適切のように思われる。司法積極主義とは，連邦最高裁やその他の裁判所の裁判官が，自らが現代社会において必要とされるものは何かという理解に基づいて，憲法のテクストおよび法律を創造的に解釈することができそして解釈するべきであるという見解をさす。司法積極主義は，憲法および法律の解釈者という伝統的な役割を超えて，独立した政策形成者または社会の利益を担う独立した受託者（independent "trustees"）である。その意味で，司法積極主義の概念は，司法謙抑主義とは対極に位置づけられるものということができる。

　この見解で注意すべき点は，そこでいう司法積極主義においては法がより柔軟な性格のものととらえれていること，また裁判所の主体的な役割が重視されていることである。さらにいえば，しばしば批判の対象とされる司法積極主義の立場が，中立的な意味で用いられていることである。

　このようなとらえ方は，司法積極主義という言葉を1947年に雑誌「フォーチュン」誌上で初めて使ったアーサー・シュレジンジャー（Arthur Schlesinger Jr.）の理解[11]にも近いということができる[12]。この1947年に寄稿した論文の中で，シュレジンジャーは，ニューディール立法が合憲であることに疑いはもたれていないとの前提の下で，なお裁判官の間では法律解釈をめぐって対立があるとした。それは，当時の連邦最高裁内部でヒューゴ・ブラック（Hugo Black）やウィリアム・ダグラス（William O. Douglas）らの裁判官が，連邦最高裁は社会福祉の促進において積極的な役割を果たすべきであるとしたのに対し，フランクファーターやジャクソン裁判官らは司法の自己抑制の提唱，すなわち司法消極主義の立場をとっていると理解したものである。この裁判官内部で見られた2つの立場は，ニューディール立法の合憲判決の理由付けにおいて，それぞれ異なる理解を示していたとするのである。

　まず，一方の立場であるブラックやダグラスらの司法積極主義からする見

11　Arthur M. Schlesinger, Jr., *The Supreme Court: 1947*. 35 FORTUNE 73, 74 (Jan. 1947). 以下の論述は，この論文による。なお，この1947年という時期は，アメリカが第二次大戦後，徐々に保守化していく状況にあったことを踏まえておく必要がある。
12　以下の論述は，次の文献による。Keenan D. Kmiec, *The Origin and Current Meanings of "Judicial Activism"*, 2004 CALIF. L. REV. 1442.

解は，法的理由付けそのものについて，それを科学的というよりは可鍛的（順応性のある）なものと見る立場をとっていた。それは，当時のイェール・ロー・スクールで見られた考え方と結びついたものであった。当時のいわゆるイェール学派では，法的な対応の源泉の多様さ，先例の曖昧さ，合理的な相違と目される枠内で，裁判官の意見は法的な論理の範囲内で原告被告どちらか有利な結論を導き出しうるという理解が強調された。すなわち，この理解では，どこからも攻撃されない正しい答えはないとされ，むしろ法政策的な関心が前面に出てくるとされるのである。そこでは，裁判官にとって政治的選択は不可欠であり，法と政治は密接不可分のものとされた。裁判所の判決は，結果があらかじめ決められていない以上，結果志向（result-oriented）なものとならざるをえないとされるのである。そして，そうであるとするなら，裁判所（連邦最高裁）は健全な社会目的のために，その権限を行使するべきだとされた。この観点から見えば，司法消極主義は責任を放棄することにつながるものであった。現状（status quo）を尊重することは，現在の状況から利益を受ける立場にいるものたち，すなわち既得権益に好意的な判決を出すことに繋がるものと批判されることになるのである。

　これに対して，フランクファーターらの司法消極主義の見解は，①個々の裁判官の正義に関する観念を信頼することに懐疑的な立場を示すものであった。司法消極主義の立場によれば，法は意味を与えられており，それらの意味から離れて解釈することは不適切であり，その解釈によってある特定のグループが利益を受けるからといって，その解釈を放棄するべきではない。そもそも，特定のグループに肩入れするべきではない。ニュー・ディール政策の利益は巨大企業には認められないが，ニュー・ディール政策によって労働組合が利益を得ることならいいということにはならないとされた。このように，司法消極主義は，その核心において立法府の判断に対する敬譲を説き，リベラルにも保守にもいずれにも与しないという立場をとるものである。そこでは，権力分立原理を尊重し民主主義過程を信頼するという立場が明らかにされることになる。シュレジンジャーによれば，そこではオリバー・ウェンデル・ホームズ（Oliver Wendell Holmes, Jr.）判事によって示された，つぎのような理解が見られるとされた。ホームズ的理解とは，もし立法が誤りを

犯すなら，その過ちを匡すのは立法府にすべて委される。他の手段をとるなら，立法府は，裁判所が誤りをうまく匡正してくれるという期待を持って無責任に活動することを奨励し，民主主義の活力を弱体化させてしまうであろう[13]という見方である。

　司法消極主義は，すべての法というものは政治とはかかわらないという信念をもとにしている。法と政治が結びつくように思われる場合もあるが，すべての法には正しい答えが存在するのであり，法の内容が裁判官の政策に関する意見によってみたされることはない。また，その他の人の正義の観念によって法の内容が決まるとすることは，その考えを他の人に押しつけることになる点で公正でも正当化できるものでもない。それは，裁判所による専制につながるものであるとするのである。

　それでは，この司法積極主義と司法消極主義という2つの考え方に対して，シュレジンジャーはどのような立場をとったのか。シュレジンジャーは，基本的にはブラックやダグラスらの司法積極主義の立場に与しながらも，司法積極主義を人権（civil liberties）保障に限定するべきであるとの立場を示した[14]。それは，司法積極主義をそのままの形で適用すれば，民主主義過程が脅威を受けると解したからである。人権保障以外の問題については，その解決を裁判所以外の統治部門に委ねるべきであるとするのである。このような考え方は，脚注4や後のウォーレン・コートの司法判断の理論化といわれる著名な憲法学者であったジョン・ハート・イリー（John Hart Ely）の見解の中に，さらに詳細な形で示されていくことになるのである。

　このシュレジンジャーによる司法積極主義およびそれと対比した形での司法消極主義の見解に関する説明は，その後展開される両者に関する議論の先駆けをなすものであったといえる。それは，その後の連邦最高裁において問題になる基本的対立点を示していたからである。それらの対立点とは，①選挙によらない裁判官の正義に対する見解対民主的に制定された法律への敬譲という見解，②結果志向の裁判所の判決対原理に基づく判決，③先例を創造的に用いる判断対先例の枠を重視する判断，④多数決民主主義を優位とする

13　Schlesinger, *supra* note 11, at 206, 208.
14　*Id.* at 206.

立場対人権保障を重視する立場，⑤法解釈を重視する立場対法政策を重視する立場，という基本的な対立点である。

その後，司法積極主義をめぐる議論は，エドワード・マックウィニー（Edward McWhinney）教授の2つの論文[15]によって学界で本格的に議論されるようになった[16]。その論争は，ウォーレン・コート後もなお続いている。たとえば，ジョージ・W・ブッシュ（George W. Bush）大統領は，厳格な憲法解釈をとる立場との対比で，裁判官による立法を許容する立場を司法積極主義と呼んで非難し，厳格な憲法解釈主義者を連邦最高裁に任命しようとした。また，学界ではウォーレン・コート後において，憲法解釈を裁判官が行う際に裁判官の世界で受け入れられている解釈方法論で用いられている道具立てを適切に用いない場合，すなわち憲法解釈について受け入れられてきた方法論から逸脱した場合を司法積極主義として批判する傾向が見られるようになった（この見解は原意主義と結びつくことになる）。この点については，今日では原意主義（Originalism）と生ける憲法（Living Constitution）の考え方の対立となっている。

（3）ウォーレン・コート

司法積極主義という言葉は，いま述べたように，明確に定義することは難しい。しかし，このような司法積極主義を体現したとされるのが，アール・ウォーレン（Earl Warren）を首席裁判官とする「ウォーレン・コート」であることについては，衆目の一致するところとなっている。したがって，司法積極主義に基づく連邦最高裁の行動について，その具体的な内容を知るために，まずウォーレン・コートとはどのようなものであったのかを見てみる必要がある。

ウォーレン・コートとは，1953年に共和党のアイゼンハワー大統領により

---

[15] Edward McWhinney, *The Supreme Court and the Dilemma of Judicial Policy-Making*, 39 MINN. L. REV. 837 (1955); Edward McWhinney, *The Great Debate; Activism and Self-Restraint and Current Dilemmas in Judicial Policy-Making*, 33 N.Y.U. L. REV. 775 (1958).

[16] Kmiec, *supra* note 12, at 1454. ちなみに，判決の中で司法積極主義という文言が初めて用いられたのは，1959年のTheriot v. Mercer, 262 F. 2d 754 (1959) に対する判決を書いたジョセフ・ハッチソン（Joseph C. Hutcheson, Jr.）裁判官であるといわれる。

連邦最高裁首席裁判官に任命され，1969年まで続いたアール・ウォーレン首席裁判官の時代の連邦最高裁のことをさす。ウォーレン・コート呼び方は，ちょうどアメリカの政権を大統領の名前をとって「オバマ政権」

ウォーレン・コートの9人の裁判官

などと呼ぶのに似ている。このような呼び方は，時代区分の観点からとられた便宜的なものという側面もある。しかし，時の首席裁判官の名前をつけてその時代の連邦最高裁判所を呼ぶことは，連邦最高裁の首席裁判官が判決を決定する場面での役割や司法行政で果たす役割を考えるとき十分な意味を持っている。首席裁判官は，連邦最高裁の方向性を決定するリーダーシップをとっている場合が多いからである。

　このようなリーダーシップの観点から見れば，すでに述べたように，ジョン・マーシャルは代表的な首席裁判官ということになる。もっとも，1930年代から40年代のニュー・ディール時代における連邦最高裁について「ルーズヴェルト・コート」[17]と呼ばれたように，連邦最高裁が大統領の強い影響下にあった時代もある。そのような中でジョン・マーシャル首席裁判官の時代と同様に，首席裁判官の強いリーダーシップがその時代の連邦最高裁を彩ったものとして，ウォーレン・コートをあげることができるのである。

2　アール・ウォーレンとはどのような人か

（1）首席裁判官名で連邦最高裁を呼ぶ意味

　連邦最高裁の動向を首席裁判官のリーダーシップの観点から理解できると

17　C. HERMAN PRITCHET, THE ROOSEVELT COURT: A STUDY IN JUDICIAL POLITICS AND VALUES, 1937-1947 (2014).

すれば，そこでは政治的観点から連邦最高裁を研究する余地も生み出されることになる。このような観点から，連邦最高裁の政治学的分析をする場合には，かつて先駆者としてのハーマン・プリチェット（C. Herman Pritchet）が行ない[18]，その後多くの政治学者[19]によって用いられてきた裁判官の行動を計量的に分析する司法行動（Judicial Behavior）論が一般的といえる[20]。そこでは，個々の裁判官の法思想，価値観，憲法解釈方法論を理解することによって，またそれらを総合することによって，その時代の連邦最高裁全体の動向を知るという手法がとられた。

このような司法行動論からの分析は，連邦最高裁の直面している判断すべき問題の政治的，社会的重要性が高いときほど有効となる。そこでは，連邦最高裁の裁判官には，法律家としての識見とともにステーツマンとしての見解が一般的に求められるからである。

このような政治学的観点からする連邦最高裁裁判官の行動分析の中心的対象として注目されてきたのは，ウォーレンを首席裁判官とするウォーレン・コートであった。ここでは，まずその中心人物としてのウォーレンについて見ていくことにしたい。

（２）連邦最高裁首席裁判官に至るまでの経歴

ウォーレン・コートは，リベラルな志向を示した連邦最高裁として知られる。そして，それを率いたウォーレンは，リベラルな思考の色彩が強いとされてきた。もっともウォーレンは，保守的な共和党のアイゼンハワー大統領によって任命された首席裁判官である。その経歴は，アメリカにおける法律家が政治家への道をたどる典型的なものであった。

ウォーレンは，1891年にロサンジェルスで北欧からの移民で鉄道労働者の父親の息子として生まれ，苦学して1914年にカリフォルニア大学バークレー校で法律の学位を取得した。この時期に使用者と被用者の力の不平等を学ん

---

[18] Id.
[19] たとえば，GLENDON A. SCHUBERT, JUDICIAL DECISION-MAKING (1963).
[20] 大沢秀介『司法による憲法価値の実現』（有斐閣，2012年）89頁以下参照。

だとされる[21]。そ
の後1920年から公
職生活に入り，
1925年にはカリ
フォルニア州アラ
メダ郡（Alameda
County）の地区
検事（District At-
torney）に就任し
た。ウォーレン

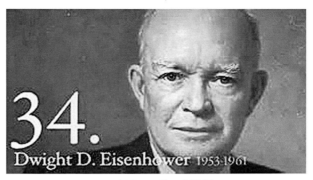

アイゼンハワー大統領

は，13年間その職にあって，犯罪にタフな検察官として知られた。そして，
1934年にはカリフォルニア州の共和党州委員会委員長，1936年には共和党全
国委員会委員に就任した。さらに，1938年には州検事総長に就任した。この
時期に日系人収容問題で強硬派としての主張をなしたことで，カリフォルニ
ア州で知られる存在となった。そして，1942年には州知事に選出された。こ
のような経歴は，多くの政治的な野心のある法律家がたどる典型的なコース
である。この時点では，後の評価に反して，ウォーレンの思想は，保守的な
ものと見られていた。ウォーレンは，共産党の非合法化を支持し，アメリカ
国旗への敬礼を法律によって強制するべきだとする考え方を支持していたか
らである。

　その後，ウォーレンは全米レベルの政界に進出する。1948年には当選は逃
したものの，共和党の副大統領候補になった。そして，1950年にはカリフォ
ルニア州知事として3選を果たした。さらに，ウォーレンは，1952年に共和
党の全国大会で自己の大統領への野心を封印しアイゼンハワーを支持する立
場をとったことによって，アイゼンハワーとの間に政治的に強い結びつきを
持つことになった。大統領に当選したアイゼンハワーは，選挙協力の見返り
として，ウォーレンを最初に空席の生じた連邦最高裁裁判官に任命するとの
約束に従って，当選後の1953年9月30日に死亡した連邦最高裁のヴィンソン

21　MORTON J. HOROWITE, THE WARREN COURT AND PURSUIT OF JUSTICE 6 (1999).

首席裁判官に代わって，連邦最高裁の首席裁判官に任命した。このとき，アイゼンハワー大統領は，ウォーレンを保守的な人物と判断していた。しかし，ウォーレンの率いるウォーレン・コートの判決は非常にリベラルなものであり，アイゼンハワー大統領は後にウォーレンの任命を「わたしが犯した過ちの中で最も愚かなものであった」と述べたといわれる。

（3）ウォーレンのリーダーシップ

ウォーレンについては，しばしば彼のリーダーシップの秀でていたことが指摘される。ウォーレンは学者ではなく，首席裁判官に就任することに躊躇したといわれるが，にもかかわらず連邦最高裁の歴代首席裁判官の中で最も秀でた者の一人であるといわれる[22]。その理由は，ウォーレンが知的なリーダーシップよりも，むしろ州知事時代につちかわれた政治的リーダーシップを多く有することにあった。ウォーレンは，判決を下すにあたっても重点をより道徳的な色彩をもつ基本的問題に置く傾向があった。

このようなウォーレンの傾向を示す典型例としてこれまで指摘されてきたのが，ブラウン事件に対する判決を下すに至る審理の過程で見せたウォーレンの行動である。ブラウン判決が，周到に準備されたNAACPの戦略と相まって判決が下されたものであるということは先に指摘した。それとともに見逃せないのが，連邦最高裁が全員一致の判決を下しえたという事実の存在である。ブラウン判決においては，すでに述べたように，ヴィンソン首席裁判官時代には連邦最高裁の裁判官内部で激しく意見が対立していたため，一致した意見は形成されなかった。しかし，ウォーレンは，全員一致判決を下すことに成功したのである。その経緯について若干振り返っておく。

ブラウン事件に関する連邦最高裁での口頭弁論が最初に行われたのは，判決の下される1954年から遡ること2年前の1952年の12月であった。当時の連邦最高裁判所の首席裁判官は，ヴィンソン首席裁判官であった。しかし，彼の下では裁判官内部の意見がまとまらず，結局再度弁論が開かれることになった。その後1953年9月に，ヴィンソン首席裁判官が死去し，アイゼンハ

22　BERNARD SCHWARTZ, A HISTORY OF THE SUPREME COURT 265 (1995).

ワー大統領は，約束通り最初に欠員の生じた連邦最高裁裁判官として，ウォーレンを首席裁判官に任命した。首席裁判官に就任したウォーレンの下で，再度ブラウン事件の弁論が連邦最高裁で開かれたのは，同年12月であったが，結論は翌年の5月まで下されなかった。その期間の間に，ウォーレン首席裁判官の努力によって，連邦最高裁としての判決が全員一致の形でとりまとめられたのである。

　ウォーレン首席裁判官は，この判決の持つ基本的かつ道徳的な重要性を考え，連邦最高裁としてのこの点に対する強い姿勢を示すべく全員一致の判決を目指した。そのため，起草者の意思や法的な分析を避け，また具体的な救済を避けたごく短い基本的な問題にかかわる判決文を起草して各裁判官の間の支持を取り付け，全員一致の判決を自ら執筆したのである。ここで示されたのは，ウォーレンの強い政治的リーダーシップと論点を原則的判断に絞るという行動である。

　ウォーレン首席裁判官は，ブラウン判決以後も連邦最高裁の強い意志が示される必要があると見られる場合には，全員一致の判決を目指した。たとえば，その例としてクーパー対アーロン（Cooper v. Aaron）事件[23]に対する連邦最高裁の判決があげられる。クーパー事件は，ブラウン事件に従って命じられた州の公立学校での人種差別撤廃に対する裁判所命令を州が応諾することを拒否し，州知事や州議会は裁判所命令に従う義務はないと主張したことに端を発した事件である。そして，このような事件の状況の中で，すでに述べたリトルロック事件が生じ，その鎮圧のために連邦軍が派遣されることになった。そこで，当初人種差別撤廃の計画を遂行する予定を立てていたリトルロック市の教育委員会は，リトルロック事件などが生じたことから，裁判所の人種差別撤廃命令の履行の停止を連邦地裁に申し立てたのである。これがクーパー事件の概要である。

　連邦地裁はこの申立てを認容したが，連邦高裁はそれを却下して，人種差別撤廃の計画を遂行するように教育委員会に命じた。そこで上訴がなされた。クーパー事件では，州の公務員は連邦最高裁判決およびそれに基づく人

23　358 U. S. 1 (1958).

種統合に関する裁判所の命令に従うべきか否かが争われることになったのである。

　この争点について，連邦最高裁は，ウォーレン首席裁判官の執筆した全員一致の判決によって裁判所の命令に従わなければならないと判示した。判決は，合衆国憲法が国家の最高法規であり，マーベリー対マディソン事件に対する判決によって，連邦最高裁は憲法の有権的解釈に関する最高の権限を与えられていると宣言し，その後もマーベリー判決は，アメリカの立憲主義体制において永久的かつ不可欠の要素と解されてきたから，ブラウン判決で示された修正14条の解釈は国家の最高法（supreme law of the land）であり，すべての州および州公務員を拘束する。したがって，それに反する州公務員の行為は，合衆国憲法に対する忠誠を侵害することとなるから，州の公務員はブラウン判決に基づく裁判所の命令を認諾することが要請されると判示したのである。

（４）ウォーレン・コートの重要判例

　いま述べたようなウォーレン首席裁判官の強いリーダーシップの下で，ウォーレン・コートは，以後数々のリベラルな判決を下した。それらの判決は，大きく４つの分野に分けて考えることができる。その第１は，これまで見てきたような，ブラウン判決に代表される人種差別の領域である。以下では，残りの３分野について見ていく。

①**選挙区割事件**　第２の分野は，選挙区割に関する事件である。選挙区割事件は，都市部と農村部間の選挙区の線引きが平等保護条項等に反しないかとして争われたもので，日本の議員定数是正訴訟にも影響を与えたものである[24]。この分野における代表的な判決が，ウォーレン首席裁判官自身が在任中の最も重要な事件であったと述べている[25]ベーカー対カー（Baker v. Carr）事件[26]に対する判決である。ベーカー事件は，都市化に伴う流動化によって

---

[24] わが国の議員定数是正訴訟の原告の請求理由には，明らかにこれらアメリカの判決の影響が見られる。
[25] EARL WARREN, THE MEMOIRES OF EARL WARREN 306 (1977).
[26] 369 U. S. 486 (1962).

一票の格差が無視できないほどに拡大したために，1959年5月18日にテネシー州のシェルビー郡議会の議長チャールズ・ベーカー（Charles W. Baker）らの原告が，州の州務長官ジョセフ・カー（Joseph C. Carr）らを被告として，州議会の選挙区割は著しく不平等であり，合衆国憲法修正14条の平等保護条項等に反するとして，テネシー州中部地区連邦地裁に訴えた事件である[27]。

ベーカー事件に対して，連邦最高裁は1962年3月26日に原告勝訴の判決を下した。判決は，これまでの先例である1946年のコールグローブ対グリーン（Colegrove v. Green））事件連邦最高裁判決[28]を覆すものであった。コールグローブ事件の判決は，選挙区割りにおけるこの種の不公平さの救済は，州あるいは連邦議会にまかせておくべきというのが合衆国憲法の趣旨であり，裁判所は政治的茂み（political thicket）に立ち入るべきではないと判示していたからである。

ベーカー判決は，有権者に選挙区の区割りが修正14条の平等保護条項に反するという理由に基づいて，訴訟を裁判所に提起することができるとしたものであり，この種の訴訟に対して裁判所は訴えを門前払いはできないということを示すものであった。このように，従来の判例では政治的茂みとされていた領域に裁判所が立ち入るにいたった理由は，どのようなものであったのであろうか。

裁判所は，政治的茂みに入った理由として，この種の事件には裁判所の管轄権が及ぶこと，訴訟当事者は損害を蒙っており救済をうけるための当事者適格を有することなどの理由をあげているが，政治的茂みに入らないとしていたこれまでの判例の基本的な理由は，この種の訴えが政治問題の法理（Political Question Doctrine）の下で司法権の限界を画すものであるという認識

---

[27] ただ，ここで注目すべき点は，①原告の側にナッシュビル市が共同原告として訴訟に参加してきたこと，②合衆国も共同原告として後に訴訟参加をしてきたことである。その背景には，ケネディ政権に大統領選挙運動に積極的に協力した見返り（政治的報酬）として検察高官になっていたテネシー出身の検察官の助力があったといわれる。これによって，原告は訴訟費用についての心配がいらなくなったのである。また，原告側の主任弁護士は，前連邦下院議員でありかつ前ナッシュビル市長であった。

[28] 328 U. S. 549 (1946).

にあった。したがって，ベーカー判決でも政治問題の法理により裁判所として却下すべきか否かについては，裁判官間内部でも鋭く意見が対立した。そして，反対意見はあったものの，連邦最高裁はこの種の訴訟は政治問題には当たらないとして，政治的茂みの中に入り込むことになったのである。

ただし，ベーカー判決それ自体は，裁判所がこの種の訴えを門前払いすることはできないということを示すにとどまるものであった。したがって，そこではまだ実体的な判断，すなわちこの事件におけるような選挙区割が合衆国憲法の平等保護条項に反し違憲なのか否かについては，連邦最高裁としての判断を下してはいなかった。ただし，裁判所がこの種の事件について管轄権を有するとした判断は，いずれ本案の問題に入ることを示唆するものであった点でその意味は大きかった。

事実，連邦最高裁は，その後の1964年のレイノルズ対シムズ（Reynolds v. Sims）事件判決[29]で，二院制をとる州議会においては両院とも人口を基準として選挙区割がなされなければならないと判示したのである[30]。そして，連邦最高裁は，ベーカー判決とレイノルズ判決に従って，その後各州議会の選挙区割を人口に従って行うことを求め，州の政治地図を地方から都市部重視の政治へと変化させ，州の政治に大きな影響を与えたのである。さらに，連邦最高裁は，その後州ばかりではなく連邦あるいは地方自治体の選挙区割の平等についても，その実質的な判断を下すようになった。このような一連の判決が，一般的に受け入れられた理由は，当時の選挙区間格差の状況があまりにもひどく何らかの救済が求められていたことと，判決が「１人１票（One Man, One Vote）」という明確な基準を打ち出したことにあった。

②被告人や被疑者の権利　　第３に，刑事手続の領域における判決があげられる。たとえば，ウォーレン・コートが全員一致で下したギデオン対ウェインライト（Gideon v. Wainwright）事件連邦最高裁判決[31]において，連邦最高裁は，修正６条の下で貧困な刑事被告人は公費による弁護人による弁護を

29　377 U. S. 533 (1964).
30　なお，現在一院制の議会をとるのは，一州である。
31　372 U. S. 335 (1963). 事件の詳細については以下の文献を参照のこと。ANTHONY LEWIS, GIDEON'S TRUMPET (2011).

受ける権利があると判示した。

また，ミランダ対アリゾナ（Miranda v. Arizona）事件連邦最高裁判決[32]では，連邦最高裁は被疑者の捜査過程における一定の権利（弁護人の権利など）が事前に明確に知らされる必要があると判示した。この一定の権利については，ミランダ警告（Miranda warning）といわれる。その警告は，具体的には以下のようなものであった。「あなたには黙秘する権利がある。あなたの証言は，法廷で不利に扱われることがある。あなたには弁護士と相談し，尋問中弁護士を同席させる権利がある。経済的理由で弁護士を雇えない場合，公費で弁護士を雇うことができる。」ここでは黙秘権，弁護人依頼権などの被疑者の権利の保障がなされていることになる。

ギデオン

ギデオン判決は，今日では広く支持を受け定着している。これに対し，ミランダ判決については，なおその是非をめぐって今日でも論争がなされており，ウォーレン・コートにおいて最も議論を呼んだ判決である。そして，その後のバーガー・コートとレーンキスト・コートという保守的な連邦最高裁の下で，判決の射程を限定する判決が下されていったのである。

このようなウォーレン・コートの刑事手続における被告人や被疑者の権利の擁護は，カリフォルニア州での12年間に及ぶウォーレン首席裁判官の検察官としての経歴が反映しているといわれる。ウォーレン首席裁判官は，犯罪にタフな検察官として知られていたが，警察は公正でなければならないという考え方も持っており，その観点からは当時の無令状捜索や自白の強要などには否定的であったとされる。

このようなウォーレン・コートの刑事手続に関する判決は，「警察の手足

---

[32] 384 U. S. 436 (1966).

ミランダ警告

に手錠をかける」(handcuffing of the police)ようなものとされ，また司法の領域を超えて立法に立ち入るものだとして，ウォーレン首席裁判官は保守派の強い批判の対象となった。このような批判は，その後のアメリカにおける凶悪犯罪の多発の中で「法と秩序」のスローガンの下，徐々に支持者を集め強まることになったのである。

③**修正1条**　第4の分野は，合衆国憲法修正1条に関する判決である。日本と異なり，アメリカでは1つの条文の中に複数の憲法上の権利が含まれることがある。合衆国憲法修正1条にも，表現の自由，信教の自由，政教分離などが含まれる。そのうち表現の自由に関するウォーレン・コートの重要な判決には，以下のようなものがある。まず，ニューヨーク・タイムズ対サリバン (New York Times. Co. v. Sullivan) 事件連邦最高裁判決[33]である。この事件で，連邦最高裁は，報道機関による公職者に対する名誉毀損事件においては，報道機関の側に現実の悪意 (Actual Malice) が存在したことを公職者の方で立証する必要があるとして，報道の自由を強く擁護する法理を示した。　また，ブランデンバーグ対オハイオ (Brandenburg v. Ohio) 事件連邦最高裁判決[34]では，あおり行為によって現実の被害が生じる前にあおりという表現行為を合憲的に処罰するためには，被害が生じることの明白かつ現在の危険が存在しなければならないとする伝統的な法理を現代的にアレンジして復活させた。そして，具体的な判断基準としてブランデンバーグ・テスト[35]を示し，クー・クラックス・クランの表現行為に対して犯罪シンディカリズム法を適用して処罰したことを違憲と判示した。さらに，ティン

---

[33] 376 U. S. 254 (1964).
[34] 395 U. S. 444 (1969).
[35] ブランデンバーグ・テストについては，辻雄一郎「情報化社会におけるブランデンバーグテストの運用についての一考察」稚内北星学園大学紀要9号 (2009年) 17頁参照。

カー対デモイン学校区（Tinker v. Des Moines School District）事件連邦最高裁判決[36]では、ベトナム反戦の意思表示として生徒が教室内で示した腕章の装着を象徴的言論と判断し、生徒に対する処分を違憲と判示した。

これらの判決の中で、とくにニューヨーク・タイムズ対サリバン事件に対する判決の中で示された「現実の悪意の法理」が重要である。「現実の悪意の法理」とは、報道機関が報道によって名誉毀損として訴えられた場合にその責任が問えるのは、報道機関が公人に関して報道を行った際にその表現に

ニューヨーク・タイムズに掲載された問題の広告

かかる事実が真実に反し虚偽であることを知りながらその行為に及んだこと、または虚偽であるか否かを無謀にも無視して表現行為に踏み切ったことを、報道された側の公人として原告が立証しない限り、当該表現行為について私法上の名誉毀損の成立を認めないとするものである。この法理は、報道機関にとって強く報道の自由を保障するものとして、重要な意味を持つものであった。

つぎに、信教の自由や政教分離の判例に関しても、3つの注目すべき判決が存在する。第1に、1963年のシャーバート対ヴァーナー（Sherbert v. Verner）事件連邦最高裁判決[37]があげられる。この事件は、セブンスデー・アドベンチスト教会（Seventh Day Adventist，安息日再臨派）の信者であるシャーバートが、教義に基づき土曜日を安息日として仕事につくことを拒否したために、十分な理由なく適切な労働に従事することを拒んだ場合には給付しないと規定するサウス・カロライナ州の失業者補償法に基づく失業手当の交付を受けられなかったという事案である。この事件で、シャーバートは、州によ

36　393 U. S. 503（1969）．
37　374 U. S. 398（1963）．

る失業給付の拒否処分は，彼の信仰を理由とするものであり違憲であると主張した。これに対して，連邦最高裁は，労働者の休息日にかかわる宗教的信念を理由とする拒否処分は違憲であると判示したというものである。

　第2に，公立学校での学校による祈祷は，政教分離違反であり違憲であると判示したエンゲル対ヴィターレ（Engel v. Vitale）事件連邦最高裁判決[38]があげられる。この事件では，公立学校に祈祷の時間を設けるよう求めるニューヨーク州法の合憲性が争われた。問題の州法は，"Almighty God, we acknowledge our dependence upon Thee, and we beg Thy blessings upon us, our parents, our teachers and our country. Amen." という祈祷をすることによって，生徒がそれぞれ神に感謝するよう求めるものであったが，このような黙祷に反対する者は欠席できることを認めていた。この州法について，合衆国憲法修正1条の政教分離条項に反するとして，ユダヤ教徒の両親が子どもに代わって訴えを提起したというのが，事件の内容である。

　この訴えに対して，連邦最高裁は，修正1条の目的は政府が宗教に介入することを防止することにあり，それはアメリカの多くの人にとって重要な意味を有するであるとし，宗教にはさまざまな宗派が存在するから政府が特定の教義を後押しするのは適切ではないなどとして，当該州法は合衆国憲法に反すると判示した。

　第3に，アビントン学校区対シェンプ（Abington School District v. Schempp）事件連邦最高裁判決[39]があげられる。この事件で争われたペンシルヴァニア州法は，州の公立学校で聖書の朗読を始業時に行うことを求めるものであり，さらに本件のアビントン学校区では朗読に加えて復唱を求める指針を掲げていた。ただし，朗読や復唱に反対する場合には両親が学校へ書面で申し出ることによって，朗読や復唱はなさないでよいことになっていた。これに対して，生徒と無神論者の母親が，本件州法とアビントン学校区での朗読の指針は違憲であるとして訴えを提起した。この訴えに対し，連邦最高裁は，本件州法およびアビントン学校区の指針は本質的に宗教的色彩を帯びた儀式であり，州によってそのように意図されたものであるから，合衆

38　370 U. S. 421（1962）.
39　347 U. S. 203（1963）.

国憲法で保障された生徒の信教の自由を侵害し，また政教分離条項に反し違憲であると判示した。

3 ウォーレン・コートの特色

（1）ウォーレン首席裁判官の見解

　首席裁判官のウォーレンの見解の特色について，バーナード・シュウォルツ（Bernard Schwartz）は，法というものを平等を公正実現するための手段として見るプラグマティズムにあるとして特徴づけている[40]。そして，この観点から見て，政治部門がその責任を怠って問題に対処することをしていなかった人種差別，選挙区割，そして被告人の権利などの分野において，ウォーレン首席裁判官のアプローチは最も有効であったとする。

　たしかに，ウォーレン首席裁判官の憲法問題に対するアプローチの特色は，法解釈を厳密に行うというよりも，より広範な道義的原則を重視して判断しようとするものであった。このようなアプローチは，従来の意味での法的アプローチではなく，政治的，哲学的，さらには直感的アプローチというものに近いものであった[41]。もっとも，ウォーレン首席裁判官は，そのことによって先例を乗り越えていったのである。ただ，法律家の目で見れば，それは結果については同意できても，そのアプローチは法律家的ではないとされるものであった[42]。そのため，それはしばしば結果志向のアプローチ（result-oriented approach）と呼ばれたのである。

（2）フランクファーター裁判官との確執

　ウォーレン・コートの判決は，すでに述べた判決からもわかるように，個人の自由を重視するリベラル色の強いものであり，司法積極主義の判決であ

---

[40] Bernard Schwartz, *Earl Warren*, in THE WARREN COURT: A RETROSPECTIVE 270 (Bernard Schwartz ed., 1996).
[41] Mark Tushnet, *The Warren Court as History: An Interpretation*, in MARK TUSHNET, THE WARREN COURT IN HISTORICAL NAD POLITICAL PERSPECTIVE 17-18 (1993).
[42] Herbert W. Wechsler, Toward Neutral Principles of Constitutional Law, 73 HARV. L. REV. 1. 12 (1959).

るとされた。もっとも、このようなリベラル色の強い判決を下すことについて、裁判所内部でも強い批判があった。それは、ウォーレン・コートが成立した当時は、ルーズヴェルト大統領によって任命された裁判官も連邦最高裁の中に存在したからである。なかでも最も批判的であったのは、フェリックス・フランクファーター裁判官である。フランクファーター裁判官は、1939年にルーズヴェルト大統領によって、ニュー・ディール政策を実現するための立法を支持することが期待されて、連邦最高裁裁判官に任命されていた。そのことからもわかるように、フランクファーター裁判官は、ニュー・ディール政策を違憲と判断したような裁判所の行動は行き過ぎであるとし、基本的に議会の判断を尊重するべきであるという考え方をとっていた。すなわち、議会の制定法については、基本的に立法府の広い裁量を尊重して合憲と判断する立場をとった。この点で、ウォーレン首席裁判官らのとる司法積極主義とは対極に位置する司法消極主義を信奉していた。したがって、フランクファーター裁判官は、連邦最高裁が重要な憲法事件で連邦議会に先んじることについて強く警戒した。実際、1955年のブラウンⅡ判決の中に「可及的速やかに（all deliberate speed）」という文言を入れて、地方の教育委員会が人種差別の撤廃を遅らせる口実を与えようとしたともいわれる。また、フランクファーター裁判官は、州に対する尊重を説いた。このような司法消極主義の立場は、ウォーレン・コートの中では少数派であったが、ウォーレン・コートが本格的に積極的な姿勢を打ち出すのは、フランクファーター裁判官が退官した1962年8月以後であり、ここに裁判所の謙抑を説くこの裁判官の影響力の強さが見いだせる。

（3） ウォーレン首席裁判官以後のウォーレン・コート

ウォーレン・コートの判決が、司法積極主義として批判されてきたことはこれまで述べてきた通りであるが、その反面ウォーレン・コートの判決の中で、当初非常に激しい反対のあったブラウン判決あるいは一連の選挙区割事件にかかわる判決については、その後アメリカ社会の中で広く受け入れられてきた。それらの判決およびそこで目指されている平等や公正という基本的な原理について、正面から批判するものは少ない。これに対して、現在でも

なおウォーレン・コートの判決の影響が指摘され，賛否の議論が盛んなのが，先ほど述べたような刑事手続の分野とアボーション（Abortion，人工妊娠中絶禁止法）を違憲としたロー対ウェイド（Roe v. Wade）事件連邦最高裁判決[43]である。とくにロー判決は，現在でもなお大統領の選挙の争点として意識されているところである。

この点で注意を要するのは，ウォーレン・コートをアール・ウォーレンが首席裁判官であった時期の連邦最高裁と捉えた場合には，ウォーレン・コートは1969年に終わることになるということである。ただし，今日代表的なウォーレン・コートの影響下にある司法積極主義的な判決とされているものの中には，実はウォーレン首席裁判官退官後の事件も含まれている。たとえば，その後のアメリカ政治の展開に大きな影響を与えた2つの事件，すなわち大統領の有する行政特権（Executive Privilege）の下で一定の情報について公開を拒否する絶対的権利が存在し，その権利は司法審査から完全に免責されるとする主張を排斥した合衆国対ニクソン（United States v. Nixon）事件連邦最高裁判決[44]とアボーションを禁止する州法を違憲としたロー判決は，ウォーレン首席裁判官が退官した後のものである。

（4）ブレナン・コート

①副首席裁判官としてのブレナン裁判官　ウォーレン・コートについて，これまで述べてきた。そして，そこではとくにウォーレン首席裁判官のリーダーシップの大きさを指摘してきた。また，判決についてもウォーレン首席裁判官の基本的な見解である平等と公正を重視する姿勢の下に，ブラウン判決や選挙区割事件判決が重視されていたことを見てきた。ただ，このような見解に対して，ウォーレン・コートの社会的，政治的リーダーシップはウォーレン首席裁判官にあるとしても，知的リーダーシップ，すなわち判決の理論面でのリーダーシップはウィリアム・ブレナン（William Joseph Brennan, Jr.）裁判官にあったのではないかという指摘が見られる[45]。

43　410 U. S. 113 (1973).
44　418 U. S. 68 (1974).
45　ブレナン裁判官は，1956年にアイゼンハワー大統領によって任命された。以後1990年に退官す

第10章　ウォーレン・コート下の連邦最高裁

ブレナン裁判官

実は，ウォーレン首席裁判官であった時代から，ブレナン裁判官には主要な判決の執筆が割り当てられていた。そのため，ブレナン裁判官は，副首席裁判官（deputy chief）と他の裁判官からは呼ばれていた。実際，ウォーレン・コートの代表的な判決である選挙区割に関するベーカー判決，「現実の悪意（actual malice）」という判例法理で知られるニューヨーク・タイムズ判決は，いずれもブレナン裁判官の執筆した判決である。さらに，今日しばしば表現の自由の領域で使われる萎縮効果（chilling effect）という文言を作り出したのは，ドンブロスキー対フィスター（Dombrowski v. Pfister）事件連邦最高裁判決[46]におけるブレナン裁判官の意見の中であった。

②**ブレナン裁判官の司法哲学**　いま述べたこととの関連で問題となるのは，ブレナン裁判官がウォーレン首席裁判官と異なるどのような司法哲学を有していたかということである。ブレナン裁判官は，平等や公正も重視したが，それ以上に重視したのはキリスト教的倫理観の強いアメリカ社会において，個人が自律的に選択を行うということであった。そして，合衆国憲法の権利章典は，連邦政府ばかりではなく州政府に対しても保障されるべきであるという考え方をとっていた。このような観点は，多くの場合にマイノリティ，刑事被告人，貧困者などに好意的な判断を導き出すことになった。たとえば，ブレナン裁判官はファーマン対ジョージア（Furman v. Georgia）事件連邦最高裁判決[47]において，死刑はいかなる場合においても，絶対的に禁

　るまで，連邦最高裁のリベラル派の裁判官として知られた。
　See http://www.brennancenter.org/justice-brennan-memorials.
46　380 U. S. 479 (1965).
47　408 U. S. 238 (1972).

止されるべきであるとの立場を示した。

　もっとも，ウォーレン・コートの影響は，ウォーレン首席裁判官の後任として保守的なウォーレン・バーガー（Warren E. Burger）首席裁判官やレーンキスト首席裁判官が任命されるにつれて低下していくことになった。1975年には，ブレナン裁判官はマーシャル裁判官とともに，最後の2人のリベラル派裁判官となったのである。しかし，つぎの章で見るブレナン裁判官の考え方を強く反映したロー事件に対する判決は，その後も今日にいたるまで大きな意味を維持し続けることになったのである。

第11章　アボーション論争と連邦最高裁

1　アボーション論争の背景

（1）アボーション論争の意味

　日本では，母体保護法14条が人工妊娠中絶について規定しているものの，少なくともアメリカと比べ関心が高いとは思われない。これに対し，アボーション（Abortion，人工妊娠中絶）の是非をめぐる論争は，アメリカにおいては現在でも最も多く議論のなされているものの一つである。アメリカにおけるアボーション論争は，1973年1月22日に連邦最高裁がロー対ウェイド（Roe v. Wade）事件で，女性は合衆国憲法上アボーションを自ら自律的に決定する権利を有すると判決したことを受けて[1]，現在まで激しい論争を巻き起こしてきた。この論争は，アボーション規制は合法か，合衆国憲法に反しないか，アボーションを規制する法をどのように違憲判断するべきか，どのような態様のアボーションなら合法的なものといえるか，という法律問題であるにとどまらない。宗教的，社会的，政治的側面にまで及ぶ問題を含むものであり，これまでアメリカを大きく揺り動かしてきた。ここでは，まずその歴史的背景について見てみることにしたい。

（2）アボーション論争の歴史的展開

　アメリカにおけるアボーションに対する歴史的な背景について，つぎのように指摘されている[2]。

---

[1]　410 U. S. 113（1973）．本判決の評釈として，小竹聡「翻訳 Roe v. Wade, 410 U. S. 113（1973）判決」政治・経済・法律研究17巻1号（2014年）113頁。
[2]　以下の記述は，主に荻野美穂『中絶論争とアメリカ社会―身体をめぐる論争』（岩波書店，2012年）による。

第11章　アボーション論争と連邦最高裁

①19世紀の状況　　19世紀初頭のアメリカにおいては，人為的に妊娠を中断する行為は，制定法ではなくコモンローによって処罰の対象とされていた。その時期は，母体での胎動が始まって以後を対象とするものであり，妊娠4，5ヶ月以後のこととされていた。胎動が始まる時期以前は，胎児はいまだ人間とは捉えられていなかった。そのため，女性は，その時期においては自由に中絶を行うことができた。しかし，その後医師らの間で中絶手術の危険性が指摘されるようになり，危険な医療行為を禁止する州法が制定されるようになった。そして，1821年のコネティカット州を皮切りに，1841年にかけてアメリカの10州でアボーションに関する州法が成立したが，それは有毒な堕胎剤による女性の死亡を防ぐことを目的とするものとされていた。

　しかし，1840年代に入ると，アボーションが社会的な問題として注目を集め規制されるようになった。その原因として3つあげることができる。第1に，新聞広告による堕胎の商業化に伴う，非合法なアボーションの流行である。第2に，家族計画の考え方の浸透によるアボーション数の増加に伴う出生率の低下である。第3に，男女の権利の平等を志向するフェミニズムなどによる女性の意識の変化と，アボーションが若い女性ばかりではなく，既婚女性にも広がることによる社会のモラルの動揺である。

　このような状況の中で，1860年のコネティカット州とペンシルヴァニア州を皮切りに，1900年までの間にすべての50の州でアボーションを禁じる刑事法が制定された。これらの法律の制定の背後にあったのは，全米医師会（The American Medical Association, AMA）が，アボーション手術は医療行為であるとして自らの領域に囲い込み，競争相手である産婆や民間の施療師を排除しようとした努力の成果であった。そこでは，アボーションが認められるのは，多くの州では母体の生命，健康にかかわる場合に限られていた。そして，アボーションが，それらの目的以外で行われた場合には，「堕胎罪を独立した犯罪として扱い，胎動の有無にかかわらず，妊娠のどの段階であろうと堕胎を違法行為として禁じ，さらに堕胎手術提供者だけでなく，堕胎を求めたり，自分で堕胎しようとした当の女性をも処罰できる」[3]としていた。

3　荻野・前掲書注（2）13頁。

このような法的規制は，それ以前とは大きく異なるが，その後100年にわたり，基本的なアボーションに関する法として存在することになった。もっとも，このような規制がなされても，施療師が非合法的な手術を行うことなどは引き続き見られた。また，規制の緩和を求める動きも見られたが，それは主として避妊具の使用を求めるというものであり，アボーションを認めるように求めることと比べれば，要求の内容は緩やかなものであった。

②20世紀後半の新たな動き　このような状況の中で，1950年代後半頃からアボーションをこれまでよりも広く認め，合法化する動きが見られるようになった。その動きの背後にある要因としては，医療技術の向上と共に，妊婦の女性を救うという治療目的のためにアボーション手術を行う機会が減ってきたことに医師たちが気づいたことがあげられる。そこで，医師たちは，法律の内容を緩和しようとしたのである。

　また，法律の見直しの気運を盛り上げたものとして重要な事件が，1962年に起きたシェリー・フィンクバイン（Sherri Finkbine）事件である。フィンクバインは，テレビ番組「ロンパー・ルーム」の司会者として有名であった。その彼女が第5子を妊娠中，睡眠薬サリドマイドを服用していたところ，ヨーロッパでサリドマイド剤の服用によって身体に異常のある子の出生が見られるとの報道がなされていることを知り，アボーション手術を自ら居住するアリゾナ州内で受けることを望んだ。しかし，アボーションを母体が危険にさらされる場合を除いて禁じるアリゾナ州法の存在を理由に，医療機関に手術を断られ，海外（スウェーデン）へ妊娠中絶手術を行うために出かけたという事件である。

　この事件が，マスコミによって大々的に報道された結果，社会的にアボーションの是非をめぐって大きな反響を呼ぶことになった。さらに，この時期に風疹の大流行もおき，風疹にかかった女性から多くの身体障害児がうまれたことも，アボーション規制の是非をめぐる問題に対する社会的関心を高めることになった[4]。

③1960年代から70年代初頭までの状況　このような規制の緩和を求め

4　EVA R. RUBIN, ABORTION, POLITICS, AND THE COURTS 26 (1987).

る状況の高まりの中で、1970年までに12の州で、アボーションの禁止内容を緩和した法律が制定された。それらの法律は、当時法律家が発表していた緩和された法律のモデル案などを参考にしていた。たとえば、つぎのようなものであった。「（1）妊娠が女性の身体的又は精神的健康に重大な損傷を与えると思われる場合、（2）胎児に重大な身体的又は精神的欠陥があると思われる場合、（3）妊娠が強姦や近親姦、その他重罪にあたる性交の結果である場合に、資格を持った医師による中絶を認める」とするものであった。ただし、女性による要請のみに基づく中絶、未婚での妊娠を理由とする中絶は認められなかった。婚姻している女性しかも配偶者の同意があるもののみを対象としていたのである。

　ただ、このような状況の中でも、なお非合法なアボーション手術を受ける女性の数は少なくなかった。それは、予期せぬ妊娠をした女性にとって、フィンクバインのように海外に行って手術を受ける経済的余裕はなく、むしろ非合法なヤミの手術を受けるものが多かったからである。また、州の法律に従って、アボーションを受けるためには病院での検査が一般に求められ、病院ではその判断にあたってアボーション手術を行うことについて慎重であったためである。たとえば、カリフォルニア州では、1967年に法改正が行われたが、1968年前半に合法的に行われたアボーションの数は約2000件であったのに対し、非合法堕胎の法は年間10万件に上っていた。

（3）アボーション問題と社会の動きとの関係

①女性解放運動の影響　　いま述べたアボーションをめぐる直接的な動きの存在に加えて、1960年代半ばのヴェトナム戦争反対運動や公民権運動などの中で生まれた女性解放運動（woman liberation）などの社会運動が、アボーション論争に与えた影響も大きかった。1950年代のアメリカにおける女性は、妻、母、主婦としての役割が強調された[5]。その象徴的なテレビ映画として「パパは何でも知っている」シリーズなどが存在していた[6]。

　しかし、1960年代のアメリカにおいては、「女性の役割や地位について新

5　紀平英作編『アメリカ史』（山川出版社、1999年）383頁。
6　1954年10月3日から1960年9月17日までテレビで全203話が放送された人気番組であった。

しい認識が広がった」[7]のである。そして，1966年には女性解放運動の全国的な組織として，全国女性組織（National Organization for Women, NOW）が誕生した[8]。それら女性解放運動は，アボーションを女性の自律的決定にかかわる女性固有の権利として主張していた。このような主張を後押しするものとして，避妊薬

テレビ番組「パパは何でも知っている」

（ピル）の解禁によって確実な避妊法が登場し，妊娠についての女性の自己決定の可能性が広げられたことも大きな意味をもつことになった。女性解放運動では，その主張として男女間の平等が主張されたが，生殖についての女性の自己決定が女性の平等の前提条件として主張されたのである。

　このような女性解放運動の主張は，それまでの人工妊娠中絶の問題が，母体の健康の保持や強姦や近親相姦（incest），さらに経済的事情などに伴う人工妊娠中絶の必要性と，それを禁ずる宗教的，文化的な背景との関係として論じられてきたのに対して，女性の解放というより一般的な，それゆえに多くの政治的見解が入り込む余地のある問題として捉え直すことをめざすものであった。

②**アボーションと宗教**　　いま述べたような社会運動が，自律的な個人の自己決定という価値を重視するリベラルな運動であり，女性が自己決定の権利としてアボーションの権利を有するという主張を支えることになったものであるとすれば，それに対抗するものとして保守的な見解を持つ人々や団体の存在にも無視できないものがあった。その中でも，とくに宗教団体の存在が重要であった。アメリカでは現在でもキリスト教の信者が数多く存在する[9]。

7　紀平・前掲書注（5）383頁。
8　NOW誕生の経緯については，NOWのホームページ参照のこと。*Available at* http://now.org/about/history/founding-2.
9　ギャラップ調査（2007年）によれば，アメリカ人の3分の1は聖書は文字通り真実であると信じているとされる。Frank Newport, *One-Third of Americans Believe the Bible Is Literally True*, AMERICAS March 25, 2007 *available at* http://www.gallup.com/poll/27682/OneThird-

第11章　アボーション論争と連邦最高裁

バイブル・ベルト地域　　　　　　　テレビ伝道師

　それらキリスト教団体は，一部の例外的な宗派を除き，おおむねアボーションに対して批判的である。とりわけ，ローマ・カソリック教会（Catholic Church）やプロテスタントの中のファンダメンタリストと呼ばれる宗派およびそれらと結びついた組織は，これに強硬に反対してきた。たとえば，ローマ・カトリック教会は，教義として伝統的に人の生はすべての受胎の時からその死にいたるまで聖なるものであるとしてきた。それは，人の生に神の創造的な活動がかかわっており，創造主と特別な関係を保ち続けるからであるとされてきたのである[10]。

　また，地域的に見ると，南部ではいまでもアボーションという言葉は宗教的理由のために用いずに，女性の生殖の権利（reproductive rights）という言葉を使うべきであるとされる。そのほか，中西部から南東部にかけてキリスト教信者の多い各州をまたがった広範な地域をさすバイブル・ベルトと呼ばれるような地域では，現在でもアボーションに対する反対が根強い。それは，これらの地域では宗教的な訴えが日常生活における倫理的なものとして働くからである。その反対運動の根は，より社会の基本的な価値観に基づいたものとなっているのである。また，この地域では宗教的な指導者がしばしばテレビで説教を行い，「テレビ伝道師」として多くの人に影響力を行使し

Americans-Believe-Bible-Literally-True.aspx.
10　Fr. William Saunders, *The Catholic Church and Abortion*, available at http://www.catholicnewsagency.com/resources/abortion/catholic-teaching/the-catholic-church-and-abortion See also http://www.catholic.com/abortion.

てきた。そして彼らは反対運動の資金を献金の形で集めることが見られた。それを可能にしているのは，いま述べたような宗教的な基盤が存在してきたからである。

③**政治問題としてのアボーション規制**　これらの事情から，アボーションを受けるか否かを女性が自律的に決定する権利として認める立場がある一方，それを否定する立場も見られた。そのような中で，アボーション規制立法の撤廃を求める運動が見られるようになった。その運動の結果，1970年にハワイ州でのアボーション規制法が改正され，妊娠12週までのアボーションが合法とされた。それに続いて，ニューヨーク，アラスカ，ワシントンの各州で同様な改正が行われた。

　しかし，このような法改正はすでに述べた状況の下では，社会を分裂させるという反作用も強く見られた。ニューヨークのようなリベラルな都会地域では法改正後アボーションを求める女性が殺到し，アボーションが女性の権利として見られるようになった。これに対して，南部の人々に大きな影響を与えるキリスト教が多くを占める宗教界では，アボーションをキリストの教えに反するとしてアボーションに反対する勢力が依然として勢力を保っていた。避妊や人工妊娠中絶は，キリスト教的倫理観の支配する世界では，神の摂理に反する行為とされたからである。そして，これらの宗教団体を中心とするアボーション反対派は，強力な巻き返しをはかり，アイオワ州，ミネソタ州などでは，アボーション反対派がアボーション規制撤廃派に勝利することになったのである。

　このような規制反対および規制賛成の両派の動きは，その後次第に活発になり，1973年初頭には4つの州でほぼ自由にアボーションを受けることができ，また15州とワシントンD.C.では条件付きでアボーションを認める法律ができた。その一方，残りの31州では女性の生命にかかわる場合以外には中絶を認めないという厳しい制限を付ける法律が存在するという状況に陥ったのである。

2 アボーション論争と連邦最高裁

(1) ロー判決以前の連邦最高裁
　アボーション問題について，連邦最高裁が正面から判断したのは，後述するロー判決であるが，それ以前にも関連する判決を下していた。
①州のアボーション規制立法と連邦最高裁　　連邦最高裁がアボーション論争に対してかかわりを持ち始めるのは，1965年のグリズウォルド対コネティカット（Griswold v. Connecticut）事件連邦最高裁判決[11]を契機にしていた。この事件以前は，連邦最高裁の関与はあまり見られなかった。それは，20世紀を迎えた頃から見られたアボーション規制立法改正の動きが，避妊具の使用を禁じる法律の改正を中心としていたためである。それは，人工妊娠中絶の合法化の動きと比べれば，はるかに穏便な動きであった。そして，そのような法改正を求める運動は多くの州で成功し，州議会は避妊具の自由な使用を認めるにいたっていた。もっとも，この運動は連邦全体には広がらなかった。その原因は，アボーションの規制立法が刑事立法であったために，そのような州刑事法の改正は，連邦制の下で州の権限の領域と考えられていたためであった。そのことは反面からいえば，州の権限を拘束するような憲法上の権利を合衆国憲法で認めうるということが，当時においては考えられなかったことによる。このような状況の下では，連邦の裁判所の動く余地は無かったのである。
②グリズウォルド判決　　しかし，1965年のグリズウォルド判決を契機に，その後裁判所が，アボーションの権利の主張に直面するという状況が生じることになったのである。そこで，ここではまずグリズウォルド判決について，見ていくことにしたい。
　グリズウォルド事件は，その事件名にコネティカットを含んでいることからも明らかなように，コネティカット州法の合憲性が争われた事件であった。事件の内容は以下のようなものであった。コネティカット州は，東部の

11　381 U. S. 479 (1965).

州であってキリスト教の影響が強い地域であった。この当時，他の州ではすでに避妊具の使用を規制する法律は廃止されていたが，コネティカット州だけは，1879年以来避妊具の処方や使用を禁じ刑罰を科していた。しかし，その法律は執行されず適用されていなかった。

そこで，この執行されていない法律の合憲性を争うためには，その判断に必要な事件を作り出す必要があった。その役を買って出たのが，プランニド・ペアレンフッド（Planned Parenthood）という女性の健康，権利，平等を推進するために結成され，避妊具などを配布してきた団体であった[12]。この団体は，避妊具の使用を禁じるこの種の法律の廃止を求めていたが，この事件では女性幹部会員のエステル・グリズウォルド（Estelle Griswold）と医師が，避妊具の使用を既婚者の患者に勧めたということにして，州法違反で逮捕・起訴されるということにされたのである。

州の下級審でグリズウォルドは有罪判決を受け，さらに州最高裁でも敗訴したため上訴して，アボーション規制法の違憲性を主張した。連邦最高裁は，上訴を受理して下級審の判決を覆し，グリズウォルドに無罪判決を下した。この無罪判決自体は，1960年代にもなって避妊具の使用を禁じるということが，時代遅れであることは明白であったから，当然の判決として受け取られた。むしろ，グリズウォルド事件の判決で注目されたのは，この事件で連邦最高裁が，憲法上明文で記されてはいない新しい憲法上の権利を根拠にして，州法を違憲とする判決を導き出したことであった。

その権利とは，プライバシーの権利である。プライバシーの権利の内容については，何をもってプライバシーとするのか，どこまでをプライバシーとするのかは，今日でも問題となっているところである。この点に関して，法廷意見は，プライバシーの権利が合衆国憲法上明文で規定されていないとした。その上で，プライバシーの権利は，合衆国憲法の権利章典から導き出され形成される半影（penumbras）の中にあり，それによって一定のプライバシーのゾーン（範囲）が保障されるとする見解によって根拠づけられると判示したのである。

---

12 その歴史については，以下のホームページ参照のこと。*Available at* http://www.plamxedparenthood.org/aboutus/who-we-are/history-successes.

第11章　アボーション論争と連邦最高裁

　このような考え方に対しては，憲法典から裁判官が憲法上明文で規定されていない憲法上の権利を主観的に読み込む実体的デュー・プロセスの見解につながるおそれも存在した。しかし，法廷意見は，実体的デュー・プロセスの見解については，それが裁判所を超立法府とすることになるという理由で採用しないと判示した。それでは，具体的にどのような権利章典上の権利によって，半影が形成されるのであろうか。この点について，判決は修正1条（結社の自由），修正3条（平時においては，所有者の承諾を得ない限り，何人の家屋にも兵士を宿営させてはならないと定める。），修正5条（不合理な捜索及び押収に対し，身体，家屋，書類及び所有物の安全を保障される権利，自己負罪拒否権を定める。），そして修正9条（「この憲法に一定の権利を列挙したことを持って，人民の保有する他の諸権利を否定または軽視したものと解釈してはならない。」）をあげた[13]。

　このような解釈がどう評価されるべきかについては，問題となりうるところであった。ただ，避妊具の使用を禁ずる州の法律を違憲としたグリズウォルド事件に対する連邦最高裁の判決は，それほど大きな社会的，政治的反響をもたらさなかった。もっとも，この連邦最高裁のグリズウォルド判決は，プライバシーの権利という明文上定められていない憲法上の権利を根拠としたものであり，その根拠がアボーション事件にもあてはまるとされ，憲法上の権利としての生殖に関する自己決定の権利あるいはアボーションを受けるか否かを自律的に決定することが女性の権利であるとされるにいたるとき，その反響は今日まで続く大きな社会的，政治的影響を醸成することになったのである。

13　ダグラス法廷意見は，つぎのように述べる。「（これまでのいくつかの）判決が示唆するところによれば，権利章典における特定の諸保障は半影を有しており，それはそれらに，生命と実質を与えるように手助けするように諸保障から発せられるものによって形成される。….種々の保障によってプライバシーの領域が創造される。すでに見たように，修正1条の半影に含まれる結社の権利はその1つである。平時において所有者の同意なしにその家屋に兵士を宿営させることを禁じる修正3条の規定は，プライバシーのもう1つの切り子面である。修正4条は，明示的に『不合理な捜索および押収に対し，身体，家屋，書類および人民の権利』を確認している。自己負罪条項を定める修正5条は，政府によって不利な形で放棄させることのできないプライバシーの領域を，市民が創造することを可能にしている。修正9条は，『この憲法に一定の権利を列挙したことをもって，人民を保有する他の諸権利を否定しまたは軽視したものと解釈してはならない』と規定している。」381 U.S. at 484.

このような状況の中で登場したのが、ロー判決であった。

3　ロー判決

ロー事件では、テキサス州法が1857年以来母体の生命を救う目的以外の理由に基づくアボーションを禁じてきた点について、それが原告の女性のプライバシーの権利としてのアボーションを受けるか否かの自律的決定を侵するものか否かが争われた。

（1）事実の概要

ロー事件の原告はジェーン・ロー（Jane Roe）とされているが、これは本当の名前ではない[14]。この事件の原告の本名は、後に本人が明らかにしたところでは、ノーマ・マッコビィ（Norma McCorvey）であった。マッコビィは、高校を中退し子どもを抱えて離婚した定職を持たない女性であった。

このマッコビィが、離婚後の1969年に第三子を妊娠し、アボーションを望んだことから事件は始まった。というのは、当時のテキサス州法では、母体の生命の保護、レイプ、近親相姦（incest）以外はアボーションを認めないとされていた。そのため、マッコビィは、ヤミのアボーション手術を選ぶか、それとも出産するかの二者択一を迫られ、その結果出産を選択し赤ん坊を養子に出したのである。

ERA を批准した州と批准しなかった州

（2）ロー判決と女性運動の二人の弁護士

マッコビィがアボーションを受けず出産したため、事件は通常なら訴訟と

14　Jane RoeとかJohn Doeという名前は、法律上のフィクションとして実名が明らかにされるまでのものとしてしばしば用いられる。

ならず終わりになるはずであった。それが、そこから訴訟へと発展した理由は、マッコビィが当時の女性運動を推進していたグループに属する二人の女性弁護士サラ・ウエディントン（Sarah Weddington）とリンダ・コフィ（Linda Coffee）とつながりを持ったことにあった。1970年代は女性運動が非常に盛り上がった時期である。たとえば、この頃は憲法の修正条項として男女平等条項（Equal Rights Amendment）[15]を盛り込もうとした運動が展開されていた時期でもあった。男女平等条項修正案は、1972年に修正27条案として連邦議会により発議され各州の承認にかけられた。しかし、必要な数の州の承認を得られなかったため、承認の期限が3年延長された。その結果、1980年までに35州で承認を得られれたものの、憲法修正成立のために必要な州の承認をあと3州で得られなかった。そのため、結局憲法修正として成立しなかったが、この憲法修正を求める動きの中には確実に女性の権利を強く求めようとする願望が存在していた。

　この当時の女性運動は、女性の社会進出が進む中で女性自らが避妊具やアボーションを通して受胎能力をコントロールしない限り、母性による要請という名によって女性に過度の負担が生じキャリア面で遅れをとるということを主張していた。

　このような中で、サラ・ウエディントンとリンダ・コフィの二人の弁護士は、マッコビィを説得して、テキサス州の法律が合衆国憲法の保障するプライバシーの権利を侵害するものであり、憲法に違反するというクラス・アクション訴訟を提起した[16]。そして、原告の名前は匿名のジェーン・ローとされ、相手方は当時のテキサス州ダラス郡の地方検事であったヘンリー・ウェード（Henry Wade）とされた。ロー事件での憲法上の争点は、プライバシーの権利の中に憲法上アボーションを自ら選択する女性の権利があるのか、あるとすればその権利を制約する州法は違憲かという点であった。

15　男女平等条項として提案されていた案の内容は以下のようなものである。
第1条　法の下の権利の平等は、性格に基づいて合衆国又はいかなる州によっても否定または剥奪することはできない。
第2条　連邦議会は、適当な立法によって本条の規定を実施する権限を有する。
第3条　この修正は批准の日から2年後に効力を生じる。
16　荻野・前掲書注（2）68頁。

（3）ロー判決の内容

　ロー事件に対する判決で，連邦地裁は，原告のプライバシーの権利については合衆国憲法修正9条を根拠に認めたが，アボーションを禁じる法律部分の執行停止を求める差止命令は認めなかった。

　この連邦地裁の判決を受けて，1973年1月22日に下された連邦最高裁の判決は，7対2の判決で女性には自ら子どもを持つか持たないかを自ら決定する基本的権利（fundamental right）があり，その権利を制約する法律は厳格審査基準の下で判断されるとした。そして，その基準をあてはめるとテキサス州のアボーション規制法は違憲であると判示した。

　連邦最高裁の判決は，まず原告は修正14条1項の個人的自由（personal liberty）の中に基礎づけられたプライバシーの権利を有するとした。このような根拠づけは，グリズウォルド事件に対する判決の中では実体的デュー・プロセスの考えに基づくものとして否定されていたものであったが，ロー判決では州法を違憲とする根拠として認めたのである。そして，このプライバシーの権利の中に，アボーションを女性が自ら選択決定する権利が含まれるとした。その上で，アボーションの権利を制約する法律の合憲性は，厳格審査基準の下で目的と手段の観点から判断される必要があるとしたのである。判決は，続けてこの審査基準をあてはめて，まず立法の目的については母体の健康の保護と人間の生命の可能性（potentiality of human life）の2つがやむにやまれぬ州の政府利益にあたるとした。つぎに，手段については妊娠の時期を3つに区分し，それぞれの時期区分において州が規制できる範囲は異なるものとした。

　第1期については，アボーションの判断は妊婦と医師に委ねられるべきであるとした。すなわち，この時期は，女性がその意思に従って医師による合法的なアボーションを受けることができ，その選択は女性の自己決定に委ねるべきであり，州は規制できないとした。そして，この時期は，胎児が生育能力（viability）を獲得する以前であるため，州が規制できるのは母体の保護のためにのみであるとされた。第2期の妊娠期間中については，州は生育能力を有する胎児（fetus）を保護するという観点から，アボーションを禁止することはできないが規制することができるとした。妊婦は，その規制に触

れない範囲内でアボーションを行うことができるものとしたのである。第3期は、胎児が母体外で生存の可能性がある場合であり、州はアボーションを禁止することができるとした。そして、女性は、母体の健康が非常に緊迫し生命にかかわるような場合にのみ、アボーション手術を受けることが認められるとした。判決は、このようにして明らかにした基準にあてはめた場合に、アボーションを規制する本件テキサス州法は違憲であると判断したのである。

（4）ロー判決の問題点

このロー事件に対する連邦最高裁の判決に対しては、これまで数多くの問題点が指摘されてきたが、ここでは4点のみ触れておく。

第1に、そもそもこの事件は、裁判所が取り上げ判断するべき事件であったのかということである。それは、訴訟提起当時すでにローは子どもを出産していたのであり、裁判所で争う問題は過去のものとなって存在しておらず出産後に訴訟で争うとしてもその実体がないのではないか、またローは他の妊婦の代表というわけでもないから訴えの利益も有せず、裁判を争う当事者適格をもたないのではないかということが指摘された。この点について、判決は「capable of repetition, yet evading review」の法理（繰り返されるが、審査を逃れる場合には審査をするべきだとする法理）を適用することによって、司法審査を行うことができるとした。すなわち、ロー本人はすでに出産しており、自らの生殖に関する基本的権利の行使は考えられないが、この種の問題は将来繰り返されるものであり、妊娠の時期の期間が元来限られているということを考慮すると、裁判所が将来同様な事件が起きる蓋然性が高いことを踏まえて、この事件を取り上げて判断することが適切であるとしたのである。

第2に、本判決は妊娠の時期を3期に分けているが、その分け方が恣意的なものである可能性が高いという批判である。たとえば、妊娠時期を区切るための基準として胎児の生育能力の有無ということが重視されているが、この点に対しては科学技術の進展に伴ってその区切りが意味を失うのではないかという批判が加えられた。すなわち、仮に胎児の生育能力という観点から

妊娠期間を3つに区分しえたとしても，それは判決の時点における医学的知識によるものであり，そのような分け方はその後の医学の進展の中で疑問に付されてきたというのである。実際，胎児の生存可能性はその後の医学の進歩によって，かなり早くから確保することができるようになり，判決のいう第2の妊娠期間中には胎児の生存可能性は高いものと認識されるようになった。仮にこのような理解が正しいとすれば，ロー事件に対する連邦最高裁の判決は，法的に十分な根拠付けがなされていなかったということになる。この批判の背景には，医学の進歩によって安易に動くような基準は単なる政治的判断であって，そこで示された時期区分は法原則として必要な要素を満たしておらず，それに依拠する判断は憲法判断として不十分なものにしかすぎないという見方がとられたといえる。

　第3に，そもそも修正14条の自由という文言から，プライバシーの権利としての女性の自己決定権を引き出すことができるのかという点についても強い批判が加えられた。そこには，憲法上の根拠としてプライバシーの権利を援用できるのかという問題と，プライバシーの権利と自己決定権の結びつきが不明確ではないかという問題の2つが存在した。

　最初の問題に関しては，判決が根拠としたプライバシーの権利がグリズウォルド判決で明らかにされたプライバシーの権利であるとすれば，そのプライバシーの権利はさまざまな規定を背景とした権利章典の半影と解され，憲法上明文で定められておらず根拠が明らかではないと批判されえた。そこで，ロー判決では，合衆国憲法修正14条のデュー・プロセス条項にある「自由」という文言の中に，プライバシーの権利を読み込むことを行った。これによって，憲法上の根拠規定は明確にはなったが，デュー・プロセス条項という手続的規定の中にプライバシーの権利という実体的権利を読み込むことになった。それは，ロックナー判決以来，裁判所を超立法府にしてしまうとして否定されてきた実体的デュー・プロセスの考えに基づく判断であるといえた。実体的デュー・プロセスの考えは，裁判官が憲法上の根拠が明らかではないのに恣意的主観的に憲法上の権利を創出することにつながるものであり，その考え方を再度呼び起こしたことは不適切であるという批判が向けられたのである。

第11章　アボーション論争と連邦最高裁

　つぎに，プライバシーの権利と自己決定権との結びつきが不明確ではないかという問題については，プライバシーの権利が憲法上の権利として認められるとしてもその内容は漠然としているから，プライバシーの権利の中に女性がアボーションを自律的に選択する権利まで含めるとすることは，プライバシーという概念を拡張しすぎているということが指摘された。すなわち，プライバシーという概念からは通常アボーションの権利は導き出せないはずであり，その権利はプライバシーの権利というよりも自己決定権（autonomy）の中に含まれるのではないかと指摘された。この点について，レーンキスト裁判官（後に首席裁判官となる。）は，修正14条が制定された際には，アボーションということは修正を行った人々の意思の中には存在していなかったとする趣旨の反対意見を著した。

　最後の第4の批判として，ロー事件判決では妊婦の利益のみが重視され，胎児の生きる権利の側面に関する議論は見られないという非難が向けられた。多数意見は，胎児が憲法上（修正14条）は人にはあらたないとしたが，この点についても果たして胎児をそのように考えていいのか，生育の能力のある胎児は人として扱うべきではないかということが指摘された。このような批判の立場からは，避妊具使用のように性交渉の当事者同士が納得して行う場合と，アボーションとでは異なる点があるとされた。すなわち，アボーションは，母親となる女性の考え方のみに基づいて，生存の可能性のあるかもしれない人としての胎児の存在が無視されることになり，その点でアボーションを認めるべきではないとされたのである。この主張は，とくに第1の妊娠期間と第2の妊娠期間における妊娠した女性の利益と生存の可能性のある胎児を保護する州の利益とのバランスを，どのようにとるのかという点にかかわっていた。そのバランスについて，ロー事件判決は女性の利益を優越させたが，優越させた理由について明確に述べていなかった。そこで，判決の示した妊娠した女性のアボーションの権利を胎児の権利に優越させるという判断が，憲法上の利益衡量の基準として一義的ではないのにもかかわらず，なぜ裁判所がそれを国民および州に対して押しつけることができるのか明確ではないと批判されたのである。この点は2名の裁判官の反対意見のうち，バイロン・ホワイト（Byron White）裁判官の反対意見に現れていたと

ころである。

4 ロー判決の及ぼした政治的影響

(1) 大統領選挙とアボーション問題

ロー判決によって，州によるアボーション規制法が違憲となり，女性解放運動を進める立場の人々や自律的決定を求める人々などからは歓迎されることになった。しかし，他方において，合衆国憲法上の権利という名の下で，アボーションが連邦全体で認められることになり，保守的な人々からは，連邦最高裁による医療政策に関する立法が行われたとして激しい攻撃を受けることになった[17]。その結果，ロー判決は，政治的，文化的，宗教的に大きな影響をもたらすことになったのである。

まず，政治的影響についていえば，ロー判決以後2年間の間にロー判決に対応して62の中絶規制州法が改正・制定された[18]。これら州段階での動きに対して，連邦段階では明確な動きは見られなかった。当時の大統領は，共和党のリチャード・ニクソン（Richard Nixon）であった。ニクソン大統領は，公式には判決にコメントを出さなかったが，内心では批判的であった。そのことは，ウォータ・ゲート事件で明らかにされたニクソン・テープの中での発言に示されていた[19]。ニクソン大統領は，アボーションが認められやすくなると家族が崩壊すると危惧しつつ，黒人と白人がいるのだからアボーションは必要だとも考えていたとされる。

その後の大統領の中で敬虔なクリスチャンとして知られるジミー・カーター（Jimmy Carter）大統領のように，民主党の大統領の中にも個人的にアボーションに反対の立場をとるものもいたが，民主党の大統領はほぼアボーションを支持した。これに対して，ロナルド・レーガン（Ronald Reagan）大統領を始めとする共和党の大統領はほぼ反対の立場であった。もっとも，

17　荻野・前掲書注（2）75頁。
18　RUBIN, *supra* note 4, at 138.
19　Charlie Savage, *On Nixon Tapes, Ambivalence Over Abortion, Not Watergate*, available at http://www.nytimes.com/2009/06/24/us/politics/24nixon.html?_r= 0 &pagewanted=print.

民主党と共和党のこのような相違は、ニクソン大統領以後の共和党が南部で強い支持を得ていたことを考えると自然であった。そして、その後1980年代には、連邦最高裁のアボーション判決をめぐって、その是非が大統領選挙などでも争点とされた。それらの選挙では、アボーションの是非という単一争点のみに焦点をあわせる政治団体などがそれをシンボルとしてかかげ、選挙運動を行うということが見られた。このようなシングル・イシュー・ポリティックス（Single Issue Politics、単一争点政治）とよばれる現象は、銃規制などにおいてもすでに見られたものであったが、アボーションを争点とすることも、その典型例と考えられてきた。

このようなアボーションを最も重要な選挙の争点とする状況は、すでに1976年の大統領選挙でアボーションを憲法修正によって禁じるとする共和党の綱領を支持するジェラルド・フォード（Gerald R. Ford）大統領と、憲法修正を否定するカーター候補との戦いの中で現れていた。そして、この1976年の大統領選挙以来、アボーションに反対する宗教的ファンダメンタリストやローマ・カトリック教会などの宗教団体は、政治団体と結び付く形で活動を始めることになり、政治の世界でもニュー・ライト（New Right）などが登場した。それらの団体は、政治的には共和党と結び付いているため、アボーション問題は民主党と共和党を分ける重要な争点となっていった。

（2）アボーション問題をめぐる世論、草の根反対運動

アボーション論争が政治問題化する中で、市民の中での対立も激しくなった。また世論も大きく揺れた。そのような世論の動向については、2つのグラフから見てとることができる。第1図は、ロー事件に対する判決が下された1973年から2008年ごろまでの世論の動向を示すグラフである。このグラフを見ると、つねに判決に賛成する声が反対の声よりも大きいものの、なお1985年や2007年のように支持と反対が拮抗するときも存在することがわかる。このグラフを全体として見る限り、賛成と反対の立場はいずれかに収れんする可能性は少ないように思われる。

他方もう一つの、2013年1月にロー事件の40周年にあたり行われた調査結

4 ロー判決の及ぼした政治的影響

第1図

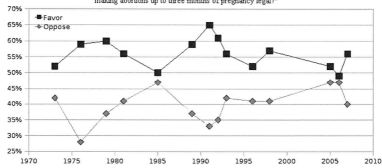

果を基にしたグラフ（1）[20]を見ると，アボーションは道徳的に見て誤っていると考える人と道徳的に見ても誤っていないと考える人の比率は，43%対46%と均衡している。ただ，ロー判決を覆すべきであると考えている人と維持するべきであると考える人の比率は，29%対60%となっており，それは判決後からほぼ変わっていないことから，判決自体がその正当性を揺るがされているわけではないということがわかる。そして，ロー判決が他の問題よりも重要であるという意見は減少しているものの，ロー判決をめぐって宗教的，党派的な意見の対立はなお根深いものがあると指摘されている[21]。宗教的に見れば，白人の福音主義派のプロテスタント信者の54%は，ロー判決は覆されるべきだと信じており，毎週一回は宗教的行事に参加している者の半数は判決が完全に覆されるべきであると考えているとされる。また政党支持別で見ると，共和党支持者の間では判決が覆されるべきか否かについて意見はほぼ拮抗しているが，民主党支持者の間では74%対20%，無党派層

---

20 Pew Research Religion & Public Life Project, *Roe v. Wade at 40: Most Oppose Overturning Abortion Decision*, available at http://www.pewforum.org/2013/01/16/roe-v-wade-at-40.
21 *Id.* このような宗教とアボーションの賛否をめぐる葛藤を示す好個の例が，バプテスト信者であった民主党のカーター大統領である。

第11章　アボーション論争と連邦最高裁

グラフ（1）

（インデペンデント）では，64％対28％となっているとされる。

　このような社会的，政治的対立は，現在でもアボーション賛成派をプロ・チョイス派，アボーション反対派をプロ・ライフ派と呼ぶ形で存在している。このような対立は本来であれば，議会への働きかけ，あるいは憲法改正などの動きに反映されることが本来であろう。しかし，アボーションの問題が共和党と民主党の対立となり，そしてアボーション問題が合衆国憲法上の権利をめぐる争いとなっていることから，政治過程では容易に解決できない争点となっている。そのためもあってか，プロ・ライフ派は，毎年ロー判決

4　ロー判決の及ぼした政治的影響

Pro-choice のポスター

が下された1月22日にワシントンでデモ行進を行っている。さらに，プロ・ライフ派によるアボーション・クリニックでのピケ，アボーションを行おうという女性に対する嫌がらせなどに加えて，アボーション・クリニックへの放火，クリニックの医師の殺害などが行われるまでに反対は強くなっている[22]。これに対して，連邦議会はその活動に対抗する法律を制定した[23]。

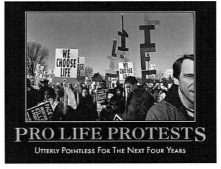

Pro-life のデモ

(3) マクレン事件連邦最高裁判決

このような中で，連邦最高裁は，マクレン対コークリー（MuCullen v. Coakley）事件[24]において2014年6月26日に注目すべき判決を下した。事件の内容はつぎのようなものであった。マサチューセッツ州は，2000年にアボーション・クリニックの外で行われるアボーションの権利を支持するグループとアボーションに反対するグループとの衝突を規制する法律を制定してい

22　ちなみに，中絶クリニックへの初めての放火事件は1977年にミネソタ州で発生し，1982年にはイリノイ州で中絶クリニックへの爆弾による放火で，医師とその妻が死亡している。
23　小竹聡「『一部出生中絶』の禁止と中絶の権利の将来」大沢秀介＝大林啓吾編著『アメリカ憲法判例の物語』（成文堂，2014年）239頁。
24　573 U. S. ___ (2014).

― 265 ―

た。さらに、その法律を2007年に改正し、病院とは別に存在するアボーション・クリニックの入口または私有道路から35フィート以内にある公道または歩道であると知りながら立っていることを犯罪とした。そのねらいは、アボーション・クリニックの周りに緩衝地帯を設けようとするものであった。これに対して、「歩道カウンセリング」（sidewalk counseling）という、アボーションのためにクリニックに訪ねてくる人々にアボーションの代替案の情報を提供する活動を行っている原告（McCullenら）が、本件マサチューセッツ州法はこれまで以上にカウンセリングを困難にするものであるなどとして、州の司法長官ら職員を相手取って、本件州法は表現の自由を保障する修正1条および修正14条に文面上あるいは原告らに適用する限りで違憲であることを理由に、州法の執行を差止める訴えを提起した。

　この訴えに対して連邦高裁は、この州法の規制が内容中立的な時・所・方法規制であるとして合憲であるとしたため、マクレンらが上告した。

　これに対し、連邦最高裁は、つぎのような違憲判決を下した。判決は、公道は伝統的に表現の自由にとって重要なパブリック・フォーラムとしてされてきたが、そこでも内容中立的な時・所・方法規制は許されてきたとして、ウォード対ロック・アゲインスト・レイシズム（Ward v. Rock Against Racism）事件連邦最高裁判決[25]に依拠して、つぎのように判示した。本件マサチューセッツ州法は内容中立規制であり、その規制目的は公共の安全、患者の医療へのアクセス、公道を妨げられることなく使用することであるから重要である。しかし、この州の規制は、その目的を達成するに求められると考えられる以上の手段が用いられている点で違憲である。それは、マクレンらの活動は単なるアボーション反対の抗議ではなく、個人的な会話と資料の配付というものを通じての2つのコミュニケーションであり、それを州法の規制は奪っている。また、マサチューセッツ州は、道路交通の安全に関する条例などを適用するなど他のより制限的でない手段を持っており、そもそも「歩道カウンセリング」が見られるのは、ボストン市の土曜日の午前中であるから、警官の配備によって対処可能である。それらの手段が不十分である

25　491 U. S. 781 (1989).

4 ロー判決の及ぼした政治的影響

ことをマサチューセッツ州は示していないとしたのである。

(4) 州議会の対応と連邦最高裁

　前述したようなプロ・ライフ派の動きを受けて、いくつかの州ではアボーションを制限ないし規制する法律を制定しているところもある。たとえば、未成年者のアボーションには親の同意を求めたり、婚姻しているものには配偶者の同意を求めたりする法律や、アボーションを行う前に待機期間を設ける法律、州のアボーション施設に対する補助を禁止する法律、アボーションの手術の方法を禁止する法律などである。

　このような中で、最近の政治的動きとして注目されるのは、州議会で再度アボーションを規制する州法が見られるようになっていることである。とくに、それらの規制の中で注目されるのは、女性の健康を保護するという規制の目的を掲げることによって、州内にあるアボーション・クリニックを閉鎖に追い込むことをねらいとしたものである。具体的には、クリニックでアボーション手術を行う医師について近隣の病院に患者を入院させる特権（admitting privileges)[26]を有することを求めるなど大変厳しい要件を課し、アボーション・クリニックを閉鎖に追い込むねらいを有するとみられている。この種の規制法は、たとえば2014年5月21日にルイジアナ州議会で成立したが、同様の法律はすでにアラバマ州、ミシシッピー州、テキサス州で成立している。また、ウィスコンシン州でも制定されている。この種のアボーション規制法は、アボーション医師の患者入院特権、クリニックの設備の高さを求める点で、ロー判決で認められたアボーションの権利を侵害するものではないかという可能性が強く指摘されている。これに対して、州の側は自らの州ではアボーション・クリニックが閉鎖されるとしても、他州のクリニックを利用可能であるとの反論を行っている。しかし、南部の近隣の諸州では同種の法律が制定されてクリニックが閉鎖に追い込まれており、それが認めら

26　入院特権とは、病院の医療スタッフとして病院の一員であるということを理由として、患者を特定の病院または医療センターに入院させ、特別な診断または医療サービスをその患者に施すように求める医師の権利である。

れるべきか否かがすでに訴訟で争われている[27]。このような州やさらに連邦のアボーション規制法は，これまで連邦最高裁に持ち込まれることが多く，そこではアボーションの政策的判断を憲法判断との関係で行うことを求められてきたのである。それでは，連邦最高裁はアボーション規制それ自体について，ロー事件判決以後どのような傾向を示すようになったのかについて，以下見ておくことにしたい。

5　ロー判決以後の連邦最高裁の判例

　連邦最高裁は，現在かつてのロー判決で見られたような妊娠を3つの時期に区分するという枠組みをとらなくなっており，胎児が生存可能性を有するか否かという点を重視した判断を行っていると解されている。このような流れの中で最近の重要な連邦最高裁の判決としては，プランニド・ペアレントフッド対ケーシー（Planned Parenthood v. Casey）事件判決[28]とゴンザレス対カーハート（Gonzales v. Carhart）事件判決[29]があげられる。

（1）ケーシー事件連邦最高裁判決

①事件の内容　　ケーシー事件では，ペンシルヴァニア州議会により制定された1988年と1889年の中絶規制法改正の合憲性が争われた。その改正は，①アボーションを行おうとする者に対するインフォームドコンセントを求める規定，②中絶手術の前に24時間の待機時間を設ける規定，③アボーションを行おうとする未成年者については，片方の親の同意または裁判官の同意が求められるとする規定，④既婚女性がアボーションを行う場合には，夫に対して胎児を堕胎するという自らの意思を伝えなければならないとする規定を置

27　Jeremy Alfred and Erik Eckholm, *With New Bill, Abortion Limits Spread in South*, available at http://www.nytimes.com/2014/05/22/us/politics/new-bill-spreads-abortion-limits-in-south.html?_r=0. テキサス州法の合憲性に関するホール・ウーマン・ヘルス対ヘラーシュテット（Whole Woman's Health v. Hellerstedt）事件の口頭弁論が2016年3月2日に行われ，連邦最高裁は2016年6月27日に，テキサス州法は権利に不当な不安を課すとして違憲判決を下した。
28　505 U. S. 833 (1992).
29　550 U. S. 124 (2007).

くものであった。そこで，これらの規定についてアボーション・クリニックの医師らが，ロー判決で認められたアボーションの権利を侵害するものであるとして争ったというのが，事件の概要である。原審は，この事件ですでに述べた法律の各規定のうち④の規定をのぞき，すべて合憲とする判決を下した。そこで，連邦最高裁に対して上訴がなされた。

連邦最高裁は，ケーシー事件で法廷意見を形成できず相対多数意見にとどまったが，9人の裁判官が結論において5対4に分かれた。そして，反対意見がロー判決を覆すことを強く求める中で，多数派の裁判官は結論においてロー判決を再確認したものの，争われていたペンシルヴァニア州法については，すでに述べたように④の規定を除き合憲と判示した。この判決で注目されるのは，つぎの2点である。第1点は，本判決がロー判決に疑義を呈しながらも，裁判所の判断が一貫することの誠実性および先例としての拘束力を認める判断を示したことである。第2点は，ロー判決で示された妊娠を3期に分けて，それぞれの時期における規制の合憲性を判断するという基準に代えて，新たな判断基準を示したことである。以下，少し詳しく見ていくことにしたい。

②**先例としてのロー判決**　ケーシー事件でサンドラ・オコナー（Sandra Day O'Connor）裁判官の執筆する相対多数意見[30]は，その意見の冒頭で，アボーションの権利の合憲性がいまも争われ，ロー判決を覆すように求める声があることに触れた上で[31]，司法としての制度的誠実性（institutional integrity）および先例拘束性の原理を理由として，先例としてのロー判決を変更することについては，慎重な姿勢を示した。その理由として，判決はまず判例変更に必要な憲法判断の正当性を支える事実の変化がまだ生じていないことをあげた。たしかに，1973年以来社会は発展を遂げてきたが，ロー判決は依然として時代遅れの判決とは見られないとした。また，先例を覆すことによる法的安定性の喪失によって，人々の生活に大きな影響をもたらす可能性があることをあげた。ロー判決という連邦最高裁の先例に従って，その生き方

30　ケネディ，スータ裁判官同調。
31　根本猛「人工妊娠中絶とアメリカ合衆国裁判所（3）」静岡大学法政研究第2巻第2号（1997年）17頁。

を考えてきた人々にとっては，ロー判決を覆すことは大きな不利益を与えることになるとしたのである。

③新たな判断基準の提示　　いま述べたように，ケーシー判決は，ロー判決を先例拘束性の原則との関係で維持したが，その判決で注目されるのは，それまでのロー判決で示された合憲性の判断基準に代えて，胎児が生存可能性を有しない期間においてアボーションを受ける女性に当該規制が不当な負担（undue burden）を課しているか否かという新しい基準を提示したことである。この不当な負担の基準の下では，州のアボーション規制が不当な負担を課すという目的または効果を有しているのかが判断されるとした。その場合の不当な負担とは，「胎児が生存可能性を獲得する前にアボーションを求める女性の生き方に実質的な障害となる」ものであるとされた。そして，判決は，この新たな不当な負担の基準を本件の事実に適用して，既婚女性に対して夫への通知を求める規定は，完全な法的地位を有する成人の女性に不当な負担を課すものとして，違憲と判示したのである。

　この判決は，オコナー，アンソニー・ケネディ（Anthony Kennedy），ウィリアム・スータ（William K. Suter）という3名の裁判官による相対多数意見であった。ただ，それはロー判決の根幹部分を維持しつつ，具体的な合憲性の判断基準については，これまでの妊娠の時期にのみ着目して判断するという姿勢を転換したものであった。すなわち，ロー判決の基準では，妊娠の第1期においては州の規制がそもそも及ばないとされていたが，この判決の示した不当な負担の基準では，州の規制の必要性も女性のアボーションの権利との比較衡量で判断され，合憲と判断される場合も生じることになる。したがって，ロー判決での合憲性判断基準とは異なり，新たな基準は女性のアボーションの権利を優位におくものではなく，その意味で実質的には判例変更が行われたとする見方も存在する。ただ，一般的にはかなり制約的ではあるものの，ロー判決が示した女性のアボーションの権利それ自体については判決の文言から見る限り，ロー判決の判断を追認したものであるとの見方が受け入れられている。

（２）カーハート事件連邦最高裁判決

　1992年のケーシー判決では，当初ロー判決が覆されるのではないかという予測が見られたものの，すでに述べたように，連邦最高裁はロー判決の根幹部分を維持する判断を示した。もっとも，その後アメリカ社会における保守化が徐々に進展し，2000年の大統領選挙では民主党のゴア候補を破って共和党のジョージ・W・ブッシュ大統領が誕生し，さらにブッシュ大統領によって保守派と目されるジョン・ロバーツ（John Roberts）首席裁判官とサミュエル・アリト（Samuel Alito）裁判官が連邦最高裁に任命されることによって，連邦最高裁における保守派裁判官の影響力が拡大することになった。それと同時に，すでに州法として制定されていた部分出産中絶禁止法（Partial Birth Abortion Ban Act）が2003年に連邦法として成立することになったことを受けて，ロー判決の意義が再度問われることになった。

　連邦法にいう部分出産中絶禁止とは，「胎児の頭部または体幹の部分が母体の外にある」形でアボーションを行うことを禁じるというものである。このような部分出産中絶禁止法の合憲性が争われたのが，2007年のゴンザレス対カーハート（Gonzales v. Carhart）事件連邦最高裁判決[32]である。この事件の原告は，妊娠後期のアボーション手術を行う医師であるカーハートらであった。彼らは，この法律により妊娠後期のアボーション手術の手法である「D&E（dilation and evacuation（子宮頸管の拡張と掻爬））」が行えなくなり，それによってケーシー判決にいうアボーションの権利に対する違憲な形での不当な負担を課すこと，さらに2000年のステンバーグ対カーハート（Stenberg v. Carhart）事件連邦最高裁判決[33]が認めていた母体の健康の保護という例外も規定されていないことも違憲の理由としてあげて，部分出産中絶禁止法の執行の停止を求めて出訴した。この事件で，連邦地裁および連邦高裁は，ともに原告の主張を支持したため，連邦政府が上訴した。

　この上訴に対して，連邦最高裁のケネディ裁判官の執筆する法廷意見は，部分出産中絶禁止法の文言は明確であり，同法はアボーションの権利に不当な負担を課すものではないから，合憲であると判示した。まず，法律はすべ

32　550 U. S. 124（2007）.
33　530 U. S. 914（2000）.

てのD&Eを対象とするものではなく，その一部の手術手法である部分出産中絶（intact D&E）を対象とするものであるとして合憲限定解釈を施し，法律の文言が不明確であるとはいえないとし，また不当な負担を課すものでもないとした。さらに，法廷意見は，治療上必要かどうかが定かでない場合に常に例外を規定することは，医療関係者を規制する立法権に課す基準をあまりにも厳密にするものであるとした。そして，法廷意見は，女性患者の健康を保護するためにアボーション手術が必要とされるような状況が生じた場合には，この法律の適用違憲を争う可能性があるとした。

いま述べたように，部分出産というアボーション手術の方法を禁止する連邦法の合憲性が争われた本件で，連邦最高裁はこの法律が妊娠の初期に行われるアボーション手術に影響を与えるわけではないから不当な負担を課すものにはあたらず，また部分出産中絶を禁止する連邦法は文面上漠然としてはおらず，違憲ではないと判示した。

本判決は，アボーション禁止派にとっては近年でもっとも大きな成果をあげた判決であるとされる。実際，この判決において反対意見を執筆したルース・ベータ・ギンズバーグ（Ruth Bator Ginsburg）裁判官は，法廷意見が本判決はケーシー判決およびステンバーグ判決という先例と一致していると述べたことに対して，「ロー判決やケーシー判決で保障された（アボーションの）権利に対する法廷意見の敵意は隠しようがなくなっている」と述べたのである[34]。その意味では，本判決によってロー判決のかなりの部分が侵食されたことになる[35]。しかし，なお連邦最高裁の判決は，正面切って女性のアボーションの権利について否定したわけではない。

この観点から見るとき，州による最近のアボーション規制法の合憲性をめぐる事件が，つぎつぎと連邦最高裁に持ち込まれてきていることが注目される。たとえば連邦最高裁は，2014年6月23日にアボーション医師に近隣の病院への患者入院特権の所持などを求めるウィスコンシン州法の執行を差し止めた第7巡回区控訴裁判所の判決に対して，州からの上訴がなされた事件で

34　550 U. S. at 186. (Ginsburg J. Dissenting).
35　Reve B. Siegel, *Roe's Roots: The Women's Rights Claims that Endangered Roe*, 90 B.U.L. REV. 1875 n.2 (2010).

訴えを退ける判断を示している[36]。もっとも，これは法律の執行の一時的差止めを求める訴えに対するものであり，州法の実体的内容に対する合憲性自体は，すでに述べたように，連邦最高裁で争われることになった。

いままで見てきたように，連邦最高裁はアボーションに関する事件を取り上げることによって，合衆国憲法で明文上定められていない憲法上の権利の有無についてそれを認める実体的判断を行ってきた。この憲法上の権利として認められた自己決定権としての女性のアボーションの権利については，裁判官の主観的・恣意的な判断がなされたか否かという点を超えて，司法権の優位と大統領の憲法解釈権をめぐる正面からの争いを経験してきているといえる。そのため，現在でも一連のアボーションをめぐる連邦最高裁の先例を支持する見解が多いものの，それに対して道徳的，宗教的観点からの批判はなお根強く，とくに南部を中心に州議会を巻き込んだ大きな政治的論争を引き起こしている。その政治的論争が，州法やときに連邦法の制定となってあらわれ，連邦最高裁はそれら州法や連邦法の合憲性を判断する際にロー判決を先例としてなお維持するのか否か，維持するとした場合にどこまでロー判決で認められた女性のアボーションの権利に対する制約を合憲と判断するのかという点について，明らかにすることが求められているのである。

---

36 Lawrence Hurley, *U.S. Supreme Court Rejects Wisconsin Abortion Case, available at* http://www.huffingtonpost.com/2014/06/23/wisconsin-abortion-supreme-court_n_5521626.html.

第12章　司法権の優位と2つの判決

1　レーガン革命

(1) レーガン政権の誕生

　レーガン政権は，1935年以来続いていたアメリカ型の福祉国家に代えて，新たな外交・軍事力の強化と自由主義経済という保守的な見解を打ち立てたといわれている。ロナルド・レーガン大統領は，わが国では映画俳優としても有名であるが，もう一つハリウッド時代から政治との関わりも強いという側面を有していた。レーガン大統領は，1967年から1975年にかけてカリフォルニア州知事をつとめたが，そのときから後のレーガン革命の基盤が形成されていた。州知事時代のスローガンは，福祉国家が人間を怠惰にするとして福祉国家の思想を批判するとともに，共和党の伝統的な政策である経済規制の緩和と減税を求めるものであった。

　その後，レーガンは1980年に大統領選挙に当選するが，その勝利は地滑り的なもので，レーガンは50.7％の票と全米44州489人の選挙人を獲得し，現職のカーター大統領が得票率41％，選挙人獲得数49票を獲得したのにとどまるのと比較し，大勝であった。このような大勝をもたらしたものは，当時のアメリカ国民，とくに

レーガン大統領

中流層がそれまでの民主党の福祉国家政策によって生活が脅かされているという認識を有していたことと、カーター政権がアメリカのイラン大使館人質問題で外交上手詰まりになっていることに対する不満であった。

(2) レーガン革命

　大統領としてのレーガンは、後にレーガン革命と呼ばれる以下のような政策を打ち出した。まず、経済政策としては「レーガノミックス」(Reaganomics)として知られる、政府支出を減らし民間投資を重視する政策を打ち出した。それは、具体的には減税を行って経済成長を促し、財政支出を減らしてインフレを抑制し、経済の規制緩和を進めるというものであった。他方、外交ではタカ派的主張を行い、イギリスのサッチャー首相と緊密な関係を保持し、ソビエトのゴルバチョフ首相との間で冷戦を終結させた結果、アメリカが唯一の超大国となった。

　このようなレーガン大統領の政策は、アメリカ国民に大国としての自信を取り戻させ、在任中から大統領として国民の高い支持率を獲得した。また、軍事面では、レーガン大統領は財政支出削減の中で軍事支出だけは例外扱いをした上で、中南米やアフガニスタンの共産主義政府を打倒するために軍事介入を行った。このような政策は副作用も伴っていた。たとえば、減税を行いつつ軍事費を増大させたため、財政赤字が巨額になったのである。しかし、経済成長は大きく評価され、レーガン大統領は1984年に大統領に再選されることになった。

(3) レーガンと連邦最高裁判所裁判官の任命

　レーガン大統領は、1980年の大統領選挙中、当選した場合には女性を連邦最高裁裁判官に任命するという公約を掲げていた。女性の連邦最高裁裁判官は、それまで存在していなかった。そして、実際に当選後の1981年、それまでの191年に及ぶ連邦最高裁史上1人も存在していなかった女性裁判官として、当時アリゾナ州の控訴裁判所の裁判官であったサンドラ・ディ・オコ

ナー[1]を任命した。オコナーは，アリゾナ州の牧場育ちでカウボーイならぬカウガールとして知られ，またレーンキスト裁判官とはスタンフォード大学ロー・スクールの同級生であった。イデオロギー的には，アリゾナ州で共和党支持者として，州司法長官補，州上院院内総務，州控訴裁判所裁判官など州の三権にかかわる公職に就いて活躍していたことから，任命当時は保守的な色彩が濃いといわれていた。もっとも，共和党の保守派内では，彼らの当時の最大の関心事であるアボーション問題に対するオコナーの態度がアボーションを支持するものではないかという疑念が持たれ，任命に反対する声も強かった。このような中で，結局任命されたオコナー裁判官の態度は，強い保守主義を示すことなく，むしろ中間派に位置する裁判官としてキャスチングボートをにぎる存在となった。

　また，レーガン大統領は，再選後ウィリアム・レーンキスト裁判官をバーガー首席裁判官の後任として陪席裁判官から首席裁判官に任命した。レーンキスト裁判官は，1924年10月にウイスコンシン州ミルウォーキに生まれ，合衆国陸軍での勤務を経た後に大学生活を送り，1952年スタンフォード大学のロー・スクールを卒業した。卒業後，ロバート・ジャクソン（Robert H. Jackson）連邦最高裁裁判官のロー・クラークを経て，しばらくの間は法律事務所で働いていたが，共和党のニクソン大統領によって1969年に連邦司法省の司法長官補に任命され，さらに1971年に連邦最高裁裁判官に指名された[2]。レーンキスト裁判官は，陪席裁判官として14年，首席裁判官として19年を連邦最高裁で過ごした。その判断の特色としては，フェデラリズムの下での州の役割を支持し州に介入する連邦法を違憲とする一方，公共訴訟（public law litigation）[3]に見られる連邦司法府の権限拡大には強く反対したことがあげられる[4]。

1　オコナーの経歴については，サンドラ・ディ・オコナー研究所のホームページを参照のこと。*Available at* http://www.oconnorhouse.org/oconnor/biography.php.
2　レーンキスト首席裁判官の経歴については，アリゾナ大学レーンキスト・センターのホームページを参照のこと。*Available at* http://www.rehnquistcenter.org/rehnquist.cfm.
3　公共訴訟については，大沢秀介『現代型訴訟の日米比較』（弘文堂，1988年）参照。
4　Linda Greenhouse, *William H. Rehnquist, Chief Justice of Supreme Court, Is Dead at 80*, *available at*：http://www.nytimes.com/2005/09/04/politics/william-h-rehnquist. なお，レーンキスト・コート下での判決に関する邦語文献として，宮川成雄編『アメリカ連邦最高裁とレーンキ

また，レーガン大統領は，当時ワシントン地区連邦高裁の裁判官で元シカゴ大学ロー・スクール教授であったアントニン・スカリア（Antonin Scalia）を，陪席裁判官としてのレーンキスト裁判官の後任として任命した。イタリア系移民の子であるスカリアは，共和党政権の下で司法省関係の役職をつとめる一方，民主党政権下では政権外に出てシカゴ大学ロー・スクールなどで教授をつとめていた。スカリア裁判官は，レーンキスト裁判官よりも保守的で司法消極主義者として有名であった[5]。

　レーガン大統領によるこのような裁判官人事の特色は，いま見たように保守的な裁判官の任命にあった。そのねらいは，保守的な自らの政治思想に沿った連邦最高裁を形成することにあったが，このような傾向は保守的な法律家として知られる元イェール・ロー・スクール教授で，当時連邦控訴裁判所裁判官であったロバート・ボーク（Robert Bork）を連邦最高裁裁判官に任命しようとしたことに端的にあらわれていた。もっとも，このボーク人事は，リベラル派から強い批判を浴び[6]，その結果ボークの任命は上院で否決された。

2　レーガン政権と憲法理解

（1）レーガン大統領の主張

　いま述べたような，保守的な裁判官の任命は，レーガン大統領の政策的選好であることはもちろんであるが，どのような裁判官を任命するかは，アボーション事件での連邦最高裁の憲法判断を変更することにつながるという政治的意味合いを持っていた。レーガン大統領は，1980年の大統領選挙運動期間中からアボーション事件に対する連邦最高裁の判決を取り上げ，事件で争われている憲法の意味をどのように解するかは，司法の権限ではなく民主主義の過程で解決されるべき事柄であると主張していた。この場合の民主主義

　スト・コート』（成文堂，2009年）参照。
5　OYEZ, Antonin Scalia, available at http://www.oyez.org/justices/antonin_scalia.
6　*Bork Confirmation Battle, available at* http://www.cqpress.com/incontext/SupremeCourt/bork_confirmation.htm.

の過程の強調は，憲法の解釈によって導き出すことのできない権利を認めるか否かは，政治部門が判断するべきだということを意味していた。そして，レーガン大統領は，連邦議会が未出生児を法的に保護するための立法を制定するよう連邦議会に求めたが，そのような立法は当時連邦最高裁によって違憲判決が下されると見られていた。

ミース司法長官

（2）ミース司法長官の見解

もっとも，このようなレーガン大統領の主張を憲法に関する理論として具体化していったのは，エドウィン・ミース（Edwin Meese）司法長官であった。1931年生まれのミース司法長官は，カリフォルニア州知事時代からレーガン大統領の政策ブレーンであった。ミース司法長官は，レーガン大統領の意向を受けて，つぎのような憲法理解を示した[7]。

ミース司法長官は，憲法そのもの（Constitution）と憲法に関する法理（constitutional law）とは区別するべきであり，憲法に関する法理は裁判官によって形成されているものであって，憲法そのものの意味を決定しないと主張した。憲法に関する法理は，単に連邦最高裁が憲法について述べたものにとどまり，権威のある憲法そのものではないとして，ミース司法長官はジェファーソン，ジャクソンそしてリンカーンの例を引いて，裁判所による先例の権威は，憲法の意味をめぐる政治的論争を解決することにはならないと主張した。そして，憲法解釈は，連邦最高裁のみの仕事であるのではなく，政治部門を含めたすべての統治部門の仕事として適切に理解されるべきであると述べたのである。

---

[7] Edwin Meese Ⅲ, The Law of the Constitution, 61 TUL. L. REV. 979（1987）．このミースの議論については，大林啓吾「ディパートメンタリズムと司法優越主義─憲法解釈の最終的権威をめぐって─」帝京法学25巻2号（2008年）103頁-155頁参照。

このようなミース司法長官の主張については，少なくとも2つの点を考慮しておく必要がある。1つは，この主張が裁判所の示した憲法に関する理解・法理を大統領が矯正するという大統領のリーダーシップを示唆していることである。それは，反面で連邦最高裁の憲法解釈を縛ろうとするものであった。そこでは，大統領にも憲法解釈権のあることがうたわれ，連邦最高裁の憲法判断が常に敬譲を受けるわけではないとされた。そして，憲法解釈権をめぐって，国民の多数派の支持を受け新たな憲法解釈を打ち出した大統領と，それまでの憲法解釈とそれによって形成されてきた先例・法理を尊重しようとする連邦最高裁判所が対峙するという場面が想定されていた。もう1つ考慮すべき点は，このミース司法長官の考え方が，憲法解釈をめぐる新たな理論的傾向を示していたことである。連邦最高裁の伝統的な憲法判例・法理を否定するというミース司法長官のような立場をとった場合に問題となるのは，新たな憲法解釈をどのような考え方に基づいて行うべきかということである。この点に関してミース司法長官が示した考え方が，原意主義（Originalism）[8]であった。

（3）原意主義の内容

憲法解釈を行う場合には，その解釈の源となるものとして5つ存在すると指摘されている[9]。①憲法のテクスト・構造（original text），②当該条項の憲法起草者，憲法発議者，憲法批准者の意図（original intent），③先例（多くは裁判所の先例），④解釈の及ぼす社会的・政治的・経済的影響，⑤自然法（natural law）―実定憲法から離れた普遍的な法，の5つである。このうち，①と②に重きを置く人々を原意主義者（Originalist）と呼ぶ[10]。この原意主義の立場は，従来の非原意主義者（Non-originalist）が裁判官個人の主観

---

[8] 原意主義については，大沢秀介「アメリカにおける『立憲主義』」法学教室428号（2016年）18頁-19頁参照。
[9] Doug Linder, *Theories of Constitutional Interpretation*, available at http://law2.Umkc.edu/faculty/projects/ftrials/conlaw/interp.html.
[10] ただし，原意主義はさらに分かれる。一つの有力な立場はTextualistであり，この立場は憲法の文言と構造に重きを置くものであり，裁判官が集合的な意図（collective intent）を決定しうる能力を有すると言うことに対しては懐疑的である。

的な価値観やエリート的な価値観を押しつけることを許してきたと批判する。その上で，裁判官は，中立的かつ客観的な基準を基に正当な判決を下す必要があるとし，そのような中立的かつ客観的な基準として，争われている憲法条文を起草した人や批准した人の意図を重視しようとするものであった。

　原意主義の立場は，より端的にいえば憲法が制定された当時に理解されていた憲法の意味を，現在生起する事件の憲法解釈において，それを踏まえて適用しようとするものである[11]。この原意主義の主張は，憲法の価値を現代に活かすという形で憲法解釈がなされることによって，裁判官および裁判所が主観的，恣意的な判断を下すことを許して，選挙によって選ばれていないにもかかわらず，選挙によって選ばれた議員や大統領の権限を奪ってしまうということを避けるべきだというものである。また，非原意主義が裁判所の役割を広くとらえ，憲法には明文では規定されていない「基本的権利」，たとえば人工妊娠中絶を行う女性の自己決定権のような権利を制約する立法に対して，厳格な審査基準を適用して違憲と判断するという考え方をとるのに対して，原意主義は裁判所の役割を限定してとらえようとする立場から，議会が当該制約立法について必要ならば自ら法を修正，廃止するという形をとるべきであり，裁判所はみだりに違憲判断をするべきではないことを主張するものである。したがって，原意主義は非原意主義と異なり，裁判官がアボーションの権利のような「基本的権利」を憲法上読み込む場合には，それは裁判官の権限を越えると同時に，連邦議会や人民の権利を侵害する非民主的なものと批判するのである。

（4）原意主義の評価

　いま述べたような原意主義は，憲法解釈でこれまでそれほど重視されてこなかった憲法のテクスト・構造，起草者や批准者の意図などを重視したことについては評価されている。また，現在の連邦最高裁の裁判官の中に，クラ

11　この見方はスカリア裁判官が連邦議会の上院司法委員会で述べたものである。*Available at* http://www.c-span.org/video/?c4507562/originalisn-vs-living-constitution.なお，スカリア裁判官は2016年2月12日から13日にかけての深夜に旅行先のテキサス州で就寝中に死亡した。

第12章　司法権の優位と2つの判決

スカリア裁判官（2

レンス・トーマス（Clarence Thomas）裁判官やスカリア裁判官など原意主義を支持する人々が存在してきたことから，憲法解釈論としても一定の評価を受けている。さらに，原意主義は立法府での議論を重視する熟議民主主義と結びつきやすいということも指摘されている。

もっとも，憲法のテクスト・構造，憲法起草者や批准者の意図に基づいて，憲法解釈を行えば，それでよいというわけではない。たとえば，リチャード・ポズナー（Richard Posner）によれば，憲法はその中に明確な文言を持って規定している場合（議会の手続に関する規定など）と，緩やかに規定しておいてその時々の状況に合わせて解釈をすることを認める場合があるとされる[12]。そのように考えると，原意主義は時代状況に合わせて解釈を行い，それを基に行われる合憲性を判断する基準が変化する場合には用いることができなくなるという問題点をもつ。また，原意主義に対しては，起草者や批准者の意図を確定することの困難さ，テクストの不明確さなどが指摘され，その判断が主観化され，また政治的な判断となりやすいとも批判される。

なかでも，原意主義に対する最も大きな反対理由としてあげられるのは，アメリカでは政府による人民の抑圧ということがありうると考えられていることに反するということである。政府による人民の抑圧手段は，多様で変化するものであり，それらすべての手段を憲法制定時に憲法上明文で記することは困難であったはずであるという認識が存在するのである。また，立法府が制定した法律を過大視しないという考え方も存在する。たとえば，法律がすべての人に婚姻を義務づけるような場合には，そのような法律に従う必要はないとされる。それは，個人の自由に反することになるからである。原意主義に反対する立場からは，このような当初制定された憲法とその後の政府

12　RICHARD A. POSNER, OVERCOMING LAW (1995).

の新たな抑圧手段の誕生との間に生じるギャップを埋める役割は，人民と立法部の間に存在する裁判官に委ねられていると考えられているとするのである。

(5) 生ける憲法論

いま述べたような原意主義の立場に対して，憲法解釈論として主張されているもう1つの代表的な見解が，生ける憲法 (the living constitution) 論の立場である。生ける憲法論の立場は，合衆国憲法は経済，技術，国際情勢が急激に様相を変化させていくという時代状況の中で発展および変化してきており，それは憲法修正を経ることなく新たな状況に適応していると見るものである。生ける憲法論の立場は，合衆国憲法の修正を行うためには非常に困難な手続を経なければならないという点を重視する。また，大きな憲法修正が，南北戦争後における憲法修正が成立して以後は見られていないことを考えると，合衆国憲法について文理解釈を中心に行うことは，憲法を歴史の中に埋没させることになるという立場をとる。憲法が制定された当時に人々が抱いていた憲法に対する理解は，その状況や考え方が大きく変化した現在の事実を踏まえるとき，憲法解釈としては不適切であるとするものである[13]。

このような生ける憲法論の立場からは，原意主義に対して，つぎのような批判が加えられる。そもそも，制定された当時の憲法に規定された文言は正確に定義することが困難であって，原意主義者の想定とは異なり，憲法起草者の間での意見の一致は存在しなかった。したがって，一部の憲法起草者がどのように憲法の規定をとらえていたにせよ，裁判官による憲法解釈を憲法起草時に特定の理解がとられていたことを根拠に拘束することは不可能であるとする[14]。たとえば，憲法起草者の間で憲法の文言の理解が一致しなかった例として，マカーロック判決があげられる。

マカーロック事件では，連邦議会が合衆国憲法1条によって付与された権限を履行するために必要かつ適切な法律を制定することができるという条項

---

13 カーミット・ルーズヴェルトⅢ世（大沢秀介訳）『司法積極主義の神話―アメリカ最高裁判決の新たな理解―』（慶應義塾大学出版会，2011年）48頁。
14 ルーズヴェルト・前掲訳書注（13）51頁。

に基づいて,合衆国銀行を創設することが,憲法違反か否かが争われた。ところが,この点をめぐっては憲法起草者の間で争いがあり,ハミルトンは合憲であると論じ,一方マディソンは違憲であると主張した。このような場合から見られるように,裁判官の解釈を憲法起草者の理解によって拘束することはできないとするのである。

さらに,生ける憲法論者は,そもそも憲法解釈において重視されるべきは憲法の有する価値であり,当初の価値を適用することとは異なるとする[15]。この理解からは,たとえば平等保護条項の解釈のような場合には,正当化される差別か否かが問題とされるのであり,その正当化は現代の社会に生きる裁判官が憲法を解釈することによって判断する必要があるとされる。このような観点からは,かつて認められていた異人種間の婚姻や女性差別は,絶対的に否定されるべきだと考えられるとするのである。

もっとも,この生ける憲法論の立場に対しては,憲法の価値が現代的な状況の変化の中で保持し続けられるべきことを重視して,裁判官の解釈をその価値の適用として行われるとつねに考えることはできないと批判される。そこでは,憲法の有する永続的価値の内容は一定しているのか,それは意図的変容の対象とならないか,特定の裁判官にとってそれが価値を有しているだけだとすれば,それは法といえるかなどの問題が指摘されてきた。さらに,コロンビア特別区対ヘラー(District of Colombia v. Heller)事件連邦最高裁判決[16]で争われた銃を持つ権利を定めた修正2条のように,憲法起草者によって明確に憲法の文言が規定されている場合もあるとされる。ただ生ける憲法論の立場から,平等保護条項の解釈において固定的な平等価値を前提として個別具体的な状況を考慮せず,柔軟な解釈適用をまったく認めないことは困難であると批判される。平等保護条項のような場合には,憲法起草者がそもそも柔軟な適用を考え,そのことを踏まえて裁判官に憲法解釈を行うことを求めていたと考えるべきだからである[17]。

---

15 ブライアー裁判官の連邦議会上院における生ける憲法の意味に関する端的な理解として示されたものである。
16 554 U. S. 570(2008).
17 ルーズヴェルト・前掲訳書注(13)53頁。ルーズヴェルトは,自らの考え方を意味原意主義として述べている。52頁-58頁。

（６）原意主義とアボーション事件に対する判決

　このような原意主義をめぐる争いは，今日でも続いている。たとえば，デービッド・シュトラウス（David A. Strauss）は，基本的に生ける憲法論の立場によりつつ，原意主義からの批判を踏まえて，先例と年月を経て生成された伝統によって，コモンロー的に生ける憲法をとらえるコモンロー型憲法（common' law constitution）を提唱する[18]。また，最近の連邦最高裁は，原意主義が批判するアボーション事件に対する判決の骨格をなお保持している。たとえば，2000年6月28日に判決のあったステンバーグ判決[19]にその具体例を見ることができる。

　ステンバーグ判決は，あらゆる部分出産中絶（Partial Birth Abortion）[20]を禁止するネブラスカ州法の合憲性が争われた事件に対する判決である。この州法は，母親の身体や健康を保持するためであっても，医師の適切な判断がない限り部分出産中絶は認められないとして禁止するものであった。法律に違反した場合には重罪とされ，有罪とされた医師は自動的に医師免許を取消されるものとされていた。そこで，アボーションを手がけているネブラスカの医師カーハートが，同法は違憲であるとの宣言的判決を求めて連邦裁判所に提訴したのである。

　この訴えに対して，連邦最高裁は同法を違憲とする判決を下した。その理由は，この州法がアボーションについて母体保護のためという例外を設けていないこと，また同州法は，女性が子宮頸管の拡張と掻爬（Dilation & Extraction）の一種とよばれるアボーション方法を選択する自由に対して不当な負担を課しており，したがって，女性が自らアボーションを選択する自由を制限していることにあるとされた[21]。

　この判決で，連邦最高裁は，現在のアボーションに関する判例法理を確認し，それを適用した。その法理とは，女性はアボーションを選択する権利を有すること，また州は胎児が生存可能性を有する以前の段階においては，女

18　DAVID A. STRAUSS; THE LIVING CONSTITUTION（2010）.
19　530 U. S. 914（2000）.
20　いわゆる第2期のアボーションの手術の手続として胎児を子宮外，産道に出しての中絶手術で，通常Dilation（拡張）& Extraction（摘出）手術と結びつけられる。
21　D&Eは，ある種の場合においては，より安全であるとの医師の専門家の証言があった。

性の決定に不当な負担を課してはならないこと，胎児が生存可能性を有するようになった以後は，州は母親の身体ないし生命の保護のために必要な場合をのぞき，アボーションを規制ないし禁止することができるというものであった。この判決については，先例とは異なるという意見もあるものの，従来の連邦最高裁の先例の中核部分を維持するといえるものであった。それゆえに，この判決に対する保守的な人々からの政治的な批判も大きく，2000年の大統領選挙ではその是非が選挙の争点の１つとなったのである。

　もっとも，その後連邦最高裁は，すでに述べたように，2007年４月18日のゴンザレス事件[22]において，ジョージ・W・ブッシュ政権下の2003年に連邦議会が制定した部分出産中絶法を合憲と判断した。この事件で，連邦下級審は2000年のステンバーグ判決に従って法律を違憲とした。これに対して，連邦最高裁は連邦議会の判断に対して敬譲を払い，連邦議会は倫理的および道徳的な関心から胎児の生命に対する利益を重視して立法を行うことも可能であり，連邦議会が判断する際に医学界からの多少の反対があったとしても，連邦議会の判断が優先されるとした。その上で，本件の連邦法の規定は，ステンバーグ事件におけるネブラスカ州法の規定のような不明確さは有していないとして，ステンバーグ事件とは事案を区別した上で，本件で部分出産中絶を禁じてもアボーションを選択する自由に対する「不当な負担」を課すことにはならないとして合憲であると判示した。なお，この判決は５対４の判決であり，多数意見を構成する５人の裁判官はすべてカソリックの信者であった。このような裁判官の信仰する宗教という点が議論されるのは，一般にカソリックでは人工妊娠中絶に対して否定的であると解されているからである。なお，アメリカにおいてカソリックはプロテスタントに比べ宗教的には少数派であるが，連邦最高裁においては多数派であることも，この点が注目される理由となっている。

　連邦最高裁は，いま見たようにアボーション問題について依然として公共政策の形成に大きくかかわっているといえる。この点について，原意主義の立場に立つ連邦最高裁のいわゆる保守派と見られる人々は，アボーションの

22　550 U. S. 124 (2007).

問題については裁判所ではなく，国民あるいは政治部門にその判断を委ねるべきだとする判断を示しているが，多数派の裁判官はなお依然としてこれまでの判断を大きく崩していない。

3　連邦最高裁の新たな役割

いままで述べてきたように，アボーション事件に対する判決では，原意主義の立場に立つ裁判官の強い反対にもかかわらず，依然として連邦最高裁はアボーション問題に関する公共政策への関与という役割を保持し続けている。その意味では，司法権の優位という考え方は，レーガン政権以後もなお保持されているように思われる。さらに，最近ではこの司法権優位の考え方は，これまでよりもいっそう強まっているように思われる。この点について，最近の判決として2つの事件が注目される。

（1）ブッシュ対ゴア事件

まず注目されるのは，ブッシュ対ゴア（Bush v. Gore）事件連邦最高裁判決[23]である。ブッシュ対ゴア判決では，連邦最高裁が大統領を決めたといわれたからである。この事件では，2000年の大統領選挙におけるフロリダ州での開票作業について，州最高裁の示す方法で再集計を行うことの合憲性が争われ，連邦最高裁は再集計が修正14条の平等保護条項に違反し違憲であるとする判決を下した。この判決によって再集計がとりやめとなり，共和党のジョージ・

ゴア（副大統領時代）

23　531 U. S. 98（2000）．より詳細には，松井茂記『ブッシュ対ゴア―2000年アメリカ大統領選挙と最高裁判所』（日本評論社，2001年）；見平典「大統領選挙紛争と投票権の平等―The Story of Bush v. Gore, 531 U.S. 98（2000）」大沢秀介・大林啓吾『アメリカ憲法判例の物語』（成文堂，2014年）479頁以下。

W・ブッシュ候補のフロリダ州での最終的な勝利が確定することになった。その結果，ブッシュ候補は，全米での一般投票（popular vote）の得票数でアル・ゴア（Al Gore）候補に負けていたものの，アメリカ大統領選挙のとる間接選挙制および州ごとの選挙人をすべて獲得するという方式（winner take all）の下で，フロリダ州で25名の選挙人を獲得することによって，大統領当選に必要な選挙人の得票の過半数である270票を１票上回る271票を獲得し，大統領に当選することになったのである。

このようなフロリダ州での大統領選挙の開票のあり方が憲法上大きな関心を呼んだのは，１つにはいま述べたようにフロリダ州の選挙人を獲得するか否かが非常に重要であったことによる。フロリダ州での選挙を制した者が，憲法上大統領の地位に就くということが明らかであったからである。また，もう１つの関心を呼んだ理由は，選挙での投票方法が，フロリダ州内でも様々でかつその中に複雑なものがあったためである。そのような複雑な開票制度に加えて，両者の得票数の差が僅差であったために，投票の再集計が繰り返し行われた。そのため，どちらが勝つにせよ法的に争いの余地があるものと認識されていた。とくに，この選挙で法的な議論の対象となったのは，投票用紙の候補者の横に穴を開けるパンチカード方式による投票の有効性であった。パンチカードは（用紙の左右に候補者名，中央にパンチ箇所が配置される形状から）「バタフライ」とも呼ばれるが，候補者名とパンチ箇所の関係が分かりにくく判断し難いこと，また手作業による再集計になった場合に穴が十分打ち抜かれていないケースの判断が難しいこと，などの問題があった。実際，選挙結果を左右したフロリダ州郡内での集計で，このバタフライ方式を採用した選挙区が大混乱を引き起こしたのである[24]。

ところで，連邦最高裁が大統領を決めたといわれるブッシュ対ゴア判決では，とくに共和党を支持する連邦最高裁の裁判官が中心となって，その判断を導き出したといわれる。そのため，法的な視点よりも政治的な観点が強く働いたとされ，この判決には先例としての価値はないともいわれる。しかし，そのこととは逆に，連邦最高裁がある意味で政治的な判断を行うまで

---

[24] その反省から，「2002年投票制度改善法」が成立してパンチカード式を廃止する州に補助金が出るようになった。

に，アメリカの政治制度の枠内で大きな役割を果たすことを証明しているともいえる。このブッシュ対ゴア判決について，多数派の5人の裁判官と少数派の4人の裁判官がいずれも自己のイデオロギーに沿って意見を示したものとして認識する世論が強かったことは，アメリカにおける連邦最高裁の政治的役割に対する人々の強い認識を示す1つの証左といえる。たとえば，ある世論調査は，現在の連邦最高裁の裁判官が争われている事件について，純粋に法的な分析に基づいて判断を下しているのか，それとも裁判官自身の個人的なまたは政治的見解に基づいて判断を下しているのかという質問に対して，裁判官の判断は個人的なまたは政治的な見解であると考えるという回答者が，法的な分析の結果であるという回答者の6倍近くに上っていたことを示していた。そして，その調査で76%の人は，裁判官の個人的または政治的見解が重要であると理解していたとされる。

このような世論の見方を踏まえると，連邦最高裁はアメリカの統治構造の中で，権力分立原理がこれまで想定してきた以上の権力間の調整者としての役割を認められていることになる。実際にも，ブッシュ対ゴア判決は，連邦最高裁による妥当な判断として国民に受け入れられるに至り，大統領選挙をめぐって紛糾した政情は落ち着きを取り戻したのである。

ブッシュ対ゴア判決に対する評釈は，開票をめぐって争われていた事実状況を放置すれば，フロリダ州最高裁がゴア候補の勝利を宣言し，他方共和党の支配する州議会はブッシュ候補の勝利を宣言することになったと指摘する。このような事態は，フロリダ州から異なる者をそれぞれ勝利者と信じる2つの選挙人団の結果が連邦議会に行くことになっただろうとされる。その結果，連邦議会は民主党と共和党が50名ずつの議席を占めているため，副大統領であるゴアが議長をつとめる上院で，ブッシュ候補とゴア候補のいずれが大統領に当選するかを決定せざるをえないという「憲法危機」が生じたであろうとされる。そこで，連邦最高裁があまり説得力のない法的理由付けの下で判決を下したのは，そのような「憲法危機」を回避するためであったのではないかという理解が示されるのである[25]。

25　ルーズヴェルト・前掲訳書注（13）197頁参照。

第12章　司法権の優位と2つの判決

ドキュメンタリー『ヒラリー』

（２）シチズンズ・ユナイテッド事件

　最近の連邦最高裁の役割を考える上で，もう１つ注目される判決は，2010年１月21日のシチズンズ・ユナイテッド対連邦選挙委員会（Citizens United v. Federal Election Commission）事件[26]連邦最高裁判決である。

　この事件の概要は，以下のようなものである。保守的なロビイスト団体であるシチズンズ・ユナイテッドは，民主党の大統領候補であったヒラリー・クリントン（Hillary Clinton）を批判的に扱ったドキュメンタリー・フィルム「ヒラリー」を民主党の予備選挙の30日以上前から宣伝し，30日以内になった段階でそのフィルムをケーブルテレビのオンデマンド（このドキュメントを見るために申し込んだ上に別料金がかかる）で放映しようとした。ところが，そのような会社や労働組合など，大規模な資金を持つ団体による独立した支出の形でなされる候補者を題材とした放送（Electioneesing Communication）を予備選挙前30日以内に行うことは，2002年のマケイン・ファインゴールド法（McCain-Feingold Act）（正式名称は Bipartisan Campaign Reform Act（BCRA））と呼ばれる。）によって禁じられていた。そこで，シチズン・ユナイテッドはそれら行為を禁じる BCRA の203条などが文面上違憲であり，「ヒラリー」に適用される限りで違憲であるなどとして，宣言判決と差止命令を求めたという事件である。ちなみに，BCRA203条[27]は，一般選挙の60日前または予備選挙の30日前からケーブルテレビや衛星テレビを含めて，会社や労働組合がその資金を支出して特定の候補者の選出または敗北を明白に唱道するような放送することを禁じていた。この事件で，連邦地裁は原告の主張を認めず，訴えを却けた。そこで，連邦最高裁が以下のような判断を示すことになった。

　連邦最高裁は５対４の判決で，合衆国憲法修正１条は，会社，団体（asso-

---

[26] 558 U.S. 310（2010）. 福井康佐「団体による政治資金の規制―The Story of Citizens United v. FEC, 558 U.S. 310（2010）」大沢秀介，大林啓吾編著『アメリカ憲法判例の物語』（成文堂，2014年）527頁以下。宮下紘「アメリカ最高裁の判決を読む（2009―10年開廷期）」駿河台法学24巻３号（2011）92頁以下。

[27] 2 U.S.C.§441b.

ciation），労働組合（corporations and unions）による政治的に独立してなされる支出を，政府が制限することを禁じている[28]と判示した。ここでいう政治的に独立してという意味は，それら会社や労働組合が直接候補者の行うキャンペーンや政党に寄付をしていないという意味である[29]。

　この判決の特徴として，以下の点を指摘できる。第1点は，この事件で原告は，203条の適用外であることを，明らかな唱道を欠いているとか，オンデマンドはテレビと比べて政治過程をゆがめる可能性が低いなどの主張の形で争ったが，法廷意見はそれを認めず，むしろ正面から223条が政治的言論という憲法の保障する表現の中でも最も重要な言論を制限しており，その合憲性が問題となるとしたことがあげられる。第2点は，この判決がそれまでの先例1件を覆し，もう1つの先例を部分的に覆したことである。とくに，政府が会社の独立支出を制限しうるとしたオースティン対ミシガン商工会議所（Austin v. Michigan Chamber of Commerce）事件連邦最高裁判決[30]を覆したことが重要である。法廷意見によれば，23条b項が会社の独立支出を禁止していることは完全に言論を禁止することであり，そのような法律の合憲性は厳格審査に付されなければならないとしたのである。

　厳格審査に付する理由として，この判決は，これまでの判例が合衆国憲法修正1条は会社にも適用され，さらにその保護が会社の政治的表現の場合にも及ぶことは明らかにしてきたことにあるとした。また，選挙資金規制法制に関する最初の判例であるバックレー対ヴァレオ（Buckley v. Valeo）事件連邦最高裁判決[31]は，会社の独立支出の禁止に関して，会社による候補者への直接の寄付制限という目的については，政治腐敗を防止するという利益があるから合憲であると解しつつ，会社の支出制限という方法はそのような利益に奉仕する手段ではないとして違憲と判示したと解したのである。また，ファースト・ナショナル・バンク・オブ・ボストン対ベロッティ（First National Bank of Boston v. Bellotti）事件連邦最高裁判決[32]について，法廷意見は

28　ただし，政治活動委員会はこの規制の例外とされる。
29　そのような直接的な寄付は連邦の選挙の場合には違法とされる。
30　494 U. S. 652 (1990).
31　424 U. S. 1 (1976).
32　435 U. S. 765 (1978).

話し手が会社であるからということに基づいて，政治的表現を制限する権限を有しないと判断したものとした。ところが，法廷意見によれば，いまあげた判決に続いたオースティン事件判決は先例を無視して，会社の独立支出制限を会社の富の巨大な集積のもたらす「腐食的（corrosive），歪曲的（distorting）効果」を防止するという新たな政府利益を規制の根拠として見いだすことができるから，合憲と判示したとした。

　しかし，本件法廷意見によれば，このようなオースティン事件判決は覆されるべきであるとされたのである。すなわち，政治的言論が民主主義における意思決定において不可欠のものであり，修正１条の保護は話し手の公的議論に従事する財政的能力の違いによって変わることはないこと，すべての話し手（個人やマスメディア）は，経済市場から集めたお金を使って自らの言論のための支出を行うこと，そして修正１条は結果として生じている言論を保障するためのものであること，会社という点ではメディアもその他の会社も同じであること，また規制の根拠としてあげられる腐敗や腐敗の外見を防止するために会社の政治的表現を禁止するという理由付けは，会社によって行われる場合を含めて，独立支出が腐敗または腐敗の外見とは結びつかないことなどから見て，オースティン事件判決は覆されるべきであるとしたのである。

（３）シチズンズ・ユナイテッド判決とオバマ大統領の痛烈な批判

　シチズンズ・ユナイテッド判決に対して，オバマ大統領は判決が下された後，即座に厳しい批判を加えた。また，それは繰り返し行われた[33]。

　オバマ大統領が行った批判の概要は，以下のようなものであった。①今日の判決によって，連邦最高裁はわが国の政治における巨大石油会社，銀行，

---

[33] 宮下・前掲論文注（26）14頁。また，その批判は繰り返し行われた。たとえば，2010年１月23日のウィークリー・アドレス（*available at* http://www.whitehouse.gov.）参照。この演説の中で，オバマ政権は，特定利害グループ（special interest group）の政治への影響力を除くために歴史的な改革を行ってきた。しかし，今回の判決は，特定利益グループの資金を民主主義の政治過程に無制限に流入させることになり，民主主義の根幹を直撃するものである。その無制限の資金を用いて特定利害グループのロビイストが政治家を動かし，自分たちの利益を図ろうとするからである。オバマ政権は，かつての共和党のテディ・ルーズヴェルト大統領と同様に，特定利害集団のアメリカの選挙過程に対する支出と影響力を制限するために戦うものである，とした。

3　連邦最高裁の新たな役割

保険会社やその他の利益集団が，自らの利益のために，一般国民の政治に対する声を聞き取れないようにするための資金の流れにお墨付きを与えた。②この判決は，利益集団やそのロビイストたちに，ワシントンでこれまで以上の力を与えるものであり，それは一般の国民が自ら支持する候補者を支持するための少額の寄付の意味を低下させるものである。③そのための対策として，直ちに連邦議会と協議し，両党派の議会指導者とともに対抗策を講じるつもりである。

オバマ大統領の年頭教書演説における最高裁批判

オバマ大統領は，6人の連邦最高裁裁判官を前にして連邦議会で行った2010年1月21日の一般教書演説において，判決の批判を壇上から行うという行動を示したことが注目された。ジョン・ポール・スティーブンス（John Paul Stevens），スカリア，トーマス各最高裁裁判官は，この批判を予測してあらかじめ欠席していた。とくに，スカリア裁判官とトーマス裁判官は，大統領の演説が党派的演説になることを理由として欠席していた。実際，オバマ大統領の年頭教書演説における判決批判の内容は，予想以上に厳しいものであった。この演説中，アリト裁判官が，オバマ大統領のシチズンズ・ユナイテッド事件判決の批判を聞いて，「それは違う（not true）」と発言したと伝えられることからも，そのことを窺い知ることができる。

オバマ大統領は，連邦最高裁の判決が民主主義に対する脅威を有することを指摘した上で，連邦議会に対して協調して対処の必要性を説くという内容の批判を行った。このような厳しい批判は，ニューディール政策に対する連邦最高裁の違憲判決に対して，コート・パッキング政策を提唱したルーズヴェルト大統領以来のものといわれる。

このオバマ大統領の批判に対して，ロバーツ首席裁判官は，「連邦最高裁を批判することは誰でもして良いから，批判は気にならない」が，連邦最高

裁の裁判官を取り囲んで，連邦議会の議員が立ち上がり（オバマ大統領の一般教書演説の連邦最高裁判決を批判する部分に対して）喝采を叫んでいる中で，その場に何も言えずに座っていなければならないことには非常に困惑したと述べたと伝えられている[34]。

オバマ大統領の連邦最高裁批判は，ニューディール以来の連邦最高裁と大統領との正面からの対立の色彩を帯びていた。しかし，実際にはオバマ大統領肝いりの連邦最高裁の判決に対抗する法案は，下院を通過したものの，上院は通過しなかった。その後，2012年8月29日の大統領選挙運動期間中の質問に対して，オバマ大統領はシチズンズ・ユナイテッド事件判決を覆すための憲法修正に賛成するという方針をはじめて示した[35]。そのような中で，2013年に6月18日には，モンタナ州選出のジョン・テスター（Jon Tester）連邦上院議員（民主党）とニューメキシコ州選出のトム・ユダル（Tom Udall）上院議員（民主党）のそれぞれから，憲法修正案が提出された。もっとも，この憲法修正については共和党が強く反対したため[36]，憲法修正の発議が連邦議会を通過するのは難しく，現在まで憲法修正はなされていない。

しかし，シチズンズ・ユナイテッド判決には，もう1つ別の見方も存在しうる。それは，この判決が連邦の選挙資金規制法制の重要部分の合憲性を問うものであり，連邦最高裁の判断が国民による代表の選出という民主主義への参加という根幹にかかわるという観点からの見方である。

事実，シチズンズ・ユナイテッド判決に至るまでのロバーツ・コートにおける選挙運動資金規制をめぐる一連の判決において特徴的に見られた考え方，とくにステファン・ブライヤー（Stephan G. Breyer）裁判官の考え方は，寄付制限の合憲性審査を健全な民主制の構築の可否という点から行おう

---

34 David G. Savage, *Chief justice unsettled by Obama's criticism of Supreme Court*, LOS ANGELES TIMES（March 10, 2010）, *available at* http://articles.latimes.com/print/2010/mar/10/nation/la-na-roberts-speech10-2010mar10.
35 Obama Endorses Anti-Citizens United Amendment In Reddit Chat, *available at* http://www.huffingtonpost.com/2012/08/29/barack-obama-citizens-united-reddit_n_1.
36 Ashley Balcerzak, Mitch McConnell: Citizens United Amendment Is An 'Absurd Proposal' *available at* http://www.huffingtonpost.com/2013/06/21/mitch-mcconnell-citizens-united_n_3480.

としている[37]。それによれば，審査は2段階で行われ，第1審査では司法府が立法府に敬譲を払うべきか否かを決するものであり，第2審査は5つの要素，すなわち①現職に挑戦する候補者の選挙資金の十分さ，②政党の市民結集力，③寄付制限から市民ボランティアの選挙参加費用の控除の有無，④寄付制限額のインフレ調整の有無，⑤政治腐敗の深刻さ，を総合衡量するというものである[38]。

このようなブライヤー裁判官の提唱する健全な民主制の構築の可否という観点からする2段階からなる民主制審査は，司法府の独立した判断代置型の厳格審査であり，また「選挙の公正」すなわち現職と新人との選挙における自由競争の確保をあるべき健全な民主主義とするものである点で，連邦最高裁がより積極的にアメリカの民主政治の基本的政策判断に関与しようとするものと見ることができると思われる。

このようなブライヤー裁判官の民主制審査は，健全な民主制とは何かという政策判断に関わるものであるために異論も強く，シチズンズ・ユナイテッド事件判決のケネディ法廷意見の中では，むしろ表現者の自己実現に焦点がおかれ，健全な民主制の構築の視点は後景に退いているとされる[39]。しかし，健全な民主制の審査という民主制の構造を厳格に審査するということは，表現の自由という権利の侵害を厳格に審査するということとは異なるものであり[40]，連邦最高裁の政治との関わりを一層近づけるものと見ることができよう。

---

37 村山健太郎「ロバーツ・コートと選挙運動資金規制（1）」ジュリスト1415号（2011年）95頁。
38 村山・前掲論文注（37）95頁。
39 村山健太郎「ロバーツ・コートと選挙運動資金規制（3・完）」ジュリスト1419号（2011年）139頁。
40 村山・前掲論文注（39）142頁。

第13章　連邦最高裁裁判官

1　連邦裁判所裁判官の選任過程——とくに連邦最高裁の場合を中心に

(1) 公式の資格要件

連邦裁判所の裁判官は，連邦最高裁も含め，裁判官となる公式の資格要件

連邦最高裁裁判官（ただし，スカリア裁判官（前列左から2人目）は，2016年2月12日から13日の深夜に急逝した。2016年4月現在後任は定まっていない。）

— 297 —

は，憲法でも法律でも定められていない。たとえば，合衆国憲法2条2項2節は「大統領は，……最高裁判所の裁判官……を指名し，上院の助言と承認を得て，これを任命する。」と定めているのみである。

したがって，大統領のようにアメリカで出生しなければならないという要件も存在しない[1]。また，ロー・スクール卒業の資格も要求されていない。このような状況は，連邦裁判所ばかりではなく州の裁判所の場合についても同様である。現在でも，多くの州では非法律家が裁判官になることを許容しているのである。もっとも，実際にはロー・スクールを出て法曹資格を持っていることが，必須の条件となっている。

（2）非公式の条件

カープ（Robert A. Carp et.）らによると，連邦裁判所裁判官になるためには，非公式であるもののきわめて重要な4つの要件ないし条件を満たす必要があると指摘されている。それらの要件とは，①法律家としての能力（professional competence），②支持政党などの政治的関係（political qualifications），③自己推薦能力（self-selection），④幸運の要素（element of pure luck）である[2]。

（3）法律家としての能力

連邦最高裁判所の裁判官になるために法曹資格を持つことは，公式には要求されていない。しかし，実際上の慣行として，有能と認められる法曹資格を有する法律家が任命されてきている。有能か否かの判断は，たとえば高名なロー・ファーム（法律事務所）のパートナーか，ロー・レビュー（法律雑誌）[3]の論文を何本か書いたか，他の法律家の尊敬を集めているかなどの要素によって決まる。また，アメリカの政府高官の任命については猟官制的な要素が存在するが，それは連邦の裁判官の場合にも当てはまるといえる。

1 　以下の論述は，ROBERT A. CARP, RONALD STIDHAM, KENNETH L. MANNING, JUDICIAL PROCESS IN AMERICA（9th ed. 2014）の第6章による。
2 　Id. at 127-31.
3 　各ロー・スクールでは様々な種類の法律雑誌を刊行しているが，ここではその中で最も中心的な優秀な成績を1年次に修めた編集委員によって編纂された法律雑誌を主として指している。

①ジョージ・W・ブッシュ大統領によるマイヤースの指名　　連邦の裁判官についても、他の政府高官と同様に、大統領選挙での協力に対する見返りとして裁判官に任命されるということがありうる。この点はすでに述べたように、アイゼンハワー大統領によるウォーレン首席裁判官の任命にあらわれているところである。しかし、その場合においても裁判官に任命されるには法律家としての有能さにかかわる要素が考慮される。それらの要素の1つでかなり大きなものとして、出身ロー・スクールがあげられる。たとえば、ブッシュ大統領が、ハリエット・マイヤース（Harriet Miers）ホワイトハウス顧問を連邦最高裁裁判官に任命しようとして失敗したことが、その重要性を示す典型例としてあげられる。マイヤースは、地元テキサス州ダラスでは有力な弁護士であり、ブッシュ大統領と同様に保守派であると見られていたが、そのことだけでは連邦最高裁の裁判官に任命されるには不十分であるとして、指名されたものの任命までには至らなかった。

　任命にまで至らなかった第1の理由として挙げられるのは、マイヤースが南メソジスト大学ロー・スクール（Southern Methodist University Law School）という、ワシントンではほとんど知られていないロー・スクールの出身であったことが指摘されてきた。マイヤースは、そのためか大統領指名後の非公式な関係上院議員との会談で、法律知識が不十分であるとも判断されていた。その結果、保守派およびリベラル派双方から任命反対の声を強く受け、ブッシュ大統領は指名を撤回せざるを得なかった。いま述べたマイヤースの事例は、連邦最高裁裁判官の場合であり、これに対して連邦の下級審裁判官の場合には、極めて高い法律家としての能力までを要求されるわけではないが、それなりの法律家としての能力が必要とされている。

（4）政治的関係

　また、連邦裁判所に任命されるためには、大統領との政治的つながりが重要であるといわれる。実際、連邦裁判官に任命された者の9割以上は、大統領と同じ政党に属している。また、半分以上の連邦裁判官は、任命前は自らの支持する政党のために政治的に積極的に活動している。しかし、職業的政治活動家が裁判官になるわけではない。むしろ、政治的活動が必要とされる

理由として，2つの点が指摘されている。1つは，裁判官職への任命については，現在でも政治的な報酬という側面を持っているために，ある程度の政治的活動が裁判官に任命されるための条件となっているということである。第2に，政治的活動を行うことによって，連邦裁判官の指名・任命に関わる大統領，上院議員そして出身州などの政党幹部から面識を得たり，支持を得たりすることができるということである。

（5）自己推薦の能力

裁判官のポストに就くためには，自らがそのポストにとって適任者であることを広く知らせることが必要である。ただし，アメリカでも裁判官となりたい場合に，政治家のように裁判官レースに出馬する意図を広く口外することは，連邦裁判官としての地位を得る手段としては得策ではない。それは，裁判官として必要な公正な気質を欠いていると見られやすいからである。そこで，慎重な方法がとられることになるが，そのような場合にも，何らかの形で自分が連邦裁判官になりたいという意思表示を伝達する必要がある。たとえば，その手段として空席が生じた場合に，ホワイトハウスや関係の上院議員に手紙を書いたり，面談を申し込むなどして名前を売り込むことが行われている。

（6）幸運

連邦裁判官の任命が得られるか否かについては，有力なロー・スクールの出身者であることや政治的な活動歴などの条件によってのみ決まるわけではない。それは，裁判官職を求める候補者がそれらの条件では絞りきれないほど数が多いこと，大統領側の条件もあることなどによる。そのため，偶然的な幸運が大きな意味合いをもつことが指摘されてきた。たとえば，カープらによれば[4]，1948年の大統領選挙で当初劣勢にあった民主党大統領候補ハリー・トルーマンは，アイオワ州デクスターという町で農民から大歓迎を受け，それによって選挙の風向きが自らに有利に変化したことを感じ始めた

4　CARP, STIDHAM, MANNING, *supra* note 1, at. 130-31.

が，その際にたまたま同行していたのがカロール・スウィツアー（Carroll Switzer）という民主党員であった。スウィツアーは，後にトルーマンによってアイオワ州地区の連邦地方裁判所裁判官に任命されたが，その機縁はデクスターの町の出来事にあったとされる。スウィツアーは，法曹資格と政治的な活動歴は有していたが，トルーマンが初めて当選への風を感じたときにスウィッツァーが同行していなかったら，連邦裁判官職に任命されることはなかったであろうといわれる。

　また，リバタリアンの傾向を持つ保守派の裁判官であって，法律家としての能力をアメリカ法曹協会により高く評価されていた[5]現職のアリト連邦最高裁裁判官も，前述のマイヤースが指名を辞退するという形で身を引かなかったなら，その後任として任命されることはなかったであろう。

2　連邦裁判官の選任過程と過程参加者

（1）大統領の指名

　連邦裁判所裁判官の選任過程は，それが連邦最高裁なのか連邦下級審なのかにかかわらず，同様な段階を経て進められる。一般的には，まず大統領がホワイトハウスのスタッフ，司法長官，何人かの上院議員，そしてその他の政治的関係者に相談するなどして，大統領の指名の意向が固められる。もっとも，大統領の関心の程度は，連邦最高裁，連邦高裁，連邦地裁のそれぞれにおいて異なる。大統領は，当然のことながら連邦司法部の頂点に存在する連邦最高裁判所裁判官の任命をとくに重視している。大統領が連邦最高裁裁判官を重視する理由としては，2つあげられる。

　第1の理由は，連邦最高裁裁判官の指名が稀であることから，大統領がその任命の機会を用いて，自らの政治的な見解あるいは政権の方針を示す場として使うということである。たとえば，レーガン大統領は，女性運動に好意的ではないとの評価を打ち消すために，前述したように連邦最高裁に初めての女性の裁判官としてサンドラ・ディ・オコナーを1981年に任命した。

5　アメリカ法曹協会連邦司法部関係委員会（American Bar Association's Standing Committee on Federal Judiciary）は，アリトを「十分な資格を有する（well-qualified）」と評価している。

第13章　連邦最高裁裁判官

レーガン大統領とオコナー

　大統領が連邦最高裁裁判官の任命を重視する第2の理由は，連邦の下級審の裁判官の任命のプロセスについては，すでに上院議員と地方政治の有力者がその最終的決定に関与して決定するという一定の慣行が確立しているからである。とくに，連邦地方裁判所裁判官の任命については，上院への礼譲（senatorial courtesy）といわれる慣行が存在する。上院の礼譲とは，大統領が連邦地方裁判所の裁判官を任命しようとするときに，その裁判官候補者の出身州（ホーム・ステート）の上院議員で大統領と同じ政党に所属する上院議員は，大統領による候補者の任命に対する拒否権を有するという慣行である。そして，当該上院議員はその意向を，上院の司法委員会にブルースリップ（Blue Slip）というフォーマット化された書類を送ることによって示すのである。この慣行は，現在では当該上院議員の権利のようにとらえられている。他方，連邦控訴裁判所の場合には，大統領は上院議員の意向は尊重するが，上院議員が拒否権を有することはないとされている。

　また，副大統領や大統領のホワイトハウススタッフも連邦最高裁裁判官指名に大きな影響を与える。現在のオバマ政権で副大統領を務めるジョー・バイデン（Joe Biden）は，かつて上院司法委員会の委員長を長年務めた経歴を有することで知られている。彼についてしばしば語られるエピソードは，1987年のボークと1991年のトーマスの連邦最高裁裁判官への任命に関して開かれた上院司法委員会の公聴会で，両者を厳しく追及したことである。このような経歴を有するバイデン副大統領は，オバマ大統領の連邦最高裁裁判官の任命には大きな影響力を持つといわれている。たとえば，ソニア・ソトマイヨール（Sonia Sotomayor）裁判官の任命に関して，バイデン副大統領が重要な役割を果たしたとされる。

　また，大統領のホワイトハウススタッフ，とくに大統領首席補佐官（Chief of Staff）は，連邦裁判所裁判官の後任について，空席となる場合の後

任者について常に考慮しているといわれる。

（２）司法省

　司法省で裁判官の任命に関わる主要人物は，大統領によって任命された司法長官（attorney general）と司法次官補（deputy attorney general）の２人である。この２人の任務の大きな部分を占めるのが，大統領の示す一般的基準に適合する候補者を探し出すことにある。このような役割が彼らに割り当てられるのは，連邦検事（U.S. attorney）が各州に存在しているため，彼らがそれぞれの州で候補者となり得る人物を探し出すことができるからである。ただし，連邦地裁の場合には，候補者は各州の上院議員から提案されることは，先述した通りである（上院への礼譲）。

　候補者が見つかった場合には，FBI によって候補者の性格や背景が調査される。候補者が裁判官であれば判決を，学者であれば論文を読み，また政治家であれば地方政治の有力者の意見を聞くことになる。もちろん，それとともに大統領の政策に対する見解と一致する考え方をその候補者がとっているか否かが問われることになる。この点は最も重要な点であり，すでに述べたように，連邦最高裁の裁判官指名のための精査の場合にとくに問題となる。精査の内容は，FBI による身元調査，候補者の書いた論文や判決，講演などの評価，その地区の大統領と同じ政党の幹部に対する政党への忠誠度および大統領のとる政策への支持度などである。なお，ジョージ・W・ブッシュ政権のときには，裁判官指名候補者の精査を行う際に，司法省の法律政策室（Office of Legal Policy）が重要な役割を果たしたといわれている。

（３）州および地方の政治的指導者

　州および地方の政党幹部の意向は，上院の礼譲が求められない場合，すなわち連邦地裁の裁判官の任命において，その裁判所の所在する州から大統領と同じ政党の上院議員がいない場合に，かなりの影響力を持つことになる。そのような場合には，大統領はそれらの地方政界の有力者との意向を知ることを望むからである。その結果として，シカゴのような大統領選挙において選挙マシーンが強いイリノイ州北部の連邦地裁については，シカゴ市長

(Richard J. Daley）が事実上の拒否権を持つといわれたこともある。

（４）圧力団体

　連邦最高裁裁判官の任命について，圧力団体の活動がとくに注目されるようになったのは，ボーク，トーマスの任命の事例を契機にしている。1987年に共和党のレーガン大統領が指名したボークについてはその見解が保守的すぎるとして[6]，すでに触れたように大きな反対運動が展開された。

　ボークの指名に対しては，リベラル派として知られる民主党のケネディ上院議員が強く反対しただけではなく，レーガン大統領によるボークの任命が連邦最高裁の右傾化を招くとして，上院で強い反対が存在していた。さらに，ボークに関しては，市民団体が強く反対した。それは，ボークがニクソン政権の訟務長官（Soliciton General）であった際に，ウォーターゲート・スキャンダルをもみ消すために，特別検察官を務めたアーチバルト・コックス（Archibald Cox）を辞めさせた「土曜日の夜の虐殺」（Saturday Night Massacre）に関与していたこと，市民権運動に好意的であったウォーレン・コートやその後のバーガー・コートの諸判決を覆すことを，公言していたことなどを理由としていた[7]。その結果，ボークは，上院の司法委員会で必要な過半数の賛成票を得ることが出来ず，上院本会議での任命の承認に至らず任命されなかったのである。

　また，1991年に共和党のジョージ・W・ブッシュ大統領が指名したトーマスの場合には，彼が雇用機会均等委員会（Equal Employment Opportunity Commission）の委員長の時代に，部下のアニタ・ヒル（Anita Hill）に対してセクシュアル・ハラスメントを行ったとして問題とされた[8]。この件に関し

6　たとえば，ボークの指名に関して開催された上院の公聴会で，エドワード・ケネディ（Edward Kennedy）上院議員は，ボークの考えるアメリカ社会は司法によって人権が保障されてきたマイノリティ，女性などの弱者に対して，連邦裁判所の扉を閉めるものであり，民主主義に反すると強く批判した。Thomas M. Melsheimer, *Bork's Apologia*（*The Tempting of America: The Political Seduction of the Law*）, 64 ST. JOHN'S L. REV. 413（2012）.

7　実際に，ボークは，市民団体のアメリカ市民的自由連合（American Civil Liberties Union）が連邦最高裁への指名に反対した3人（そのほかは，レーンキストとアリト）のうちの一人であった。

8　アニタ・ヒルの主張については，アニタ・ヒル（伊藤佳代子訳）『権力に挑む―セクハラ被害と

て，アニタ・ヒルが公聴会でセクハラの内容を証言したために，それがテレビ中継によって全米に放送され，当初問題視されていなかった任命に対して，リベラル派の圧力団体である市民団体から強い批判と反対運動が巻き起こされた。

　トーマスは，最終的には連邦最高裁裁判官に任命されたものの，任命を承認する上院本会議での賛否は52票対48票とかなり拮抗したものであった。また，この事件を契機に，アメリカで性的な言動によるセクシュアル・ハラスメントが問題とされるようになったといわれる。

　このような反対運動とそれに対抗する運動を展開する中で，圧力団体は裁判官の任命に対する能力，資源，テクニックを身につけるようになっており，最近では市民団体，経済団体，労働組合，全米ライフル協会（National Rifle Association）など多様な団体が，裁判官任命過程において影響力を行使するように運動を展開するようになっているといわれる。たとえば，全米第1位の圧力団体といわれる全米ライフル協会は，オバマ大統領によるソトマイヨールの連邦最高裁裁判官指名に対して強く反対した。それは，ライフル協会が合衆国憲法修正2条の下で個人に銃を所有する権利が保障されているという主張[9]を行っていることに対して，ソトマイヨールが否定的であることを理由とするものであった。具体的には，ライフル協会の作成する議員成績表の中で，任命に賛成した議員については否定的に評価するとして警告を行うなどの圧力を加えた。この議員成績表は，全米ライフル協会が大規模な組織であることから，選挙の結果に影響をもたらすといわれていた。

（5）アメリカ法律家協会（ABA）

　アメリカ法律家協会（American Bar Association，以下 ABA という。）の連邦司法府委員会（Committee on the Federal Judiciary of the ABA）は，15人の委員から構成されるが，これまで40年以上にわたって，連邦裁判所の裁判

語る勇気』（信山社出版，2000年）を参照のこと。
9　なお，連邦最高裁は，個人が自ら使用するために拳銃を所有する権利を合衆国憲法修正2条によって保障されているという判断を，コロンビア特別区対ヘラー（District of Columbia v. Heller, 54 U.S. 570（2008））事件連邦最高裁判決で下した。

官候補者の法律家としての信頼性を評価する役割を担ってきた。具体的な評価要素としては，裁判官としての気質，年齢，裁判実務の経験，性格，そして知性があげられ，それらの要素を総合的に評価した結果として，「十分な資格あり」（well-qualified），「資格あり」（qualified），「資格なし」（not qualified）の3段階に候補者を格付けしてきた。ただ，この委員会の構成員が会社法関係の弁護士などを中心にしていたために，白人男性でエスタブリッシュメントの人々の偏見を示しているのではないかとも指摘されてきた。しかし，この委員会の評価を無視して，資格なしとされた候補者を裁判官に任命することは，大統領にとっては政治的に責任を問われる危険性を孕んでいた。そこで，多くの大統領はこの評価を尊重してきたのである。この傾向は，共和党政権に顕著であった。

　1971年までは，大統領側から候補者名をこれらの評価の公表前にABAに伝えることが行われていた。しかし，1971年にニクソン大統領が連邦最高裁裁判官として任命しようとしたクレメント・ヘインズワース（Clement Haynsworth）とハロルド・カーズウェル（G. Harrold Carswell）がABAのお墨付きをもらったものの，マスコミの暴露記事によって上院で否決された。また，その後を埋めるべくロバート・バード（Robert C. Byrd）上院議員を任命しようとした際にも，ABAの調査により不十分であると判断されたといわれる。そして，その後はABAに候補者名を事前に伝えることはなくなった。さらに，2001年3月にジョージ・W・ブッシュ政権は，これまでの48年間にわたり行われてきた慣行である事前にABAに候補者を評価させることを停止すると公表した。ブッシュ政権は，ABAに代えて保守派の法律家の集まりであるフェデラリスト協会（Federalist Society）の意見を取り込むようになったのである。もっとも，オバマ政権の誕生によって，再度ABAの評価が重視されるようになった。ソトマイヨール裁判官の指名に対するABAの評価は「十分に資格あり」であった。

（6）上院司法委員会
①**上院の議院規則上における役割**　　上院の議院規則は，上院司法委員会がすべての連邦裁判所裁判官候補者について審査し，その結果を上院本会議に

勧告することを求めている。その意味で，上院司法委員会の役割は，大統領によって指名された者を，上院本議会での承認のための議決に備えてふるいにかけるという意味合いをもつものである。具体的には，委員会が公聴会を開催し，その上で委員会としての判断を示す慣行がとられている。ただし，この公聴会が重要性を持つのは，上院の礼譲がとられていない連邦高裁および連邦最高裁の裁判官の指名を受けた者に対する場合である。ただ，最近では新しい重要な慣行として，公聴会開催前に上院司法委員会の議員の事務所を訪ね，実質的な面接試験を受けることが行われるようになっている。その結果，ボークは冷たくかつ尊大な人物であると評価され，ソトマイヨールは思っていたよりも親しみやすい人物であると評価されたといわれる[10]。

②**選任過程への影響**　この上院司法委員会は，裁判官の選任過程に３つの点で影響力を与えている。第１に，上院での承認のための審議を長引かせることによって，大統領の指名に反対するあるいは大統領の選択の是非を問うということが行われる。この上院での審議が引き延ばされた場合には，任命の承認の可能性も低くなる。ボークが承認されなかったのも，上院司法委員会での審議が長引いたためである。その長引く審議の過程の中で，任命に反対する勢力に対して批判的な資料が提示されたり，任命への反対運動を展開する機会が与えられることになるのである。第２に，上院司法委員会は，上院本会議に直接に任命を承認しないように勧告を行うことによって，任命の承認に反対することができる。第３に，上院司法委員会の委員は，本会議場で任命に反対する議論を述べることができ，これによって大統領の指名を批判する機会を持つことができることになる。

③**委員長の影響力**　上院の司法委員会の委員長ポストは，先任者原則（シニオリティ・ルール）がとられているために，長く南部出身の当選を重ねた民主党議員が就任し，委員会の審議を支配していた。そのため，委員会の委員長の権力は強く，選任過程に大きな影響力を行使することができた。たとえば，司法委員会の委員長を長年にわたって務めた共和党のミシシッピ州選出のジェームズ・イーストランド（James O. Eastland）上院議員は，南部の

10　CARP, STIDHAM, MANNING, *supra* note 1, at, 139.

価値観（黒人蔑視）をもって，連邦裁判所の裁判官任命に対して保守的な影響力を行使した。具体的には，黒人で後に連邦最高裁裁判官になったリベラル派のマーシャルをケネディ大統領が連邦高裁に任命した際に，その承認の見返りとして，強力な人種差別主義者であった自分の知人を連邦地裁に任命するように取引を行ったことがある。

その後，上院司法委員会の委員長の所属政党は，ジョージ・W・ブッシュ政権時代に，民主党が僅差ではあったが上院で多数を占めたため変更されることになった。それは，選挙の結果により上院司法委員会が民主党10名，共和党9名の構成となったためである。司法委員会の委員長には民主党のパトリック・リーヒー（Patrick Leahy）上院議員が就任した。リーヒー委員長は，ブッシュ政権による連邦裁判所裁判官の保守的な指名人事を阻止しようと動いた。それに対して，ブッシュ政権は休会中人事（recess appointment）を行い，両者の関係は悪化することになった。もっとも，その後ブッシュ大統領が休会中人事を行わないかわりに，民主党側が長時間演説による議事妨害（filibuster）を行わないことを確約するという妥協が成立したとされる。

現在でも，民主党の委員の多くは北部出身で，共和党の委員は南部出身が多いので，大統領と委員長の所属政党が一致する場合には，波風は立たないが，両者の所属政党が異なる場合には任命過程が混乱することもありうる。実際，2016年7月現在スカリア裁判官の後任は空席のままである。

（7）上院本会議

上院は，合衆国憲法上大統領による連邦裁判所裁判官の指名に対して上院の助言と承認を与えるという役割を有するが，その役割のあり方については，これまで2つの異なる見解が示されてきた。第1の見解は，上院は大統領の指名についてよほどの強い反対理由がない限り，大統領の選択を承認するべきだという主張である。これに対して，上院側（多くの上院議員）のとるもう1つの見解は，大統領の指名した者を承認するか否かは，上院が自らの考え方に基づいて判断し決定する権利であり責務とするものである[11]。

---

11 *Id.* at, 139.

2 連邦裁判官の選任過程と過程参加者

　このような2つの見解は対立するもののように思えるが、それはどの段階の連邦裁判所の裁判官への任命かによって深刻さは異なり、実際に問題となるのは連邦高裁さらには連邦最高裁の場合である。連邦地裁の場合には、すでに述べた上院の礼譲の下で、大統領の指名した候補者のホーム・ステートから選出された大統領と同じ政党に所属する上院議員が大統領の指名に同意している場合には、上院はほとんど例外なく任命を承認する。ただし、マイノリティの候補者の場合には、非マイノリティの場合よりも承認までの時間がかかっているといわれる。

　連邦高裁（控訴裁判所）への裁判官の承認の場合については、以下の図に示したように連邦高裁の管轄が数州にまたがるため、最近はそれぞれの州出身者が任命されるように配慮すべきであるという要請が強くなってきているといわれる。この点は、連邦主義の観点ともかかわる。そこでは、連邦高裁の管轄に属する各州から、1人ずつの裁判官を出す必要があるという要求がなされる。したがって、そのようなルールが守られ、候補者も評判が良ければ、上院の本会議は大統領の指名を承認することが多いとされる。

　問題となるのは、連邦最高裁の場合である。上院は、大統領の指名した候補者に対して反対する場合には、正面からそれを争うことをいとわない傾向がある[12]。これまでの

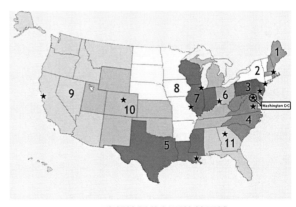

12の連邦控訴裁判所管轄区域

12　オバマ大統領は、2016年2月に旅行先で死去したスカリア連邦最高裁判官の後任として、ワシントン特別区連邦控訴裁判所（District of Columlia Federal Appeals Court）のメリック・ガーランド（Merrick B. Garland）首席裁判官を指名した（*available at* http://www.whitehouse.gov/scotus.）。しかし、共和党が多数を占める上院は、2016年は大統領選挙の年であり、新しい裁判官の任命人事は新大統領の下で行われるべきであるとして、審議を一切拒否している。John D. McKinnon and Knistina Peterson, *Republicam, Democrats Hold Firm in Stondotf Over*

— 309 —

多くの機会において，上院は大統領の指名した連邦最高裁裁判官候補者の承認を否決してきたからである。

　1789年から2009年までに，大統領が上院の承認を求めた連邦最高裁の裁判官候補者の数は146名に上るが，そのうち31人は承認が否決されたり，先送りされたり，あるいは大統領が指名を撤回するなどして実際には承認されなかった。もっとも，19世紀には指名した者の3分の1は承認を得られなかったことを考えれば，最近は承認の率は高くなっているといえる。それは，ある意味では上院の慣行の中で一定の実質的な条件が形成されてきたからであるといえる。具体的には，①問題とされるような特別な背景もなく政治的中立の立場をとる者であって，②大統領と同じ政党または大統領の基本的な姿勢ないし価値観を享有する者については，承認が得られやすいということである。もちろん，このような実質的な条件は，大統領の威信や政治的影響力が高いほど有効に機能するという勢力関係が存在する。

3　大統領と連邦最高裁との関係

(1) 2つの問題

　これまでの各章を通して，本書では大統領と連邦司法府の関係が歴史的に見るとより緊密になってきたことを示してきた。そして，その歴史的な経緯の中で，連邦司法府による政策形成が重要になってきていることに触れてきた。しかし，他方において，連邦最高裁と大統領が対立することも見られるようになり，連邦最高裁の判決傾向を民主主義の観点からどのように正当化するのかという問題があることにも触れてきた。そのような観点から見て重要なことは，4年に1度の大統領選挙で国民によって選出された大統領の価値観と連邦最高裁裁判官の判決傾向が，どのような関係にあるかということである。

Obama's Supreme Court Norninee, available at http://www.wsj.com/artides/republicans-democrats-hold-firm-in-standoff-over-obamas-supreme-count-nominee-1458491580. その結果，連邦最高裁の裁判官が保守派4名とリベラル派4名に分かれ，法廷意見が形成されにくく，4対4の判決となりやすくなっている。その場合，原審の判断が確定されることになり，重要な憲法問題について，連邦最高裁の判断を実質的に示せないということが生じている。

大統領は，選挙期間中に特定の政治的見解を持って有権者に訴え，その見解が支持されることによって当選してくる。そのような国民の支持を得た大統領の政治的見解は，大統領の任命した連邦最高裁裁判官の判決行動に影響を与えるのであろうか。たとえば，レーガン大統領のように福祉国家を否定して小さな政府を主張しているときに，レーガン大統領によって任命された裁判官は，連邦政府における官僚の権限を縮小するような判決を下すことになるのであろうか。この点については，つぎの2つのことを注意しておく必要がある。第1に，大統領の政治的価値観や政治的態度に好意的な裁判官を得るための条件は何かということである。第2は，裁判官の判決行動は，自らを任命した大統領のお墨付きを得られるような内容を示しているかということである。この第2の点については，裁判官の独立という問題もあり，一概に判断することも難しいところがある。

（2）大統領のための連邦司法府の構成要素

　大統領のための連邦司法府の構成，すなわち大統領が自らの政治的価値観や政治的態度に好意的な裁判官からなる連邦裁判所を構成しうるための条件として，4つの点が指摘されている。

①**大統領のイデオロギー的任命の意思の強さ**　第1の要素は，大統領が裁判所の構成を，イデオロギー的な観点から作り出そうとしているか否かということである。たとえば，民主党の大統領が，候補者が民主党党員か否かのみに注意を払い，その候補者のイデオロギーにはさして意を払わない場合には，裁判所の構成を大統領の政治的価値観や態度にまであわせて構成することはできない。また，同様なことは，大統領が自らの支持者や部下を任命することにのみ関心が高い場合にも当てはまることになる。大統領が，裁判所の構成をイデオロギー的な観点から作り出すことができるかは，大統領の有するイデオロギーがどの程度強く国民によって支持されたかまた支持されているかに依存する。もっとも，大統領がその政治的価値観や態度に好意的な判決を，どのレベルまでの連邦裁判官に求めるかについては大統領によって相違が見られる。

　ビル・クリントン（Bill Clinton）大統領は，共和党政権が続く中で大統領

第13章　連邦最高裁裁判官

カーター大統領

に就任した影響もあって，中立的な立場によるとして「新しいタイプの民主党員（new Democrat）」を標榜したために，イデオロギー的任命は少なかったといわれる。これに対して，レーガン大統領の場合には，その保守的な政治的イデオロギーや態度を支持する裁判官を，連邦最高裁ばかりではなく，連邦地裁や高裁レベルにまで任命することを重視したとされる。

②**裁判官の空席の数**　大統領が連邦最高裁との政策的結びつきを強めるためには，第2の要素として大統領が裁判官を任命する機会を有することが必要である。この点で，初代のワシントン大統領は，もちろん当時の最高裁の定員であった10名全員を任命することができた。これに対し，1977年から1981年まで在任した民主党のカーター大統領の際には空席はゼロであり，任命の機会はまったく存在しなかった。もっとも，大統領と連邦司法府全体の関係という観点から見ると，連邦地裁や連邦高裁の任命機会を持つことも重要となる。その点で，カーター大統領は，黒人や女性を連邦下級審の裁判官に積極的に任命し，それを通じて自らの影響力を連邦裁判所に残そうとしたとされる。連邦の下級裁判所の場合には，裁判官の任命機会は前政権から引き継いだ空席の数と，連邦議会が大統領に好意的な形で裁判官ポストを増加させる法案を通すか否かによって変化することになる。

③**大統領の政治的影響力の強さ**　大統領と連邦司法府の政治的つながりの強さにかかわる第3番目の要素は，大統領が任命までに存在する政治的障害をうまく乗り切る技術を有しているか否かということにかかっている。そのようなことが重要となるのは，上院議員との取引をうまく行えるか否かが大統領の手腕に依存しているからである。とくに，連邦議会において自己の政

党所属の議員が上院で過半数を占めていない場合に，その手腕の有無が重要となる。また，上院司法委員会との取引も同様な理由で重要となる。この点では，大統領の議会経験の有無が重要な要素となる。たとえば，長年上院議員を務めていたジョンソン大統領は，この点で秀れた手腕を有し，連邦議会側との妥協・取引がうまかったといわれている。さらに，大統領の裁判官任命を押し通す力は，大統領の国民的な人気，マス・メディアとの関係，政党との関係，圧力団体との関係などに依存していることはいうまでもない。レーガン大統領は，この点で際だって優れた大統領であった。

④連邦司法府の傾向　第4に，連邦司法府がそれまでどのような判決傾向を有していたのかによって，新しい大統領と連邦司法府の関係は変化しうる。連邦司法府の場合には，裁判官は州の裁判官と異なりひとたび任命されると，辞任または死亡するまで身分を保持する終身任期制がとられている。このことに加えて，アメリカではコモンロー的理解の下で先例が重視されるために，裁判官は先例に従って連邦最高裁の憲法解釈を行わなければならないと一般的に考えられている。したがって，通常は新しく任命された裁判官は，それまでの連邦最高裁の判例を重視して行動することになる。

このような中で，それまでの連邦最高裁が，新たに就任する大統領の政策に沿った判決をすでに下している場合には，新しく任命された裁判官はその方向をさらに推し進めることになる。これに対して，それまでの連邦最高裁の先例とは異なる新しい憲法理解を主張する大統領が当選してきた場合には，両者の間にはしばしば大きな対立が生じることになる。その例として，ルーズヴェルト大統領と連邦司法府，とくに連邦最高裁との対立的な関係があげられる。ルーズヴェルト大統領は，すでに述べたように，連邦最高裁そしてそれまでの共和党政権によって任命された裁判官によって占められた連邦司法府と大きく対立した。その結果，ルーズヴェルト大統領は，連邦司法府との政策的つながりを1938年頃まで強く持つことができなかった。これに対して，同じように新しい憲法解釈を主張して当選してきたレーガン大統領の場合には，それ以前の同じ共和党のニクソン政権およびフォード政権によって多くの保守的な裁判官がすでに任命されていたために，新たに任命された裁判官はレーガン大統領の示す憲法解釈の方向で判決を出すことを期待

（3）ブッシュ政権の場合

①大統領のイデオロギー的任命の意思の強さ　ジョージ・W・ブッシュ政権の連邦最高裁判官人事、とくに再選後になされた人事においては首席裁判官としてロバーツを任命し、さらにアリトを陪席裁判官として任命したことが注目された。この人事は、保守派から非常に歓迎された[13]。ただ、ロバーツ首席裁判官に関しては、2013年の健康保険改革事件（Health Care Case）とも呼ばれる事件[14]に対する判決で示されたように、保守的なイデオロギーで固まっているとはいえないとして、現在保守的な人々の間で保守的な裁判官の任命に当たって、そのイデオロギーをもっと明確に把握する手段を模索するべきだという声が生じている[15]。

②裁判官の空席の数　ジョージ・W・ブッシュ大統領は、2期8年の間大統領を務めたために、連邦地裁の段階では261人の地裁判事を任命したが、それは全地裁裁判官数の43％にあたる。そして、連邦最高裁の段階では61人の裁判官を任命し、全体の控訴裁判所裁判官の43％を任命したことになる。この数は2期大統領を務める場合には、よく見られる数である。

③大統領の政治的勢いの強さ　ブッシュ政権は、9.11事件後とられた政策や活動が高く評価されて高い世論の支持を受けたが、2期目はそれほど好意的な評価を得ることがなかった。ただし、一般的に2期目の大統領に対して強い支持が与えられることは多くない。とくに、2期目の政権が終わりに近

13　Jan Crawford, *Bush Legacy: The Supreme Court*, available at http://abcrews.go.com/TheLaw/BushLegacy/story?id=6597342.

14　Matthew Bloch, Margot Sanger-Katz, K.K. Rebecca Lai and Alicia Parlapiano, *The Health Care Supreme Court Case: Who Would Be Affected?*, available at http://www.nytimes.com/interactive/2015/03/03/us/potential-impact-of-the supreme court-decision-on-health-case-subsidies.html?_r=0.

15　National Federation of Independent Business v. Sebelius, 565 U.S.__ （2012）.
　実際、ロバーツ首席裁判官は、2015年のキング対バーウェル（King v. Burwell）事件判決でも法廷意見を執筆し、保守派を怒らせるのではないかと指摘されている。Howard Kurtz, *John Roberts, hero or villan? Pundits pounce on Obama Care ruling*, available at http://www.foxnews.com/politics/2015/06/26/johm-robertshero-orvillan-pundits-pounce-on-obamacare-ruling/.

づくにつれ，国民はつぎの大統領として立候補した者へと関心を移していくからである。

④連邦司法府の傾向　ジョージ・W・ブッシュ大統領は，共和党の大統領として連邦司法府に多くの裁判官を任命し，その任命した裁判官の連邦司法府全体の裁判官員数に対する比率は60％近くにまで上り，とくに連邦下級審の構成を変化させることに成功した。ただし，連邦下級審裁判官は終身任期制をとっているとはいえ，その在任期間はそれほど長くないことは重要である。それだけ連邦最高裁裁判官の人事は重要となるのである。

第14章　裁判官の意思決定プロセス

1　意思決定の流れ

　これまで見てきたように，連邦最高裁は法的および政治的に重要な決定を行い，それを判決の形で下している。ただ，連邦最高裁の判決は，各裁判官が事件についてそれぞれの意見を述べ，その結果として多数を制した見解が法廷意見となり，少数にとどまるものが反対意見となる。このことから，反対意見を法廷意見に比べ価値の低いものとただちに考えることは適切ではない。

　連邦最高裁は，違憲審査権を有する国家の重要な機関である。そして，連邦最高裁の裁判官は，その任命過程に見られるように，大統領によって一定の価値を有する者として任命されている。したがって，各裁判官が示す意見は，反対意見といっても，判決後その基本的な観点について検討あるいは批判の対象となった場合に，それに耐えうるほどの内容を有していると見るべきである。そのような各裁判官の意見が重要であると考えられる状況の下では，事件の争点が法的，政治的に鋭く対立すればするほど，各裁判官の見解の相違は大きくなり，妥協は困難となる傾向がある。

　ただ，すでに見たウォーレン・コートにおけるブラウン事件に対する判決の取扱いに示されるように，前任者のヴィンソン首席裁判官のときに人種的平等をめぐって各裁判官の意見が鋭く対立したために，連邦最高裁の判断がなかなか示せなかった問題が，ウォーレン首席裁判官の巧みな政治的リーダーシップによって，連邦最高裁として全員一致の判断がまとめ上げられたこともある。

　また，連邦最高裁の判決は，先例として重要な法的な価値を持つと述べたが，憲法事件の場合にはとくにそこで示される憲法判断が，政治的・社会的にも大きな意義を有することから，裁判官としては法廷意見を執筆すること

は重要な意義を持つものとなる。そのため，法廷意見執筆の割当は，各裁判官の意見が5対4に分かれているような場合には，中間に位置する裁判官の同調を期待して，多数意見に加わることを前提に中間派の裁判官に法廷意見の執筆が持ちかけられ，そこで妥協が行われることがある。

いま述べたような意味で，連邦最高裁判所内部での判決に至るまでの意見形成過程を各裁判官個人の意思決定ではなく，すべての裁判官が参加して形成されるものとしてとらえた場合に，どのように考えることができるかという観点から見ておくことも意義のあるものと思われる。以下そのような観点から形成過程を見ておくことにしたい。

(1) 口頭弁論

連邦最高裁が審理する事件は，現在実質的に連邦最高裁がサーシオレイライ（Certionari, 裁量上訴）を認めた事件に限られている。ここでいうサーシオレイライとは，連邦最高裁が上訴についてその中に重要な法律問題が含まれているとして，9名の裁判官の中で4名の裁判官が同意した場合に上訴が認められること（ルール・オブ・フォーと呼ばれる）を意味し，その判断は完全な裁量によるとされている[1]。

このようにしてサーシオレイライを認められた事件には，事件番号がつけられ（年度プラス受付順番号96-1など），口頭弁論（oral argument）に回される。口頭弁論は，それぞれ30分の持ち時間の中で行われるのが原則である。この口頭弁論は，原則として公開で行われ，連邦最高裁が開廷している日に連邦最高裁を見学に行っていたような場合には，事前に傍聴席を得ていない場合でも，5分ほどなら法廷内で口頭弁論を傍聴することができるように，法廷内に座席が用意されている。

この口頭弁論については，重要な憲法事件のような場合には，しばしば新聞で口頭弁論でなされた裁判官の質問やそれに対する上訴人や被上訴人の弁護人を務める者の回答などが紹介された上で，質問をした裁判官の判断の予測などが行われることがある。この口頭弁論の重要性については，これまで

---

[1] この点に関するわが国の研究として，宮城啓子『裁量上告と最高裁判所の役割―サーシオレイライとヘビアス・ユーパス』（千倉書房，1999年）参照。

も指摘されてきたところであり，そのため弁護人としては著名なロー・スクールの教授が雇われることが多い。もっとも，この口頭弁論を経た後に続く判決形成過程の中で，連邦最高裁としての最終的な判断が下されることになるという点も踏まえておく必要性も指摘される。

　この口頭弁論の前に，裁判所の友による訴訟事件摘要書（amicus curiae brief，以下「アミカス・ブリーフ」という。）が，裁判所の許可を受けてあるいは要請を受けて提出される。これまでアミカス・ブリーフは，専門的な情報が社会的，政治的な背景の関係で提供される場合には，裁判官にとって有益であると考えられてきた。憲法事件などにおいても，政府や裁判過程を対象とした圧力団体，たとえばNAACPやACLUなどを含めた団体や個人などによって提出される。そこでは，それぞれの立場から事実や法理を要約した上で，それぞれの立場に従って裁判所を説得しようとする見解が示される。このアミカス・ブリーフは，裁判過程を対象とした圧力団体にとっては，自らの立場を社会的に明らかにする点でも有力な手段である。その結果，たとえばアボーションの事件では，数多くの圧力団体からその影響力を期待されてアミカス・ブリーフが提出された。

　もっとも，いま述べたような口頭弁論やアミカス・ブリーフがどの程度効果を有しているかは不明なところも多い。口頭弁論についてはすでに触れたが，アミカス・ブリーフについても，その効果としてはすでに態度を明らかにしている裁判官の見解を補強するという働きがあると考えられるにとどまっている。

（２）裁判官会議

　口頭弁論が終了すると，その２，３日後に，裁判官会議が開かれ，事件が裁判官の間で議論され，表決がとられる。以前は先任順に古い方から意見を述べた後に，若い先任順に自己の判断の票を投じていったが，いまは意見を述べる際に同時に自己の最終的な判断も明らかにするようになっているとされる[2]。

2　この裁判官会議の様子について活き活きと描写したものとして，スコット・アームストロング（中村保男訳）『ブレザレン』（TBSブリタニカ，1981年）参照。

(3) 判決の執筆の割り当て

　裁判官会議で事件についての判断が，それぞれの裁判官によって表明されると，つぎにどの裁判官が法廷意見を執筆するのかが決定されることになる。法廷意見を執筆することはすでに述べたように，アメリカの場合には法曹界ばかりではなく，マス・メディアや政治家からも注目されるという点で，重要な意味を持っている。したがって，事件が重要であればあるだけ，それはできる限り説得的なものである必要がある。法廷意見の執筆を誰に委ねるかは，首席裁判官が多数派の場合には首席裁判官が，そうでない場合には多数派の中の最先任者が指名する。その場合に注目しなければならない点が，2つ存在するといわれる。

　第1に，法廷意見の執筆の割り当てが，様々な要因によって決められるということである。たとえば，すでに述べたように，9人の裁判官の中で多数を占めるために必要な5人目の票を確保するというねらいを持って，中間派の人に法廷意見の執筆を委ねることがあるといわれる。また，裁判所として断固とした姿勢をとる必要があると判断する場合には，首席裁判官が法廷意見を執筆することによって権威を増すということがありうる。その代表的な例としては，これまでもたびたび指摘してきたように，全員一致判決の形でウォーレン首席裁判官によって執筆されたブラウン判決があげられる。また，法廷意見の説得力を増すために，事件が重要であればあるほど有能な裁判官によって執筆させようとする傾向もある。その例としては，ウォーレン・コート時代におけるブレナン裁判官があげられる。

　第2に，裁判官会議での表決は，仮のものであるということである。法廷意見の執筆を委ねられた裁判官は，判決の草稿を各裁判官に回して，その意見に対応して自己の判決の草稿を修正することがある。そのような形で行われる取引と妥協の過程を経て法廷意見が執筆されるが，それでもなお法廷意見の結論に反対の立場をとる裁判官は，反対意見を書くことになる。最近の連邦最高裁の傾向としては，法廷意見として多数意見が形成されていないことが指摘されている[3]。それは，裁判官内部の意見が割れているということで

3　もっとも，最近の論考の中にはむしろ意見の一致が見られるようになったと説く学説も存在する。PAMELA C. CORLEY, AMY STEIGERWALT, AND ARTEMUS WARD, THE PUZZLE OF UNANIMITY

ある。その意見の割れ方については，保守派とリベラル派の意見の対立として理解されることが多く，またそのような見方はしばしば有効な理解となる。ただし，事件によっては論点ごとに裁判官の意見が分かれることも見られる。その結果，相対多数意見（plurality opinion）が形成されることも多いといわれている。すなわち，相対多数意見とは，連邦最高裁の裁判官9名の過半数を欠く3名とか4名が支持する意見が，結果的に最も多くの裁判官の支持を得る判決のことである。このような相対多数意見の多さの原因は，連邦最高裁の取り扱う近年事件が複雑にからんだ基本的な価値観を問うものとなることが多いためといえる。

（4）判決の言渡

上記のような過程を経て，判決が言い渡される。重要な判決は，開廷期が終わる6月頃に下される例が多い。たとえば，最近の事件でも同性婚関係やオバマ・ケア（Obama Care）関係の事件は6月に判決が下されている。また，毎年10月に始まる新しい開廷期の冒頭で判決が下されることもある。ロー判決はその典型的な例である。

2　連邦裁判官の属性

連邦最高裁の裁判官の意思決定を考える上では，まず連邦最高裁を含めた連邦裁判所の裁判官に，どのような属性を持った人々が任命されているのかを知ることが重要である。以下，連邦地裁，連邦高裁，連邦最高裁の順にその属性を見ていくことにしたい。

（1）連邦地方裁判所の裁判官の属性

1977年から2009年までの大統領（カーター，レーガン，ブッシュ，クリントン，ブッシュの各大統領）により任命された連邦地裁裁判官の属性は，以下のようなものといわれている。

-Consensus on the United States Supreme Court 3（2013）.

①前職との関係　連邦地裁の裁判官の場合に、裁判官となる前の職業について見ると、その40%前後は州裁判官という前職を有するものである。もっとも、ジョージ・W・ブッシュ大統領やクリントン大統領の場合には、任命した連邦地裁の裁判官のうち、裁判官の前職を有する者が過半数近くを占めるのに対して、レーガン大統領の場合には37%にとどまっている。さらに、連邦地裁の裁判官の前職として、裁判官に次いで政治家や政府の官僚が多いといわれる。レーガン大統領やジョージ・W・ブッシュ大統領は、裁判官を任命するに際して政治任用が多かった。ジョージ・W・ブッシュ大統領の場合には、大統領選挙での勝利が僅差であったため、選挙運動の見返りが求められたことの影響を受けていたと考えられる。また、ロー・ファームからの任命もかなり見られる。ジョージ・H・W・ブッシュ（George H. W. Bush）大統領やジョージ・W・ブッシュ大統領のときには、100人以上の規模の大きなロー・ファームから裁判官として任命されるものが多かった。そのほかの大統領の場合には、中規模サイズのロー・ファームからの任用が多かったとされる。もっとも、カーター大統領の場合には、2人から4人という規模のロー・ファームからの任用が最も多かった。この点は、カーター大統領が農業を主とする南部のジョージア州知事から大統領に当選したために、大きなロー・ファームとの関係が少なかったことと起因していると考えられる。

②学歴　学歴との関係で見てみると、連邦地裁の裁判官全員が大学を卒業しており、そのうちの半数以上はアイビー・リーグの大学か有名私立大学の出身者で占められている。この傾向は、ロー・スクールの場合でも同様に見られるものであり、裁判官が所得の高い階層出身者であることがうかがわれる。とくに、アイビー・リーグ出身者が多いことは、これらの大学の学費等の高さ、教育の質の高さとも相まって、高額所得階層の者が裁判官に選任される可能性が高いことをうかがわせるものである。なお、この点と関連して、最近裁判官を生み出す家庭が一定の範囲に限定され、一種家業的なものになっているところもあるとされる。

③人種的マイノリティとの関連　連邦地裁裁判官への人種的マイノリティの任命の推移には、興味深い点がある。たとえば、カーター大統領はその任期中、意図的にマイノリティの優先処遇を行うことを目指していたとされ

る。それは，連邦地裁裁判官の任命においても，その趣旨を貫く形であらわれている。たしかに，カーター大統領以前は，人種的マイノリティが裁判官に任命されることは少なかった。これに対し，カーター大統領は，連邦地裁への裁判官任命者のうち，黒人を13.9％任命し，マイノリティ全体では21.8％を任命している。その後の各大統領の任命を見てみると，一般に民主党の大統領は黒人を多く任命する傾向があるのに対し，共和党の大統領はそれほどの傾向は見られない。ただ，ヒスパニックは共和党および民主党ともに，徐々にではあるが被任命者の割合を増やしている。これは，大統領選挙等におけるヒスパニック系住民の支持の重要性を反映していると考えられる。

④**ABAの評価**　ABAとは，American Bar Association（アメリカ法律家協会）の略である。ABAは，連邦裁判所の裁判官への指名がなされると，その被指名者について裁判官としての能力を評価することを行っている。その評価は，かつては「極めて十分な資格を有する（exceptionally well qualified）」，「十分な資格を有する（well qualified）」，「資格を有する（qualified）」，「資格を有さない（not qualified）」，の4段階であった。現在は「きわめて十分な資格を有する」という評価はなくなり，3段階となっている。その点で見ると，ほとんどの裁判官は「資格を有する」という評価以上となっている。ただ，ジョージ・W・ブッシュ大統領のときには，「極めて十分な資格を有する」と「十分な資格を有する」ものの合計が70％を超え，優秀な人を裁判官に任命する一方，「資格を有しない」ものも1.5％いたことが特徴的である。

⑤**支持政党**　支持政党については，当然推測されるように，各大統領によって任命された裁判官の支持政党と任命した大統領の政党とが同じである場合が，9割前後を占めている。また，任命された裁判官の約半数は，それぞれの政党関係の仕事に積極的に参加し活動した経歴を有している。

⑥**資産**　裁判官に任命された者の資産を見てみると，多くの者がかなりの資産家であるといえる。資産家であることは，毎年の収入を示しているわけではないので，派手な生活をしているということをただちに意味するわけではない。ただし，少なくとも裁判官に任命されたときに，生計が維持できないということを意味しないことはたしかである。

ちなみに，2015年現在連邦地裁の裁判官の俸給は年に20万1100ドル，連邦高裁裁判官は21万3300ドル，連邦最高裁裁判官は24万6800ドル，そして連邦最高裁判所首席裁判官は25万8100ドルである[4]。もっとも，この額は，2013年まで連邦地裁裁判官が17万4000ドル，連邦最高裁裁判官が21万3900ドルと低く抑えられていたため，アメリカの弁護士の中で最も有能な弁護士ならアソシエイトが貰う給料と大差がないという事態が生じていたことを思えば，増額されたといえる。その背景には，ロバーツ首席裁判官が長くこのような給料額の低さは「憲法危機」（constitutional crisis）であると呼んで[5]，給料の増額を要求していたところ，2014年に大幅に引き上げられたという経緯が存在している。

（2）連邦控訴裁判所裁判官の属性

①**前職との関係**　　連邦高裁の裁判官の属性は，基本的には連邦地裁の裁判官と同様である。しかし，若干の相違も存在する。まず，連邦高裁の裁判官は，連邦地裁よりも前職を裁判官として過ごした者が多いといえる。つぎに，レーガン大統領とカーター大統領の場合には，連邦高裁の裁判官として，ロー・スクールの教授に注目をする傾向が強かったといえる。また，学歴としてはアイビーリーグ出身が多かった。その意味で，連邦高裁の裁判官の場合には，連邦地裁の裁判官よりも，よりエリート色が強く見られるといえる。

②**支持政党**　　支持政党との関係では，レーガン大統領とジョージ・W・ブッシュ大統領は，連邦高裁の裁判官として自らの政党支持者をより多く任命している。そして，政治活動の関係では，連邦高裁の裁判官の方が連邦地裁の裁判官よりも，より強い活動歴を有する傾向を示している。さらに，連

---

[4] Judicial Compensation, *available at* http://www.uscourts.gov/judges-judgeships/judicial/compensation. なお，このほかに印税やロー・スクールでの特別講義等による収入があり，その内容は複雑である。
　See Sam Hananel, *5 Weeks After Filing, Justices's Finances Still Not Public*, *available at* www.nytimes.com/aponline/2015/06/24/us/pditios/ap-us-supreme-court-finances.html?_r=0.
[5] Carrol J. Williams, *Judicial pay disparity drains talent from federal bench*, *available at* http://articles.latimes.com/2009/sep/27/local/me-judges-pay 27.

邦高裁の裁判官は，最近では100万ドル以上の資産家が多くなっている傾向が見られる。

（３）連邦最高裁裁判官の属性

1789年以来2015年まで，109人の男性と女性が連邦最高裁裁判官に就任している。多くの連邦最高裁裁判官は，単に裕福なばかりではなく古くからの家系で政治的に活発な家庭などいわゆる上流階級の出身者が多いといわれる。それは，法律家になる道が経済的にも時間的にもかなりの長期間を要するためである。さらに，連邦最高裁裁判官の3分の1は，家族や親戚の中に法律家がいるといわれる。しかし，連邦最高裁裁判官の10％ほどは，基本的に貧しい家の出身である。たとえば，よく引き合いに出されるのはマーシャル裁判官である。彼の祖父は奴隷であり，父親は鉄道車両の車掌であった。マーシャル裁判官は，ジョンソン大統領によって1967年に連邦最高裁に任命されたはじめてのマイノリティである。

マイノリティと並んでしばしば注目される女性の裁判官について見てみると，はじめて女性の連邦最高裁裁判官が任命されたのは，すでに述べたようにレーガン大統領によって任命されたオコナー裁判官である。現在の女性裁判官はクリントン大統領によって任命されたギンズバーグ裁判官，オバマ大統領によって任命されたソトマイヤール裁判官，エレナ・ケーガン（Elena Kagan）裁判官の3名である。ちなみに，ソトマイヤール裁判官はヒスパニック系として初めて任命された裁判官である。これに対して，現在在任している黒人裁判官は，1991年にマーシャル裁判官の後任として任命されたトーマス裁判官のみである。トーマス裁判官は，リベラルなマーシャル裁判官とは対称的な保守派として知られていることはすでに述べた。

いままで述べてきた連邦最高裁判官の属性として現在最も注目されているのは，宗教的背景である。従来の宗教的属性としては，プロテスタントが多いことが指摘できた。これに対し，最近任命される連邦最高裁裁判官は，カソリックが多いといわれる。このカソリックが多いということは，カソリックがアボーションにかなり反対していることから，ロー判決以来長く争われているアボーションを女性の自己決定権として憲法上保障されるとした憲法

判例の将来を考える上で，重要な要素となっている。

さらに，連邦最高裁の裁判官の属性として注目されるのは，前職との関係である。最近では，とくに州ないし連邦で裁判官を経験した者を大統領が任命する傾向が見られるからである。このような職業的法律家の占める割合の増加については，望ましいと考える意見も強い。ただ，そのような傾向は，連邦最高裁裁判官が政治的見解を有しており，それが判決を理解する上で重要であるということと矛盾するものではない。むしろ，職業的法律家であるということによって，連邦最高裁の裁判官に任命される際に議会の対応が難しくなり，個々の裁判官の政治的見解が十分に検討されないということが見られるからである。

3　連邦最高裁での意思決定

（1）基本的なアプローチ

これまで述べてきたことからわかるように，連邦最高裁の意思決定については，法的観点ばかりでなく，政治学的観点からも重要である。それでは，アメリカの政治学者は，どのような観点からこの点を分析をしようとしてきたのであろうか。つぎに，その基本的アプローチを見ておくことにしたい[6]。具体的には，古典的な制度論的アプローチ，司法行動論アプローチ，そして，新制度主義的アプローチの3つである。これらについて，以下若干言及して見ることにする[7]。

（2）古典的な制度論的アプローチ

①アプローチの内容　　このアプローチは，20世紀初頭までの伝統的な静態的かつ記述的政治学から離れて，より動態的な政治学をとらえようとする流れの中で生じたものである。それ以前は，政治学全体が国家，社会，経済な

6　以下の叙述については，大沢秀介『司法権による憲法価値の実現』（有斐閣，2012年）89頁以下によった。

7　Howard Gillman and Cornell W. Clayton, *Beyond Judicial Attitudes: Institutional Approaches to Supreme Court Decision-Making, in* SUPREME COURT DECISION-MAKING, (Cornell W. Clayton and Howard Gillman ed., 1999).

どは人間の本性を反映したものとしてとらえる形で理解され，それらを正面から受け止めた上で，政治や国家の制度を正確に記述することに重点が置かれていた。しかし，20世紀の初頭になると，より動態的な見方が導入された。政府はどのように機能し，どのような利益に奉仕しようとしているのかという点に興味が示されるようになり，より現実的な政府の姿が捉えられるべきだとされるに至ったのである。ただ，その場合の分析の対象は，なお国家という制度や憲法という基本的な法であった。したがって，そこでは政治学者の裁判所に対する役割への関心は，国家や憲法ということを念頭に置いた上で，その枠内で関心がもたれたにすぎなかった。

②**憲法革命の影響**　しかし，このようなアプローチは，1930年代後半から40年代のニュー・ディール期における連邦最高裁の判例変更を受けて不十分とされるようになり，新たなアプローチの仕方が求められるようになった。その理由は，それまでの連邦最高裁による憲法に関する判例法が，1937年の憲法革命によって根本的に覆されてしまうという事態が生じたことによって，大きな見直しを迫られることになったからである。そこでは，それまでの判例法理重視の研究では裁判所の判決を説明できず，むしろ裁判官の態度，価値観というものによって判決を説明することの方が有効であるとの考え方が，政治学の中で見られるようになったのである。そのような傾向は，法学の分野では法リアリズムという形で出現した。そして，このような法リアリズムの出現は，裁判所や裁判官の行動を政治学の観点から研究する入り口を提供することになったのである。

③**法リアリズムの勃興**　法リアリズムの法学における勃興は[8]，裁判所や裁判官の行動に対する政治学的研究を本格的に始めさせたという点で，きわめて重要なものであった。法リアリズムは，法すなわちアメリカでいう判例法は，それ自体一つの完結的体系を形作るものではなく，その理解はより大きな政治的，経済的，社会的背景の中でとらえるべきだとされたからである。このような中で，裁判所の判決とその政治的価値とは相互に密接に関係するものと考えられるようになり，法と政治との相互の関係は絶対的に独立して

8　法リアリズムについては，早川武夫『アメリカ法学の展開』（一粒社，1975年），モートン・J・ホーウィッツ（樋口範雄訳）『現代アメリカ法の歴史』とくに214頁-248頁参照のこと。

いるというよりも，相対的に独立しているにすぎないということになったのである。そこからは，法を政治学的観点からみる政治的法学（political jurisprudence）というような考え方[9]も提唱されるようになった。

　ただし，このような法と政治との結びつきは，なお2つの側面に分かれることになる。第1にあげられるのは，法そのものが政治的価値を生み出すプロセスの結果であり，また法の解釈が政治的影響の下におかれているという考え方である。この考え方では，判決の持つ歴史的意味と解釈の政治的性格が強調されることになる。そして，もう1つの考え方が，これから述べる司法行動論アプローチである。

（3）司法行動論アプローチ

①シューバートの研究　　司法行動論アプローチは，いま述べたような第1の考え方に見られる，判決でなされた解釈に与える政治的影響を内在的な形で重視することを超えて，より経験主義的に現実を問題にし分析しようとするものである。このアプローチで展開される分析の焦点は，法そのものではなく，判決を下す個々の裁判官の価値観に基づく行動にあてられたものとなっている。このような司法行動論的アプローチは，その前提として1950年代から60年代にかけてのアメリカにおける行動科学といわれる，当時発達しつつあったコンピューターによる初歩的な分析方法を，裁判官の行動分析に応用したものであった。

　この種の研究の代表的な政治学者として知られるのが，グレンドン・シューバート（Glendon Schubert）である。シューバートは，特定の裁判官が特定の事件においてどのように投票するかを，その裁判官のイデオロギー的選好の観点から説明するモデルを構築しようとした。そこでは，まず裁判官の判決行動は一種の投票行動ととらえられ，それぞれの事件を市民的自由や経済的自由などのカテゴリー別に分けた上で，すでになされた投票にしたがってリベラルから保守主義という形で，そのカテゴリーごとに裁判官を順位付けることが行われた。つぎに，事件の内容を構成する事実等を変数とし

---

[9]　政治的法学の考え方については，Martin Shapiro *Political Jurisprudence*, 52 KY. L.J. 294（1963）.; MARTIN SHAPIRO, COURTS: A COMPARATIVE AND POLITICAL ANALYSIS（1986）.

て理解した上で，それらを三次元空間の中に配置し，その空間の中に個々の裁判官を価値観に応じて並べた軸を展開する形で，空間に配置された事実の変数との距離を測定することによって，なぜその事件においてリベラルな裁判官と保守的な裁判官が事件の判断にあたって原告を支持したり被告を支持したりしたのかを説明するということが試みられた。このアプローチは，それぞれの裁判官の投票行動の予測が，一次元のスケールの上で可能となるということであり，そしてそのことは裁判官の投票行動が彼らのアプリオリにもつ政策的選好と密接に関連するという前提に立ったものであった。

②司法行動論的アプローチの特色と限界　このような司法行動論的アプローチで特筆されるべき点は，裁判所の判決形成過程は，政治過程での意思決定と異なり，官僚など第三者の決定への影響力が少ないという見方がとられていたことである。そのため，裁判官の意思決定は，第三者の影響をあまり受けることなく，自らの価値観に基づいて行われる可能性が高いということが考えられていた。

　司法行動論アプローチでは，このような認識を前提として，裁判所の場合には裁判所の意思決定としての判決が，個々の裁判官の態度や政策的選好を直接反映した形で行われる投票の結果として説明可能であるという考え方がとられたのである。それは，アメリカの大統領の政策決定における官僚制の影響の大きさと，連邦最高裁における裁判官と裁判所スタッフとの関係の相違を踏まえてのものであるということができる。

　いま述べたような裁判官の判決行動に対する行動論的アプローチの特色は，逆に司法行動論の対象を連邦最高裁の裁判官の行動分析に限定するという限界を示すことになった。それは，司法行動論アプローチの大きな制約を示すものであったといえる。

③司法行動論アプローチに対する批判　司法行動論アプローチに対する批判としては，先にあげたようなアプローチの持つ限界に加えて，以下のような3つの点が指摘されてきた。

　第1の批判は，司法行動論は投票の結果あるいはそれを新聞記事などで補強したものをもって裁判官の政策的選好を説明しようとしているが，それはせいぜい間接的な証明にしかすぎないという批判である。また，裁判官の投

票行動が政策的選好によっているとしても，それが常にそのような選好の結果であるとは限らないということである。政策的選好以外の要素が働いている可能性があるのではないかという批判である。

第2の批判は，このアプローチでは連邦最高裁の行動が十分に解明されないのではないかというものである。それは，司法行動論では，その前提として裁判官の投票が考えられているために，連邦最高裁が上訴を認めなかった事件が，他の機関との関係において持つ意義が没却されてしまうということである。

第3の批判は，裁判官が同じような事件において同じような投票をしたとしても，それがどのような意義を持つかは，それぞれの文脈の中で判断されるべきことであり，そのことによって初めてその行動の意義やそのような行動をとった動機が解明されることになるというものである。その具体例として，1954年のブラウン判決でリベラル派の立場から強調された合衆国憲法はカラーブラインドであるという主張が，最近のアファーマティブ・アクションをめぐる事件では，それを制限しようとする保守派の側によって自らの見解を補強する理由として用いられていることが指摘されている。

4　新制度論的アプローチ

いま述べたような司法行動論アプローチへの批判を踏まえて，新しく見られるようになったのが，新制度論からのアプローチである。このアプローチは，最近社会科学において見られるようになってきたものである。ある政治行動は，制度の置かれた状況や他の制度との関係などによって，そのあり方，構造，方向性が与えられるとする，いわゆる新制度論（New Institutionalism）に影響を受けた考え方である。

①公共選択論的なもの　このような制度の重要性を重視するアプローチにも，大きく3つのグループが存在する。1つは公共選択論に立つものである。この考え方では，政治的行為者は自己の選好を最大化するという点で，共通の利害を有すると仮定した上で，制度のあり方が参加者の戦略的な行動にかかわる計算にどのような影響を及ぼすかに焦点を当てて，研究されるべ

きだとされる。この考え方によると，政治行動は，その行為者のすでに持つ政治的な態度に原因することに加えて，特定の政治的状況の下で与えられるリスクとチャンスの下で，自己の目的を最大限に達成するための合理的な計算から生じるという形で説明されることになる。このような考え方を，裁判官の行動の場合に応用すると，裁判官は自らの政治的選好にばかりではなく，特定の状況の下で特定の判断を示す行動をとる際の費用と便益を注意深く計算しながら，行動を決定するという説明となる。

②**価値の形成的側面を重視するもの**　もう1つの考え方は，いま述べた公共選択論をとる場合の問題として，そこでは政治的行為者の選好がアプリオリに決定済みのものとしてとらえられていることを批判し，そのような選好の形成過程それ自体を分析の対象とするべきだとするものである。この考え方によれば，裁判官の行動は，制度のあり方によって枠組みが与えられるばかりではなく，特定の政治的状況の中に顕在化する目的や価値などによって行為者自身が積極的に動かされ，生み出されることもあるということになる。この考え方では，制度それ自体が時代的な変化への対処や他の政治的機関との関係において自らを変形させ，制度の規範や伝統そして機能を発展させるという，歴史的な側面が強調されることになる。

③**構造的影響を重視するもの**　第3の考え方として，個人の行為を単に特定の制度的状況の結果としてではなく，より大きな社会的枠組みの産物としてとらえようとするものがある。すなわち，この考え方によれば，階級，人種，性，宗教などのより大きな社会的・文化的な構造によって，自己の利益などが決定されるというのである。

④**司法行動論への批判**　なお，新制度論からは，司法行動論アプローチにつぎのような批判が向けられている。司法行動論アプローチでは，裁判官に及ぼす制度の影響が裁判官の側からとらえられ，裁判官が意思決定を行う際の決定要因についての説明はなされるが，裁判所という制度そのものの規範的要因が裁判官に与える影響については，あまり考慮していないとされる。裁判官の任期，裁判官によって事件が取り上げられる方法などについては，それが態度決定に関係ある限りでとらえられるにとどまるというのである。

　すなわち，新制度論アプローチからは，司法行動論アプローチは，制度的

状況のような文脈を無視して，信念や価値観との関係でのみ裁判官の投票行動を説明しようとするものであり，そのような説明は不可避的に不完全な説明になると批判される。その理由として，ハワード・ギルマン（Howard Gillman）とコーネル・クレイトン（Cornell W. Clayton）は，第1に制度的状況というのは，人が一定の行動を選択する際に常に存在し避けがたいものであるということと，第2に制度的状況の存在は，そこでの制度的規範の自己内面化，すなわち連邦最高裁という制度の中にいる人々をして，そのような制度のもとで果たすことを期待されている適切な機能や他の政府機関との関係において，裁判所がどのような役割を果たすべきかということにかかわる一定の思考方法を内面化するようになるとする[10]。したがって，裁判官の行動を他の立法者や政府の高官のようにとらえることはできず，裁判官としての職責や憲法以下の法令に服する責任との関係で見ていく必要があるとされるのである。

5　政治学的アプローチの有効性

いままで述べてきたような，いくつかの政治学的アプローチのあり方については，いま述べたようにそれぞれ問題点が存在する。その意味では，どれか1つをとるということは適切ではないように思われる。たしかに，司法行動論アプローチの特色であったコンピューターを用いた説明は，それによって裁判官の価値観と投票行動との因果関係を説明し得たかという点については，否定的に解される必要がある。それは，その当時においては新奇なコンピュータ技術を用いた，ある意味で異常な説明方法であったがゆえに注目された側面もあったからである。しかし，他方その基本的な考え方である，個人の価値観によって判決行動が変わるという点はごく自然な結論である。その意味で，それなりの意義が存在したといえる。

したがって，そのようなことを踏まえると，ここでの一応の結論として，つぎのようなことがいえるのではないかと思われる。

10　Gillman and Clayton, *supra* note 7, at 3-5.

5　政治学的アプローチの有効性

(1) 対象とアプローチとの関連

　第1に，これまで述べてきたそれぞれのアプローチについては問題点が存在するが，そのことは若干示唆したように，それらのアプローチが完全に否定されてしまうことを意味するわけではないということである。基本的には，説明の対象をどのようにとらえるかによって異なると見ることが適切である。たとえば，連邦最高裁の動向が，ウォーレン・コートの時代のように，ウォーレン首席裁判官以下の個性豊かな裁判官の存在する中でかつその判決が政治的に大きな影響を与えた時代にあっては，個々の裁判官の個性を前提とした上で，それぞれの価値観と判決との関係を理解することが重要となる。その際には，連邦最高裁を取り巻く環境よりも個々の裁判官の個性が問題とされることになる。

　これに対して，現在の連邦最高裁のように，ある意味でロー判決に代表されるような政治的に論争的であるばかりではなく，社会的にもアメリカの基本的な価値観を正面から問うような判決がこれまで多く下されたことに対する反動という状況が存在する場合には，別の考慮が必要であろう。すなわち，現在においてはいま述べたような状況の中で，より政治的に保守的な裁判所が望まれ，そしてそれに応じて手堅いがしかしそれゆえに政治的には無名の裁判官が任命されるような時代には，個々の裁判官の価値観よりも，連邦最高裁内部の制度的要因や連邦最高裁を取り巻く環境による影響をより重視した研究にならざるをえないであろう。そこでは，連邦最高裁という制度を取り巻く問題，さらに連邦最高裁と大統領や議会との関係の問題が，より重視されることになるということである。

(2) 全体的な構図の必要性

　しかし，このように述べることは，全体的な構図が必要ないということを意味しない。すなわち，アメリカにおける司法と政治のあり方を考える上での全体的な枠組みを一応設定した上で，その枠組みのどの部分を強調するかは，その時々の対象に応じて変わるということであろう。

　それでは，一応の枠組みというのはどのようなものであろうか。それは，一応司法過程を1つの制度ととらえた上で，連邦最高裁を取り巻く外部的環

境，たとえば他の政治機関や圧力団体などとの関係，連邦最高裁内部の内在的要因，たとえば裁判官会議，ロー・クラークなどの存在を踏まえた上で，裁判官個人の行動の決定要因を考えていくということであろう。その際には，少なくとも現在のように，連邦最高裁の裁判官の中で，従来の先例を守ろうとする動きが生じている限りは，判決を歴史的な状況の中に位置づけ，そしてその判決の中にみられる政治的な意味を探るという方法も重視されることになると思われる。

6 連邦最高裁内部での意思決定

連邦最高裁において判決が下される際には，いま述べたように法的なサブカルチャーと民主主義的なサブカルチャー（democratic subculture, 独自の慣行や特徴を持つ副次文化をさす。）が影響しているといわれる[11]。しかし，連邦最高裁の場合における連邦地裁や連邦地裁と異なる特色は，連邦最高裁は9名の裁判官というグループの中で意思決定が行われるということである。したがって，そこでは，集団としての意思決定という側面も独自の意味を持ってくることになる。

それでは，そこではどのようにして集団としての意思決定がなされるのであろうか。この点について，4つほどの理論が示されてきた。以下，それぞれの理論について若干見てみることにしたい。

（1）合図理論

合図理論（Cue Theory）は，連邦最高裁の場合に見られる特色としてのサーシオレイライという制度と関係する。連邦最高裁には現在年間10,000件の事件が上訴されてくるが，連邦最高裁が判決を下すのは，そのうちの75件から80件である。現在どこの国の最高裁判所も上訴の多さには悩んでいる。何千件もの事件について判断を1年間に行うことは困難だからである。そのような問題に対処するために諸外国の裁判所では，部会制（Chamber Sys-

---

[11] ROBERT A. CARP, RONALD STIDHAM and KENNETH L. MANNING, JUDICIAL PROCESS IN AMERICA 302 (9th ed. 2014).

tem）などがとられている。日本の場合にはこれまでと異なる憲法判断などの重要な判決については大法廷を開くが，従来の判例によって処理できるものについては小法廷（定員5人）によっている[12]。

これに対して連邦最高裁は，サーシオレイライを認めたすべての事件について，9人全員の裁判官が原則として審理に参加する。ただ，サーシオレイライを認める事件数は先ほど述べたように多くない。そのほかの多くの上訴は考慮されない。とくに，連邦最高裁では1988年の法改正以来，原則として権利上訴（権利として最高裁への上訴が認められた）が廃止され，サーシオレイライという裁量上訴のみ認められることになった[13]。裁量上訴では，上訴の訴えを認めるか否かを権利としてではなく，裁判官による裁量的判断に委ねることになる。そして，裁量上訴制度の下では，裁量権を行使して少なくとも4人の裁判官が審理に同意しない限り上訴を認めないルール・オブ・フォーと呼ばれるルールがすでに述べたように存在する。したがって，サーシオレイライを認めた75件から80件で下される判決の意味は重要なものといえる。

サーシオレイライが認められるか否かの判断基準としては，連邦最高裁判所規則17条に掲げられているものがある。すなわち，以下の4つの場合には裁量が認められうる（may）とされている[14]。①控訴裁判所がその地域の先例と争いのある形でその地域の法に判決を下した場合，②控訴裁判所が通常の司法手続のあり方から逸脱した場合，③下級審の判決と連邦最高裁の先例の間に争いがある場合，④連邦高裁間で法の解釈について争いがある場合の4つである。

しかし，実際にはこれらの公式的な要件に当てはまっても認められない場合がある。そこで，サーシオレイライが認められる場合と認められない場合を分ける要因は何かが問題となる。その点に答えようとして出てきたのが合図理論である。合図理論は，連邦最高裁の裁判官は，毎年何千件も上訴が求

12　大石眞『憲法講義Ⅰ（第3版）』（有斐閣，2014年）208頁。
13　紙谷雅子「上訴裁判管轄―アメリカの社会における合衆国最高裁の役割」〔1990-1〕アメリカ法5項。
14　大沢・前掲書注（6）182頁参照。

められてくる状況の中で，すべての上訴理由を読んでいる時間も希望も持たないだろうという仮定の上に立って，裁判官たちは何らかの合図（手がかり，Cue）を探して，それぞれの上訴の書類を見ているのであり，その結果として上訴を認めるか否かを判断しているとするものである。

そして，それら合図の中で3つの合図が重要であるとされてきた。重要さの順からいうと，第1に，合衆国政府が事件の当事者でありかつ連邦最高裁に上訴してきたか否かという合図である。第2に，市民的権利および市民的自由の問題が争われているという合図である。第3に，下級審の裁判所で裁判官の間に意見の不一致が見られるという合図である。そして，これら3つの合図が，すべて上訴の申立書に含まれている場合には，サーシオレイライが与えられる可能性は80％で，1つも含まれない場合の可能性は7％であるとされる[15]。

この合図理論は，サーシオレイライの許可基準を判断する上では重要であることが明らかになったといわれる。ただ，それだけでは自ずと裁判官の行動を広く説明することはできない。そこで，その後サーシオレイライでの投票と事件の本案に関する裁判官会議での投票との間に相関関係が認められたという研究が明らかにされた。この相関関係はある意味で常識的なことだとすれば，他方において，サーシオレイライの許可がどのような運用をされているのかが重要となる。その点で，リベラルなウォーレン・コートでは，下級審が経済的自由について保守的な解釈をして判決を下した場合に，それを訂正するという目的でサーシオレイライを与えていたのに対して，保守的なバーガー首席裁判官の時代には，リベラルな下級審の経済的自由に関する判決や市民的自由を広く認める下級審判決を取り上げて，それらの「過誤を訂正する」（error correction）活動に従事していたとされる。これに対して，レーンキスト・コートでは，これら両コートとは異なり，憲法裁判所的志向が強いといわれた。すなわち，事件の数を絞って，連邦最高裁のイデオロギーと近い下級審の判決を積極的に是認して，それらの事件に共通する憲法の価値観であると連邦最高裁がとらえているものを浮き彫りにするように努

---

15 CARP, STIDHAM, MANNING, *supra* note 11, at 368.

めるともに，下級審で争いのある論点についても積極的に取り上げるという傾向が存在すると指摘されてきた[16]。

（2）小集団分析

①2つのポイント　つぎに検討すべき理論は，小集団分析（Small-Group Analysis）である。小集団分析は，裁判官を分析する場合に2つの前提に立っている。第1に，裁判官はその法廷の他の裁判官に対して影響を与えようとするというものであり，第2に，裁判官はできる限り勝者の側に立とうとするということである。このことは，裁判所の判断が最初から決まっているのではなく，裁判官が互いに影響力を行使しようとする中で，すなわち一種の動態的な過程の中で，判決の内容が決定されるという見方をとるものである。

　この小集団分析では，他の行為者に影響を与えるか否かという点で重要なのは各裁判官のパーソナリティと知性という要素であるとされる。パーソナリティとしての穏やかさ，公平さ，人間的暖かさなどは，裁判官同士のグループを結成させたり，裁判官同士の間での妥協を導く上で重要であるとされる。また知性は，たとえばある種の法律の分野に特に詳しいとか，本来的に知的能力が高いことなどから，知性の高い裁判官は他の裁判官に影響力を与える可能性が高くなるとされる。

　このような2つの点の重要性を示しているのが，前述したウォーレン・コート時代のウォーレン首席裁判官とブレナン裁判官との関係である。ウォーレン首席裁判官は，政治的リーダーシップがあるといわれたのに対して，ブレナン裁判官は知的リーダーシップを有するといわれたという関係がそれである。

②小集団分析の手法　小集団分析の際に重要なポイントはいくつか存在するが，ここでは前述のパーソナリティと知性の観点から，分析手法を分類して見ることにする。まず，小集団分析の重点は，前述した知性という観点からは，法的議論が裁判で争われる本案について理知的な議論（先例理解など）

16　*Id*. at 344.

に基づいている場合には，他の裁判官の意見を受け入れる余地があると解することにある。このような理解をとる場合には，裁判官会議での投票とその後の最終的な投票が異なることについては，ある裁判官の議論が他の裁判官によって説得的と考えられたと見ることになる。

　ただし，この小集団分析の手法の限界として，2つのものが考えられる。第1に，判決の内容が論理的であっても単純すぎる場合には，他の裁判官は自らの意見やとくに指摘したい法的見解を判決の中に取り入れられない可能性があるということで，そのような単純な判決に与しないことがあるということである。第2に，法と道徳の関係が存在する。判決の中に道徳的な観点（たとえば，死刑は現在の道徳的発展を考えれば違憲とされるべきであるとするマーシャル裁判官などの見解）を入れるべきとする裁判官の支持は，法的理論の説得力のみでは取り付けがたいということである。

　つぎに，取引（バーゲニング）も連邦最高裁裁判官の中で行われているといわれる。ここでいう取引については，2点注意する必要がある。第1に，裁判官内部での取引は立法過程での取引と異なり，本件の法律解釈・事件の解釈のあり方には賛成して票を入れるから，他の事件には自分の方に賛成の票を入れてくれというような形では行われていない，ということである[17]。そこでは1つの事件のみをめぐって取引が行われるのである。第2に，裁判官の間での取引は，その事件の解決に関して，その判決の射程を考慮に入れながら行われる。すなわち，その事件をこれまでの判例とは異なる特異な事件と見るか（その例としては，ブッシュ対ゴア判決があげられる），その事件を超えた射程の大きな事件と見るか，それまでの先例を覆す事件と見るか，判決が憲法上の根拠を理由にするものか，法律上の根拠によるものかなどをめぐって行われる。具体的には，このような取引は，それぞれの裁判官室の間で意見の草案を何度も送回付しつつ，多くの裁判官が判決に参加して多数派の意見が形成されるようにするための努力がなされる中で行われる。そして，この取引の過程の中で，裁判官の態度が変わることがありうる，その際に少数派の裁判官は，多数派の意見形成への協力にあたって，貴重な1票を

17　*Id.* at. 348.

どのように行使するかを考慮することになる。取引が不成立の場合には，少数派がどの程度強い反対意見を表明するのかが注目されることになる。その場合に，少数派の裁判官の反対程度が強ければ，法廷で反対意見を読み上げたり，さらにはベンチ・メモと呼ばれる反対意見を法廷の場で公表するなどの手段がとられることになる[18]。

③小集団分析の問題　　小集団分析は，裁判官相互の間での影響力行使の動態的過程が存在することを前提に，そこでの具体的な行使のあり方から，連邦最高裁内部のグループの判決行動を説明しようとするものである。たとえば，レーンキスト・コート時代の連邦最高裁における各裁判官グループの判決行動は，この考え方にしたがってある程度説明することができる。この時期の連邦最高裁は，保守派としてスカリア，トーマス，レーンキストの各裁判官がおり，やや離れて若干保守的なケネディ裁判官がいるという状況であった。そして，リベラル派として，スティーブンス，ギンズバーグ，スータ，ブライヤーの各裁判官がいた。その中で，最後の一人であるオコナー裁判官が，いわゆるキャスティング・ボートを握る存在と見られていた。したがって，僅差の判決すなわち5対4の判決になると予想される場合には，常にオコナー裁判官の帰趨が注目された。実際，2002年の開廷期には5対4判決が13件下されたが，これら13の判決のすべてにおいて，オコナー裁判官は反対意見を一本も書かなかったのである。このことは，オコナー裁判官が実際にはその当時の連邦最高裁の判決傾向を決めていたことを意味する。レーンキスト・コートではなく，オコナー・コートといわれる[19]ゆえんである。

　ただし，小集団分析には問題点も存在する。第1に，この小集団分析という手法は，最終的な判決の内容を完全には説明していないことである。多くの場合，小集団分析の手法で用いられるのは，回想録や裁判官自身の証言のようなものである。したがって，それはある種事後的な説明になる。また，それによって説明できる判決は，ある意味で特異な事件だけに限られること

18　スカリア裁判官は，アリゾナ州の移民規制立法の合憲性が争われたアリゾナ対合衆国（Arizona v. United States, 567 U.S―（2012））事件で反対意見をベンチ・メモの形で述べた。
19　ジェフリー・トゥービン（増子久美＝鈴木淑美訳）『ザ・ナイン－アメリカ連邦最高裁の素顔』（河出書房新社，2013年）。

第14章　裁判官の意思決定プロセス

になる。もっとも，そのことは，小集団分析が無意味であることを意味しない。小集団分析の指摘するように，グループ間での取引は，ある意味で判決行動の理解の大きな要素として認識されている。ただ，個々の裁判官の判決行動を説明するには十分なものとはなっていないといえるのである。

そこで，理論的で実証的により正確に，連邦最高裁裁判官の判決という意思決定を明瞭に説明するために用いられるのが，態度理論（Attitude Theory）であり，また合理的選択モデル（Rational Choice Model）である。

（３）態度理論

①内容　態度理論は，ある裁判官の判決行動を説明するために，裁判官は基本的な価値と裁判官として有すると思われる態度を持ち，同種の裁判官と当該裁判官がグループ（ブロック）を形成し（経済的自由重視ブロック，市民的自由重視ブロックなど），それらブロック間の対立の結果として判決を理解しようとするものである。このような見解をとることによって，この態度分析のアプローチは，裁判官は裁判所で審理されている事件について，それが提起する政治的，社会経済的な問題という観点から見ており，裁判官は事件をそのような政治的，社会経済的問題に対する，裁判官それぞれの個人的価値や態度と一致するような形で判断しているという理解に立つものである。

そして，態度理論は，裁判官が裁判所の意見の中で示す理由付けは，前述のような態度決定を覆い隠すものととらえることになる。ただ，そこでは，裁判官として有する基本的な価値観に基づく決定を覆い隠すものという意味であることには注意が必要である。すなわち，表現の自由は民主主義社会において最優先されるべき価値であり，検閲は絶対的に認めるべきではないという態度を持つ裁判官は，表現の自由に関する政府の規制については，この価値観に基づいて判断をし，これまでの先例や学説などの存在は，自らの価値に基づく判断を正統化するために用いられているに過ぎないとするものである。

②態度理論の有効性　この理論は，各裁判官の有する態度が，事件に対する判断を導くとするものである。この理論で裁判官の判決行動を説明しうる場合もある。たとえば，その例としてアファーマティブ・アクションに対す

るトーマス裁判官の見解があげられる。トーマス裁判官については、イエール・ロー・スクールに在学中から、彼が黒人であるがゆえにアファーマティブ・アクションによってロー・スクールに入学しえたということがクラスメートによって信じられ、その後の彼の出世も彼の人種のためであるといわれてきた。そのために、トーマス裁判官は、アファーマティブ・アクションについて、法理論というよりも自らの個人的な経験から反対したと解されている。

ある新聞記者は、このことをつぎのように書いている[20]。「トーマス裁判官は、（アファーマティブ・アクションに対する）攻撃手段を彼の人生経験から引き出してきた。他の裁判官が行っているような法的な事件摘要書や判例法に依拠することに代えて、トーマス裁判官は、『賞賛に値しない者という汚名を着せられた』アファーマティブ・アクションの受益者に課されたスティグマについて本心から書いたのである」。

③**態度理論の問題点**　このような態度理論に対しては、少なくとも3つの問題が指摘されている。第1に、態度理論は、選挙における有権者の投票行動の予測にヒントを得ているところがあるが、この点に関係する批判が存在する。すなわち、態度理論は、裁判官を有権者と同様にとらえて、裁判官がある争点（事件）に対して、どのように判断をしたのかということを探ろうとするものである。しかし、選挙の場合には、世論調査の質問項目の中で回答者がどのような政策を支持しているのかを調べることによって、回答者の考え方（態度、価値観）がわかり、選挙での投票行動を説明することが可能となる。これに対して、裁判官の場合には、そのような世論調査に答えるわけではない。したがって、裁判官の基本的な態度を選挙における有権者のように確かめることは難しいから、裁判官のある事件における投票行動を正確に説明することは困難であるという指摘がなされている。

第2に、態度理論は、裁判官の態度が時間を経過する中で次第に変化する可能性を考慮していないとも指摘される。連邦最高裁裁判官の態度は、長年の裁判所生活で変化する可能性があり、それを態度理論は不変的なものと前

20　Ruben Navarrette, "Thomas' Views Came from the Heart," Dallas Morning News, June 28, 2003 By drawing on the benefit of his life experience with racism and discrimination.

提としており，その点で将来の裁判官の行動を予測する基礎が不正確なものとなるおそれがあるとされるのである。

　第3に，態度理論では，経済への政府介入を強く批判して自由市場の考え方をとる者を，経済的保守主義の態度を有する者と見ているが，このような理解はトートロジーに陥ることになると指摘されている。経済的保守主義の態度を，裁判官から引き出した判決動向をもって経済的保守主義で説明することになりやすいからである。

　第4に，態度理論では，裁判官の判決行動の将来の予測が可能であるとされるが，連邦最高裁の裁判官がある事件で憲法解釈が争われ対立しているときに，それぞれの裁判官がどちらの憲法解釈を指示するかという段階については，ある程度これまでの判例傾向を見ておけばわかるという指摘がなされている。たとえば，同性婚を規制する連邦法が合憲か違憲かが争われたときに，それぞれの裁判官が違憲，合憲のどちらの立場を支持するかはかなりの程度で予測可能であるとされる。したがって，態度理論に対して予測されることが求められるのは，基本的な憲法解釈を同じくする各裁判官が異なったのはなぜか，そしてそれは将来の事件でどのような判決行動をとることが予測されるべきであるということが指摘されている。

④最近の態度理論　　いま述べたような批判を受けて，最近の態度理論では，3点において改善がなされているとされる[21]。第1に，選挙における世論調査との関係では，まず回答者の属性については，有権者の場合と異なり，連邦最高裁裁判官の属性は明らかにしやすいといえるから，問題となるのは事実認定と争点の明確化であり，この点については，下級審の記録を用いることによって対応しうるとする。第2に，事件での争点に対する各裁判官の態度と裁判官の基本的な態度の関係を独立したものとするために，各裁判官の基本的態度を，裁判官任命の前に論文などの出版物やその裁判官に関する記事や社説などによってあらかじめ確定しておくことができるとする。第3に，ある裁判官の将来の判決行動の前兆となるものとして，連邦最高裁での弁論における裁判官の質問や受け答えや判決前の会議，あるいは各裁判

21　CARP, STIDHAM, MANNING, *supra* note 11, at 358-59.

6　連邦最高裁内部での意思決定

官室の動向などを事前に知るようにして対処するということである。
⑤**態度理論の意義**　態度理論の有する意義として，ここでは２つ指摘しておきたい。第１に，態度理論は，それまでの法律学的な議論に対して，政治学的な観点からの説明予測を行おうとしたものである。もちろん，従来も連邦最高裁の判決に対する政治的な観点からの見方は存在した。しかし，それは，多くの場合イデオロギー批判色が強く，理論的，実証的に研究しようとするものではなかったし，また判決の予測などは考慮していなかった。したがって，このような政治学的な観点から裁判官の判決行動を捉えるという観点は，新鮮なものであったということである。第２に，いま述べたこととも関係するが，この態度分析は，政治学的観点からの判決理解として重視されるべき見方といえる。ただ問題は，その洗練度をどのように高めていくかということにある。

（４）合理的選択モデル
①**内容**　最近の政治学では，経済学の影響を受けて，合理的選択モデル（Rational Choice Model）を利用した形で，市民の投票行動を理解しようとする流れが存在する。この合理的選択モデルは，政治学においては政治現象について，それが自己の利益や効用の最大化を図る個人間の相互作用の結果の総体としてとらえようとしている。この方法論の特色は，マクロ的な政治現象をミクロの視点から分析し基礎づけることを可能とする理論という点にある[22]。

この合理的選択モデルでは，有権者の投票行動については，以下のように説明される。たとえば，ウィリアム・ライカー（William Riker）とピーター・オードシュック（Peter Ordeshook）は，有権者が投票に行くか行かないかを説明するモデルとして，以下のようなモデルを提示する[23]。

投票に参加することで得られる効用をR，自分の１票が選挙結果を左右す

22　公共選択論を生み出した学者としてダウンズ（Anthony Downs）がいる。ダウンズの理論については，以下参照。アンソニー・ダウンズ（古田精司監訳）『民主主義の経済理論』（成文堂，1980年）。
23　荒井紀一郎「なぜ有権者は投票に行くのか―効用？義務感？学習？―」*Available at* http://www.yomiuri.co.jp/adv/chuo/research/20110630.html.参照。

る可能性（0〜1の値をとる）を P，ある候補が当選すると得られる効用の差（3人以上立候補の時は上位2候補の比較）を B，投票参加のコスト（投票に要する時間や労力，その時間に倍として稼げたはずの「機会費用」など）を C，表出的・消費的効用（Duty の D）を D としたとき，R については，以下の式で算出される。D は，後で述べるように，投票すること自体によって得られる効用を意味している。

$$R = P \times B - C + D$$

この式が提示されるまでは，R=P×B-C と考えられていた。そこでは，選挙区内の有権者が数十万人もいると，自分の一票が当落を決める力は限りなくゼロに近くなって，みんな投票に行かなくなるはずなのに，有権者が投票に実際には行っているのはなぜかという「投票のパラドックス」を解決するためにDが導入されたのである。そこでは，有権者の投票行動は，投票の結果がもたらす効用だけで決められるのではなく，投票すること自体から得られている効用もあるとされたのである（Dのことを「消費的効用」とも呼ぶのはこれによる）。たとえば，消費的効用の例としては，(a)市民としての義務を果たすことによる満足（日本では「投票義務感」としてよく効いているとされる）(b)政治システムへの忠誠心を示すことによる満足，(c)党派的な選考を示すことによる満足，(d)意思決定を下し投票に行くこと自体による満足，(e)政治システムのなかでの自分の役割を確認することによる満足である。

②裁判官の投票行動と合理的選択モデル　裁判官の投票行動を説明するために，合理的選択モデルを利用するとどうなるのであろうか。まず，裁判官は，判決に対する投票行動によって得られる効用を最大限に高めるために，自分の投票によって示される政策ができる限り広汎に実現される可能性をできる限り高めようとするであろう。そこで，裁判官は自分が好む政策が実現することを望みつつ，同僚の裁判官の投票行動さらには大統領や議会の動きがその実現に与える効果を考慮に入れつつ，戦略的な行動をとることになる。ここで，大統領や議会の動きも裁判官の計算の内に入れられているのは，ここでの裁判官は単に判例法のみを頭に入れているような裁判官ではなく，判決を通して示されるような政策の実現を考慮しているためである。そ

うでなければ，判決で多数意見となっても，議会がそれを立法で覆す可能性が存在するからである。裁判官を政策決定者ととらえる限り，単一の判決のみの結果ばかりを重視するのは，視野が狭いということになる。

③**合理的選択モデルの特色**　このモデルの特徴として1つは裁判官以外のその他の政治的アクターを考慮に入れた幅広いものである点があげられる。ただ，そのように考えることが適切でない場合もある。それは，法律による手続や制度が存在するような場合である。裁判官の行動は，そのような制度によって大きく制約される場合がある。また，第2に，戦略的活動について印象論に終わる可能性もある。たとえば，イデオロギー的に対立する問題について，保守派とリベラル派の間に立って，どちらも完全には支持せずにどちらの顔も立てるという判決を下したとする場合に，それを連邦最高裁の戦略的行動と解するのでは必ずしも十分ではないであろう。むしろ，そのような戦略的活動をミクロ的な観点から説明することが必要であろう。

　具体的に言えば，アファーマティブ・アクションについて，最近の連邦最高裁は，高等教育機関でのアファーマティブ・アクションをめぐる対立が激しい中，その合憲性を正面から認めようとはしていない。たとえば，2013年6月に判決のあったフィッシャー対テキサス大学（Fisher v. University of Texas）事件連邦最高裁判決[24]では，テキサス大学オースティン校の入試選考で人種を選考の要素として考慮するアファーマティブ・アクションが，合衆国憲法修正14条の平等保護条項に反しないかが争われた。その事件で，連邦最高裁は，そもそも人種を大学の入試選考で一要素として考慮すること自体が，平等保護条項に反するか否かという点にまでは立ち入らずに，1つの要素として考慮することを是認した先例に従った上で，先例の適用した合憲性判断に当たっての厳格審査基準が適用されていなかったとして，下級審に差し戻した。

　このような判決は，直截にアファーマティブ・アクションそのものの合憲性を一刀両断することを避けるものといえ，アファーマティブ・アクションの支持派と批判派の中間に立ち，直接的判断を回避したものとなっており，

---

[24]　570 U. S. _ (2013).

それは一種の戦略的行動といえるが、重要な点は、このような戦略的行動が、各裁判官のいかなる効用に関する判断の積み重ねから生じたのかが不明確であることである。

その点でいえば、この事件でスカリア裁判官は、原告がアファーマティブ・アクションの合憲性の判断を求めていないから多数意見に加わるとしており、まだ判断の時期ではないと考えたように思われる。これはある種の手続的な障害を自覚したものであり、他の政策決定者からは好まれる判断のようにも思われる。

(5) 総合的な理解の必要性

連邦最高裁の裁判官の意思決定過程の理解については、ここでは4つのアプローチをあげたが、それらは代表的なものとされるものであって、それに限られるわけではない。アプローチとしては、そのほかにも自伝等を用いた社会心理学的なアプローチ、あるいは統計的なアプローチ、さらには歴史的アプローチなどの他、インタビューを多用したアプローチ[25]などもあるかと思われる。ただ、これまで見てきたように、いずれのアプローチもそれ単独では説明力は弱いようにも感じられる。したがって、なおこれらのアプローチを総合的に配慮する必要性があるといえよう[26]。

---

25 アームストロング・前掲訳書注（2）や、トゥービン・前掲訳書注（19）など参照。
26 CARP, STIDHAM, MANNING, *supra* note 11, at 366-67.

事項索引

(あ)

サミュエル・アームストロング… 99
合図理論…………………………… 334
ドワイト・アイゼンハワー……… 200
ジョン・アダムズ……………… 42, 71
アダムズ大統領…………………… 81
フランク・アップハム…………… 11
アドキンス対子ども病院事件…… 171
アビントン学校区対シェンプ事件
　……………………………………… 238
アファーマティブ・アクション
　……… 94, 213, 330, 340-341, 345
アボーション……………… 250, 261
　────規制法…………… 261, 268
　────禁止派………………… 272
　────・クリニック… 265-267, 269
　────の権利………………… 257
　────論争…………………… 245
　────を選択する権利……… 285
アミカス・ブリーフ……………… 319
アメリカ共産党…………………… 186
アメリカ諸邦連合………………… 50
アメリカ法律家協会……………… 305
アメリカ連合国……………… 93, 114
アメリカン・ドリーム…………… 94
アラバマ物語……………………… 27
アンクル・トムの小屋…………… 98
暗黒の木曜日……………………… 151
アンテベラム・プランテーション
　……………………………………… 97

(い)

イースト・パロアルト市………… 29
ジェームズ・イーストランド…… 307
イェール学派……………………… 224
生ける憲法………………………… 283

────論者………………………… 284
違憲審査権………………… 59, 64, 69
　────と民主主義………………… 82
萎縮効果…………………………… 242
偉大な社会………………………… 221
偉大なる調整者…………………… 99
移民帰化局………………………… 177
移民の国…………………………… 153
ジョン・ハート・イリー………… 225
印紙法……………………………… 42-44
インフォームドコンセント……… 268

(う)

ヴァージニア案……………… 53, 62
ヴァージニア憲法………… 47-48, 55
ヴァージニア植民地……………… 38
ウィリアムズバーグ……………… 37
フレッド・ヴィンソン…………… 197
ウェイド・デービス再建法案…… 116
ジェームズ・ウェイン…………… 112
ウエスト・コーストホテル対
　パリッシュ事件………………… 171
サラ・ウエディントン…………… 256
ウォータ・ゲート事件…………… 261
ウォード対ロック・アゲインスト・レ
　イシズム事件…………………… 266
アール・ウォーレン……………… 200
ウォーレン・コート……… 226-227,
　232, 235, 239, 241, 317

(え)

英国法釈義………………………… 42
エクス・パーティ・メリーマン事件
　……………………………………… 110
トマス・エジソン………………… 141
オリバー・エルズワース………… 70
エンゲル対ヴィターレ事件……… 238

事項索引

エンドウ事件……………………… 182

（お）

王領植民地………………………… 38
オースティン対ミシガン商工会議所
　事件……………………………… 291
ピーター・オードシュック……… 343
オクトロン………………………… 136
サンドラ・オコナー…… 269, 276, 301
オコナー・コート………………… 339
オコナー裁判官…………………… 325
オバマ・ケア……………………… 321
オリジナルな合衆国憲法………… 54
恩赦………………………………… 117

（か）

ハロルド・カーズウェル………… 306
ジミー・カーター………………… 261
カーター大統領…………… 312, 323
ベンジャミン・カードーゾ……… 162
アンドリュー・カーネギー……… 143
ジョージ・ワシントン・カーバー 199
戒厳令……………………………… 110
外国人及び反活動取締法………… 71
外国人登録法……………………… 177
解放黒人局………………………… 118
科学的管理論……………………… 145
下級裁判所………………………… 61
可及的速やかに………… 206-207, 240
革新主義…………………………… 146
囲い込み運動……………………… 38
火事場泥棒政治家………………… 122
課税および支出権限……………… 162
課税権……………………………… 51
カソリック………………… 286, 325
合衆国銀行………………………… 65
合衆国憲法………… 52, 54-55, 61, 65
────1条…………………… 110
────1条2節3項……… 95, 96
────1条8節……………… 55, 162
────1条8節18項………… 65
────1条9節1項………… 95
────2条4節……………… 120
────3条1節……………… 62
────3条2節1項………… 80
────3条2節2項……… 79, 90
────4条2節3項………… 95
────修正14条…… 119, 198, 204
────修正1条… 72, 187-188, 236
────修正5条……………… 105
────の契約条項…………… 89
合衆国最高裁判所の第一審管轄権
　……………………………………… 78
合衆国対キャロリーン・プロダクツ
　事件……………………………… 173
合衆国対ニクソン事件…………… 241
合衆国対バトラー事件…………… 162
株式市場の大暴落………………… 150
川島武宜…………………………… 8
カンザス・ネブラスカ法………… 102
マハトマ・ガンジー……………… 209

（き）

議事妨害…………………………… 308
貴族制社会………………………… 97
ギデオン対ウェインライト事件… 234
ギトロー対ニューヨーク事件…… 186
機能不全説………………………… 11
基本的権利………………………… 281
脚注4……………………………… 175
休会中人事………………………… 308
急進派共和党員…………………… 120
共産主義…………………………… 186
強制移住センター………………… 182
強制諸法…………………………… 45
行政特権…………………………… 241
共和主義…………………………… 56
拒否権……………………………… 53
ハワード・ギルマン……………… 332
緊急銀行法………………………… 157

事項索引

マーテイン・ルーサー・キング… 209
ルース・ベータ・ギンズバーグ… 272
金本位制……………………… 158

（く）

クー・クラックス・クラン… 123, 236
クーパー対アーロン事件………… 231
カルヴィン・クーリッジ………… 151
くだらない訴訟………………… 19
マイケル・クラーマン…………… 215
クライスラー…………………… 144
ユリシーズ・グラント…………… 121
グランド・ウィザード…………… 123
ロバート・グリア………………… 106
エステル・グリズウォルド……… 253
グリズウォルド対コネティカット
　事件………………………… 252
ビル・クリントン………………… 311
ヘンリー・クレイ………………… 101
コーネル・クレイトン…………… 332
クレジット販売………………… 150
軍政区…………………………… 119

（け）

経済的自由放任主義……………… 166
経済法…………………………… 157
警察権…………………………… 147
契約の自由………………… 148, 175
結果志向………………………… 224
　―――のアプローチ………… 239
ゲットー………………………… 143
ゲティスバーグの戦い…………… 115
アンソニー・ケネディ…………… 270
原意主義………… 226, 280-281, 283, 286, 287
厳格審査………………………… 174
　―――基準………… 181, 183, 281
厳格な憲法解釈主義……………… 226
厳格な権力分立……………… 49, 56
健康保険改革事件………………… 314

現実の悪意の法理………………… 237
健全な共和国…………………… 53
憲法解釈…………………… 281, 284
　―――権……………… 163, 166, 280
　―――論…………………… 283
憲法危機………………… 289, 324
憲法起草者の意思………………… 83
憲法修正手続…………………… 58
　―――条項………………… 56
憲法修正の数…………………… 58
憲法修正の方法………………… 58
憲法制定会議………… 52-53, 61, 62
憲法のテクスト・構造……… 281, 282
権利意識………………………… 8
権利観念………………………… 8
権利章典…………………… 57, 58
権利宣言………………………… 56
権力分立原理…………………… 55

（こ）

アル・ゴア……………………… 288
公共政策の形成………………… 286
公共政策への関与……………… 287
公共選択論………………… 330, 331
公共利益団体…………………… 28
公正競争規約……………… 158, 160
控訴裁判所……………………… 67
公的幸福………………………… 46
口頭弁論………………………… 318
幸福の追求……………………… 46
公民権事件……………………… 132
公立学校での人種別学制度……… 212
合理的選択モデル………… 340, 343
コーシャ………………………… 160
コールグローブ対グリーン事件… 233
黒人取締法……………………… 118
黒人の座り込み………………… 220
国内治安法……………………… 189
国家連合…………………… 50, 55
国教会…………………………… 39

事項索引

アーチバルト・コックス 304
コットン・ジン 97
古典的共和主義 46
リンダ・コフィ 256
コモンロー 33, 41, 246
―――型憲法 285
ゴルバチョフ首相 276
コレマツ対合衆国事件 180
コロンビア特別区対ヘラー事件 284
コンコルド 45
ゴンザレス事件 286
ゴンザレス対カーハート事件 271
根本法 48

（さ）

サーシオレイライ 66, 318, 334, 336
再建州政府 121
最高法規 65
―――条項 66, 91
在職期限法 120
最初の百日間 157
財政赤字 276
財政均衡憲法修正案 58
裁判官会議 319
裁判官の解釈 284
裁判所抱え込み案 165-167
裁判所法13条 77-79
アレクサンダー・サザーランド 163
サッチャー首相 276
ザ・フェデラリスト 57
差別の意図 212
サラトガ 46
三審制 64

（し）

GI権利章典 184
レベッカ・ジートロー 222
シェアクロッパー制 126
ジョン・ジェイ 70

自衛隊裁判 5
ジェームズタウン 37, 94
シェクター兄弟 160
シェクター対合衆国事件 160
トマス・ジェファーソン 42, 45
ジェファーソン大統領 81
識字テスト 128
自己決定権 260
事実上の差別 212
自然法思想の影響 45
レオン・シゾルゴスツ 186
自治植民地 38
シチズンズ・ユナイテッド対連邦
　選挙委員会事件 290
執行権 61
実質的代表 43
実体的デュー・プロセス 148, 254
司法権 61
―――の優位 107, 109, 120, 164, 166
―――の優越 85
司法行動論 228
―――アプローチ 328, 331
司法次官補 303
司法消極主義 223-225
司法省の法律政策室 303
司法制度改革論議 15
司法積極主義 221-223, 226
司法長官 303
ジム・クロー 135
―――法 130, 134, 208
シャーバート対ヴァーナー事件 237
ロジャー・シャーマン 42
社会変化手段としての裁判所 34
社会保障法 168
ジャクソニアン・デモクラシー 34
ロバート・ジャクソン 211
ジャズ・シンガー 145
バーナード・シュウォルツ 239
自由黒人 96
州際通商の流れ 161

― 350 ―

事項索引

自由州……………………………… 100
修正評議会………………………… 84
州籍相違訴訟……………………… 105
州の行為…………………………… 133
グレンドン・シューバート……… 328
自由放任主義経済………………… 152
住民主権…………………………… 102
住民投票…………………………… 30
主権………………………………… 48
デービッド・シュトラウス……… 285
アーサー・シュレジンジャー…… 223
巡回控訴裁判所…………………… 67
巡回裁判所………………………… 63, 68
巡回制度…………………………… 63
准州………………………………… 100
上院の礼譲………………………… 302
消極国家…………………………… 163
小集団分析………………………… 337
クリストファー・ショールズ…… 141
初期ニュー・ディール立法……… 159
職務執行令状……………………… 77
女性解放運動……………………… 248, 261
女性の自己決定権………………… 259
女性の生殖の権利………………… 250
初等中等教育法…………………… 213
アル・ジョルソン………………… 150
アンドルー・ジョンソン………… 117
リンドン・ジョンソン…………… 213
ジョンバーチ協会………………… 203
新移民……………………………… 143
シングル・イシュー・ポリティックス … 262
人種差別的規制…………………… 183
人種差別の解消…………………… 191
人種別学制度……………………… 200, 204
人身保護令状の停止権限事件…… 109
新制度論アプローチ……………… 331
人頭税……………………………… 128
人民主権…………………………… 49, 61
人民の同意………………………… 56

(す)

垂直的権力分立…………………… 56
カロール・スウィツアー………… 301
ハーマン・スウェット…………… 196
スウェット対ペインター事件…… 196
ウィリアム・スータ……………… 270
アントニン・スカリア…………… 278
スカリア裁判官…………………… 346
ジェームズ・スコット…………… 150
エドウィン・スタントン………… 120
ジョン・ポール・スティーブンス
 …………………………………… 293
ステンバーグ事件………………… 285, 286
ステンバーグ対カーハート事件… 271
ハーラン・ストーン……………… 162
スパイラル型紛争解決…………… 28, 31
スミス法…………………………… 185-187
スローター・ハウス事件………… 130
スワン対シャーロット・メックレンバーグ教育委員会事件…… 212

(せ)

生育能力…………………………… 257
政治的茂み………………………… 233
政治的法学………………………… 328
政治的リーダーシップ…………… 337
政治問題の法理…………………… 233
制度的誠実性……………………… 269
製パン所法………………………… 147
政府の枠組み……………………… 47-49
成文憲法…………………………… 47
セクシュアル・ハラスメント…… 305
世俗的宗教………………………… 27
積極国家…………………………… 163
ゼネラル・モーターズ…………… 144
選挙区割事件……………………… 232
全国産業復興法…………………… 158-159, 161
全国女性組織……………………… 249
戦時捕獲物事件…………………… 111

事項索引

先任者原則……………………… 307
全米医師会……………………… 246
全米ライフル協会……………… 305

(そ)

相対多数意見…………………… 321
総督 ………………………………… 38
訴訟事件摘要書………………… 319
訴訟社会…………………… 17, 24
訴訟爆発 …………………………… 17
訴訟亡国 …………………………… 18
ソニア・ソトマイヨール……… 302
祖父条項………………………… 127

(た)

ナット・ターナー ……………… 99
第1回大陸会議 ………………… 45
第1回連邦議会 ………………… 63
第2回大陸会議 ………………… 45
大恐慌…………………………… 150
大赦および再建宣言…………… 116
大統領首席補佐官……………… 302
大統領令9066号……… 178-179, 182
態度理論………………… 340-342
代表なくして課税なし………… 43
大陸間横断鉄道………………… 142
タウンゼント諸法…………… 42, 44
フレデリック・ダグラス ……… 98
スティーブン・ダグラス……… 102
ウィリアム・ダグラス………… 223
タスキギー学校 ………………… 99
弾劾手続………………………… 120
男女平等条項…………………… 256

(ち)

治安判事 ………………………… 76
知的リーダーシップ…………… 337
地方裁判所 ……………………… 63
チャールズ・チャップリン…… 146
茶法………………………… 42, 44

中央政府 ………………………… 53
懲罰的損害賠償 ………………… 22
直感的アプローチ……………… 239

(て)

抵抗権……………………… 46, 48
フレデリック・テイラー……… 145
サミュエル・ティルドン……… 124
ティンカー対デモイン学校区事件
 ………………………………… 236
フリードマン・テーゼ………… 216
敵性戦闘員法…………………… 177
ジョン・テスター……………… 294
テスト・ケース………… 35, 135
ユージン・デニス……………… 186
デニス対合衆国………………… 186
テネシー・バレー・オーソリティ
 ………………………………… 156
デパートメンタリズム……157, 166, 175
ウィリス・デバンター………… 163
デュー・プロセス条項………… 105, 147-148, 259
テレビ伝道師…………………… 250

(と)

同意による統治 ………………… 43
統治二論 ………………………… 40
逃亡奴隷の引渡し ……………… 96
逃亡奴隷法……………………… 102
トーキー………………………… 145
ロジャー・トーニー…………… 104
マイケル・ドーフ……………… 216
クラレンス・トーマス………… 281
トーマス裁判官………………… 341
トーマスの任命………………… 304
独立宣言………………… 46, 94, 96
独立戦争…………………… 45, 46
トックヴィル ……………………… 2
特権・免除条項………………… 131

取引……………………………… 338
ハリー・トルーマン…………… 185
奴隷……………………………… 96
　——解放宣言………… 111, 115
　——州………………………… 100
　——制………………………… 54
ドレッド・スコット対サンフォード
　事件…………………………… 92
ドンブロスキー対フィスター事件 242

（な）

内閣法制局……………………… 34
内容中立規制…………………… 266
中坊公平…………………………   6
ナチズム………………………… 186
南部共和党州政府……………… 122
南部再建諸法…………………… 119
南部諸州の復帰条件…………… 117
南部宣言………………………… 203
南部における奴隷制……… 93, 94
南部連合………………………… 114
南北戦争…………………… 93, 107
　——後の憲法修正…………… 121

（に）

リチャード・ニクソン………… 261
ニクソン・テープ……………… 261
二重の基準……………………… 174
日系人強制収容所事件………… 177
ニュー・オリンズ市民委員会… 135
ニュージャージ案…………… 54, 62
ニュー・ディール政策……149, 155, 183, 185
ニュー・ディールの意味……… 154
ニュー・ディール連合………… 176
ニューヨーク州無政府主義者取締法
　………………………………… 186
ニューヨーク・タイムズ対サリバ
　ン事件………………………… 236
2割司法…………………………   6

人形テスト……………………… 200
妊婦の利益……………………… 260
任命状の交付…………………… 76

（ね）

ラルフ・ネーダー………………… 27

（の）

農業調整局……………………… 159
農業調整法……………… 158-159, 162
農産物加工税…………………… 162

（は）

アーロン・バー………………… 74
ローザ・パークス……………… 208
ウォーレン・ハーディング…… 151
ロバート・バード……………… 306
ジョン・マーシャル・ハーラン… 137
ハーラン裁判官………………… 137
陪審……………………………… 21
ジョー・バイデン……………… 302
バイブル・ベルト……………… 250
白人小農民層…………………… 126
白人逃避………………………… 213
白人優越主義…………………… 123
白人予備選挙…………………… 129
バタフライ方式………………… 288
バックレー対ヴァレオ事件…… 291
ピアース・バトラー…………… 163
パブリウス……………………… 84
パブリック・シチズン………… 28
パブリック・フォーラム……… 266
ハミルトン……………………… 57
ハリウッド10…………………… 188
ハリエット・ビーチャー・ストウ
　………………………………… 98
パリ条約………………………… 46
繁栄の時代……………… 150, 151
犯罪シンディカリズム法……… 236
反トラスト法…………………… 158

事項索引

反フェデラリスト……… 53, 56, 63, 68
ハンプトン大学…………………… 99
判例の検索………………………… 34

(ひ)

東インド会社……………………… 44
悲劇の火曜日…………………… 150
非原意主義……………………… 281
ピッツバーグ…………………… 143
必要かつ適切条項……………… 156
一人一票制……………………… 234
フランシス・ビドル…………… 179
非米活動委員会………………… 188
チャールズ・ヒューズ………… 161
ヒューズ首席裁判官…………… 167
チャールズ・ヒューストン…… 194
ピューリタン……………………… 39
評議会……………………………… 38
表現の自由………………………… 72
平等保護条項…… 198, 234, 284, 287
ヒラバヤシ対合衆国事件……… 180
アニタ・ヒル…………………… 304
ピルグリム・ファーザーズ……… 39
ピックニー・ピンチバック…… 122

(ふ)

ジョン・ファーガソン………… 136
ファースト・ナショナル・バンク・
　オブ・ボストン対ベロッティ事件
　………………………………… 291
ファーマン対ジョージア事件… 242
フアンダメンタリスト………… 250
フィッシャー対テキサス大学事件
　………………………………… 345
シェリー・フィンクバイン…… 247
ジョン・ウィルクス・ブース… 116
ハーバート・フーバー………… 151
フーバーブランケット………… 153
フーバー村……………………… 153
フェア・ディール……………… 185

フェデラリスト…… 53, 57, 63, 68, 92
──協会………………………… 306
──党…………………… 71-72, 77
フェデラリズム…………………… 4
フェミニズム…………………… 246
ヘンリー・フォード……… 143, 144
ジェラルド・フォード………… 262
フォード劇場…………………… 117
オーバル・フォーバス………… 210
ネイザン・フォレスト………… 123
ジェームズ・ブキャナン……… 106
福音主義派のプロテスタント… 263
福祉国家観……………………… 149
福祉国家的な政策……………… 166
ジョージ・W・ブッシュ…… 226,
　287, 314
ブッシュ対ゴア事件………… 1, 287
不当な負担…………… 270, 272, 286
不文憲法…………………………… 47
部分出産中絶…………………… 285
──禁止法……………………… 271
不法行為法改革…………………… 23
プライバシーの権利… 253, 257, 259,
　260
ステファン・ブライヤー……… 294
ブライヤー裁判官の民主制審査… 295
ブラウンⅠ判決………… 201, 205, 213
ブラウンⅡ判決…… 205-206, 213, 240
ブラウン対教育委員会事件…… 191
ヒューゴ・ブラック…………… 223
ジョセフ・ブラッドレイ……… 133
フェリックス・フランクファーター
　………………………………… 155, 240
ベンジャミン・フランクリン…… 42
ルイス・ブランダイス………… 162
プランテーション経済………… 118
ブランデンバーグ対オハイオ事件
　………………………………… 236
ボニー・フリードマン………… 216
ハーマン・プリチェット……… 228

プリマス…………………… 37
ブルースリップ……………… 302
ブレイン・トラスト………… 155
ホーマー・プレッシー……… 136
プレッシー対ファーガソン事件… 35, 135
フレッチャー対ペック事件…… 89
ウィリアム・ブレナン………… 241
プロ・チョイス派…………… 264
プロフェッショナル・スクール… 195
プロ・ライフ派………… 264-265, 267
文化説………………………… 8
分離し孤立する少数派……… 174
分離車両法…………………… 136
分離すれども平等……… 137, 191-192, 194-195, 197, 199-202
　　──の法理……………… 193

(へ)

プランニド・ペアレンフッド…… 253
兵士再適応法………………… 184
平常への復帰………………… 152
ラザフォード・ヘイズ……… 124
ジョン・ヘイリー…………… 11
クレメント・ヘインズワース… 306
ベーカー対カー事件………… 232
グラハム・ベル……………… 141

(ほ)

イーライ・ホイットニー…… 97
法域…………………………… 34
邦憲法………………………… 46
法政策的な関心……………… 224
放送産業……………………… 145
法定通貨法…………………… 111
法的なサブカルチャー……… 334
法と経済学派………………… 13
法と秩序……………………… 236
法による差別………………… 212
法の支配……………………… 47

法文化の影響………………… 6
法明確化機関としての裁判所… 33
法リアリズム………………… 327
法律誠実執行条項…………… 111
ロバート・ボーク…………… 278
ボークの任命………………… 278
オリバー・ウェンデル・ホームズ
　……………………………… 224
北部の人道主義……………… 93
北部の奴隷解放運動………… 98
補助裁判官…………………… 205
ボストン茶会事件…………… 44
リチャード・ポズナー……… 282
歩道カウンセリング………… 266
ボナム医師事件……………… 85
ボルティモア＝オハイオ鉄道… 142
バイロン・ホワイト………… 260

(ま)

ジョン・マーシャル……… 71, 75
サーグッド・マーシャル…… 196
マーシャル裁判官…………… 325
マーティン対ハンターズ・レシー事件………………………… 90
マーベリー対マディソン事件… 69
マイノリティ……………… 217, 325
ハリエット・マイヤース…… 299
マイヤース対合衆国事件…… 121
マカーロック対メリーランド事件
　……………………………… 65
マクドナルドコーヒーやけど事件
　……………………………… 18
マクレン対コークリー事件… 265
ピート・マクロスキー……… 30
マケイン・ファインゴールド法… 290
マサチューセッツ植民地…… 38
ジョセフ・マッカーシー…… 188
マッカーシズム…………… 185, 189
ウィリアム・マッキンレー… 186
マッキンレー大統領………… 186

事項索引

ジェームズ・マックレイノルズ… 163
ノーマ・マッコビィ…………… 255
ジェームス・マディソン……… 47
ドナルド・マリ………………… 196
マリ対メリーランド事件……… 195

(み)

エドウィン・ミース…………… 279
ミース司法長官………………… 279
ミズーリの妥協……… 100, 102-106
宮澤節生……………………… 14
ミューラー対オレゴン事件…… 171
ミランダ警告…………………… 235
ミランダ対アリゾナ事件……… 235
民間資源保存団法……………… 158
民主主義的なサブカルチャー… 334

(め)

明白かつ現在の危険…………… 187
メイフラワー号………………… 39
メイフラワー誓約……………… 39
ジョージ・メーソン…………… 47

(も)

モアヘッド対ニューヨーク事件… 172
レイモンド・モーレイ………… 155
モダン・タイムス……………… 146
最も危険性の少ない部門……… 85
モンゴメリー改良協会………… 209
モンゴメリー・バス・ボイコット
　　運動………………………… 207

(や)

夜間外出禁止令………………… 180
家賃価格統制条例……………… 30
マイケル・ヤング……………… 32

(ゆ)

有色人種地位向上全国協会…… 192
トム・ユダル…………………… 294

ユニオン………………………… 46
緩やかな審査基準……………… 174

(よ)

ヨークタウン…………………… 46
抑制・均衡の原理……………… 55
予測可能説……………………… 13

(ら)

ウィリアム・ライカー………… 343
ニュー・ライト………………… 262
フリーダム・ライド…………… 220
ラグタイム……………………… 150
ラジオ事業……………………… 145
ジョン・ラトリッジ…………… 70
マーク・ラムザイヤー………… 13
アルフレッド・ランドン……… 164

(り)

パトリック・リーヒー………… 308
ジェームズ・リッティー……… 141
立法権…………………………… 61
────の非委任の法理………… 161
リトルロック事件……………… 209
リトルロックナイン…………… 210
リパブリカン党………… 71-72, 77
ロバート・リビングストン…… 42
リベラル派……………………… 191
領主植民地……………………… 38
エイブラハム・リンカーン…… 102
リンカーン・ダグラス論争…… 114

(る)

ルイジアナ購入………………… 100
フランクリン・ルーズヴェルト… 149
セオドア・ルーズヴェルト…… 154
ルーズヴェルト・コート……… 227
ルーズヴェルト大統領………… 313
ルール・オブ・フォー………… 318

（れ）

- レイノルズ対シムズ事件………… 234
- レーガノミックス……………… 276
- ロナルド・レーガン……………… 261
- レーガン革命……………………… 276
- レーガン大統領………… 275, 301, 313
- レーム・ダック・セッション…… 74
- レーンキスト……………………… 3
- レーンキスト・コート……… 222, 336
- レキシントン……………………… 45
- 連合会議…………………… 50-51, 61
  - ———の権限………………… 52
- 連合規約………………… 49-52, 61, 65
  - ———の改正………………… 52
- 連邦議会…………………………… 61
- 連邦緊急救済法………………… 158
- 連邦国家…………………………… 50
- 連邦最高裁………………………… 55
  - ———の憲法解釈……………… 80
- 連邦裁判官法……………………… 68
- 連邦裁判所………………………… 33
- 連邦司法府の管轄権……………… 80
- 連邦制…………………… 33, 55, 62
- 連邦政府の戦争権限…………… 180
- 連邦の裁判所制度………………… 25
- 連邦の司法府……………………… 62
- 連邦の選挙資金規制法制………… 294

（ろ）

- 労働時間規制…………………… 147
- ジェーン・ロー…………… 255, 256
- ジェラルド・ローゼンバーグ…… 213
- ロー対ウェイド事件…………… 241
- ローマ・カソリック教会……… 250
- ジョン・ロック…………………… 39
- ロックナー対ニューヨーク事件… 146
- ロックナーの時代………… 149, 171
- ロックの影響……………………… 56
- オーエン・ロバーツ…………… 162
- ジョン・ロバーツ……………… 271
- ロバーツ・コート……………… 294
- ロバーツ首席裁判官…………… 314
- 炉端談話………………… 157, 166
- ジョセフ・ロビンソン………… 168

（わ）

- ジョージ・ワシントン…………… 61
- ブーカー・T・ワシントン……… 99
- ワシントン大行進……………… 220
- 渡り鳥政治家…………………… 122

著者略歴
大沢秀介（おおさわ　ひでゆき）
- 1952年　東京都生まれ
- 1975年　慶応義塾大学法学部卒業
- 1977年　慶応義塾大学法学部助手
- 1980年　慶応義塾大学法学研究科博士課程単位取得退学
- 1982年　ハーヴァード・ロースクール　法学修士
- 1988年　慶應義塾大学　博士（法学）
- 1989年〜現在　慶應義塾大学法学部教授

主要著書
- 現代アメリカ社会と司法（1987・慶應通信）
- 現代型訴訟の日米比較（1988・弘文堂）
- アメリカの政治と憲法（1994・芦書房）
- 憲法入門（第3版）（2003・成文堂）
- 司法による憲法価値の実現（2011・有斐閣）
- 司法積極主義の神話［翻訳］（2011・慶應義塾大学出版会）
- アメリカ憲法判例の物語［共編著］（2014・成文堂）
- 入門・安全と情報［監修］（2015・成文堂）
- 判例アシスト憲法［共編著］（2016・成文堂）
- 判例憲法［共著］（第3版）（2016・有斐閣）
- 他多数

アメリカの司法と政治

2016年9月10日　初版第1刷発行

著　者　大　沢　秀　介

発行者　阿　部　成　一

〒162-0041　東京都新宿区早稲田鶴巻町514番地
発行所　株式会社　成　文　堂
電話 03(3203)9201　FAX 03(3203)9206
http://www.seibundoh.co.jp

印刷・製本　藤原印刷
Ⓒ 2016 H. Osawa　Printed in Japan
☆落丁本・乱丁本はおとりかえいたします☆
ISBN978-4-7923-0599-4 C3032　　検印省略

定価（本体3000円＋税）